Daolu Weixian Huowu Yunshu Jiashiyuan
Congye Zige Zhiyehua Peixun Jiaocai

道路危险货物运输驾驶员
从业资格职业化培训教材

交通运输部职业资格中心
人民交通出版社股份有限公司 组织编写

全国交通运输职业教育教学指导委员会交通运输管理类专业指导委员会 审定

人民交通出版社股份有限公司
China Communications Press Co.,Ltd.

内 容 提 要

本教材根据《关于开展道路运输重点领域驾驶员职业化培训考试试点工作的通知》（交办运〔2019〕69号）、《道路危险货物运输驾驶员从业资格职业化培训教学大纲（试行）》和《道路危险货物运输驾驶员从业资格职业化考试大纲（试行）》及相关法规标准要求编写而成。内容分为基础知识篇和应用能力篇，具体包含危险货物道路运输基础知识、驾驶员应用能力专项训练知识。

本教材适合道路危险货物运输驾驶员从业资格职业化培训教学使用。

图书在版编目（CIP）数据

道路危险货物运输驾驶员从业资格职业化培训教材 / 交通运输部职业资格中心，人民交通出版社股份有限公司组织编写．—北京：人民交通出版社股份有限公司，2019.11

ISBN 978-7-114-16040-0

Ⅰ．①道…　Ⅱ．①交…②人…　Ⅲ．①公路运输—危险货物运输—驾驶员—职业培训—教材　Ⅳ．①U471.3

中国版本图书馆CIP数据核字（2019）第261039号

Daolu Weixian Huowu Yunshu Jiashiyuan Congye Zige Zhiyehua Peixun Jiaocai

书　　名：道路危险货物运输驾驶员从业资格职业化培训教材
著 作 者：交通运输部职业资格中心　人民交通出版社股份有限公司
责任编辑：董　倩　林宇峰
责任校对：赵媛媛
责任印制：张　凯
出版发行：人民交通出版社股份有限公司
地　　址：（100011）北京市朝阳区安定门外外馆斜街3号
网　　址：http://www.ccpress.com.cn
销售电话：（010）59757973
总 经 销：人民交通出版社股份有限公司发行部
经　　销：各地新华书店
印　　刷：北京虎彩文化传播有限公司
开　　本：787×1092　1/16
印　　张：20.5
字　　数：438千
版　　次：2019年11月　第1版
印　　次：2019年12月　第2次印刷
书　　号：ISBN 978-7-114-16040-0
定　　价：100.00元

组　长：阎子刚

成　员：（按姓氏笔画排序）

田孟义　乔士俊　余绍桥　宋吉宗　陈鸿兴
姚　新　盛　颖　彭建华　董　刚　楼伯良

主　编：李忠跃　邵小进

副主编：（按姓氏笔画排序）

王长友　杜继文　李　卓　何　亮　张文玉
侯　伟　逯晶晶

成　员：（按姓氏笔画排序）

史赛赛　李　晔　陈泓帆　唐奕扬

前言

Preface

2019年7月，交通运输部、教育部、财政部、人力资源社会保障部、中华全国总工会办公厅联合印发了《关于开展道路运输重点领域驾驶员职业化培训考试试点工作的通知》（交办运〔2019〕69号）。开展道路运输重点领域驾驶员职业化培训考试试点，推进道路旅客运输、道路危险货物运输驾驶员培训考试，由驾驶培训机构承担的社会化培训考试向职业院校（含技工院校）承担的职业化培训考试转变，是解决当前道路运输驾驶员整体素质不高、结构性数量不足问题的重要举措，是确保道路运输行业健康稳定和安全发展的治本之策，是促进道路运输行业提质增效、转型升级的有效途径，对新形势下推进运输服务高质量发展具有十分重要的意义。

在交通运输部运输服务司的指导下，交通运输部职业资格中心与人民交通出版社股份有限公司组织编写了《道路危险货物运输驾驶员从业资格职业化培训教材》，全国交通运输职业教育教学指导委员会交通运输管理类专业指导委员会组织专家对教材进行了审定。本教材编写坚持如下理念：

（1）必需、够用、通俗；

（2）落实新型学徒制，以企业需求为导向、职业能力为核心，以理论教学为基础、应用能力教学为重点，注重理实一体化；

（3）注重知识的前沿性和专业性、内容的实用性和实践性、能力形成的渐进性和系统性。

相信本教材能为道路危险货物运输驾驶员从业资格职业化培训提供帮助。希望广大驾驶员积极参加职业化教育培训，学好用好这本教材。

编　者

2019年10月

目录

第一篇　基础知识篇

第一篇

基础知识篇

第一章

职业道德和职业素养

学习目标

（1）了解驾驶员的职业特点与发展趋势。
（2）熟悉驾驶员的社会责任与意义。
（3）了解职业道德内涵及与人的事业、企业发展的关系。
（4）熟悉驾驶员职业道德行为规范。
（5）了解驾驶员先进事迹。

第一节 道路危险货物运输驾驶员的社会责任和职业道德

由于环境、服务对象、任务与劳动强度等不同，社会上任何职业都有其各自的特点，而道路危险货物运输驾驶员作为危险货物道路运输工作过程中的关键一员，除需要履行必要的岗位职责外，还需对社会承担一定的责任。本节主要介绍道路危险货物运输驾驶员的职业特点和应承担的社会责任。

一 道路危险货物运输驾驶员的职业特点

危险货物由于具有爆炸、易燃、毒害、腐蚀、放射性等性质，在运输、装卸过程中稍有不慎，便有可能造成人身伤亡、财产损毁和环境污染。道路危险货物运输驾驶员了解本职业的特点，能够更好地理解职业技能与素质需求，为从事驾驶员职业做好生理和心理上的各项准备。

1 危险性大

各类危险货物都具有自己独特的危险性，对运输条件、应急处置有严格的要求；复杂多变的道路交通环境和恶劣的气候环境，无论是对驾驶员的心理还是生理都有很大的影响，运输过程中发生事故的可能性很高，危险性很大。

2 流动性强

危险货物的流动性决定了驾驶员的流动性。而驾驶员长时间在狭小密闭的车厢内工作，面对危险货物的危险性、各种复杂多变的交通环境，其工作压力大、面临风险大、待遇低，也增大了驾驶员的流动性。

3 专业性强

危险货物道路运输既要满足一般性的运输要求，比如不能出现超速、超载等危及运输安全的行为，还要接受相关法规、安全知识、专业技术、职业卫生防护和应急救援知识的培训，了解危险货物性质、危害特征、包装容器的使用特性和发生意外时的应急措施，专业要求高。

4 资质要求高

根据“分类管理”原则，道路危险货物运输驾驶员分为一般危险货物驾驶员、剧毒化学品驾驶员、爆炸品驾驶员和放射性物质驾驶员。因剧毒化学品、爆炸品、放射性物质的危险性较高，其从业人员资质要求更高，从源头加强对驾驶员等相关从业人员的管理工作。

二 道路危险货物运输驾驶员的社会责任

危险货物道路运输是风险较高的行业，驾驶员的行为不仅关系到其个人安危，还会对安全生产、社会安定、生态环境、企业利益等造成不同程度的影响。因此，道路危险货物运输驾驶员应树立高度的社会责任感，具备以下责任品质。

1 安全生产

危险货物运输事故危害与其他货物运输事故危害的不同之处，就在于其社会危害性、环境危害性、次生危害性更大。因此，树立安全第一、珍爱生命的理念是道路危险货物运输驾驶员社会责任的基础。要做到安全生产，就必须严格按照危险货物运输的操作要求进行作业；及时维护好车辆，不开故障车；行车中谨慎驾驶，时刻注意安全。

2 遵章守法

遵章守法，就是要求道路危险货物运输驾驶员能够在工作过程中，遵守国家法律、法规及相应规定，达到确保运输安全的目的。因为只有遵章守法，才能保证运输安全和自身权益不受到伤害，并受到法律保护。

3 保护环境

大部分危险货物因泄漏、起火、爆炸等事故，都会不同程度地对大气环境、生态环境、水资源环境等产生不利影响。加强危险货物道路运输管理，控制和减少危险货物运输中可能出现的危险，对环境保护具有积极的作用。

4 服务社会

道路危险货物运输驾驶员通过车辆运送危险货物，是一种服务性工作，需要进一步加强服务于社会的责任感。社会经济活动中离不开危险货物，也离不开危险货物运输。

三 道路危险货物运输驾驶员的职业道德

由于岗位的特殊性，道路危险货物运输驾驶员在职业活动中，不仅要遵循社会道德，还要遵守职业道德。

1 爱祖国，爱人民

爱祖国、爱人民是职业道德的一个重要组成部分，也是驾驶员行为的基本准则。驾驶现代交通运输工具的人员，必须时刻把人民生命和国家财产的安危放在第一位。每一名道路危险货物运输驾驶员在行车中都应牢固树立"安全第一、预防为主"的思想（图1-1）。

图 1-1　安全第一、预防为主

2 遵章守法，安全作业

在道路运输活动中遵章守法、安全作业，是驾驶员职业道德的重要内容。遵章守法，就是要遵守有关交通、运输法规及行业规章制度。与社会上其他职业相比，道路危险货物运输驾驶员的特殊性在于其肩负着保障国家和人民生命财产安全的重任。因此，道路危险货物运输驾驶员应将遵章守法放在首位，加强法律观念，确保安全，避免各类事故的发生（图1-2）。

图 1-2　遵章守法、安全作业

3 爱岗敬业，优质服务

个人只有对本职岗位热爱，才能树立敬业精神，优质服务的前提是爱岗敬业，不热爱自己职业的人谈不上"敬业"，更谈不上优质服务。道路危险货物运输驾驶员应增强职业责任感和事业心，安全地完成每次运输任务。同时，要在工作中有所作为，就必须严格遵守作业规程，确保提供安全、优质的服务，维护危险货物道路运输各方当事人的合法权益（图1-3）。

图 1-3　爱岗敬业、优质服务

4 诚实守信，团结互助

诚实守信是为人处事的基本原则，也是个人在社会生活中安身立命之根本。危险货物运输对驾驶员诚信要求高，驾驶员必须按照规范要求做，必须按照许可范围组织运输，不得弄虚作假，必须诚信运输。团结互助是在当前社会分工充分的市场经济中必须遵守的职业道德，特别是道路危险货物运输驾驶员更应当有合作精神，与其他从业人员相互尊重、互相学习、加强协作。在处理个人利益与完成运输任务的关系上，要树立全局意识，以完成运输任务为前提（图1-4）。

图 1-4 诚实守信、团结互助

5 文明经营，公平竞争

随着改革步伐的不断加快，市场竞争日趋激烈，文明经营是服务业树立信誉的第一需要，即通过服务的方式，以平等、友好、热情的态度来对待客户，以倡导行业文明，建立规范、有序的危险货物道路运输市场；公平竞争是要按照统一规则从事危险货物道路运输活动，提升自己的服务技能和水平，采用符合国家法律法规和社会主义道德要求的科学经营方式，公平、公正地参与市场竞争，确保危险货物道路运输市场的规范和健康发展。

6 钻研技术，规范操作

道路危险货物运输驾驶员要提高运输效率，确保运输安全，在严格遵守作业规程的前提下，勤奋学习，努力钻研危险货物运输的专业知识，全面了解危险货物的危害特性，不断增强应对危险货物道路运输风险及事故的能力。

第二节 道路危险货物运输驾驶员的职业素养

道路危险货物运输驾驶员的职业素养是指驾驶员在思想品质、道德意识方面自我锻炼、自我改造、自我教育。它是驾驶员道德培养在职业活动领域中的表现形式，是驾驶员职业道德品质形成必不可少的环节，也是提高驾驶员职业道德水平的关键。本节主要介绍道路危险货物运输驾驶员职业素养培养的意义和方法。

一 道路危险货物运输驾驶员职业素养的培养意义

道路危险货物运输驾驶员职业道德品质并不是先天具有的，而是后天在职业活动中，经过教育、自我锻炼和自我改造而不断形成和发展起来的。由于每个驾驶员都生活在复杂的社会环境中，受社会环境的影响，他们的思想必然会产生这样或那样的变化，需要反复培养，才能收到应有的效果。

二 道路危险货物运输驾驶员职业素养的培养方法

1 重视学习

重视学习是基础。道路危险货物运输驾驶员首先要学好职业道德规范的基本知识；其次要学好科学文化知识、专业知识和驾驶技能，掌握为货主、车主服务的本领，才能履行好义务；最后要向模范人物学习，并以此来激励自己，不断提高自己的职业道德水平。树立正确的人生观、价值观、世界观。

2 勤于实践

勤于实践是根本。道路危险货物运输驾驶员要将自己懂得的职业素养规范运用到职业实践中去，指导自己的职业活动，并用实践及其效果来对照检查自己的思想和行为，从而发扬优点，纠正错误，不断提高自己的职业素养水平，达到职业素养的目的。另外，随着汽车运输的发展变化，在职业实践中，还会遇到各种新情况、新问题，这就促使人们不断进行职业道德锻炼、修正、完善、提高。

3 内心自省

内心自省即自我批评，是重要方法。首先，严于解剖自己，勇于自我批评；其次，虚心接受批评，自觉接受货主和社会的监督，主动征求和听取他们的意见，这既是了解社会的要求，又是改善服务质量的需要。

4 培养良好的心理品质

作为道路危险货物运输驾驶员，在实践过程中要注意良好心理品质的自我培养，逐步形成“勤劳、忍让、冷静、自制”的素质，克服自我弱点，调节自我情绪，特别是遇到货主提出蛮横、刻薄的要求时，能做到自我调节，自我约束，正确处理，切不可一时莽撞酿成事端。要做到有理有节，有优质服务的良好动机，以得到良好心理品质的培养和锻炼。

第二章

职业卫生防护与身心健康

学习目标

（1）熟悉常见心理疾病的危害及预防。
（2）熟悉常见生理疾病的危害及预防。
（3）掌握驾驶员个人防护方法。

第一节 道路危险货物运输驾驶员心理健康与调节

道路危险货物运输驾驶员因工作时间长、劳动强度大、道路交通环境复杂、危险货物的危害特性等，自身所承受的心理压力很大。学习和掌握心理健康知识、及时调节不健康的心理状态、提高心理健康水平，是保持身心健康的重要前提，并且已经成为驾驶员自身素质提高的一项重要任务。本节介绍道路危险货物运输驾驶员常见的心理问题和心理调节的方法。

一 道路危险货物运输驾驶员常见的心理问题

由于道路危险货物运输驾驶员工作的特殊性和复杂性，常见的心理问题有心理疲劳、焦虑、抑郁等。

1 心理疲劳

心理疲劳，是指由脑力劳动繁重、神经系统紧张程度过高或长时间从事单调、厌烦的工作而引起的精神疲息现象。

在高强度的运输工作压力下，如驾驶时间过长、外界驾驶环境较差或条件多变等，驾驶员会感到心慌、心绪不宁，动机丧失，注意力不易集中，思维迟钝，情绪低落，工作效率下降，反应时间延长，工作正确率降低等，对驾驶过程产生无力应付的感觉。心理疲劳是一种常见的心理现象，一般来讲，在运输工作结束后经过一段时间的休息，就能恢复。如果没有得到有效控制，将导致出现头痛、头晕、失眠及心血管系统、呼吸系统和消化系统功能紊乱等病态特征。

2 焦虑

焦虑是人对现实或未来事物的价值特性出现严重恶化趋势所产生的情绪反映。焦虑是驾驶员的典型心理问题，是对运输过程中不确定因素的防御性身心反映。如果驾驶员不能及时调节心理状态，就会出现心理障碍，这种焦虑相对持久，并不随客观问题的解决而消失。表现为以自主神经系统症状为特征的紧张的情绪状态，包括胸部不适、心悸、气短等，预感到灾难或不幸的痛苦体验；对预感到的威胁异常痛苦和害怕并感到缺乏应对的能力，甚至产生精神痛苦和自我效能的下降。

3 抑郁

抑郁是驾驶员在遭受心理挫折以后，如家庭变故、工作待遇不公平、工作分配不合理等，而产生干什么都没意思的郁闷感觉。轻者兴趣索然，无精打采，脑力和体力不足及不愿活动，进而愁容满面，双目含泪，自觉生不如死，愧不如人。严重者有忧愁的爆发，即患者由于找不到摆脱难以忍受的忧愁的出路，开始辗转不安，自觉一切绝望，并可能突然出现自杀意念及行为。本症患者常伴有思维迟缓，言语动作减少，意志活动减退。

二 道路危险货物运输驾驶员的心理调节

道路危险货物运输驾驶员学习和应用健康驾驶心理知识是预防交通事故、保持身心健康的重要前提。驾驶员应保持良好的驾驶心理状态，对不健康的心理状态及时进行调节，确保行车安全。

1 具备良好的职业道德

良好的职业道德可以帮助驾驶员纠正不健康的心理，形成良好的信念、习惯，约束不良事情。所以驾驶员要以高度负责的精神热爱驾驶工作，明确自己职业的责任，忠于职守，爱岗敬业。在日常行车中，以法律法规为准则，坚决不做违反法律法规、违反安全管理制度的事情，自觉维护交通秩序，增强自我管教和约束能力，不开“英雄车”、不开“赌气车”，行车时主动礼让，坚持文明行车。

2 具备良好的心理素质

驾驶汽车要求沉着冷静，反应迅速，动作敏捷，操作准确，反常的心理活动必然导致不良的行为后果。尤其是道路危险货物运输驾驶员责任更大，驾驶员在行车中无论遇到什么情况，当发现自己情绪不对时，要进行自我调解和疏导，用各种方法缓解消极情感，尽量减少对行车安全的影响，不为情绪左右，不为外界事物分散精力，形成安全驾驶所要求的心理定势，能用正确敏捷的思路在极短的时间内迅速、果断、安全有效地处理瞬息万变的交通情况。

3 具备良好的思想素质

影响驾驶员心理稳定的因素是多种多样的，有些人受社会上各种不正确的人际观、价值观、道德观的影响，不能正确判别事物良莠、把握是非标准。因此，驾驶员应该有高度的政治觉悟、良好的道德修养和顽强的意志力，凡事要从大局出发，不断增强自我疏导和道德鉴评能力，消除心理上的逆反心理，有一种向国家和人民负责的高度安全责任感，真正做到“车行万里路，处处保平安”。

4 具备良好的驾驶习惯

良好的习惯一旦形成，就具有使动作、行为自动化的作用，如果养成某种不良习惯后，就会以一种惰性心理阻碍接受正确的东西。所以驾驶员要坚决摒弃一些不良嗜好，时刻把货物和车辆的安全放在心中，学会用健康的心理体育活动保健自己，逐渐养成从不习惯到习惯，从不自觉到自觉，培养严格遵守制度的好习惯。

5 加强情绪的自我心理调节

当遭受挫折时，驾驶员要冷静下来，通过听音乐等来调节失衡的心理，或者冷静看待挫折，用幽默的方法来调整心态。性格内向的驾驶员要增强自信，加强与他人的交流和沟通，敢于向他人倾诉，而不是把所有的问题和情绪憋在心里；性格外向的驾驶员往往直率、情绪波动大，要加强道德修养，提高心理承受能力和应激能力，注意保持心理平衡，避免过激的心理活动。

6 学会放松身心

驾驶员应注意改善休息环境，保证充足的睡眠，多从事一些有益的休闲活动，消除精神和体力上的疲劳。加强人格修养，与亲人建立和谐的家庭关系，与同事建立有益的、愉快的合作关系，与领导建立有效的、支持性的关系；关心他人，善于合作，不为了满足自己的需要而苛求于人，保持愉快的心情和积极的心态。

7 学会合理宣泄

学会宣泄，摆脱压力。面对挫折，不同的人，有不同的态度。有人惆怅，有人犹豫，此时不妨找一两个亲近的人、理解你的人，把心里的话全部倾吐出来。从心理健康角度而言，宣泄可以消除因挫折而带来的精神压力，可以减轻精神疲劳；同时，宣泄也是一种自我心理救护措施，它能使不良情绪得到淡化和减轻。

8 必要时寻求专业心理咨询

必要时求助于心理咨询。当人们遭遇到挫折不知所措时，不妨求助于心理咨询机构。心理医生会从专业角度提供帮助，晓之以理，动之以情，导之以行，循循善诱，让我们从“山重水复疑无路”的困境中，步入“柳暗花明又一村”的新境界。

第二节 道路危险货物运输驾驶员生理健康与调节

道路运输驾驶员经常会处于高度紧张的状态，在复杂的交通与恶劣气象条件下行车、长时间连续驾驶车辆、不规则饮食、坐姿不当、危险货物的危害等损害身心健康的工作和生活状况等。驾驶员应通过了解损害生理健康的各种因素，掌握预防健康受损的相关知识，采取调节措施保持健康和精力充沛，以能确保安全、高效地完成运输任务。

本节介绍道路危险货物运输驾驶员的生理特性和影响驾驶员生理健康的因素。

影响驾驶安全的常见生理因素及预防措施如下。

一 听觉

驾驶员长时间连续行车，体力消耗过大，外界环境噪声的干扰、车上零部件的松动、振动发出的噪声、车内视听系统的声音都会引发听觉器官的疲劳，从而造成驾驶员听力分散，分辨不清声响的性质，或觉察不出有可能造成严重后果的危险声响。遇到这种情况时应将车停到安全地带休息一下，待疲劳解除后再行车。

二 视觉

1 视力与视野

车辆驾驶员的视力可分为静视力、动视力和夜视力3种。驾驶员在行车中尤其要注意动视力和夜视力。动视力随速度的变化而变化，车速越快，动视力下降越明显（表2-1）。夜视力与光线亮度相关，光线越亮，夜视力越好。

不同行车速度条件下的视距　　表 2-1

速度（km/h）	视距（m）	速度（km/h）	视距（m）
60	240	80	160

驾驶员的视野与车速密切相关，车速越快，视野就越窄（表2-2）。

不同行车速度条件下的视野　　表 2-2

速度（km/h）	视野（°）	速度（km/h）	视野（°）
40	100	120	35
70	65	130	30
100	40	—	—

由此可见，高速行驶时，驾驶员的视距、视野均随车速增加而变短、变窄，道路两旁的物体呈带状向后“飞驰”，转瞬即逝，对行车安全有极大威胁。因此，驾驶员在行车过程中一定要遵守限速规定，尤其是遇雨雪雾天或夜间，更要注意及时减速。

2 明适应、暗适应

长时间处于明亮环境中的人突然进入暗处时，最初看不见任何东西，经过一定时间后，视觉敏感度才逐渐提高，逐渐看见在暗处的物体，这种现象称为暗适应。相反，长时间处于昏暗环境的人突然进入明亮处时，最初感到一片耀眼的光亮，不能看清物体，只有稍待片刻才能恢复视觉，这种现象称为明适应。明适应时间较短，一般只需几秒钟到1min，通常对视觉影响不大。暗适应时间较长，一般需要4～6min。

驾驶员驾驶机动车进入隧道时，眼睛要经历暗适应过程，出隧道时则要经历明适应过程。因此，驾驶员行至隧道入口前约50m处时，要提前开启前照灯、示廓灯，及时观察车速表并降低车速，以不高于隧道口标志规定的速度进入隧道，才能适应隧道内的昏暗环境。驾驶车辆驶出隧道前，要预先注意出口标志，观察隧道外的路面状况，保持精力集中，安全驶出隧道。

三 酒驾

有些驾驶员自认为酒量大、车技高超、经验丰富，并有侥幸心理，饮酒或醉酒后驾驶车辆，以致险象环生，造成车毁人亡的悲剧（图2-1）。

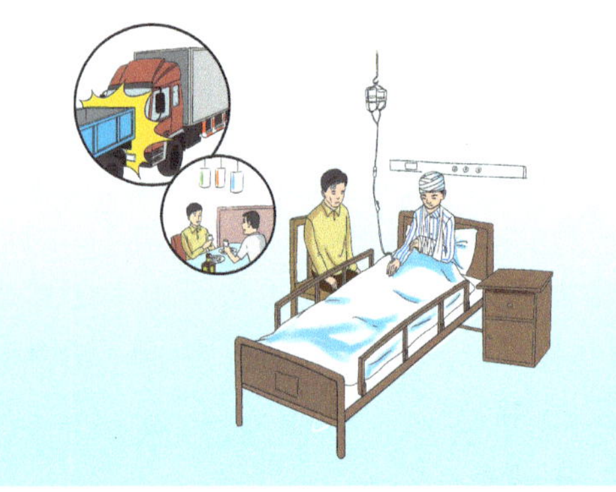

图 2-1　酒驾悲剧

酒精对驾驶员会产生以下几方面的影响。

（1）存在视觉障碍。饮酒后驾驶员的视野会变窄，视觉受到影响，色彩感觉功能降低。醉酒的驾驶员甚至只能看到周围环境中的很小一部分。

（2）运动反射神经迟钝。饮酒后驾驶员的反应会迟钝1~2s。高速行驶的车辆在1s内会驶出很长一段距离，酒驾必然会产生严重后果。

（3）触觉能力降低。因酒精具有麻醉作用，驾驶员饮酒后，手与脚的触觉与控制能力都会降低，身体平衡感减弱，往往无法正常操作加速踏板、离合器踏板、制动踏板及转向盘。

（4）思考、判断能力降低。驾驶员饮酒后对光、声刺激的反应时间延长，记忆力下降，注意力不集中，无法准确判断距离、速度与空间。

（5）理性及自制力下降。在酒精的刺激下，驾驶员会过度兴奋，情绪变得不稳定，过高估计自己的驾驶技术，盲目自大，对周围人的劝告常不屑一顾。

（6）嗜睡。饮酒后由于酒精作用，80%的人会困倦、嗜睡，表现为一开车就犯困想睡觉，从而引发交通事故。

考虑到酒精对行车安全的危害，驾驶员应做到开车不喝酒，喝酒不开车。

四 身体疾病与药物

驾驶员在病态下开车，注意力和反应力会大大降低，动作不协调，准确性和速度也会下降，慢性疾病同样会增加发生交通事故的可能性。大多数驾驶员都知道酒后不能驾驶车辆，但很少有人知道常见药物也会引起不良反应。从药理学角度看，某些药物对神经系统的影响强度超过了酒精，甚至一些中药乃至保健品也可能影响到交通安全（表2-3）。

驾驶员在生病服药期间最好不要驾驶车辆，并且要注意以下几点。

（1）看病时，主动与医生沟通，请医生尽量避免使用会对驾驶产生不良影响的药物。对于普通常见感冒，最好选用中成药或选择不含抗组胺成分的药，如日夜百服宁中的“日片”、白加黑中的“白片”等。

临床上服用后会影响行车安全的常见药物及副作用　　表 2-3

类　别	副 作 用	举　例
抗感冒	多数感冒药含有抗组胺成分，会导致全身乏力、疲劳、嗜睡	康泰克、日夜百服宁、三九感冒灵胶囊、复方盐酸伪麻黄碱缓释胶囊、速效感冒胶囊、感冒通以及一些止咳糖浆等
抗过敏	对中枢神经系统有较强的抑制作用，导致头晕、嗜睡、视物模糊、口干、倦乏	苯海拉明、异丙嗪、扑尔敏等
抗抑郁焦虑	全身乏力、疲倦、口干	百优解、丙咪嗪、多虑平和苯乙肼等
镇定安眠	对中枢神经系统有抑制作用，眩晕、嗜睡、呕吐、震颤以及视力模糊、头痛和昏厥	地西泮、艾司唑仑、劳拉西泮等
降压降糖	降压药易引起嗜睡、头痛、眩晕和低血压反应等；降糖药会引起药物性低血糖反应，如心悸、头晕、多汗、虚脱等	心得安、利血平、硝苯地平、络活喜、波依定、尼莫地平及尼群地平等
支气管、血管扩张等兴奋类药物	使人过于兴奋，导致驾驶员在开车时不能很好地控制加速踏板、离合器踏板和制动踏板	硝酸甘油、洛贝林、诺龙等
止痛	驾驶员反应迟钝，注意力不集中，控制力下降	布洛芬缓释胶囊、布洛芬等
酊剂	所有酊剂药物都含有酒精，服用后会被检测为酒驾	藿香正气水、复方五味酊、养阴清肺糖浆、人参蜂王浆及金喉健喷雾剂、云南白药酊等
质子泵抑制药	偶有疲乏、困倦反应	奥美拉唑、兰索拉唑、泮托拉唑等
抗高血压药	较大剂量时可引起嗜睡、乏力、注意力不集中，产生幻觉	利血平、甲基多巴等

（2）仔细阅读药品使用说明书，特别是用量、禁忌症和副作用等项目，严格遵医嘱服药。

（3）不要重复用药，不要超剂量用药，以免引起药物的不良反应或相互作用。

（4）服用药物2h内不能开车。

五　疲劳驾驶

1　疲劳驾驶的表现

疲劳驾驶是指驾驶员坐在驾驶座位上，由于长时间集中精力观察路况、操纵车辆，生理或心理发生某种变化，而在客观上出现驾驶机能低下的现象。疲劳驾驶是引发交通事故的一个重要因素，常见表现有：打呵欠，眼皮沉重，头昏脑涨，眼睛酸涩，口干舌燥，驾驶车辆走神，反应稍显滞后，操纵车辆不及时，甚至出现瞬间意识模糊，控制不住地打盹等。

2　疲劳驾驶的原因

疲劳驾驶的主要原因见表2-4。

导致疲劳驾驶的因素及主要原因　　表 2-4

因　素	主要原因
睡眠质量	睡眠不足，睡眠质量不高，睡眠环境差等
生活环境	琐事多，与家人或同事关系不和睦，精神负担重等
车内环境	温度过高或过低，噪声过大，座椅不合适，振动剧烈等
车外环境	路面状况差，交通环境复杂，气候条件不良等
运行条件	长时间、长距离行车，车速过快或过慢，过于限制到达时间等
身体条件	从事其他劳动导致体力消耗过大，体力、耐力差，视听能力下降，患有某种疾病，或药物或酒精引起的疲劳等
驾驶经历	技术水平低，操作生疏，驾驶经验缺乏，心理紧张等

3 疲劳驾驶的危害

疲劳驾驶会导致驾驶员在行车中体力下降，注意力不集中，视觉模糊，困倦，四肢无力，判断力下降，不能及时发现和正确处理路面交通情况。一旦驾驶员不由自主地出现瞬间意识模糊的情况，车辆会偏离行驶路线，失去控制，后果不堪设想。

4 疲劳驾驶的调节

（1）提高对疲劳驾驶的防范意识，从思想上充分认识其危害，分析疲劳驾驶产生的原因，找出对策。

（2）保证充足的睡眠时间。养成规律的作息习惯，每天确保8h睡眠时间。

（3）一般情况下，连续驾驶时间不要超过4h，连续行车4h必须停车休息20min以上。

（4）掌握好持续行车的时间节奏。长途行驶期间每2h停车休息一次，安排好途中的食宿和休息。

（5）确保车况良好。做好车辆维护工作，避免和减少途中抛锚，减少不必要的时间、精力、体力的消耗。

（6）易出现疲劳的中午11时至13 时、深夜24时至次日2时、凌晨4时至6时这三个时间段更要谨慎驾驶。

六 反应时间

驾驶员从接收到危险信号到采取措施的时间即为驾驶员的反应时间。影响因素包括驾驶员的年龄、身体状况、行车经验、驾车时段、道路条件、气象条件等。通常，驾驶员的平均反应时间为0.6～0.8s，在危急情况下因受惊吓反应时间大多会大于1s，甚至会出现误将加速踏板当作制动踏板的错误。

汽车的停车距离随车速的增加而增加（图2-2），因此车速越快，跟车距离应越大，确保前车紧急制动时能随之制动，而不与前车追尾。

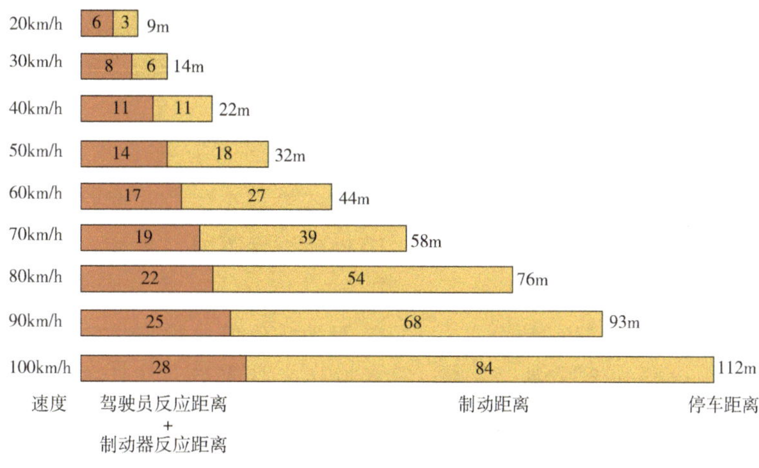

图 2-2　汽车停车距离与车速的关系

第三节　道路危险货物运输驾驶员常见疾病及其预防措施

长期久坐、长时间紧张驾驶、不规律饮食、熬夜和憋尿等客观困难的存在，使得驾驶员会患上一些疾病。驾驶员了解常见的疾病类型，并积极地、有针对性地采取措施，有利于预防疾病的发生。本节讲解驾驶员常见的疾病类型和预防的措施。

一　驾驶员常见疾病类型

驾驶员长期流动作业，经常面临复杂的交通环境，健康易受到损害。驾驶员常见的疾病有消化系统疾病、颈椎及神经系统疾病、泌尿系统疾病等。

1 货物过敏

环氧树脂、胶类硬化剂、偶氮染料、煤焦油衍生物和铬酸可引起皮肤和呼吸系统过敏，出现皮疹或水疱、咳嗽或呼吸困难等症状。直接接触某些铬、铍、砷等化合物容易导致皮肤溃疡，如铬溃疡（铬疮）、铍溃疡、等。

货物过敏可能导致危险货物运输驾驶员出现窒息、昏迷和麻醉、冻伤、灼伤、致癌、致畸、致突变、死亡等。因此，驾驶员应根据危险货物的理化特性选择好相应的防护用品，遵守安全操作规程，防范职业病。

2 脊椎病

驾驶员脊椎病的发生率很高，包括脊椎增生、肥大、变形等。坐姿和体位不正确是引起脊椎病的主要原因。车内空间狭小，驾驶员长时间窝在车里，身体不能正常地伸展。很容易引起骨骼肌肉系统的病变，如椎间盘变形、腰椎局部增生、背部疼痛等。车辆行驶过程中产生的振动作用于脊椎时，可产生压缩力，振动强度愈大，振动压缩力就愈大，过度的机械压缩力也可引起脊椎退行性改变。

脊椎病的主要表现为颈部、肩部、背部、腰部和肢体疼痛、麻木等。当驾驶员出现脊椎病变时，会因疼痛分散注意力，影响自身对车辆的操控能力。因此，驾驶员应定期针对脊椎做一些按摩。

3 颈椎病

驾驶员在驾驶车辆时，长时间保持同一驾驶姿势行车，双眼紧盯前方，脖子挺直，颈部很难得到自由活动，会造成颈椎痉挛、劳损或弹性下降，发生颈椎微错位，出现颈椎病。

长期从事驾驶、长时间连续驾驶或不规范驾驶操作极易诱发该疾病，较轻的颈椎病症为头部、颈部、肩臂麻木疼痛，重者可致使肢体酸软无力、头昏乏力、心慌、胸闷，甚至大小便失禁、瘫痪。

当驾驶员患有颈椎病时，不仅会影响驾驶操作，还容易因疼痛而分散注意力，降低辨识交通风险和应对紧急情况的能力。

4 肩周炎

肩周炎是驾驶员常见疾病之一。驾驶员长期保持同一姿势驾驶，不能及时活动肩关节，导致肩关节疼痛和活动受限，引发肩周炎。

肩周炎的主要症状为肩关节疼痛、肌肉无力、肩部活动障碍等。发病初期，肩部轻度酸痛，逐渐加重；严重者，稍触碰，疼痛难忍。驾驶员患肩周炎后，由于肩关节疼痛和活动受限，对车辆的操控能力会下降。

5 胃病

驾驶员经常流动作业，长期不合理、不规律的饮食习惯，带来的后果就是易患消化系统疾病，常见为消化不良、胃部疼痛，严重者会引起大出血。

6 振动病

车辆在行驶中的颠簸、振动会导致驾驶员神经系统功能下降。例如，条件反射受到抑制，神经末梢受损，振动觉、痛觉功能减退，对环境温度变化的适应能力降低等。振动过强时有的驾驶员会感到手臂疲劳、麻木、握力下降。随着时间的推移，还会使肌肉痉挛、萎缩，引起骨、关节的改变，出现脱钙、局部骨质增生或变形性关节炎等。

7 泌尿系统疾病

泌尿系统疾病也是驾驶员常见的疾病。首先，长时间驾驶，精力高度集中，无法进行放松活动，对尿路会造成长时间压迫，影响血液循环；其次，出车在外受环境因素影响较大，发生感冒及肠胃道疾病的机会增多，会导致泌尿系统感染并反复发作；同时，饮水少、经常憋尿，也会使前列腺疾病症状加重；最后，驾驶员工作随意性大，不能按时饮食、作息，吸烟等，也能诱发前列腺疾病。

8 噪声性耳聋

机动车发动机运转、汽车喇叭、所载物体的振动等，可产生不同强度的噪声。驾驶员长期在噪声的“轰击”下，易产生噪声性耳聋。早期多在驾车之后出现听力下降，如不驾车，听力又会逐渐恢复。但长期驾车，反复接触强噪声，就会造成听力明显损害，且不能完全恢复，导致双侧不可逆性耳聋。

二 驾驶员疾病预防措施

1 保持正确驾驶姿势

正确的驾驶坐姿对预防驾驶员腰痛、颈椎病极为重要。一般来讲，正确的驾驶姿势是：驾车时双眼平视，座椅靠背向后微倾，坐垫略向上翘起。臀部置于坐垫和靠背的夹角中，以在操作时不向前移为宜。

2 适当运动

在停车休息时，可以做健康操，活动关节、腰部、颈椎和四肢，帮助肌肉消除疲劳并起到复原作用。连续驾车1h左右，有意识地多活动头部，顺时针、逆时针各旋转十余次，可预防颈椎病。

3 定时休息

一次驾车时间一般不宜过长，应注意控制连续驾驶时间，否则会身心疲惫，既影响行车安全，又会危害健康。在驾驶过程中，一般每隔2h要停车休息。

4 注意车辆维修

驾驶员腰病产生的重要原因在于汽车产生的振动，所以应避免旧车“超期服役”，及时更换陈旧、磨损的零部件，对汽车进行定期维修。

5 定时、合理饮食、少吸烟

应做到合理安排车辆行程，做到定时定量饮食，避免暴饮暴食。长途运输时少吸烟，保持稳定的情绪，减轻生理、心理负担。

6 注重个体防护和卫生

1）个体防护

预防尘肺、职业中毒、缺氧窒息的关键是防止毒物从呼吸器官侵入。常用的呼吸防护用品分为过滤式（净化式）和隔绝式（供气式）两种类型。在选择呼吸防护用品时应考虑有害化学品的性质、作业场所污染物可能达到的最高浓度、作业场所的氧含量、使用者的面型和环境条件等因素。例如，自给式防毒呼吸器的选择，就是根据作业场所毒物的浓度选择呼吸器的种类，根据毒物的特性选择滤毒罐（盒），根据使用者的面型和环境条件选配面罩。

为了防止由于化学品的飞溅，以及化学粉尘、烟、雾、蒸气等所导致的眼睛和皮肤伤害，也需要根据具体情况选择相应的防护用品或护具。如护目镜、面罩、防护手套、围裙、靴和工作服，用于避免皮肤与化学品直接接触所造成的伤害。对于有些危险货物，可以直接使用护肤霜、护肤液等皮肤防护品保护皮肤。

2）个人卫生

除了以上控制措施外，作业人员养成良好的卫生习惯也是消除和降低化学品危害的有效方法。保持好个人卫生，就可以防止有害物附着在皮肤上或通过皮肤渗入体内。

使用化学品过程中保持个人卫生的基本原则如下。

(1) 遵守安全操作规程并使用适当的防护用品;

(2) 在工作结束后、饭前、饮水前、吸烟前以及便后要充分洗净身体的暴露部分;

(3) 定期检查身体;

(4) 皮肤受伤时,要完好地包扎;

(5) 注意防止自我污染,尤其在清洗或更换工作服时更要注意;

(6) 在衣服口袋里不装被污染的东西,如抹布、工具等;

(7) 防护用品要分放、分洗;

(8) 勤剪指甲并保持指甲洁净;

(9) 不直接接触能引起过敏的化学品。

第三章

道路运输驾驶员安全心理学

学习目标

（1）了解驾驶员心理情绪及其表现形式。
（2）了解各种环境因素对驾驶员心理的影响。
（3）了解驾驶员心理情绪对行车安全的影响。
（4）掌握预防驾驶员各种不良心理的对策。
（5）掌握转化不良心理情绪的方法。

第一节 驾驶员心理情绪及其表现形式

道路运输驾驶员在日常生活中难免会遇到一些不顺心的事情，导致心浮气躁，做事举止失措，不顾前因后果，开“赌气车、拼命车”，影响行车安全。常见消极情绪有思想麻痹、骄傲自满、生气赌气、情绪波动。

1 思想麻痹

思想麻痹的主要表现有：驾驶员放松警惕，注意力不集中，全身懒散放松。思想麻痹一般易出现在以下情形中：

（1）道路和通行条件较好，路上没有复杂的交通情况。
（2）长途行车已安全驶近车场或目的地。
（3）在车场掉头、试车、倒车。
（4）由复杂道路进入平坦道路。
（5）由城市道路驾驶转入郊外等级公路驾驶。
（6）夜间行车，车稀人少，路面宽敞。
（7）车况良好，操纵得心应手。

2 骄傲自满

骄傲自满是安全驾驶车辆的大敌。驾驶员一旦产生骄傲自满情绪，便会忘乎所以，过高地估计自己，因而不能正确认识和判断客观事物，无视各种规章制度，作出一些越轨的驾驶动作和行为，导致事故的发生。

3 生气赌气

驾驶员在行车中，碰到不顺心或违背自己意愿的事而生气赌气，把车辆当成发泄自己怨气、向对方施行报复的工具，是造成重大交通事故的原因之一。

4 情绪波动

情绪波动一般表现为高兴与沮丧。驾驶员过于高兴或沮丧，都会严重地影响安全操作。因为人在高兴或沮丧时，中枢神经系统便处于兴奋或压抑的状态，驾驶员行为表现得轻率、好动、异想天开、忘乎所以，或反应迟钝、动作呆板、两眼滞木，对危险情况置若罔闻。

第二节 各种环境对驾驶员心理的影响

交通环境是作用于道路交通参与者的所有外界影响与力量的总和，包括道路状况、交通设施、地物地貌、气象条件以及其他交通参与者的交通活动。绝大多数的交通事故是由于驾驶员不适应交通环境而造成的，因此，驾驶员必须了解自己与交通环境的关系。

1 交通参与者对驾驶员心理的影响

1）行人

少年儿童、青年人、中年人、老年人以及残疾人的心理特征和交通行为，各具特点。驾驶员在行车中一定要区别对待，减少交通事故的发生。

2）非机动车

根据管理实践，通常将非机动车分为自行车、电动自行车、人力三轮车、残疾人机动轮椅车及畜力车等。

助力电动车骑行者的交通心理有胆怯、侥幸、排他、超越、从众。自行车骑行者的交通心理有缺乏安全感，骑行时容易显得没有规律、散漫，随机应变。

常见违规行为有骑行闯红灯、停车越线、行驶在机动车道内、骑车带人、逆向行驶、拦头猛拐、抢道行驶、乱停乱放；行人闯红灯、不走非机动车道、横穿道路不走人行横道、有人行天桥的不走人行天桥、斜穿道路、翻越护栏；人力车、人力三轮车、畜力车闯禁行等。

2 车辆对驾驶员心理的影响

车辆的制动和转向是影响安全驾驶最为重要的因素，而车内光线、车内外温度和驾驶室座位也会直接对驾驶员的驾驶行为起作用。

1）汽车的动力性能

汽车的动力性能是指汽车所具有的牵引能力，即决定汽车加速、爬坡和最大速度的性能，汽车的动力性越好，速度就越高，所能克服的行驶阻力就越大。驾驶员只有熟悉所驾驶车辆的动力性能，才能在驾驶行为中精确控制车辆起步、加速、超会车、爬坡和最高车速，确保行车安全。

2）汽车的操纵稳定性

汽车的操纵稳定性是操纵性和稳定性的统称。其中，汽车的操纵性是指正确地按驾驶员的要求，维持或改变原行车方向的能力；汽车的稳定性是指汽车在行驶过程中，经受各种外部干扰后尚能自行尽快恢复原行驶状态，而不致出现失去控制甚至侧翻或侧滑等现象的能力。所以，操纵性的丧失将导致汽车驾驶员无法按照其意图操控车辆，稳定性的丧失往往使汽车发生侧滑或跑偏，甚至翻车。危险货物运输对驾驶员操控车辆稳定性的要求比较高，以防止危险货物在运输过程中因车辆不稳定而引起激荡、碰撞、振动、摩擦和挤压。

3）汽车的制动性

汽车的制动性是指汽车行驶时，能在短距离内停车且维持行驶方向稳定性和在下长坡时能维持一定车速的能力。汽车制动性是重要的检测与分析内容，它直接关系到交通安全，重大交通事故往往与制动距离太长、紧急制动时发生侧滑等情况有关。

4）汽车主动安全技术

汽车主动安全技术是指为保证汽车安全行驶、尽可能避免发生道路交通事故而采取的技术措施。其目的使汽车的轮胎、悬架、制动和转向的性能达到最优，尽量提高汽车行驶的稳定性和舒适性，减少行车时的偏差。涉及制动防抱死系统（ABS）、电子制动力分配系统（EBD）和制动辅助系统。

5）汽车被动安全技术

汽车被动安全技术是指汽车在行驶过程中当交通事故要不可避免发生时，为尽可能减轻事故伤害和货物受损而采取的技术措施，如防碰撞汽车结构的安全设计、安全带、安全气囊等。

被动安全装置，则是指在车祸意外发生、车辆已经失控的状况之下，对于乘坐人员起到被动保护作用的固定装置，即让车内的乘员固定在安全的位置，并利用结构上的导引与溃缩，尽量吸收撞击力，确保车内乘员的安全。

3 道路及交通对驾驶员心理的影响

道路环境具体包括道路构造、道路宽窄、路面质量（是水泥铺装还是沥青铺装）、车行道和人行道路是否分离、道路中心是否有分离带、道路平曲线和纵曲线特征以及路侧是否有建筑物和其他工作物等。

影响交通安全的道路环境因素有路面、视距、道路线形、交叉口特性等。

1）路面

路面状况与交通事故密切相关，如路面的强度和刚度性能、稳定性能、表面平整性能都与安全行车有直接关系。

2）视距

视距是指在车辆正常行驶中，驾驶员从正常驾驶位置能连续看到公路前方行车道范

围内路面上一定高度障碍物，或者看到公路前方交通设施、路面标线的最远距离。这里的距离是指沿车道中心线量得的长度。

3）道路线形

常见道路线形包括直线、平曲线、竖曲线。行车安全性的高低与不同线形之间的组合是否协调有密切的关系，线形组合坐标要符合标准。如驾驶员驾驶汽车在平曲线上行驶，只需注意转向；在竖曲线上行驶，只需换挡位，使汽车获得更好的牵引力。假如道路在平面、纵面同时发生变化，驾驶员就要同时照顾平、纵两面的操纵，操作就变得很复杂，再加上如果道路平、纵面线形组合不当，往往导致驾驶员手忙脚乱，稍一疏忽，就会发生交通事故。

4）交叉口特性

道路交叉口作为道路网的重要枢纽点，是不同方向道路上的车流、人流汇集的地方。在该处，由于车辆与车辆之间、车辆与横过道路行人之间的相互干扰，降低了行车速度，容易造成交通阻塞，同时会因车辆之间、车辆与行人之间抢行而导致交通事故的发生。

4 天气对驾驶员心理的影响

1）大雾天气

能见度低，路面附着系数降低，受生理条件的限制，驾驶员很难感知大雾的严重程度，造成心理紧张，可视距离会远远小于绝对安全距离，一旦发生追尾，容易引发多次追尾和二次事故。

2）雨天

能见度降低，路面附着系数降低，路滑，交通参与者变得慌乱，对正常驾驶造成一定影响，使得交通事故的数量明显增加。

3）冰雪天气

附着力降低，车辆制动距离变长，同时雪花影响驾驶员视线，会对行车安全造成极大威胁，冰雪路面还会使汽车转向及制动时的稳定性下降、操纵困难。当汽车在转弯和制动时，极易产生侧滑，导致交通事故。

5 管理对驾驶员心理的影响

交通安全设施、交通信号、交通标线和路面交通标志等，对驾驶员行车提出了规则要求，使其在心理上给予重视。

第三节 驾驶员心理情绪对行车安全的影响

驾驶员的情绪状态对行车安全影响极大。驾驶员在积极的情绪状态下，驾驶车辆时的失误少，工作效率高；反之，在消极的情绪状态下，对安全行车会产生很大的阻碍作用，不应有的失误会增多，且会大大降低运输效率。所以，从安全行车、提高效率的角度出发，加强驾驶员自我情绪调节与控制，对保证行车安全具有特殊的意义。

1 气愤埋下安全隐患

工作和生活中难免出现磕磕碰碰，假如处理不及时或不公正，就会使当事人产生气愤的心理情绪。若在此种情况下驾车，就会导致驾驶操作动作过大、过猛，为车祸的发生埋下隐患。

2 悲伤增加事故概率

亲人病故、家庭变故、朋友背叛、希望破灭等，这些沉重的打击会使驾驶员陷入极度伤感之中，即使作出很大努力，也难以彻底摆脱这种情绪的干扰。在此种情况下驾车，精力易分散，发生交通事故的概率也就增加。

3 兴奋过度易出意外

有些驾驶员遇到高兴的事儿后过于兴奋，安全防范意识降低，如放大音乐声音，与同车人开玩笑等，结果导致自身听觉负担加重、注意力分散、处理情况难度大，为安全行车埋下隐患。

4 恐惧带来错误操作

驾驶员在恐惧情绪下驾车，往往因心情过于紧张，导致驾驶动作变形、处理情况不当而诱发交通事故。

5 情绪压抑导致处置不当

在极度压抑的情绪下驾车，驾驶员会把情绪发泄在车上，不按操作规程办事、赌气驾驶，从而导致车辆事故的发生。

6 焦虑情绪影响注意力

驾驶员遇到对自己很重要却又悬而未决的事情时，会焦虑不安，在这种情绪下驾车，注意力难以集中、容易分神，等回过神儿来处理时，已经来不及了。

知识链接

1.“路怒症”定义

指由令他人厌恶的驾驶事件引起的压力与挫折所导致的，直接指向另一驾驶员的攻击行为。驾驶员可能会陷入失控之中，带着愤怒去驾车。医学界把“路怒症”归类为阵发型暴怒障碍，指多重的怒火爆发出来，猛烈程度让人大感意外。

2.“路怒症”的主要表现

开车骂人成常态，容易情绪失控，驾车和不驾车时的脾气和情绪像两个人，不停闪灯或者鸣笛、做粗野姿势、跟别人“顶牛”等，也就是“攻击性驾驶”。

处于“路怒”模式下的驾驶员会更难作出正确的选择，更容易诱发车祸，有时不仅限于言语攻击，具有攻击性的驾驶行为可能直接造成车祸。

3.“路怒症”的表现形式

危险驾驶：突然加速或紧急制动，跟车过近；强行切入别人的车道，或者故意拦阻别人进入自己的车道；过分地鸣喇叭或闪灯；飙车宣泄情绪（与车内乘客怄气）；

做粗野姿势，例如向别人竖中指；破口大骂或威胁恐吓，故意撞车；下车来挑衅别的驾驶员，包括用物品打击其他车辆的车身；驾车投掷物品袭击其他车；吐口水、驾车飙脏话；以牙还牙，报复违章行为；有打人的冲动等。

4.“路怒症”的内在原因

不合理的信念、不恰当的认知、不适宜的状态是“路怒”的元凶。

5.“路怒症”产生的危害

容易引发交通事故、容易造成交通拥堵、可能导致刑事案件、影响自己的身体和心理健康、影响自己的人际关系。

第四节 预防驾驶员各种不良心理的对策

驾驶员保持良好而稳定的情绪有利于驾驶技术动作的稳定发挥，有利于保持良好的精神状态和稳定的心理素质；反之，消极情绪的产生会导致驾驶技术动作变形，心理产生大的起伏，从而埋下安全隐患。因此，驾驶员应该在平日的工作中采取一定的方法、手段或者依靠内部和外部的力量学会调节自己的情绪，激发自己积极的情绪，抑制消极的情绪。

一 加强情绪稳定的调节

驾驶员要学会科学地消除紧张、急躁、侥幸、称雄的情绪，积极坦然地对待周围的人和事，避免过激的心理活动，做到“养心在静”，注意保持心理平衡状态和稳定的情绪，达到规范驾驶行为。而培养情绪的稳定性，需要在工作和日常生活中学会约束自己，即：顺心时不至于过分高兴，失败时也不丧失信心，经常地检查自己的行为，检查自己对易引起不正常情绪事物的反应，并学会控制自己。

二 自我释放消极情绪

驾驶员要尽早地意识到各种外界因素所导致的不同情绪对安全行车的影响，以便及时调整、集中精力驾驶好自己的车，主动地避开危险且不对他人造成威胁。

1）合理宣泄不良情绪

驾驶员在驾驶的过程中出现不良情绪，属于正常的生理与心理范畴。应该寻找发泄这种不满情绪的机会，如将车停靠在路边合适的地方，或是以大声唱歌等方式来及时缓解与宣泄情绪，从而避免一些交通事故的发生。

2）转移注意力

在驾驶的过程中，当遇到无法回避的痛苦时，驾驶员应该学会将注意力转移到其他事件之上，例如想一想最近工作生活中发生的快乐的事情；打开车内音响，多听一些舒缓的音乐，以音律的节奏变化调整心态。

三 强化心理素质的训练

心理素质训练是提高驾驶员心理素质的有效途径，训练项目可根据单位的实际情况制定，如进行事故多发地段驾驶员操作优化训练，驾驶反应时间训练等，从而有效提高驾驶员的临危处置能力，杜绝重特大行车事故的发生。在心理素质训练的过程中驾驶员要不断培养自己乐观、豁达、开朗的性格特征，平时多学习、多读书，培养自己良好的气质和性格，使自己的情绪保持稳定，不要因为一些小事而斤斤计较，引发不良情绪。

四 注重心理环境的调适

驾驶员应加强修养和涵养，扩大心理容量，提高心理承受力和应激力；还应锻炼身体，增强自己的机体活力，提高自己的耐疲劳能力，以消除精神和体力上的疲劳，保持清醒的判断和分析能力。

第五节 转化不良心理情绪的方法

在道路行车系统中，人、车、路、环境等因素都能引起驾驶员的心理变化。了解驾驶员在交通活动中的心理变化以及应对危险处境的反应，有助于驾驶员更好地利用有利心理因素、排除不良心理因素，保障驾驶员行车安全。

一 适时调节情绪

当遇到不愉快的事情，如行车途中遇有不礼貌的驾驶员、车辆中途出现故障等情况时，驾驶员要注意随时调整心情，不被情绪影响，以免导致驾车时精力不集中，产生一连串的连锁反应，造成不应有的后果。做到不开带病车，不带思想包袱开车，不开情绪车。

二 克服性格缺陷

性格与安全行车有很大的联系，形成一种良好的性格习惯，是安全行车的前提条件，驾车过程中要胆大心细、处事果断，冷静分析遇到的各种情况。平时要注意加强学习，注意思想修养，在实践中总结经验，不断锻炼自己，久而久之就会养成良好的性格习惯。

三 具有坚强的意志

在驾车过程中要充分发挥自己的聪明才智，克服车辆驾驶中的各种困难，处理好复杂的道路和环境情况，善于控制自己的情绪，约束自己的言行，克服不良的思想倾向，不急躁、不斗气，不开“英雄”车，不开“情绪”车，始终保持良好的心境。

第四章

危险货物道路运输法律法规和规章

学习目标

（1）掌握危险货物道路运输法律。

（2）熟悉危险货物道路运输相关法规和规章。

第一节 危险货物道路运输相关法律

目前，我国涉及危险货物道路运输的有关法律法规基本涵盖了危险货物道路运输的各个环节，形成了较为完善的法律体系，主要有《中华人民共和国安全生产法》《中华人民共和国刑法》《中华人民共和国反恐怖主义法》《危险化学品安全管理条例》《中华人民共和国道路运输条例》《生产安全事故应急条例》《道路危险货物运输管理规定》《道路运输从业人员管理规定》《道路运输车辆技术管理规定》《中华人民共和国特种设备安全法》等。

学习危险货物道路运输法律法规是驾驶员依法从业、依法运输和依法保护自己合法权益的基础。

一 《中华人民共和国安全生产法》

《中华人民共和国安全生产法》是我国安全生产的基本法，主要是对企业安全生产、从业人员培训和劳动保护的要求，在中华人民共和国境内从事生产经营活动的单位都要遵守。其中涉及道路危险货物运输驾驶员的内容如下。

1 从业人员的权利

（1）从业人员有权对本单位安全生产工作中存在的问题提出批评、检举、控告；有权拒绝违章指挥和强令冒险作业。生产经营单位不得因从业人员对本单位安全生产工作提出批评、检举、控告或者拒绝违章指挥、强令冒险作业而降低其工资、福利等待遇或者解除与其订立的劳动合同。

（2）从业人员发现直接危及人身安全的紧急情况时，有权停止作业或者在采取可能的应急措施后撤离作业场所。生产经营单位不得因从业人员在紧急情况下停止作业或者采取紧急撤离措施而降低其工资、福利等待遇或者解除与其订立的劳动合同。

（3）因生产安全事故受到损害的从业人员，除依法享有工伤保险外，依照有关民事法律尚有获得赔偿的权利的，有权向本单位提出赔偿要求。

2 从业人员的义务

（1）从业人员在作业过程中，应当严格遵守本单位的安全生产规章制度和操作规程，服从管理，正确佩戴和使用劳动防护用品。

（2）从业人员应当接受安全生产教育和培训，掌握本职工作所需的安全生产知识，提高安全生产技能，增强事故预防和应急处理能力。

（3）从业人员发现事故隐患或者其他不安全因素，应当立即向现场安全生产管理人员或者本单位负责人报告；接到报告的人员应当及时予以处理。

3 法律责任

（1）生产经营单位与从业人员订立协议，免除或者减轻其对从业人员因生产安全事故伤亡依法应承担的责任的，该协议无效；对生产经营单位的主要负责人、个人经营的投资人处2万元以上10万元以下的罚款。

（2）生产经营单位的从业人员不服从管理，违反安全生产规章制度或者操作规程的，由生产经营单位给予批评教育，依照有关规章制度给予处分；构成犯罪的，依照刑法有关规定追究刑事责任。

二 《中华人民共和国劳动法》和《中华人民共和国劳动合同法》

1 《中华人民共和国劳动法》

《中华人民共和国劳动法》是为了保护劳动者的合法权益，调整劳动关系，建立和维护适应社会主义市场经济的劳动制度，促进经济发展和社会进步，根据宪法制定的法律。其中涉及道路危险货物运输驾驶员的内容如下。

（1）用人单位必须建立、健全劳动安全卫生制度，严格执行国家劳动安全卫生规程和标准，对劳动者进行劳动安全卫生教育，防止劳动过程中的事故，减少职业危害。

（2）用人单位必须为劳动者提供符合国家规定的劳动安全卫生条件和必要的劳动防护用品，对从事有职业危害作业的劳动者应当定期进行健康检查。

（3）从事特种作业的劳动者必须经过专门培训并取得特种作业资格。

（4）劳动者在劳动过程中必须严格遵守安全操作规程。劳动者对用人单位管理人员违章指挥、强令冒险作业，有权拒绝执行；对危害生命安全和身体健康的行为，有权提出批评、检举和控告。

（5）国家建立伤亡事故和职业病统计报告和处理制度。县级以上各级人民政府劳动行政部门、有关部门和用人单位应当依法对劳动者在劳动过程中发生的伤亡事故和劳动者的职业病状况，进行统计、报告和处理。

②《中华人民共和国劳动合同法》

签订劳动合同是保障驾驶员合法劳动权益的一种有效方法，也就是说，驾驶员与用人单位建立劳动关系，应当签订书面劳动合同，在劳动合同中明确有关保障驾驶员劳动安全、防止职业危害、依法为驾驶员办理工伤社会保险等事项。劳动合同应当具备以下条款：

（1）用人单位的名称、住所和法定代表人或者主要负责人；

（2）劳动者的姓名、住址和居民身份证或者其他有效身份证件号码；

（3）劳动合同期限；

（4）工作内容和工作地点；

（5）工作时间和休息休假；

（6）劳动报酬；

（7）社会保险；

（8）劳动保护、劳动条件和职业危害防护；

（9）法律、法规规定应当纳入劳动合同的其他事项。

驾驶员有获得工伤保险和民事赔偿的权利。驾驶员因生产安全事故受到损害后，首先可以依照劳动合同和工伤社会保险合同的约定，享有相应的补偿金。如果工伤保险补偿金不足以补偿损失的，依照有关民事法律规定应当给予赔偿的，驾驶员或其亲属有权向本单位提出赔偿要求。

驾驶员与用人单位签订劳动合同后必须尽职履责，有下列情形之一的，用人单位可以解除劳动合同：

（1）在试用期间被证明不符合录用条件的；

（2）严重违反用人单位的规章制度的；

（3）严重失职，营私舞弊，给用人单位造成重大损害的；

（4）驾驶员同时与其他用人单位建立劳动关系，对完成本单位的工作任务造成严重影响，或者经用人单位提出，拒不改正的；

（5）被依法追究刑事责任的。

驾驶员未与用人单位订立书面劳动合同，但同时具备下列情形的，劳动关系仍然成立：

（1）用人单位和驾驶员符合法律、法规规定的主体资格；

（2）用人单位依法制定的各项劳动规章制度适用于驾驶员，驾驶员受用人单位的劳动管理，从事用人单位安排的有报酬的劳动；

（3）驾驶员提供的劳动是用人单位业务的组成部分。

驾驶员未与用人单位签订劳动合同，认定双方存在劳动关系时可参照下列凭证：

（1）工资支付凭证或记录（职工工资发放花名册）、缴纳各项社会保险费的记录；

（2）用人单位向驾驶员发放的工作证、服务证等能够证明身份的证件；

（3）驾驶员填写的用人单位招工、招聘登记表、报名表等招用记录；

（4）考勤记录；

（5）其他职员的证言等。

其中，第（1）（3）（4）项的有关凭证由用人单位负举证责任。驾驶员与用人单位就是否存在劳动关系引发争议的，可以向有管辖权的劳动争议仲裁委员会申请仲裁。

三《中华人民共和国反恐怖主义法》

《中华人民共和国反恐怖主义法》中涉及道路危险货物运输驾驶员的内容如下。

（1）生产和进口单位应当依照规定对枪支等武器、弹药、管制器具、危险化学品、民用爆炸物品、核与放射物品作出电子追踪标识，对民用爆炸物品添加安检示踪标识物。

运输单位应当依照规定对运营中的危险化学品、民用爆炸物品、核与放射物品的运输工具通过定位系统实行监控。

国务院有关主管部门或者省级人民政府根据需要，在特定区域、特定时间，可以决定对管制器具、危险化学品、民用爆炸物品的生产、进出口、运输、销售、使用、报废实施管制，可以禁止使用现金、实物进行交易或者对交易活动作出其他限制。

（2）发生枪支等武器、弹药、危险化学品、民用爆炸物品、核与放射物品、传染病病原体等物质被盗、被抢、丢失或者其他流失的情形，案发单位应当立即采取必要的控制措施，并立即向公安机关报告，同时依照规定向有关主管部门报告。公安机关接到报告后，应当及时开展调查。有关主管部门应当配合公安机关开展工作。

任何单位和个人不得非法制作、生产、储存、运输、进出口、销售、提供、购买、使用、持有、报废、销毁前款规定的物品。公安机关发现的，应当予以扣押；其他主管部门发现的，应当予以扣押，并立即通报公安机关；其他单位、个人发现的，应当立即向公安机关报告。

（3）违反本法规定，有下列情形之一的，由主管部门给予警告，并责令改正；拒不改正的，处10万元以下罚款，并对其直接负责的主管人员和其他直接责任人员处1万元以下罚款:

①未依照规定对枪支等武器、弹药、管制器具、危险化学品、民用爆炸物品、核与放射物品作出电子追踪标识，对民用爆炸物品添加安检示踪标识物的。

②未依照规定对运营中的危险化学品、民用爆炸物品、核与放射物品的运输工具通过定位系统实行监控的。

③违反国务院有关主管部门或者省级人民政府对管制器具、危险化学品、民用爆炸物品决定的管制或者限制交易措施的。

四《中华人民共和国突发事件应对法》

《中华人民共和国突发事件应对法》中涉及道路危险货物运输驾驶员的内容如下。

（1）矿山、建筑施工单位和易燃易爆物品、危险化学品、放射性物品等危险物品的生产、经营、储运、使用单位，应当制定具体应急预案，并对生产经营场所、有危险物品的建筑物、构筑物及周边环境开展隐患排查，及时采取措施消除隐患，防止发生突发事件。

（2）公共交通工具、公共场所和其他人员密集场所的经营单位或者管理单位应当制定具体应急预案，为交通工具和有关场所配备报警装置和必要的应急救援设备、设施，注明其使用方法，并显著标明安全撤离的通道、路线，保证安全通道、出口的畅通。

有关单位应当定期检测、维护其报警装置和应急救援设备、设施，使其处于良好状态，确保正常使用。

（3）有关单位和人员报送、报告突发事件信息，应当做到及时、客观、真实，不得迟报、谎报、瞒报、漏报。

（4）有关单位有下列情形之一的，由所在地履行统一领导职责的人民政府责令停产停业，暂扣或者吊销许可证或者营业执照，并处五万元以上二十万元以下的罚款；构成违反治安管理行为的，由公安机关依法给予处罚：

①未按规定采取预防措施，导致发生严重突发事件的；

②未及时消除已发现的可能引发突发事件的隐患，导致发生严重突发事件的；

③未做好应急设备、设施日常维护、检测工作，导致发生严重突发事件或者突发事件危害扩大的；

④突发事件发生后，不及时组织开展应急救援工作，造成严重后果的。

前款规定的行为，其他法律、行政法规规定由人民政府有关部门依法决定处罚的，从其规定。

（5）单位或者个人违反本法规定，不服从所在地人民政府及其有关部门发布的决定、命令或者不配合其依法采取的措施，构成违反治安管理行为的，由公安机关依法给予处罚。

五《中华人民共和国刑法》

《中华人民共和国刑法》中涉及危险货物道路运输的内容如下。

（1）非法制造、买卖、运输、邮寄、储存枪支、弹药、爆炸物的，以及非法制造、买卖、运输、储存毒害性、放射性、传染病病原体等物质，危害公共安全的，处3年以上10年以下有期徒刑；情节严重的，处10年以上有期徒刑、无期徒刑或者死刑。

（2）违反交通运输管理法规，因而发生重大事故，致人重伤、死亡或者使公私财产遭受重大损失的，处3年以下有期徒刑或者拘役；交通运输肇事后逃逸或者有其他特别恶劣情节的，处3年以上7年以下有期徒刑；因逃逸致人死亡的，处7年以上有期徒刑。

（3）危险驾驶罪。

①危险驾驶罪包含的情形。

a.追逐竞驶，情节恶劣的：情节恶劣限制了追逐竞驶的处罚范围。追逐竞驶，是指行为人在道路上高速、超速行驶，随意追逐、超越其他车辆，频繁、突然并线，近距离驶入其他车辆之前的危险驾驶行为。

b.在道路上醉酒驾驶机动车：车辆驾驶员员血液中的酒精含量大于或者等于80mg/100mL的属于醉酒驾驶。

②处罚规定。

a.犯本罪的，根据刑法第133条之一的规定，处拘役，并处罚金。

b.危险驾驶行为同时构成交通肇事罪或者以危险方法危害公共安全罪等犯罪的，依照处罚较重的规定定罪处罚，不实行数罪并罚。

（4）在道路上驾驶机动车，违反危险化学品安全管理规定运输危险化学品，危及公共安全的，处拘役，并处罚金。机动车所有人、管理人对此行为负有直接责任的，处拘役，并处罚金。

（5）违反爆炸性、易燃性、放射性、毒害性、腐蚀性物品的管理规定，在生产、储存、运输、使用中发生重大事故，造成严重后果的，处3年以下有期徒刑或者拘役；后果特别严重的，处3年以上7年以下有期徒刑。

（6）伪造、变造、买卖驾驶证的，处3年以下有期徒刑、拘役、管制或者剥夺政治权利，并处罚金；情节严重的，处3年以上7年以下有期徒刑，并处罚金。

六《中华人民共和国环境保护法》

《中华人民共和国环境保护法》是为保护和改善环境，防治污染和其他公害，保障公众健康，推进生态文明建设，促进经济社会可持续发展制定的国家法律，其中涉及危险货物道路运输的内容如下。

（1）环境保护坚持保护优先、预防为主、综合治理、公众参与、损害担责的原则。

（2）一切单位和个人都有保护环境的义务。

企业事业单位和其他生产经营者应当防止、减少环境污染和生态破坏，对所造成的损害依法承担责任。

公民应当增强环境保护意识，采取低碳、节俭的生活方式，自觉履行环境保护义务。

（3）企业事业单位和其他生产经营者违反法律法规规定排放污染物，造成或者可能造成严重污染的，县级以上人民政府环境保护主管部门和其他负有环境保护监督管理职责的部门，可以查封、扣押造成污染物排放的设施、设备。

（4）生产、储存、运输、销售、使用、处置化学物品和含有放射性物质的物品，应当遵守国家有关规定，防止污染环境。

七《中华人民共和国特种设备安全法》

《中华人民共和国特种设备安全法》是为加强特种设备安全工作，预防特种设备事故，保障人身和财产安全，促进经济社会发展而制定。其中涉及道路危险货物运输驾驶员的内容如下。

（1）特种设备安全管理人员、检测人员和作业人员应当按照国家有关规定取得相应资格，方可从事相关工作。特种设备安全管理人员、检测人员和作业人员应当严格执行安全技术规范和管理制度，保证特种设备安全。

（2）特种设备使用单位应当建立岗位责任、隐患治理、应急救援等安全管理制度，制定操作规程，保证特种设备安全运行。

（3）特种设备安全管理人员应当对特种设备使用状况进行经常性检查，发现问题应当立即处理；情况紧急时，可以决定停止使用特种设备并及时报告本单位有关负责人。

特种设备作业人员在作业过程中发现事故隐患或者其他不安全因素，应当立即向特种设备安全管理人员和单位有关负责人报告；特种设备运行不正常时，特种设备作业人员应当按照操作规程采取有效措施保证安全。

（4）特种设备出现故障或者发生异常情况，特种设备使用单位应当对其进行全面检查，消除事故隐患，方可继续使用。

（5）气瓶充装单位应当向气体使用者提供符合安全技术规范要求的气瓶，对气体使用者进行气瓶安全使用指导，并按照安全技术规范的要求办理气瓶使用登记，及时申报定期检验。

（6）特种设备使用单位应当制定特种设备事故应急专项预案，并定期进行应急演练。

（7）特种设备发生事故后，事故发生单位应当按照应急预案采取措施，组织抢救，防止事故扩大，减少人员伤亡和财产损失，保护事故现场和有关证据，并及时向事故发生地县级以上人民政府负责特种设备安全监督管理的部门和有关部门报告。与事故相关的单位和人员不得迟报、谎报或者瞒报事故情况，不得隐匿、毁灭有关证据或者故意破坏事故现场。

（8）违反本法规定，特种设备生产、经营、使用单位有下列情形之一的，责令限期改正；逾期未改正的，责令停止使用有关特种设备或者停产停业整顿，处1万元以上5万元以下罚款：

①未配备具有相应资格的特种设备安全管理人员、检测人员和作业人员的；

②使用未取得相应资格的人员从事特种设备安全管理、检测和作业的；

③未对特种设备安全管理人员、检测人员和作业人员进行安全教育和技能培训的。

第二节 危险货物道路运输相关法规和规章

一 《中华人民共和国道路运输条例》

《中华人民共和国道路运输条例》中涉及危险货物道路运输的内容如下。

（1）从事危险货物运输经营的，向设区的市级道路运输管理机构提出申请。

（2）申请从事危险货物运输经营的，应当具备四项基本条件：

①有5辆以上经检验合格的危险货物运输专用车辆、设备。

②有经所在地设区的市级人民政府交通主管部门考试合格，取得上岗资格证的驾驶人员、装卸管理人员、押运人员。

③危险货物运输专用车辆配有必要的通信工具。

④有健全的安全生产管理制度。

（3）运输危险货物应当采取必要措施，防止危险货物燃烧、爆炸、辐射、泄漏等。

（4）运输危险货物应当配备必要的押运人员，保证危险货物处于押运人员的监管之下，并悬挂明显的危险货物运输标志。

（5）托运危险货物的，应当向货运经营者说明危险货物的品名、性质、应急处置方法等情况，并严格按照国家有关规定包装，设置明显标志。

（6）危险货物运输经营者应当为危险货物投保承运人责任险。违反本规定未按规定投保承运人责任险的，由县级以上道路运输管理机构责令限期投保；拒不投保的，由原许可机关吊销道路运输经营许可证。

（7）法律、行政法规规定必须办理有关手续后方可运输的货物，货运经营者应当查验有关手续。

（8）违反本条例的规定，未取得道路运输经营许可，擅自从事道路运输经营的，由县级以上道路运输管理机构责令停止经营；有违法所得的，没收违法所得，处违法所得2倍以上10倍以下的罚款；没有违法所得或者违法所得不足2万元的，处3万元以上10万元以下的罚款；构成犯罪的，依法追究刑事责任。

二《公路安全保护条例》

《公路安全保护条例》中涉及危险货物道路运输的内容如下。

（1）车辆的外廓尺寸、轴荷和总质量应当符合国家有关车辆外廓尺寸、轴荷、质量限值等机动车安全技术标准，不符合标准的不得生产、销售。

（2）运输不可解体物品需要改装车辆的，应当由具有相应资质的车辆生产企业按照规定的车型和技术参数进行改装。

（3）超过公路、公路桥梁、公路隧道限载、限高、限宽、限长标准的车辆，不得在公路、公路桥梁或者公路隧道行驶；超过汽车渡船限载、限高、限宽、限长标准的车辆，不得使用汽车渡船。

（4）车辆载运不可解体物品，车货总体的外廓尺寸或者总质量超过公路、公路桥梁、公路隧道的限载、限高、限宽、限长标准，确需在公路、公路桥梁、公路隧道行驶的，从事运输的单位和个人应当向公路管理机构申请公路超限运输许可。

（5）车辆应当规范装载，装载物不得触地拖行。车辆装载物易掉落、遗洒或者飘散的，采取厢式密闭等有效防护措施后方可在公路上行驶。

三《危险化学品安全管理条例》

《危险化学品安全管理条例》是现行的内容最全面、层次最高的危险化学品道路运输安全管理有关条例。其涉及道路危险货物运输驾驶员的内容如下。

1 《危险化学品安全管理条例》适用范围

在中华人民共和国境内对危险化学品生产、储存、使用、经营和运输的安全管理，必须遵守本条例和国家有关安全生产的法律、其他行政法规的规定。在境内运输危险化学品的，不仅包括经营性运输，也包括非营业性运输。

民用爆炸品、烟花爆竹、放射性物质、核能物质和城镇燃气的安全管理不适用《危险化学品安全管理条例》。

2 危险化学品定义

危险化学品是指具有毒害、腐蚀、爆炸、燃烧、助燃等性质，对人体、设施、环境具有危害的剧毒化学品和其他化学品。危险化学品以《危险化学品目录》为准。而《危险化学品目录》由国务院安全生产监督管理部门会同国务院工业和信息化、公安、环境保护、卫生、质量监督检验检疫、交通运输、铁路、民用航空、农业主管部门，根据化学品危险特性的鉴别和分类标准确定、公布，并适时调整。

知识链接

剧毒化学品应属单独、特殊的一类。《危险化学品安全管理条例》对剧毒化学品道路运输有特殊要求，剧毒化学品以国家安全生产监管管理总局等10部门公告2015年第5号《危险化学品目录（2015版）》中“备注”为准。

3 交通运输部门的职责

交通运输部门的职责是:严把危险化学品道路运输企业的资质认定关，严把危险化学品道路运输从业人员（驾驶员、装卸管理人员、押运人员）的资格认定关，严把危险化学品道路运输车辆的技术状况关。同时，根据“谁许可、谁负责”的原则，负责前述事项的监督检查，即“三关一监督”。

4 资质认定制度

国家对危险化学品的运输实行资质认定制度，未经资质认定，不得运输危险化学品，即没有资质的运输属于违法运输。据此，交通运输部制定了《道路危险货物运输管理规定》。

5 持证上岗制度

危险化学品道路运输企业应当对其驾驶员、装卸管理人员、押运人员进行有关的安全知识培训；驾驶员、装卸管理人员、押运人员必须掌握危险化学品运输的安全知识，并经所在地设区的市级人民政府交通运输主管部门考核合格后上岗作业；危险化学品的装卸作业必须在装卸管理人员的现场指挥下进行。

6 对托运人（企业）的要求

（1）通过道路运输危险化学品的，托运人应当委托依法取得危险货物道路运输许可的企业承运。

（2）通过道路运输剧毒化学品的，托运人应当向运输始发地或者目的地县级人民政府公安机关申请剧毒化学品道路运输通行证。

（3）托运危险化学品的，托运人应当向承运人说明所托运的危险化学品的种类、数量、危险特性以及发生危险情况后的应急处置措施，并按照国家有关规定对所托运的危险化学品妥善包装，在外包装上设置相应的标志。

（4）运输危险化学品需要添加抑制剂或者稳定剂的，托运人应当添加，并将有关情况告知承运人。

（5）托运人不得在托运的普通货物中夹带危险化学品，不得将危险化学品匿报或者谎报为普通货物托运。

（6）任何单位和个人不得交寄危险化学品或者在邮件、快件内夹带危险化学品，不得将危险化学品匿报或者谎报为普通物品交寄。邮政企业、快递企业不得收寄危险化学品。

7 对包装物、容器的要求

（1）危险化学品生产企业应当提供与其生产的危险化学品相符的化学品安全技术说明书，并在危险化学品包装（包括外包装件）上粘贴或者拴挂与包装内危险化学品相符的化学品安全标签。化学品安全技术说明书和化学品安全标签所载明的内容应当符合国家标准的要求。

（2）危险化学品包装物、容器的材质以及危险化学品包装的形式、规格、方法和单件质量，应当与所包装的危险化学品的性质和用途相适应。

（3）危险化学品经营企业不得经营没有化学品安全技术说明书或者化学品安全标签的危险化学品。

（4）对重复使用的危险化学品包装物、容器，使用单位在重复使用前应当进行检查；发现存在安全隐患的，应当维修或者更换。使用单位应当对检查情况做好记录，记录的保存期限不得少于2年。

（5）危险化学品的包装应当符合法律、行政法规、规章的规定以及国家标准、行业标准的要求。

8 对承运人（企业）的要求

从事危险化学品道路运输的，应当依照有关道路运输的法律、行政法规的规定，取得危险货物道路运输许可，并向工商行政管理部门办理登记手续。

未依法取得危险货物道路运输许可，从事危险化学品道路运输的，依照有关道路运输的法律、行政法规的规定处罚。

危险化学品道路运输企业应当配备专职安全管理人员。

危险化学品道路运输企业未配备专职安全管理人员的由交通运输主管部门责令改正，可以处1万元以下的罚款；拒不改正的，处1万元以上5万元以下的罚款。

运输危险化学品应当根据危险化学品的危险特性采取相应的安全防护措施，并配备必要的防护用品和应急救援器材。用于运输危险化学品的槽罐以及其他容器应当封口严密，能够防止危险化学品在运输过程中因温度、湿度或者压力的变化发生渗漏、洒漏；槽罐以及其他容器的溢流和泄压装置应当设置准确、启闭灵活。

运输危险化学品，未根据危险化学品的危险特性采取相应的安全防护措施，或者未配备必要的防护用品和应急救援器材的，由交通运输主管部门责令改正，处5万元以上10万元以下的罚款；拒不改正的，责令停产停业整顿；构成犯罪的，依法追究刑事责任。

（1）通过道路运输危险化学品的，应当按照运输车辆的核定载质量装载危险化学品，不得超载。危险化学品运输车辆应当符合国家标准要求的安全技术条件，并按照国家有关规定定期进行安全技术检验。

超过运输车辆的核定载质量装载危险化学品的、使用安全技术条件不符合国家标准要求的车辆运输危险化学品的，由公安机关责令改正，处5万元以上10万元以下的罚款；构成违反治安管理行为的，依法给予治安管理处罚；构成犯罪的，依法追究刑事责任。

（2）危险化学品运输车辆应当悬挂或者喷涂符合国家标准要求的警示标志。

危险化学品运输车辆未悬挂或者喷涂警示标志，或者悬挂或者喷涂的警示标志不符合国家标准要求的，由公安机关责令改正，处1万元以上5万元以下的罚款；构成违反治安管理行为的，依法给予治安管理处罚。

（3）通过道路运输危险化学品的，应当配备押运人员，并保证所运输的危险化学品处于押运人员的监控之下。

通过道路运输危险化学品，不配备押运人员的，由公安机关责令改正，处1万元以上5万元以下的罚款；构成违反治安管理行为的，依法给予治安管理处罚。

（4）运输危险化学品途中因住宿或者发生影响正常运输的情况，需要较长时间停车的，驾驶员、押运人员应当采取相应的安全防范措施；运输剧毒化学品或者易制爆危险化学品需要较长时间停车的，还应当向当地公安机关报告。

运输剧毒化学品或者易制爆危险化学品途中需要较长时间停车，驾驶员、押运人员不向当地公安机关报告的，由公安机关责令改正，处1万元以上5万元以下的罚款；构成违反治安管理行为的，依法给予治安管理处罚。

（5）未经公安机关批准，运输危险化学品的车辆不得进入危险化学品运输车辆限制通行的区域。

运输危险化学品的车辆未经公安机关批准进入危险化学品运输车辆限制通行的区域的，由公安机关责令改正，处5万元以上10万元以下的罚款；构成违反治安管理行为的，依法给予治安管理处罚；构成犯罪的，依法追究刑事责任。

（6）通过道路运输剧毒化学品的，托运人应当向运输始发地或者目的地县级人民政府公安机关申请剧毒化学品道路运输通行证。

未取得剧毒化学品道路运输通行证，通过道路运输剧毒化学品的，由公安机关责令改正，处5万元以上10万元以下的罚款；构成违反治安管理行为的，依法给予治安管理处罚；构成犯罪的，依法追究刑事责任。

（7）危险化学品的装卸作业应当遵守安全作业标准、规程和制度，并在装卸管理人员的现场指挥或者监控下进行。

9 对从业人员的要求

（1）危险化学品道路运输企业的驾驶员、装卸管理人员、押运人员，应当经交通运输主管部门考核合格，取得从业资格。

危险化学品道路运输企业的驾驶员、装卸管理人员、押运人员未取得从业资格上岗作业的，由交通运输主管部门责令改正，处5万元以上10万元以下的罚款；拒不改正的，责令停产停业整顿；构成犯罪的，依法追究刑事责任。

（2）运输危险化学品的驾驶员、装卸管理人员、押运人员，应当了解所运输的危险化学品的危险特性及其包装物、容器的使用要求和出现危险情况时的应急处置方法。

10 对事故报告的要求

（1）剧毒化学品、易制爆危险化学品在道路运输途中丢失、被盗、被抢或者出现流散、泄漏等情况，驾驶员、押运人员应当立即采取相应的警示措施和安全措施，并向当地公安机关报告。公安机关接到报告后，应当根据实际情况立即向安全生产监督管理部门、环境保护主管部门、卫生主管部门通报。有关部门应当采取必要的应急处置措施。

（2）剧毒化学品、易制爆危险化学品在道路运输途中丢失、被盗、被抢或者发生流散、泄漏等情况，驾驶员、押运人员不采取必要的警示措施和安全措施，或者不向当地公安机关报告的，由公安机关责令改正，处1万元以上5万元以下的罚款；构成违反治安管理行为的，依法给予治安管理处罚。

发生危险化学品事故时，事故企业主要负责人应当立即按照本企业危险化学品应急预案组织救援，并向当地安全生产监督管理部门和环境保护、公安、卫生主管部门报告；道路运输过程中发生危险化学品事故的，驾驶员或者押运人员还应当向事故发生地交通运输主管部门报告。

四《民用爆炸物品安全管理条例》和《烟花爆竹安全管理条例》

1《民用爆炸物品安全管理条例》

《民用爆炸物品安全管理条例》中涉及危险货物道路运输的内容如下。

（1）运输民用爆炸物品，收货单位应当向运达地县级人民政府公安机关提出申请，并提交包括下列内容的材料：

①民用爆炸物品生产企业、销售企业、使用单位以及进出口单位分别提供的《民用爆炸物品生产许可证》《民用爆炸物品销售许可证》《民用爆炸物品购买许可证》或者进出口批准证明；

②运输民用爆炸物品的品种、数量、包装材料和包装方式；

③运输民用爆炸物品的特性、出现险情的应急处置方法；

④运输时间、起始地点、运输路线、经停地点。

受理申请的公安机关应当自受理申请之日起3日内对提交的有关材料进行审查，对符合条件的，核发《民用爆炸物品运输许可证》；对不符合条件的，不予核发《民用爆炸物品运输许可证》，书面向申请人说明理由。

《民用爆炸物品运输许可证》应当载明收货单位、销售企业、承运人，一次性运输有效期限、起始地点、运输路线、经停地点，民用爆炸物品的品种、数量。

（2）运输民用爆炸物品的，应当凭《民用爆炸物品运输许可证》，按照许可的品种、数量运输。

（3）经由道路运输民用爆炸物品的，应当遵守下列规定：

①携带《民用爆炸物品运输许可证》；

②民用爆炸物品的装载符合国家有关标准和规范，车厢内不得载人；

③运输车辆安全技术状况应当符合国家有关安全技术标准的要求，并按照规定悬挂或者安装符合国家标准的易燃易爆危险物品警示标志；

④运输民用爆炸物品的车辆应当保持安全车速；

⑤按照规定的路线行驶，途中经停应当有专人看守，并远离建筑设施和人口稠密的地方，不得在许可以外的地点经停；

⑥按照安全操作规程装卸民用爆炸物品，并在装卸现场设置警戒，禁止无关人员进入；

⑦出现危险情况立即采取必要的应急处置措施，并报告当地公安机关。

（4）民用爆炸物品运达目的地，收货单位应当进行验收后在《民用爆炸物品运输许可证》上签注，并在3日内将《民用爆炸物品运输许可证》交回发证机关核销。

（5）禁止携带民用爆炸物品搭乘公共交通工具或者进入公共场所。

禁止邮寄民用爆炸物品，禁止在托运的货物、行李、包裹、邮件中夹带民用爆炸物品。

2 《烟花爆竹安全管理条例》

《烟花爆竹安全管理条例》中涉及危险货物道路运输的内容如下。

（1）经由道路运输烟花爆竹的，应当经公安部门许可。

经由铁路、水路、航空运输烟花爆竹的，依照铁路、水路、航空运输安全管理的有关法律、法规、规章的规定执行。

（2）经由道路运输烟花爆竹的，托运人应当向运达地县级人民政府公安部门提出申请，并提交下列有关材料：

①承运人从事危险货物运输的资质证明；

②驾驶员、押运员从事危险货物运输的资格证明；

③危险货物运输车辆的道路运输证明；

④托运人从事烟花爆竹生产、经营的资质证明；

⑤烟花爆竹的购销合同及运输烟花爆竹的种类、规格、数量；

⑥烟花爆竹的产品质量和包装合格证明；

⑦运输车辆牌号、运输时间、起始地点、行驶路线、经停地点。

（3）受理申请的公安部门应当自受理申请之日起3日内对提交的有关材料进行审查，对符合条件的，核发《烟花爆竹道路运输许可证》；对不符合条件的，应当说明理由。

《烟花爆竹道路运输许可证》应当载明托运人、承运人、一次性运输有效期限、起始地点、行驶路线、经停地点、烟花爆竹的种类、规格和数量。

（4）经由道路运输烟花爆竹的，除应当遵守《中华人民共和国道路交通安全法》外，还应当遵守下列规定：

①随车携带《烟花爆竹道路运输许可证》；

②不得违反运输许可事项；

③运输车辆悬挂或者安装符合国家标准的易燃易爆危险物品警示标志；

④烟花爆竹的装载符合国家有关标准和规范；

⑤装载烟花爆竹的车厢不得载人；

⑥运输车辆限速行驶，途中经停必须有专人看守；

⑦出现危险情况立即采取必要的措施，并报告当地公安部门。

（5）烟花爆竹运达目的地后，收货人应当在3日内将《烟花爆竹道路运输许可证》交回发证机关核销。

（6）禁止携带烟花爆竹搭乘公共交通工具。

禁止邮寄烟花爆竹，禁止在托运的行李、包裹、邮件中夹带烟花爆竹。

五《特种设备安全监察条例》

《特种设备安全监察条例》中涉及危险货物道路运输的内容如下。

（1）锅炉、压力容器、电梯、起重机械、客运索道、大型游乐设施、场（厂）内专用机动车辆的作业人员及其相关管理人员（以下统称特种设备作业人员），应当按照国家有关规定经特种设备安全监督管理部门考核合格，取得国家统一格式的特种作业人员证书，方可从事相应的作业或者管理工作。

（2）特种设备使用单位应当对特种设备作业人员进行特种设备安全、节能教育和培训，保证特种设备作业人员具备必要的特种设备安全、节能知识。特种设备作业人员在作业中应当严格执行特种设备的操作规程和有关的安全规章制度。

（3）特种设备作业人员在作业过程中发现事故隐患或者其他不安全因素，应当立即向现场安全管理人员和单位有关负责人报告。

六《生产安全事故报告和调查处理条例》

2007年3月28日国务院第172次常务会议通过《生产安全事故报告和调查处理条例》，自2007年6月1日起施行，条例共六章四十六条。此条例是为了规范生产安全事故的报告和调查处理，落实生产安全事故责任追究制度，防止和减少生产安全事故，根据《中华人民共和国安全生产法》和有关法律而制定。其涉及危险货物道路运输的内容如下。

根据生产安全事故（以下简称事故）造成的人员伤亡或者直接经济损失，事故一般分为以下等级：

（1）特别重大事故，是指造成30人以上死亡，或者100人以上重伤（包括急性工业中毒，下同），或者1亿元以上直接经济损失的事故；

（2）重大事故，是指造成10人以上30人以下死亡，或者50人以上100人以下重伤，或者5000万元以上1亿元以下直接经济损失的事故；

（3）较大事故，是指造成3人以上10人以下死亡，或者10人以上50人以下重伤，或者1000万元以上5000万元以下直接经济损失的事故；

（4）一般事故，是指造成3人以下死亡，或者10人以下重伤，或者1000万元以下直接经济损失的事故。

国务院安全生产监督管理部门可以会同国务院有关部门，制定事故等级划分的补充性规定。

本条所称的“以上”包括本数，所称的“以下”不包括本数。

（1）事故报告应当及时、准确、完整，任何单位和个人对事故不得迟报、漏报、谎报或者瞒报。

事故调查处理应当坚持科学严谨、依法依规、实事求是、注重实效的原则，及时、准确地查清事故经过、事故原因和事故损失，查明事故性质，认定事故责任，总结事故教训，提出整改措施，并对事故责任者依法追究责任。

（2）县级以上人民政府应当依照本条例的规定，严格履行职责，及时、准确地完成事故调查处理工作。

事故发生地有关地方人民政府应当支持、配合上级人民政府或者有关部门的事故调查处理工作，并提供必要的便利条件。

参加事故调查处理的部门和单位应当互相配合，提高事故调查处理工作的效率。

（3）工会依法参加事故调查处理，有权向有关部门提出处理意见。

（4）任何单位和个人不得阻挠和干涉对事故的报告和依法调查处理。

（5）对事故报告和调查处理中的违法行为，任何单位和个人有权向安全生产监督管理部门、监察机关或者其他有关部门举报，接到举报的部门应当依法及时处理。

十七 《道路运输从业人员管理规定》和《道路危险货物运输管理规定》

1 《道路运输从业人员管理规定》

《道路运输从业人员管理规定》（交通运输部令2019年第18号）是指导道路运输从业人员管理工作的重要法规，对道路危险货物运输从业人员的从业资格管理、从业资格证件管理、从业行为等方面作出了具体规定。

1 从业资格管理

（1）国家对经营性道路危险货物运输从业人员实行从业资格考试制度。经营性道路危险货物运输从业人员必须取得相应从业资格，方可从事相应的道路运输活动。

（2）道路运输从业人员从业资格考试应当按照交通运输部编制的考试大纲、考试题库、考核标准、考试工作规范和程序组织实施。道路危险货物运输从业人员从业资格考试由设区的市级人民政府交通运输主管部门组织实施，每季度组织一次考试。

（3）道路危险货物运输驾驶员应当符合下列条件：

①取得相应的机动车驾驶证；

②年龄不超过60周岁；

③3年内无重大以上交通责任事故；

④取得经营性道路旅客运输或者货物运输驾驶员从业资格2年以上或者接受全日制驾驶职业教育的；

⑤接受相关法规、安全知识、专业技术、职业卫生防护和应急救援知识的培训，了解危险货物性质、危害特征、包装容器的使用特性和发生意外时的应急措施；

⑥经考试合格，取得相应的从业资格证件。

（4）道路危险货物运输装卸管理人员和押运人员应当符合下列条件：

①年龄不超过60周岁；

②初中以上学历；

③接受相关法规、安全知识、专业技术、职业卫生防护和应急救援知识的培训，了解危险货物性质、危害特征、包装容器的使用特性和发生意外时的应急措施；

④经考试合格，取得相应的从业资格证件。

2 从业资格证件管理

经营性道路危险货物运输从业人员经考试合格后，取得《中华人民共和国道路运输从业人员从业资格证》。

3 从业行为规定

（1）经营性道路危险货物运输从业人员应当在从业资格证件许可的范围内从事道路运输活动。道路危险货物运输驾驶员除可以驾驶危险货物道路运输车辆外，还可以驾驶原从业资格证件许可的道路旅客运输车辆或者道路货物运输车辆。

（2）道路运输从业人员应当按照规定参加国家相关法规、职业道德及业务知识培训。道路危险货物运输驾驶员在岗从业期间，应当按照规定参加继续教育。

（3）道路危险货物运输驾驶员不得超限、超载运输，连续驾驶时间不得超过4h。

（4）经营性道路危险货物运输驾驶员应当按照道路交通安全主管部门指定的行车时间和路线运输危险货物。道路危险货物运输装卸管理人员应当按照安全作业规程对道路危险货物装卸作业进行现场监督，确保装卸安全。道路危险货物运输押运人员应当对道路危险货物运输进行全程监管。

（5）道路危险货物运输从业人员应当严格按照《危险货物道路运输规则》

（JT/T 617—2018）操作，不得违章作业。

在危险货物道路运输过程中发生燃烧、爆炸、污染、中毒或者被盗、丢失、流散、泄漏等事故，道路危险货物运输驾驶员、押运人员应当立即向当地公安部门和所在运输企业或者单位报告，说明事故情况、危险货物品名和特性，并采取一切可能的警示措施和应急措施，积极配合有关部门进行处置。

②《道路危险货物运输管理规定》

《道路危险货物运输管理规定》（交通运输部令2016年第36号）是指导危险货物道路运输业管理的基本法规，道路运输管理机构对道路危险货物运输企业的许可、管理和道路危险货物运输企业运营管理都要遵循该规定。

1 《道路危险货物运输管理规定》的基本结构和主要概念

《道路危险货物运输管理规定》共有总则、道路危险货物运输许可、专用车辆及设备管理、道路危险货物运输、监督检查、法律责任、附则7章68条。

（1）危险货物以列入国家标准《危险货物品名表》（GB 12268）的为准，未列入《危险货物品名表》的，以有关法律、行政法规的规定或者国务院有关部门公布的结果为准。

（2）道路危险货物运输是指使用载货汽车通过道路运输危险货物的作业全过程。

（3）道路危险货物运输车辆是指满足特定技术条件和要求，从事道路危险货物运输的载货汽车（以下简称专用车辆）。

（4）法律、行政法规对民用爆炸物品、烟花爆竹、放射性物质等特定种类危险货物的道路运输另有规定的，从其规定（即民用爆炸物品、烟花爆竹、放射性物质道路运输除外）。

2 对企业的要求

（1）自有专用车辆（挂车除外）5辆以上；运输剧毒化学品、爆炸品的，自有专用车辆（挂车除外）10辆以上。

（2）有符合下列要求的停车场地：

①自有或者租借期限为3年以上，且与经营范围、规模相适应的停车场地，停车场地应当位于企业注册地市级行政区域内。

②运输剧毒化学品、爆炸品专用车辆以及罐式专用车辆，数量为20辆（含）以下的，停车场地面积不低于车辆正投影面积的1.5倍，数量为20辆以上的，超过部分，每辆车的停车场地面积不低于车辆正投影面积；运输其他危险货物的，专用车辆数量为10辆（含）以下的，停车场地面积不低于车辆正投影面积的1.5倍；数量为10辆以上的，超过部分，每辆车的停车场地面积不低于车辆正投影面积。

③停车场地应当封闭并设立明显标志，不得妨碍居民生活和威胁公共安全。

（3）有健全的安全生产管理制度：

①企业主要负责人、安全管理部门负责人、专职安全管理人员安全生产责任制度。

②从业人员安全生产责任制度。

③安全生产监督检查制度。

④安全生产教育培训制度。

⑤从业人员、专用车辆、设备及停车场地安全管理制度。

⑥应急救援预案制度。

⑦安全生产作业规程。

⑧安全生产考核与奖惩制度。

⑨安全事故报告、统计与处理制度。

3 对从业人员的要求

驾驶员应当取得相应机动车驾驶证，年龄不超过60周岁。

（1）从事危险货物道路运输的驾驶员、装卸管理人员、押运人员应当经所在地设区的市级人民政府交通运输主管部门考试合格，并取得相应的从业资格证；从事剧毒化学品、爆炸品道路运输的驾驶员、装卸管理人员、押运人员，应当经考试合格，取得注明为“剧毒化学品运输”或者“爆炸品运输”类别的从业资格证。

（2）企业应当配备专职安全管理人员。

（3）驾驶员、装卸管理人员和押运人员上岗时应当随身携带从业资格证。

（4）驾驶员应当随车携带《道路运输证》。

（5）在危险货物道路运输过程中，除驾驶员外，专用车辆上应当另外配备押运人员。押运人员应当对运输全过程进行监管。

（6）危险货物的装卸作业应当在装卸管理人员的现场指挥下进行。

（7）严禁违反国家有关规定和本规定超载、超限运输。

（8）道路危险货物运输从业人员必须熟悉有关安全生产的法规、技术标准和安全生产规章制度、安全操作规程，了解所装运危险货物的性质、危害特性、包装物或者容器的使用要求和发生意外事故时的处置措施。严格按照规定操作，不得违章作业。

（9）在危险货物道路运输过程中发生燃烧、爆炸、污染、中毒或者被盗、丢失、流散、泄漏等事故，驾驶员、押运人员应当立即向当地公安部门和本运输企业或者单位报告，说明事故情况、危险货物品名、危害和应急措施，并在现场采取一切可能的警示措施，并积极配合有关部门进行处置。

4 对专用车辆的要求

（1）技术要求应当符合《道路运输车辆技术管理规定》的有关规定。

（2）应当配备有效的通信工具。

（3）应当安装具有行驶记录功能的卫星定位装置。

（4）运输剧毒化学品、爆炸品、易制爆危险化学品的，应当配备罐式、厢式专用车辆或者压力容器等专用容器。

①罐式专用车辆的罐体应当经质量检验部门检验合格，且罐体载货后总质量与专用车辆核定载质量相匹配。运输爆炸品、强腐蚀性危险货物的罐式专用车辆的罐体容积不

得超过20m³，运输剧毒化学品的罐式专用车辆的罐体容积不得超过10m³，但符合国家有关标准的罐式集装箱除外。

②运输剧毒化学品、爆炸品、强腐蚀性危险货物的非罐式专用车辆，核定载质量不得超过10t，但符合国家有关标准的集装箱运输专用车辆除外。

③配备与运输的危险货物性质相适应的安全防护、环境保护和消防设施设备。

④应当按照国家标准《道路运输危险货物车辆标志》（GB 13392）的要求悬挂标志。

⑤禁止使用移动罐体（罐式集装箱除外）从事危险货物运输。

5 对违法处罚的规定

（1）违反本规定，有下列情形之一的，由县级以上道路运输管理机构责令停止运输经营，有违法所得的，没收违法所得，处违法所得2倍以上10倍以下的罚款；没有违法所得或者违法所得不足2万元的，处3万元以上10万元以下的罚款；构成犯罪的，依法追究刑事责任：

①未取得危险货物道路运输许可，擅自从事危险货物道路运输的。

②使用失效、伪造、变造、被注销等无效危险货物道路运输许可证件从事危险货物道路运输的。

③超越许可事项，从事危险货物道路运输的。

④非经营性道路危险货物运输单位从事危险货物道路运输经营的。

（2）违反本规定，道路危险货物运输企业或者单位有下列行为之一的，由县级以上道路运输管理机构责令限期投保；拒不投保的，由原许可机关吊销《道路运输经营许可证》或者《道路危险货物运输许可证》，或者吊销相应的经营范围：

①未投保危险货物承运人责任险的。

②投保的危险货物承运人责任险已过期，未继续投保的。

（3）违反本规定，道路危险货物运输企业或者单位以及托运人有下列情形之一的，由县级以上道路运输管理机构责令改正，并处5万元以上10万元以下的罚款，拒不改正的，责令停产停业整顿；构成犯罪的，依法追究刑事责任：

①驾驶员、装卸管理人员、押运人员未取得从业资格上岗作业的。

②托运人不向承运人说明所托运的危险化学品的种类、数量、危险特性以及发生危险情况的应急处置措施，或者未按照国家有关规定对所托运的危险化学品妥善包装并在外包装上设置相应标志的。

③未根据危险化学品的危险特性采取相应的安全防护措施，或者未配备必要的防护用品和应急救援器材的。

④运输危险化学品需要添加抑制剂或者稳定剂，托运人未添加或者未将有关情况告知承运人的。

（4）违反本规定，道路危险货物运输企业或者单位未配备专职安全管理人员的，由县级以上道路运输管理机构责令改正，可以处1万元以下的罚款；拒不改正的，对危险化学品运输企业或单位处1万元以上5万元以下的罚款，对运输危险化学品以外其他危险货物的企业或单位处1万元以上2万元以下的罚款。

（5）违反本规定，道路危险化学品运输托运人有下列行为之一的，由县级以上道路运输管理机构责令改正，处10万元以上20万元以下的罚款，有违法所得的，没收违法所得；拒不改正的，责令停产停业整顿；构成犯罪的，依法追究刑事责任：

①委托未依法取得危险货物道路运输许可的企业承运危险化学品的。

②在托运的普通货物中夹带危险化学品，或者将危险化学品谎报或者匿报为普通货物托运的。

（6）违反本规定，危险货物道路运输企业擅自改装已取得道路运输证的专用车辆及罐式专用车辆罐体的，由县级以上道路运输管理机构责令改正，并处5000元以上2万元以下的罚款。

八《道路运输车辆技术管理规定》

《道路运输车辆技术管理规定》（交通运输部令2016年第1号）全面系统地梳理了道路运输车辆技术管理工作，规范了道路运输车辆准入、使用、维护、检测、监督各个环节的管理，是道路运输车辆技术管理的新起点。其涉及危险货物道路运输的内容如下。

（1）危货运输车、国际道路运输车辆、从事高速公路客运以及营运线路长度在800km以上的客车，技术等级应当达到一级。技术等级评定方法应当符合国家有关道路运输车辆技术等级划分和评定的要求。

（2）道路运输经营者应当建立车辆技术档案制度，实行一车一档。档案内容应当主要包括：车辆基本信息，车辆技术等级评定、客车类型等级评定或者年度类型等级评定复核、车辆维护和修理（含机动车维修竣工出厂合格证）、车辆主要零部件更换、车辆变更、行驶里程、对车辆造成损伤的交通事故等记录。档案内容应当准确、翔实。

车辆所有权转移、转籍时，车辆技术档案应当随车移交。道路运输经营者应当运用信息化技术做好道路运输车辆技术档案管理工作。

（3）道路运输经营者用于运输剧毒化学品、爆炸品的专用车辆及罐式专用车辆（含罐式挂车），应当到具备道路危险货物运输车辆维修资质的企业进行维修。

前款规定专用车辆的牵引车和其他运输危险货物的车辆由道路运输经营者消除危险货物的危害后，可以到具备一般车辆维修资质的企业进行维修。

（4）道路运输经营者应当自道路运输车辆首次取得道路运输证当月起，按照下列周期和频次，委托汽车综合性能检测机构进行综合性能检测和技术等级评定：

①客车、危货运输车自首次经国家机动车辆注册登记主管部门登记注册不满60个月的，每12个月进行1次检测和评定；超过60个月的，每6个月进行1次检测和评定。

②其他运输车辆自首次经国家机动车辆注册登记主管部门登记注册的，每12个月进行1次检测和评定。

（5）客车、危货运输车的综合性能检测应当委托车籍所在地汽车综合性能检测机构进行。

（6）违反本规定，道路运输经营者有下列行为之一的，县级以上道路运输管理机构应当责令改正，给予警告；情节严重的，处以1000元以上5000元以下罚款：

①道路运输车辆技术状况未达到《道路运输车辆综合性能要求和检验方法》（GB 18565）的；

②使用报废、擅自改装、拼装、检测不合格以及其他不符合国家规定的车辆从事道路运输经营活动的；

③未按照规定的周期和频次进行车辆综合性能检测和技术等级评定的；

④未建立道路运输车辆技术档案或者档案不符合规定的；

⑤未做好车辆维护记录的。

（7）违反本规定，道路运输车辆综合性能检测机构有下列行为之一的，县级以上道路运输管理机构不予采信其检测报告，并抄报同级质量技术监督主管部门处理：

①不按技术规范对道路运输车辆进行检测的；

②未经检测出具道路运输车辆检测结果的；

③不如实出具检测结果的。

九《易制毒化学品购销和运输管理办法》

《易制毒化学品购销和运输管理办法》涉及危险货物道路运输的内容如下。

（1）运输易制毒化学品，有下列情形之一的，应当申请运输许可证或者进行备案：

①跨设区的市级行政区域（直辖市为跨市界）运输的；

②在禁毒形势严峻的重点地区跨县级行政区域运输的。禁毒形势严峻的重点地区由公安部确定和调整，名单另行公布。

运输第一类易制毒化学品的，应当向运出地的设区的市级人民政府公安机关申请运输许可证。

运输第二类易制毒化学品的，应当向运出地县级人民政府公安机关申请运输许可证。

运输第三类易制毒化学品的，应当向运出地县级人民政府公安机关备案。

（2）运输供教学、科研使用的100克以下的麻黄素样品和供医疗机构制剂配方使用的小包装麻黄素以及医疗机构或者麻醉药品经营企业购买麻黄素片剂6万片以下、注射剂1.5万支以下，货主或者承运人持有依法取得的购买许可证明或者麻醉药品调拨单的，无须申请易制毒化学品运输许可。

（3）因治疗疾病需要，患者、患者近亲属或者患者委托的人凭医疗机构出具的医疗诊断书和本人的身份证明，可以随身携带第一类中的药品类易制毒化学品药品制剂，但是不得超过医用单张处方的最大剂量。

（4）运输易制毒化学品，应当由货主向公安机关申请运输许可证或者进行备案。申请易制毒化学品运输许可证或者进行备案，应当提交下列材料：

①经营企业的营业执照（副本和复印件），其他组织的登记证书或者成立批准文件（原件和复印件），个人的身份证明（原件和复印件）；

②易制毒化学品购销合同（复印件）；

③经办人的身份证明（原件和复印件）。

（5）负责审批的公安机关应当自收到第一类易制毒化学品运输许可申请之日起10日内，收到第二类易制毒化学品运输许可申请之日起3日内，对申请人提交的申请材料进行审查。对符合规定的，发给运输许可证；不予许可的，应当书面说明理由。

负责审批的公安机关对运输许可申请能够当场予以办理的，应当当场办理；对材料不齐备需要补充的，应当一次告知申请人需补充的内容；对提供材料不符合规定不予受理的，应当书面说明理由。

运输第三类易制毒化学品的，应当在运输前向运出地的县级人民政府公安机关备案。公安机关应当在收到备案材料的当日发给备案证明。

（6）负责审批的公安机关对申请人提交的申请材料，应当核查其真实性和有效性，其中查验购销合同时，可以要求申请人出示购买许可证或者备案证明，核对是否相符；对营业执照和登记证书（或者成立批准文件），应当核查其生产范围、经营范围、使用范围、证照有效期等内容。

公安机关审查第一类易制毒化学品运输许可申请材料时，根据需要，可以进行实地核查。遇有下列情形之一的，应当进行实地核查：

①申请人第一次申请的；

②提供的申请材料不符合要求的；

③对提供的申请材料有疑问的。

（7）对许可运输第一类易制毒化学品的，发给一次有效的运输许可证，有效期1个月。

对许可运输第二类易制毒化学品的，发给3个月多次使用有效的运输许可证；对第三类易制毒化学品运输备案的，发给3个月多次使用有效的备案证明；对于领取运输许可证或者运输备案证明后6个月内按照规定运输并保证运输安全的，可以发给有效期12个月的运输许可证或者运输备案证明。

（8）承运人接受货主委托运输，对应当凭证运输的，应当查验货主提供的运输许可证或者备案证明，并查验所运货物与运输许可证或者备案证明载明的易制毒化学品的品种、数量等情况是否相符；不相符的，不得承运。

承运人查验货主提供的运输许可证或者备案证明时，对不能确定其真实性的，可以请当地人民政府公安机关协助核查。公安机关应当当场予以核查，对于不能当场核实的，应当于3日内将核查结果告知承运人。

（9）运输易制毒化学品时，运输车辆应当在明显部位张贴易制毒化学品标识；属于危险化学品的，应当由有危险化学品运输资质的单位运输；应当凭证运输的，驾驶员应当自启运起全程携带运输许可证或者备案证明。承运单位应当派人押运或者采取其他有效措施，防止易制毒化学品丢失、被盗、被抢。

运输易制毒化学品时，还应当遵守国家有关货物运输的规定。

（10）公安机关在易制毒化学品运输过程中应当对运输情况与运输许可证或者备案

证明所载内容是否相符等情况进行检查。交警、治安、禁毒、边防等部门应当在交通重点路段和边境地区等加强易制毒化学品运输的检查。

（11）易制毒化学品运出地与运入地公安机关应当建立情况通报制度。运出地负责审批或者备案的公安机关应当每季度末将办理的易制毒化学品运输许可或者备案情况通报运入地同级公安机关，运入地同级公安机关应当核查货物的实际运达情况后通报运出地公安机关。

（12）货主违反规定运输易制毒化学品，有下列情形之一的，公安机关应当没收非法运输的易制毒化学品或者非法运输易制毒化学品的设备、工具；处非法运输易制毒化学品货值10倍以上20倍以下罚款，货值的20倍不足1万元的，按1万元罚款；有违法所得的，没收违法所得；构成犯罪的，依法追究刑事责任：

①未经许可或者备案擅自运输易制毒化学品的；

②使用他人的或者伪造、变造、失效的许可证运输易制毒化学品的。

（13）承运人违反规定运输易制毒化学品，有下列情形之一的，公安机关应当责令停运整改，处5000元以上5万元以下罚款：

①与易制毒化学品运输许可证或者备案证明载明的品种、数量、运入地、货主及收货人、承运人等情况不符的；

②运输许可证种类不当的；

③运输人员未全程携带运输许可证或者备案证明的。

个人携带易制毒化学品不符合品种、数量规定的，公安机关应当没收易制毒化学品，处1000元以上5000元以下罚款。

（14）伪造申请材料骗取易制毒化学品购买、运输许可证或者备案证明的，公安机关应当处1万元罚款，并撤销许可证或者备案证明。

使用以伪造的申请材料骗取的易制毒化学品购买、运输许可证或者备案证明购买、运输易制毒化学品的，分别按照第三十条第一项和第三十二条第一项的规定处罚。

（15）违反易制毒化学品管理规定，有下列行为之一的，公安机关应当给予警告，责令限期改正，处1万元以上5万元以下罚款；对违反规定购买的易制毒化学品予以没收；逾期不改正的，责令限期停产停业整顿；逾期整顿不合格的，吊销相应的许可证：

①将易制毒化学品购买或运输许可证或者备案证明转借他人使用的；

②超出许可的品种、数量购买易制毒化学品的；

③销售、购买易制毒化学品的单位不记录或者不如实记录交易情况、不按规定保存交易记录或者不如实、不及时向公安机关备案销售情况的；

④易制毒化学品丢失、被盗、被抢后未及时报告，造成严重后果的；

⑤除个人合法购买第一类中的药品类易制毒化学品药品制剂以及第三类易制毒化学品外，使用现金或者实物进行易制毒化学品交易的；

⑥经营易制毒化学品的单位不如实或者不按时报告易制毒化学品年度经销和库存情况的。

（16）经营、购买、运输易制毒化学品的单位或者个人拒不接受公安机关监督检查的，公安机关应当责令其改正，对直接负责的主管人员以及其他直接责任人员给予警告；情节严重的，对单位处1万元以上5万元以下罚款，对直接负责的主管人员以及其他直接责任人员处1000元以上5000元以下罚款；有违反治安管理行为的，依法给予治安管理处罚；构成犯罪的，依法追究刑事责任。

十 《剧毒化学品购买和公路运输许可证件管理办法》

《剧毒化学品购买和公路运输许可证件管理办法》中涉及危险货物道路运输的内容如下。

（1）除个人购买农药、灭鼠药、灭虫药以外，在中华人民共和国境内购买和通过公路运输剧毒化学品的，应当遵守本办法。本办法所称剧毒化学品，按照国务院安全生产监督管理部门会同国务院公安、环保、卫生、质检、交通部门确定并公布的剧毒化学品目录执行。

（2）国家对购买和通过公路运输剧毒化学品行为施行许可管理制度。购买和通过公路运输剧毒化学品，应当依照本办法申请取得《剧毒化学品购买凭证》《剧毒化学品准购证》和《剧毒化学品公路运输通行证》。未取得上述许可证件，任何单位和个人不得购买、通过公路运输剧毒化学品。

任何单位或者个人不得伪造、变造、买卖、出借或者以其他方式转让《剧毒化学品购买凭证》《剧毒化学品准购证》和《剧毒化学品公路运输通行证》，不得使用作废的上述许可证件。

（3）公安机关应当坚持公开、公平、公正的原则，严格依照本办法审查核发剧毒化学品购买和公路运输许可证件，建立健全审查核发许可证件的管理档案，公开办理许可证件的公安机关主管部门的通信地址、联系电话、传真号码和电子信箱，并监督指导从业单位严格执行剧毒化学品购买和公路运输许可管理规定。

省级公安机关对核发的剧毒化学品购买凭证、准购证和公路运输通行证应当建立计算机数据库，包括证件编号、购买企业、运输企业、运输车辆、驾驶员、押运人员、剧毒化学品品名和数量、目的地、始发地、行驶路线等内容。数据库的项目和数据的格式应当全国统一。治安管理、交通管理部门应当建立信息共享或者通报制度。

（4）对需要通过公路运输剧毒化学品的，以及单车运输气态、液态剧毒化学品超过五吨的，由签发《剧毒化学品购买凭证》《剧毒化学品准购证》的公安机关治安管理部门将证件编号、发证机关、剧毒化学品品名、数量等有关信息，向运输目的地县级人民政府公安机关交通管理部门通报并录入剧毒化学品公路运输安全管理数据库。具体通报办法由省级人民政府公安机关制定。

（5）需要通过公路运输剧毒化学品的，应当向运输目的地县级人民政府公安机关交通管理部门申领《剧毒化学品公路运输通行证》。申领时，托运人应当如实填写《剧毒化学品公路运输通行证申请表》，同时提交下列证明文件和资料，并接受公安机关交通管理部门对运输车辆和驾驶员、押运人员的查验、审核：

①《剧毒化学品购买凭证》或者《剧毒化学品准购证》。运输进口或者出口剧毒化学品的，应当提交危险化学品进口或者出口登记证。

②承运单位从事危险货物道路运输的经营（运输）许可证（复印件）、机动车行驶证、运输车辆从事危险货物道路运输的道路运输证。

运输剧毒化学品的车辆必须设置安装剧毒化学品道路运输专用标识和安全标示牌。安全标示牌应当标明剧毒化学品品名、种类、罐体容积、载质量、施救方法、运输企业联系电话。

③驾驶员的机动车驾驶证，驾驶员、押运人员的身份证件以及从事危险货物道路运输的上岗资格证。

④随《剧毒化学品公路运输通行证申请表》附运输企业对每辆运输车辆制作的运输路线图和运行时间表，每辆车拟运输的载质量。承运单位不在目的地的，可以向运输目的地县级人民政府公安机关交通管理部门提出申请，委托运输始发地县级人民政府公安机关交通管理部门受理核发《剧毒化学品公路运输通行证》，但不得跨省（自治区、直辖市）委托。

（6）通过公路运输剧毒化学品的，应当遵守《中华人民共和国道路交通安全法》《危险化学品安全管理条例》等法律、法规对剧毒化学品运输安全的管理规定，悬挂警示标志，采取必要的安全措施，并按照《剧毒化学品公路运输通行证》载明的运输车辆、驾驶员、押运人员、装载数量、有效期限、指定的路线、时间和速度运输，禁止超载、超速行驶；押运人员应当随车携带《剧毒化学品公路运输通行证》，以备查验。

运输车辆行驶速度在不超过限速标志的前提下，在高速公路上不低于70km/h、不高于90km/h，在其他道路上不超过60km/h。

剧毒化学品运达目的地后，收货单位应当在《剧毒化学品公路运输通行证》上签注接收情况，并在收到货物后的七日内将《剧毒化学品公路运输通行证》送目的地县级人民政府公安机关治安管理部门备案存查。

（7）未申领《剧毒化学品购买凭证》《剧毒化学品准购证》《剧毒化学品公路运输通行证》，擅自购买、通过公路运输剧毒化学品的，由公安机关依法采取措施予以制止，处以1万元以上3万元以下罚款；对已经购买了剧毒化学品的，责令退回原销售单位；对已经实施运输的，扣留运输车辆，责令购买、使用和承运单位共同派员接受处理；对发生重大事故，造成严重后果的，依法追究刑事责任。

（8）提供虚假证明文件、采取其他欺骗手段或者贿赂等不正当手段，取得《剧毒化学品购买凭证》《剧毒化学品准购证》《剧毒化学品公路运输通行证》的，由发证的公安机关依法撤销证件，处以1000元以上1万元以下罚款。

对利用骗取的许可证件购买了剧毒化学品的，责令退回原销售单位。

利用骗取的许可证件通过公路运输剧毒化学品的，由公安机关依照《危险化学品安全管理条例》第六十七条第（一）项的规定予以处罚。

（9）伪造、变造、买卖、出借或者以其他方式转让《剧毒化学品购买凭证》《剧毒化学品准购证》和《剧毒化学品公路运输通行证》，或者使用作废的上述许可证件的，由公安机关依照《危险化学品安全管理条例》第六十四条的规定予以处罚。

（10）通过公路运输剧毒化学品未随车携带《剧毒化学品公路运输通行证》的，由公安机关责令提供已依法领取《剧毒化学品公路运输通行证》的证明，处以500元以上1000元以下罚款。

除不可抗力外，未按《剧毒化学品公路运输通行证》核准载明的运输车辆、驾驶员、押运人员、装载数量、有效期限、指定的路线、时间和速度运输剧毒化学品的，尚未造成严重后果的，由公安机关对单位处以1000元以上1万元以下罚款，对直接责任人员依法给予治安处罚；构成犯罪的，依法追究刑事责任。

（11）除不可抗力外，未在规定时限内将《剧毒化学品公路运输通行证》交目的地县级人民政府公安机关备案存查的，由原发证公安机关责令改正，处以500元以上1000元以下罚款。

第三节　道路运输重点领域驾驶员职业化教育政策

交通运输部、教育部、财政部、人力资源社会保障部、中华全国总工会等五部门办公厅，联合印发了《关于开展道路运输重点领域驾驶员职业化培训考试试点工作的通知》（交办运〔2019〕69号，以下简称《通知》），在江苏、浙江、云南三省部署开展道路运输重点领域驾驶员职业化培训考试试点工作。

1 充分认识开展道路运输重点领域驾驶员职业化培训考试试点的重要意义

开展道路运输重点领域驾驶员职业化培训考试试点工作，推进道路旅客运输、道路危险货物运输驾驶员培训考试，由驾驶培训机构承担的社会化培训考试向职业院校（含技工院校，下同）承担的职业化培训考试转变，是落实国务院大督查重点整改事项的具体行动，是实施职业技能提升行动方案（2019—2021年）的重要举措，更是确保道路运输行业安全生产的治本之策，对解决当前道路运输驾驶员整体素质不高和结构性数量不足问题，从源头上加强道路运输安全生产管理，促进道路运输行业提质增效升级，推进运输服务高质量发展，具有十分重要的意义。

2 聚焦重点领域，探索职业培训新路子

按照“突出重点、分类引导”的思路，聚焦当前道路运输驾驶员队伍中矛盾最突出的领域，将未取得相应从业资格的道路旅客运输和道路危险货物运输驾驶员，作为开展职业化培训的对象，从而建立起基于职业类别和岗位安全风险的分类培训制度。

3 推行订单式培养，切实做好组织实施工作

订单式培养是产教供需双向对接的载体，强化了企业用人的主体责任，精准解决了“企业招什么人”和“从业人员在哪就业”的问题。《通知》提出，积极推行订单式培

训的组织模式，实行“道路运输企业确定培训人选、试点职业院校具体实施、交通运输主管部门统筹协调”的分工协作机制，按照道路旅客运输、道路危险货物运输驾驶员职业化培训教学大纲，切实做好组织实施工作。

根据企业对不同岗位从业人员素质的需求，灵活采取岗前职业培训和企业新型学徒制两种培养模式。

岗前职业培训适用于企业新招用或转岗的道路旅客运输驾驶员、道路危险货物运输驾驶员，其培训期限不少于320个学时，包括基本知识培训和应用能力训练两个部分。道路运输企业与试点职业院校签订委托培训合同，对拟招用培训的学员按照相关条件和标准严格把关后，签订培训协议。

企业新型学徒制适用于技能水平要求较高的道路旅客运输驾驶员、道路危险货物运输驾驶员，其培训期限不少于1年，包括院校职业培训和企业导师带徒两个阶段，由省级交通运输主管部门和人力资源社会保障部门按照《人力资源社会保障部 财政部关于全面推行企业新型学徒制的意见》（人社部发〔2018〕66号）和本省实施办法执行。学徒培养的主要职责由所在道路运输企业承担，企业与学徒签订不少于1年的固定期限劳动合同或无固定期限劳动合同，并签订培训协议，明确培训目标、培训内容与期限、质量考核标准等内容。企业委托职业院校承担学徒的部分培训任务，与职业院校签订委托培训合同。道路运输企业在开展学徒制培训前和完成全部培训任务后，按照相关政策规定做好材料报备工作。

4 坚持以职业需求为导向，提升考试科学化规范化水平

以考试促培训，考核内容包括基本知识科目考试和应用能力考核。优化从业资格考试和职业技能评价的内容与方式，实现两种考试的有效衔接和贯通。

5 开展职业技能评价，探索职业发展新路子

开展职业技能评价是推进职业发展的必要途径。《通知》提出，鼓励学员通过道路旅客运输驾驶员和道路危险货物驾驶员职业技能评价，取得相关证书；鼓励支持道路运输企业制定差异化的薪酬分配方案和职业晋升制度，在岗位聘任、薪酬待遇、职业晋升等方面，向参加职业培训和通过职业技能评价的高技能人员倾斜，切实增强参加职业化培训考试从业人员的获得感。

6 完善经费保障机制，提高技术工人待遇

按照“企业拿一点、政府补一点、个人出一点”的办法，建立企业、政府、个人多元化的资金筹措机制。其中“企业拿一点”，是指企业按规定提取和使用职工教育培训经费；“政府补一点”，是指政府按照职业技能提升行动、企业新型学徒制、提高技术工人待遇、实训基地建设等相关政策规定，对职业化培训考试予以适当补助；“个人出一点”，是指参加职业化培训考试的学员个人承担一定费用，并探索通过信用支付等方式，切实减轻参训人员经济负担。

第五章

危险货物道路运输专业知识

学习目标

（1）了解常见危险货物的分类及特性。

（2）了解危险货物品名及运输要求索引。

（3）掌握危险货物运输的基本内容。

（4）掌握危险货物运输包装知识。

（5）掌握危险货物运输托运要求。

（6）掌握危险货物装卸条件及作业要求。

（7）掌握危险货物运输条件及作业要求。

第一节 危险货物的分类及特性

危险货物是指容易引起燃烧、爆炸、腐蚀、中毒或有放射性的物品，在运输、储存过程中容易造成人身伤亡和财产损失，必须采用特殊防护设施与措施的货物。

一 危险货物的分类

危险货物的分类，主要是依据危险货物具有的危险性或最主要的危险性。在其具体命名时，有的是根据货物的物理性质；有的是根据货物的化学性质（如氧化性物质和腐蚀性物质）；有的是结合货物的物理和化学性质（如易燃液体和易燃固体）；还有的是根据货物对人身伤害的情况（如毒性物质）。总之，哪一种特性在运输的危险中居主导地位，就把该货物归为哪一类危险品。上述的分类标准，并不是相互排斥的，大多数危险货物都兼有两种以上的性质。因此，在注意到某种危险货物的主要特性时，必须注意到该危险货物的其他性质。

《危险货物分类和品名编号》（GB 6944—2012）明确，危险货物按其具有的危险性或最主要的危险性分为9个类别。其中，第1类、第2类、第4类、第5类和第6类再分成项别。类别和项别分列如下。

第1类：爆炸品

第1.1项：有整体爆炸危险的物质和物品（整体爆炸是指瞬间能影响到几乎全部载荷的爆炸）。

第1.2项：有迸射危险，但无体爆炸危险的物质和物品。

第1.3项：有燃烧危险并有局部爆炸危险或局部迸射危险之一，或兼有这两种危险，但无整体爆炸危险的物质和物品。

第1.4项：不呈现重大危险的物质和物品。

第1.5项：有整体爆炸危险的非常不敏感物质，在正常运输情况下引发或由燃烧转为爆炸的可能性很小。

第1.6项：无整体爆炸危险的极端不敏感物品。

第2类：气体

第2.1项：易燃气体。

第2.2项：非易燃无毒气体。

第2.3项：毒性气体。

第3类：易燃液体

第4类：易燃固体、易于自燃的物质、遇水放出易燃气体的物质

第4.1项：易燃固体、自反应物质和固态退敏爆炸品。

第4.2项：易于自燃的物质。

第4.3项：遇水放出易燃气体的物质。

第5类：氧化性物质和有机过氧化物

第5.1项：氧化性物质。

第5.2项：有机过氧化物。

第6类：毒性物质和感染性物质

第6.1项：毒性物质。

第6.2项：感染性物质。

第7类：放射性物质

第8类：腐蚀性物质

第9类：杂项危险物质和物品，包括危害环境物质

二 爆炸品的基本特性

1 爆炸品的定义

依据《危险货物分类和品名编号》（GB 6944—2012），爆炸品是指在外界作用下（如受热、撞击等），能发生剧烈的化学反应，瞬时产生大量的气体和热量，使周围压力急骤上升，发生爆炸，对周围环境造成破坏的物品，也包括无整体爆炸危险，但具有燃烧、抛射及较小爆炸危险，或仅产生热、光、音响或烟雾等一种或几种作用的烟火

物品。

根据爆炸时发生的变化性质，爆炸可分为物理爆炸、化学爆炸和核爆炸。该定义非常明确地指出“爆炸品”的爆炸是属于化学爆炸，即指物质因得到起爆的能量而迅速分解，释放出大量的气体和热量的过程。炸药、炮弹、爆竹以及爆炸性药品的爆炸都是化学爆炸。化学爆炸必须同时具备3个因素：反应速度快，释放出大量的热，产生大量气体。

2 爆炸品的分项

由于各种爆炸物品特性差异，其危险程度也各不相同。《危险货物分类和品名编号》（GB 6944—2012）将第1类爆炸品按危险程度分为6项。

（1）第1.1项：有整体爆炸危险的物质和物品。

（2）第1.2项：有迸射危险，但无整体爆炸危险的物质和物品。

（3）第1.3项：有燃烧危险并有局部爆炸危险或局部迸射危险或这两种危险都有，但无整体爆炸危险的物质和物品。

本项包括满足下列条件之一的物质和物品：

①产生大量热辐射的物质和物品。

②相继燃烧产生局部爆炸或迸射效应或两种效应兼而有之的物质和物品。

（4）第1.4项：不呈现重大危险的物质和物品。

本项包括运输中万一点燃或引发时仅造成较小危险的物质和物品；其影响主要限于包件本身，并预计射出的碎片不大、射程也不远，外部火烧不会引起包件几乎全部内装物的瞬间爆炸。

（5）第1.5项：有整体爆炸危险的非常不敏感物质。

本项包括有整体爆炸危险性，但非常不敏感，以致在正常运输条件下引发或由燃烧转为爆炸的可能性很小的物质。

（6）第1.6项：无整体爆炸危险的极端不敏感物品。

本项包括仅含有极不敏感爆炸物质，并且其意外引发爆炸或传播的概率可忽略不计的物品。本项物品的危险仅限于单个物品的爆炸。

3 爆炸品的特性

一般决定爆炸品爆炸性能强弱的指标主要有以下3个。

1）感度

感度是指爆炸品在外界作用下发生爆炸反应的难易程度，爆炸品需要外界提供一定量的能量才能触发爆炸反应，否则爆炸反应就不能进行。感度高低通常以引起爆炸所需要的最小外界能量来表示，显然，引起某爆炸品爆炸所需的起爆能越小，则其感度越高，危险性也越大。

不同爆炸品所需起爆能量的大小是不同的，其敏感度也不同。如TNT对火焰的敏感度较小，但如用雷管引爆则立即爆炸，即使同一种爆炸品所需起爆能大小也不是固定不变的。如同样是TNT，在缓慢加压的情况下，它可经受几万牛顿压力也不爆炸，但在瞬间撞击情况下，即使冲击力很小，也会引起爆炸。

2）威力和猛度

威力是指炸药爆炸时的做功能力，即炸药爆炸时对周围介质的破坏能力。威力的大小主要取决于爆热的大小、爆炸后气体生成量的多少以及爆温的高低。

猛度亦称猛性作用，是指炸药爆炸后爆轰产物对周围物体（如弹壳、混凝土、建筑物或矿石层等）破坏的猛烈程度。其大小可用爆轰压和爆速来衡量。

爆炸品的威力和猛度越大，则炸药的破坏作用越强。衡量威力和猛度的参数很多，运输中采用爆速，即爆炸品本身在进行爆炸反应时的传播速度（m/s），它是决定爆炸威力的重要因素。当炸药量相当时，爆速的大小能在一定程度上反映出炸药的爆炸功率及破坏能力。不同爆炸品具有不同的爆速，爆速越大。单位时间内进行爆炸反应的爆炸品越多，其爆炸威力也越大。通常将爆速是否大于3000m/s作为衡量爆炸品威力强弱的参考指标。

3）安定性

爆炸品的安定性是指爆炸品在一定的储存期间内不改变自身的物理性质和化学性质的能力。爆炸品本身不稳定，即使在正常的保管条件下，也会产生某种程度的物理或化学变化。所以长期储存不安定的爆炸品或在一定外界条件（如环境温湿度等）影响下不仅会改变爆炸品的爆炸性能，影响正常使用，而且还可能发生燃烧和爆炸事故。根据我国汽车运输的特点，以保持在环境温度不超过45℃（可允许短期略超过45℃）的条件下，运输期间货物不发生分解，不改变其使用效能，即可认为该货物安定性符合安全运输要求。同时，为增加运输过程中的化学安定性，对某些爆炸品在运输途中必须加入一定量的水、酒精，或其他钝感剂（如萘、二苯胺、柴油等）。

综上所述，感度和安定性是用来衡量货物起爆的难易程度，而威力和猛度则关系到一旦发生爆炸时所产生的破坏效果。一般来讲，可选用爆发点低于350℃、爆速大于3000m/s、撞击感度在2%以上为爆炸性的三个主要参考数据，三者居其一即可认为该物质或物品具有爆炸性。

4 常运的爆炸品

1）火药

火药又叫发射药，是极易燃烧的固体物质，量大时或在密封状态下也能转变为爆炸。火药按其结构又分为单基药、双基药、三基药和黑火药。

（1）单基药，主要成分为硝化纤维素。

（2）双基药，主要成分是硝化纤维素、硝化甘油和硝化甘油乙醇。

（3）三基药，主要成分是硝化纤维素、硝化甘油与硝基胍。

（4）黑火药，主要成分是硝酸钾、硫磺、木炭的有机混合物，各成分配比不同其性能也不同。

硝化纤维素，为纤维素与硝酸醋化反应的产物，是用精制棉与液硝酸和浓硫酸酯化反应而得，广泛用于火工、造漆等行业，摄影胶片、赛璐珞、乒乓球都用其作原料。其外观像受过潮的棉花，色白而纤维长，因此，误将其认为是棉花而发生事故也时有所见。硝化棉中含氮量不超过12.5%时，只能引起自燃，不会爆炸。因此，含氮量大于12.5%且所含水分不得少于32%的硝化棉则属于1.1项（爆炸品）；含氮量小于12.5%且所含水量不少于32%的硝化棉属于4.1项（易燃固体）。

硝化棉不仅易燃且易分解。松散的硝化棉在空气中燃烧不留残渣，增大密度时，燃速下降。大量硝化棉在堆积或密闭容器中燃烧能转化为爆轰。干燥的硝化棉极不稳定易被点燃，易因摩擦而产生静电，在较低温度下能自行缓慢分解，放出大量的有毒气体并伴随放热，温度迅速上升而自燃。含水量为25%时，较为安全。

火药是以燃烧反应为主要化学变化形式的爆炸性物质。常见火药的形式有：带状、棍状、片状、长管状、七孔状、短管状和环状等。

2）炸药（猛炸药）

炸药是相对稳定的物质，在一般情况下比较安定，能经受生产、储存、运输、加工和使用过程中的一般外力作用。只有在相当大的外力作用下（如受热、撞击）才能引爆。猛炸药按其组成情况可分为单质炸药、混合炸药和工程炸药。

（1）单质炸药，如三硝基甲苯（TNT）、环三亚甲基三硝胺（旋风炸药、黑索金、RDX）、季戊四醇四硝酸酯（季戊炸药、泰安）等。

（2）混合炸药，如三硝基甲苯（TNT）与环三亚甲基三硝胺（旋风炸药、黑素金、RDX）或其他两种以上单质炸药的混合物。

（3）工程炸药，如硝酸铵类的混合爆炸物。

炸药爆炸时化学反应速度非常快，在瞬间形成高温高压气体并释放出大量热量，以极高的功率对外界做功，使周围介质（如建筑，交通设施等）受到强烈的冲击、压缩而变形或破碎。

3）火工品及引信

装有火药或炸药，受外界刺激后产生燃烧或爆炸，以引燃火药、引爆炸药或做机械功的一次性使用的元器件和装置统称火工品。它是靠简单的激发冲量（如加热、火焰、冲击、针刺、摩擦）引起作用，产生火焰，点燃发射药或引信药剂（延期药、加强药和时间药引爆雷管、炸药）。

引信是装配在弹药中，能够控制战斗部（如炮弹的弹丸、火箭的弹头、地雷的雷体和手榴弹的弹壳等）在相对目标最有利的地位或最有利的时间完全引起作用的装置。而引信中能够适时起激发作用的元件就是火工品。

火工品都是小的炸药元件，具有比较高的感度。其大致可分为两种：一种按输入冲量形式分为机、热、电、爆炸装置等；另一种按输出形式分为点火器（包括火帽、底火、延期药、点火索、点火具等）和起爆器材（包括雷管、导爆索、导爆管、传爆管等）。

三　气体的基本特性

1　气体的定义

气体是指满足下列条件之一的物质。

（1）在50℃时蒸气压力大于300kPa的物质。

（2）20℃时在101.3kPa标准压力下完全是气态的物质。

气体包括压缩气体、液化气体、溶解气体、冷冻液化气体、一种或多种气体与一种或多种其他类别物质的蒸气混合物、充有气体的物品和气雾剂。

2 气体的分项

气体按其化学性质分为易燃气体、非易燃无毒气体、毒性气体。

第2.1项：易燃气体

本项包括在20℃和101.3kPa条件下：

（1）爆炸下限小于或等于13%的气体。

（2）不论其爆炸下限如何，其爆炸极限（燃烧范围）大于或等于12%的气体。

这项气体泄漏时，遇明火、高温或光照，即会发生燃烧或爆炸。燃烧或爆炸后的生成物对人体具有一定的刺激或毒害作用。

“易燃”是这类气体的根本化学特性。气体“易燃”或“非易燃”一般是以爆炸极限或燃烧范围来衡量的。燃烧需要氧气，空气中含有1/5的氧气即可助燃。某种可燃气体散发在空间与空气混合后，若可燃气浓度太低，可供燃烧的物质太少，燃烧不能进行；反之，若可燃气浓度太高，则供氧不足，也不能使燃烧进行。可燃气体或可燃液体的蒸气与空气混合后遇火花引起燃烧爆炸的浓度范围，称为该物质的爆炸（燃烧）极限，用可燃物占全部混合物的百分比浓度来表示。混合气体能发生燃烧爆炸的最低浓度称爆炸下限，最高浓度称爆炸上限。在上、下限之间的混合气体叫作爆炸性混合气体。爆炸上限与爆炸下限之差为爆炸范围（燃烧范围）。气体爆炸下限越低或爆炸范围越大，则其燃烧的可能性越大，也就越易燃，越危险。

易燃气体中，爆炸下限小于10%的占92%，其余的燃烧范围大于12%。因此，可以用爆炸下限小于10%或爆炸范围大于12%作为衡量易燃气体的标准。只要参数满足上述两者之一，即可被认为是易燃气体。

第2.2项：非易燃无毒气体

非易燃无毒气体包括窒息性气体、氧化性气体以及不属于其他项别的气体，不包括在温度20℃的压力低于200kPa并未经液化或冷冻液化的气体。非易燃无毒气体泄漏时，遇明火不燃，直接吸入人体内无毒、无刺激、无腐蚀性，但高浓度时有窒息作用。

第2.3项：有毒气体

有毒气体指满足下列条件之一的气体：

（1）其毒性或腐蚀性对人类健康造成危害的气体。

（2）急性半数致死浓度值LC_{50}小于或等于5000mL/m^{3}的毒性或腐蚀性气体。

具有两个项别以上危险性的气体和气体混合物，其危险性先后顺序为：第2.3项优于所有其他项，第2.1项优于第2.2项。

3 气体的特性

组成气体的分子时刻都在做无规律的自由移动，温度越高这种移动越迅速。气体的体积就是指气体所充满的容器的体积，气体对容器壁有压力作用，这是由于气体分子频繁地碰撞容器壁产生的。体积、压强和温度，是描述气体状态的重要物理量，通称为气体的状态参量。

1）气体的液化

物质由气态转变为液态的过程叫作液化。液化是放热过程，有两种方式：降低温度和压缩体积。任何气体都可以压缩，处于压缩状态的气体叫作压缩气体。如果在对气体进行压缩的过程中进行降温，压缩气体就会转化为液体。经过加压降温后成为液态的而在常温常压下是气态的物质叫作液化气体。为区别一种气体货物的两种不同状态。被液化的气体在气体名称之前应冠以“液化”或“液态”。如液化氢气、液态氧（又可简称为液氢、液氢和液化石油气等）。

气体只有将温度降低到一定程度时施加压力才能被液化。若温度超过此值，则无论怎样增大压力都不能使之液化。这个加压使气体液化所允许的最高温度叫作临界温度。不同气体，临界温度不同。气体在临界温度时，还需施加压力才能被液化。在临界温度时，使气体液化所需要的最小压力叫作临界压力。不同气体，临界压力也各不相同。

通常在常温下使用和储运气体，而且罐装气体的容器不绝热，即容器内外的温度一致，因此临界温度低于常温的气体是压缩气体，临界温度高于常温的气体是液化气体。

无论是处于压缩状态，还是处于液化状态，气体的临界温度越低，危险性越大。

2）气体的物理爆炸

物质因状态或压力发生突变而形成的爆炸现象，称为物理爆炸，如气体钢瓶的爆炸等。

气体要储存和运输，必须灌装在耐压容器中。根据不同气体的临界温度和临界压力，气体耐压容器所承受的内压也不同，最低的为1MPa，最高的达15MPa以上。

按规定压力灌装合乎质量要求和安全标准容器内的气体，在正常情况下不会发生危险。但当受到剧烈撞击、震动、高温、受热时，会使容器内压力骤增，该压力超过容器的耐受力时就会发生气瓶爆炸。在实际运输中，气瓶发生爆炸的主要原因往往是超过规定而过量充装气体或使用过期的、应报废而未报废的钢瓶，此时再加上撞击高温等因素，气瓶爆炸的危险性就更大。气瓶爆炸后紧跟着的往往是易燃气体的化学爆炸或有毒气体的扩散，产生比物理爆炸更严重的后果。因此，防止气瓶的物理爆炸是保证气体储运安全的首要事项。储运气瓶应轻拿轻放，远离火源，防止日晒，注意通风散热。

3）气体的相对密度

当温度压力相同时，两种气体密度之比称为气体的相对密度。具体的相对密度是以纯净的空气为标准的。

比空气轻的气体相对密度值都小于1，会浮在封闭空间的顶部，比空气重的气体相对密度值都会大于1，会沉积在低洼处，若任其聚集就会引起燃烧爆炸、毒害窒息等潜在危险。如二氧化碳的相对密度是1.5862，空气中二氧化碳含量达到3%以上就会使人窒息而死。所以储存危险气体的仓库必须有良好的通风排气设施。在装卸作业时，应先开仓通风，后进行作业。在拆卸货车车厢、集装箱和货仓时，尤其要注意这一点。

4）气体的溶解性

某些液体对某种气体有很大的溶解能力。如氨气、氯气可以大量溶解在水里，乙炔可以大量溶解在丙酮中。利用这个性质可以储运某些不易液化或压缩的气体，乙炔就是如此。乙炔钢瓶内填充了多孔性物质，再注入丙酮，然后把乙炔加压灌入，使之溶解在丙酮中。这种溶解在溶剂中的气体称为溶解气体。

溶解有气体的容器，受热后气体会大量溢逸出，从而引起容器爆炸。特别是乙炔钢瓶，从火灾中抢救出来后，瓶内的多孔材料可能熔结，溶剂可能挥发，钢瓶就失效。此时如果再用来罐装乙炔，就可能造成重大事故。所以乙炔钢瓶经火烤后就不能再使用。一旦发现某些易溶于水的气体溢漏，应急时利用气体在水中的溶解性用水吸收扑救。

4 气体的主要危险性

1）容器破裂甚至爆炸

此类货物都是灌装在耐压容器中，内部承受着几兆帕（MPa）压力的容器本身就是一种危险货物，如图5-1所示。由于受热、撞击等原因造成容器内压急剧升高，或者由于容器内壁被腐蚀，容器材料疲劳等原因使容器的耐压强度下降，都会引起容器的破裂甚至爆炸。

图 5-1　气瓶爆炸现场

2）由于气体物质本身的化学性质引起的危险

由于各种气体的化学性质差别很大，有的易爆易燃、有的有毒、有的具有腐蚀性等，气体如果溢漏出来，因其本身的化学性质，则可能引起火灾、爆炸、中毒、灼伤、冻伤等事故。即使是化学性质很不活泼的惰性气体的溢漏，也会引起窒息死亡。

从业人员在运输装卸过程中，针对气体的不同化学性质所引起的各种危险，应采取相应有效的预防措施。

5 常见气体

1）氧气

氧气是空气的重要组成部分。空气中氧气占21%，其余主要为氮气（约占78%）。由于氮气的性质不活泼，空气的许多化学性质，实际上是氧气性质的表现。当有压缩空气装在15MPa以上高压钢瓶中运输时，应与氧气同样看待。

氧气无色、无味、微溶于水，氧的临界温度-118.8℃，沸点-183℃，临界压力4.97MPa，液氧为淡蓝色。氧气本身不能燃烧，但它是一种极为活泼的助燃气体，几乎能与所有的元素化合生成氧化物。气焊、气割正是利用可燃气体和氧燃烧所放出的热量作为热源的。

氧气浓度对它的化学性质有很大影响。空气中氧气含量不大，棉花、酒精等在空气中只能比较平缓地燃烧，超过正常比例的氧气能使燃烧迅猛。例如，条香在空气中可以缓慢地燃烧，在纯氧中，条香的燃烧变得非常剧烈，发出明亮的火光，如图5-2所示。油脂在纯氧中的反应要比在空气中剧烈得多，当高压氧气（即高压空气）喷射在油脂上就会引起燃烧或爆炸，实质就是油脂与纯氧的反应，所以氧气瓶（包括空瓶）绝对禁油。在装卸过程中，应注意储氧钢瓶不得与油脂配装，不得用油布覆盖；储运氧气钢瓶的仓间、车厢、集装箱等不得有残留的油脂；氧气瓶及其专用搬运工具严禁与油脂接触，阀门、轴承都不得用油脂润滑；操作人员不能穿戴沾有油污的工作服和手套。

图 5-2　条香在氧气中的燃烧

2）氢气

氢气是最轻的气体，约为空气的1/14重。氢气无色、无嗅，极难溶于水，临界温度-239.9℃，临界压力1.28MPa。氢气可燃，纯净的氢气在空气中燃烧平静，火焰为淡蓝色，如图5-3所示，燃烧温度可达2500~3000℃，可作焊接用。

氢气的爆炸范围极宽，为4.0%~75%，所以氢气是一种极危险的气体。在运输过程中，氢气瓶漏气后会与空气或氧气混合，一旦遇明火或高温即可发生强烈爆炸，这一点要求从业人员充分重视。如图5-4所示是氢气爆炸实验，用导管在肥皂水中吹起氢气泡，然后点燃，极少量的氢气就可以引发爆炸。

图 5-3　纯净的氢气在空气中的燃烧

图 5-4　氢气爆炸实验

氢气有极强的还原性，能与许多非金属直接反应，如氢能在氯气中燃烧生成氯化氢；能与硫反应生成硫化氢。氢气在氯气中的爆炸极限为5.5%~89%，氢和氯的混合气体在日光照射下就会发生剧烈的爆炸。所以，氢气不能与任何氧化剂尤其是氧气、氯气混储、混运。

3）氯

氯（氯气）的临界温度144℃，临界压力761MPa。常温下0.6MPa压力就会使氯气液化，故氯气总是在液化状态下储存运输，习惯称氯气为液氯。

氯气是一种黄绿色的剧毒气体，有强烈的刺激气味。空气中的最高允许浓度2mg/m^3，如浓度超过0.1～0.5mg/m^3，人吸入后会发生咽喉、鼻、支气管痉挛，眼睛失明，并导致肺炎、肺气肿、肺出血而死亡；如超过2.5g/m^3，则会立即使人畜窒息死亡。

氯气的蒸气相对密度为2.5，所以，氯气泄漏在空气中会沉在下部沿地面扩散，使地面人员受害。氯气溶于水，常温下1体积水可溶解2.5体积的氯气。依据此特性，当氯气瓶漏气时可大量浇水，或迅速将其推入水池，或用潮湿的毛巾捂住口鼻，以减轻危害。

氯气是很活泼的物质，有极强的氧化性。如铜能在氯气中燃烧；氯气与易燃气体能直接化合，其混合气遇光照会发生爆炸；氯与非金属如磷、砷等接触也会发生剧烈的反应甚至爆炸。氯气与有机物接触也会发生强烈反应。

在一般运输的气体中，氢气和氯气、氧气占了储运量中的极大部分（图5-5）。

4）溶解乙炔

溶解乙炔（C_2H_2）俗名电石气。电石受潮后放出的气体即为乙炔。

图 5-5　液氯气罐

纯净的乙炔为无色无味的易燃、有毒气体，而工业电石制的乙炔因混有硫化氢（H_2S）、磷化氢（PH_3）等杂质而具有特殊的刺激性气味。一般规定，工业制乙炔中乙炔含量应在98%以上，磷化氢的含量不得超过0.2%，硫化氢含量不得超过0.1%。

乙炔非常容易燃烧，也极易爆炸，其闪点-17.8℃，爆炸极限2.3%～72.3%。在液态和固态下或在气态和一定压力下有猛烈爆炸的危险，受热、震动、电火花等因素都可以引发爆炸，因此，不能在加压液化后储存或运输。

乙炔微溶于水，易溶于乙醇、苯、丙酮等有机溶剂。在15℃和1.5MPa时，乙炔在丙酮中的溶解度为237g/L，溶液是稳定的。因此，工业上是在装满石棉、活性炭或硅藻土等多孔物质的钢桶或钢罐中，使多孔物质吸收丙酮后将乙炔压入，以便储存和运输。国外有报道称，因容器密封不良而漏气，操作人员在采取措施时，由于衣服摩擦产生静电，因火花放电而引起爆炸事故。所以，相比于其他气体，防止乙炔的泄漏显得更为重要。

乙炔与铜、银、汞等重金属或其盐类接触能生成乙炔铜、乙炔银等易爆炸物质，故凡乙炔用的器材都不能使用银和含铜量70%以上的铜合金。

乙炔能与氯气、次氯酸盐等化合成乙炔基氯，乙炔基氯极易爆炸。乙炔还能与氢气、氯化氢、硫酸等多种物质起反应。因而储运乙炔时，不能与其他化学物质放在一起。乙炔气瓶如图5-6所示。

5）天然气

天然气是广泛用于工业、农业、家用及商业的动力燃料，以及化学及石油化学工业原料。天然气是无色无嗅的混合气体，主要成分为烷烃，其中甲烷占绝大多数，因此，其性质基本与纯甲烷相似，属“单纯窒息性”气体。另有少量的乙烷、丙烷和丁烷，此外一般还含有氮、水气、二氧化碳、硫化氢，以及微量的惰性气体（氦、氩）等。天然气极易燃。蒸气能与空气形成爆炸性混合物，在室温下的爆炸极限为5%～15%，在-162℃左右的爆炸极限为6%～13%。

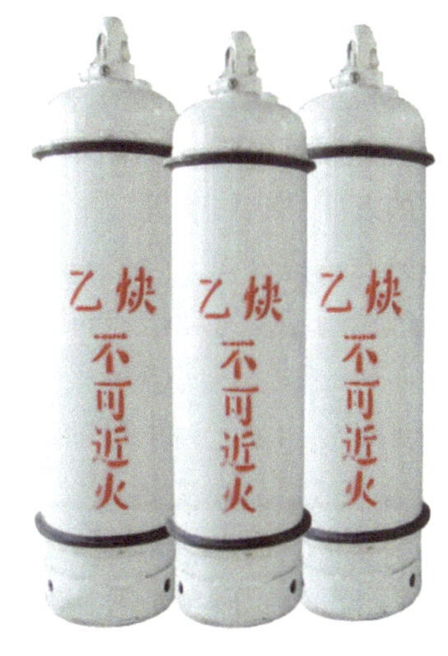

图 5-6　乙炔气瓶

液化后的天然气称为液化天然气（Liquid Natural Gas，LNG），被公认是地球上最干净的能源。其组成与气态稍有不同，因为LNG在液化过程中，已将硫、二氧化碳、水分等除去。沸点-164～-160℃。当LNG由液体蒸发为冷的气体时，其密度与常温下的天然气不同，约比空气重1.5倍。泄漏后，其气体不会立即上升，而是沿着液面或地面扩散，吸收水与地面的热量以及大气与太阳的辐射热，形成白色云团。由雾可察觉冷气的扩散情况，但在可见雾的范围以外，仍有易燃混合物存在。如果易燃混合物扩散到火源，就会发生回燃。当冷气温度至-112℃左右，就变得比空气轻，开始向上升。LNG比水轻（相对密度约0.45），遇水生成白色冰块。冰块只能在低温下保存，温度升高即迅速蒸发，如急剧扰动能猛烈爆喷。液化天然气与皮肤接触会造成严重灼伤。

四　易燃液体的基本特性

1　易燃液体的定义

易燃液体包括易燃液体和液态退敏爆炸品。

易燃液体是指易燃的液体或液体混合物，或是在溶液或悬浮液中有固体的液体，其闭杯试验闪点不高于60℃，或开杯试验闪点不高于65.6℃。易燃液体还包括满足下列条件之一的液体：

（1）在温度高于或等于其闪点的条件下提交运输的液体。

（2）以液态在高温条件下运输或提交运输，并在温度低于或等于最高运输温度下放出易燃蒸气的物质。

液态退敏爆炸品是指为抑制爆炸性物质的爆炸性能，将爆炸物质溶解或悬浮在水中或其他液态物质后，而形成的均匀液态混合物。

对运输来说，易燃液体最主要的危险是其挥发性蒸气导致燃烧和爆炸。衡量液体物质的易燃、易爆性的重要参数是闪点、沸点、燃点、爆炸极限和蒸气压等。

2 易燃液体的物理特性

1）高度挥发性

液体物质在任何温度下都会蒸发，并在加热到沸点时，迅速变为气体。静置的液体表面看似静止不动，但实际上其分子是在不停地运动中。一些能量较高的液体分子在运动中会克服液体分子间的吸引力成为气体，这个过程一般称为汽化。如果汽化只发生在液体的表面，叫作蒸发。

蒸发可以在低于沸点的温度下进行。液体在低于沸点温度下的蒸发现象又称挥发，不同液体的蒸发速度是不同的。

一般来讲，沸点低的液体，挥发性也大。易燃液体大多是低沸点液体，在常温下就不断地挥发，如乙醚、乙醇、丙酮和三硫化碳等的挥发性都较大，这类物质也称为挥发性液体。不少易燃液体的蒸气又比空气重，易积聚不散，特别在低洼处所、通风不良的仓库内及封闭式货厢内易积聚产生易燃易爆的混合蒸气，造成危险隐患。

2）高度流动扩散性

易燃液体的黏度一般都较小，而且大多数易燃液体的相对密度比较小，且不溶于水会随水的流动而扩散。易燃液体还具有渗透、毛细管引力、浸润等作用，即使容器只有细微裂纹，易燃液体也会渗出容器壁外，扩大其表面积，源源不断地挥发，使空气中的蒸气浓度增高，增加了燃烧爆炸的潜在危险。

3）蒸气压及受热膨胀性

敞开的液体物质总是或快或慢地蒸发着，直至全部变为蒸气为止，但装在密闭容器内的液体则不然。如果将某种液体在一定温度条件下，盛装在一个留有空间的容器中，即有少量液体蒸气进入液体表面的空间，直到液体与其蒸气达到平衡为止（达到蒸气压）。温度越高，液体蒸气压力越大，且由于其沸点低、易挥发特性必然使其蒸气压也较高，危险性也越大。蒸气压高的易燃液体，易于产生能引起燃烧所需要的最低限度的蒸气量，因此蒸气压越高，危险性也越大。运输途中很可能因为环境温度变化的影响，蒸气压高的易燃液体容易引起包装容器出现“鼓桶”现象，甚至爆炸。为此，盛装易燃液体的容器应有足够的安全系数，甚至在容器内还需加入某些性质相容的稳定剂以抑制其挥发。

热胀冷缩是物质的固有特性。液体物质的受热膨胀系数较大，加上易燃液体的易挥发性，受热后蒸气压也会增大，装满易燃液体的容器往往会造成容器胀裂而引起液体外溢。因此，易燃液体灌装时应充分注意，容器内应留有足够的膨胀余位。

4）易积聚静电

大部分易燃液体都是电解质，如醚类、酮类、汽油、酯类、芳香烃及石油产品等。这些物质在管道、储罐、槽车、装卸、灌注、摇晃、搅拌和高速流动过程中，由于振动、摩擦的作用极易积聚静电，特别是汽车罐车运输，在灌装时的灌装流速过快也极易积聚静电。当所带的静电荷聚积到一定程度时，就会发生静电放电，引起可燃性蒸气的燃烧爆炸，后果严重。因此，装运易燃液体的罐车必须配备导除静电的装置。

3 易燃液体的化学特性

1）高度易燃性、易爆性

易燃液体几乎都是有机化合物，都含有碳原子和氢原子。在一定条件下（如加热、遇火等）与空气中的氧化合而引起燃烧。同时，由于这些液体的挥发性较大，极易挥发成蒸气并在液体表面与空气形成可燃性混合物，当混合物浓度达到一定范围（即爆炸极限）时，一旦遇明火或加热就会与空气中的氧化合而引起燃烧或爆炸。

注意易燃液体爆炸极限范围越宽，燃烧、爆炸的可能性越大；温度升高，易燃液体挥发量增大，易燃易爆性增大；相同温度下，易燃液体闪点越低，越易挥发，易燃易爆性越高。

2）能与强酸、氧化剂剧烈反应

易燃液体遇氧化剂或具有氧化性的强酸如高锰酸钾、硫酸、硝酸会剧烈反应而自行燃烧。因此装运时，应注意易燃液体不得与强酸、氧化剂混装。

3）易燃液体的毒性

大多数易燃液体除具有易燃、易爆的危险特性外，还具有不同程度的毒性。易燃液体可通过皮肤、消化道或呼吸道被人体吸收而中毒。如长时间吸入醚蒸气会使人麻醉，深度麻醉可致人死亡。特别是挥发性较大的易燃液体，其蒸气带来的毒性更不可忽视，即使是挥发性很小的易燃液体，直接接触也是有害的。易燃液体蒸气浓度越大，毒性也越大。

4 常见的易燃液体

1）苯

苯是组成结构最简单的芳香烃，在常温下为一种无色透明液体，易挥发，具有芳香气味。苯比水密度低，相对密度0.879，易溶于有机溶剂，难溶于水，故不能用水扑救苯引起的火灾。苯的沸点80.1℃，闪点-11℃（闭杯），爆炸极限1.3%～7.10%，挥发性大，暴露在空气中很容易扩散。

苯是从炼焦以及石油加工的副产品中提取的，属于重要的工业原料，广泛用于乙烯、酚的制成，以及合成橡胶、乳酸漆、塑料、黏合剂、农药、树脂、香料等工业。苯有毒，人和动物可经吸入或皮肤接触中毒，大量苯进入体内，会对造血器官与神经系统造成损害，空气中最高允许浓度10×10^{-6}ppm。苯与氧化剂反应剧烈，易于产生和积聚静电。

2）二硫化碳

纯的二硫化碳为无色液体，有类似氯仿的芳香甜味，但通常不纯的工业品因混有其他硫化物而变为微黄色，且具有令人不愉快的烂萝卜味。沸点46℃，相对密度1.26（比水重），相对蒸气密度263（比空气重），能在较低处扩散到相当远的地方，遇火源会着火。闪点-30℃，爆炸极限1%～60%。不溶于水，溶于乙醇、乙醚等多数有机溶剂。

二硫化碳极易燃，其蒸气能与空气形成范围广阔的爆炸性混合物。接触热、火星或氧化剂易燃烧爆炸并分解产生有毒的硫化物烟气。与铝、锌、钾、氟、氯、叠氮化物等反应剧烈有燃烧爆炸危险。高速冲击、流动、激荡后可因产生静电火花放电引起燃烧爆炸。空气中含量达到15g/m^{3}时，半小时即可致人死亡。

3）车用汽油或汽油

汽油系轻质石油产品中的一大类，主要成分是碳原子数为7～12的烃类混合物，是一种无色至淡黄色的易流动的油状液体。沸点40～200℃，相对密度0.67～0.71，闪点-45～-50℃，自燃点415～530℃，爆炸极限1.3%～6.0%，挥发性极强（会使局部空间氧气浓度降低，使人窒息死亡），不溶于水。其蒸气与空气能形成爆炸性混合物，高温氧化剂等有火灾危险。用作溶剂的汽油没有添加其他物质，故毒性较小。燃料用汽油因加入四乙基铅等作抗爆剂，而大大增加了毒性（致癌）。

4）油漆类

油漆（即涂料）在易燃液体中占很大比例。油漆一般是胶黏状的液体，在物体表面上能结成一层薄膜，起到装饰和保护作用。

油漆不都是危险货物，但人造漆中含有大量的丙酮、甲苯等都是易燃液体。

五 易燃固体、易于自燃的物质、遇水放出易燃气体的物质的基本特性

1 易燃固体、易于自燃的物质、遇水放出易燃气体的物质分项

此类包括易燃固体、易于自燃的物质和遇水放出易燃气体的物质，分为3项。

第4.1项：易燃固体、自反应物质和固态退敏爆炸品

（1）易燃固体：易于燃烧的固体和摩擦可能起火的固体。

（2）自反应物质：即使没有氧气（空气）存在，也易发生激烈放热分解的热不稳定物质。

（3）固态退敏爆炸品：为抑制爆炸性物质的爆炸性能，用水或酒精润湿爆炸性物质或用其他物质稀释爆炸性物质后，而形成的均匀固态混合物。

易燃固体的燃点都很低，遇空气（或氧或氧化剂）、遇火、受热、摩擦或与酸类接触等都能引起剧烈的燃烧甚至爆炸，并可能散发出有毒烟雾或有毒气体的固体物质。所以，易燃固体在储存、运输、装卸过程中，应当注意轻拿轻放，避免摩擦撞击等外力作用。其中，燃点是指物质开始燃烧时所需的最低温度，又叫燃烧点、着火点等。燃点越低，其发生燃烧的可能性和危险性越大。可见，易燃固体同时具备三个条件：燃点低、燃烧迅速、放出有毒烟雾或有毒气体，这三个条件缺一不为危险货物。通过对100种易燃固体进行分析研究，发现大多数易燃固体的燃点都低于300℃。因此，可以用燃点低于300℃作为易燃固体衡量的参考数据。此外，熔点在一定程度上影响着固体的易燃性。一般来说，熔点低的固体具有较强的挥发性，它们在较低的温度下即能转变为液态或直接升华，其挥发出的蒸气与空气能形成爆炸性混合物并易于点燃，具有较低的闪点。因此，对低熔点的固体可以用闪点评价其易燃性的大小。

第4.2项：易于自燃的物质

本项包括发火物质和自热物质。

（1）发火物质：即使只有少量与空气接触，不到5min时间便燃烧的物质，包括混合物和液态（液体或固体）。

（2）自热物质：发火物质以外的与空气接触便能自己发热的物质。

易于自燃的物质的主要特点是不需外界火源作用，自身在空气中能缓慢氧化放热并积热不散，达到其自燃点而自行燃烧。因此，对运输来讲，此项货物最主要的危险是自行发热、燃烧，有些甚至在无氧条件下也会自燃。

自燃是指不经明火点燃就自动着火燃烧的现象，可分为两种情况：一种是物质虽不与明火接触，但受外界热源加热而自燃；另一种是物质不需明火加热，在一定的条件下会自身氧化放热而自燃。前者称为受热自燃，一般易燃物品，包括固态、液态和气态的，都具有受热自燃的特性；后者称为自热自燃，只有一小部分易燃物品具有这种特性。

物质在发生自燃时所需要的最低温度，叫作自燃点。自燃点的高低是此项物质危险性大小的主要标志。参照相关资料，此项物质可采用自燃点在200℃以下为依据。如图5-7所示，白磷（黄磷）的自燃点仅30℃，即使是在冰天雪地的环境温度下，只要露在空气中黄磷也很容易自身发热积温到30℃而燃烧，故白磷（黄磷）是自热自燃的易燃物品。如图5-8所示为自燃物品标志牌。

图 5-7　白磷

图 5-8　自燃物品标志牌

第4.3项：遇水放出易燃气体的物质

此项货物是指遇水放出易燃气体，且该气体与空气混合能够形成爆炸性混合物的物质。

此项物品必须具备三个条件：在常温或高温下受潮或与水剧烈反应，且反应速度快；反应产物为可燃气体；反应过程中放出大量热，可引起燃烧或爆炸。此项物质遇酸和氧化剂也能发生反应，而且比与水的反应更为剧烈，因此危险性也更大。

2 易燃固体、易于自燃的物质、遇水放出易燃气体的物质主要特性

1 易燃固体的主要特性

1）需明火点燃

虽然本项物质燃点较低，但自燃点很高，在常温条件下不易达到，故不会自燃，需

要明火点着以后，才能持续燃烧。

2）高温条件下遇火星即燃

环境温度越高，此类物质越容易着火。当外界的温度高达此类物质的自燃点时，不需明火，就会自燃。

3）粉尘有爆炸性

该项物质的粉尘因与空气接触表面积大，燃烧速度极快，遇火星即会爆炸。

4）与氧化剂混合能形成爆炸品

许多易燃固体与强氧化剂放在一起，在一定的外界条件作用下，会发生剧烈的燃烧反应甚至爆炸，如红磷与氯酸钾（强氧化剂）接触，略加摩擦或冲击立即着火燃烧。有些易燃固体如萘、樟脑会从固态直接转化为气态，这种现象称为升华。升华后的易燃固体的蒸气与空气混合后，具有爆炸的危险。

5）遇水分解

易燃固体中有不少物质遇水会发生化学反应而被分解。如硫磷化物遇水或潮湿空气分解，会放出有毒易燃的硫化氢；氨基化钠遇水放出有毒及腐蚀性的氨气等。

易燃固体虽很容易发生燃烧，但是若没有火种、热源等外因作用，没有助燃物质（空气中的氧或氧化剂）的存在，不易发生燃烧。在储运过程中，易燃固体发生燃烧事故都是因其接触明火、火花、强氧化剂、受热或受摩擦、撞击等引起。因此，只要在储运中严格防止上述外因的作用，就可保证其运输安全。

2 易于自燃的物质的主要特性

1）不需受热和明火，会自行燃烧

此项物质暴露在空气中会与空气中的氧接触，发生氧化反应并放出大量热量。当热量积聚起来，使物质升到一定温度时，就会引起燃烧。隔绝这类物质与空气接触是储运安全的关键。

2）受潮后，会增加自燃的危险性

易于自燃的物质中的油纸、油布等含油脂的纤维制品，干燥时由于物质的间隙大，易于散热，只要注意通风，自行缓慢氧化产生的热量就不会聚积，一般不会自燃。而一旦受潮，产生的热量就会积聚不散而使其自燃。

3）大部分易于自燃的物质与水反应剧烈

易于自燃的物质会自动发热，其原因是与空气中的氧发生反应。对易于自燃的物质储运保管中关键的防护措施是阻止其与空气的接触。如黄磷就存放在水中。但不少易于自燃的物质，如三异丁基铝、三氯化三甲基铝等，与水会发生剧烈反应并放出易燃气体和热量，引起燃烧。所以，采取何种措施阻隔易于自燃的物质与空气的接触要看具体品种而言。

4）接触氧化剂会立即发生爆炸

易于自燃的物质的还原性很强，一旦接触到氧化性物质或酸类物质会立即发生强烈的氧化还原反应，产生爆炸的效果，因此危险性也更大。

3 遇水放出易燃气体的物质的主要特性

1）遇水（受潮）燃烧性

此项物质化学特性极其活泼，遇湿（水）会发生剧烈化学反应，产生可燃性气体和热量。当这些可燃性气体和热量达到一定浓度或温度时，能立即引起自燃或在明火作用下引起燃烧。此外，此项物质还会与酸类或氧化性物质发生剧烈反应，其反应比遇湿（水）更为剧烈，危险性也更大。如若把金属钠撒入硫酸中，立即就会有大量气泡和热量溢出，反应非常剧烈。

有些遇水放出易燃气体的物质本身易燃或放置在易燃的液体中（如金属钾、钠等均浸没在煤油中保存以隔绝空气），它们遇火种、热源也有很大的危险。

2）爆炸性

遇水放出易燃气体的物质中的碳化钙（电石）等，会与空气中的水分发生反应，生成易燃气体。放出的易燃气体与空气混合达到一定量时，遇明火即有引起爆炸的危险。

3）毒害性

遇水放出易燃气体的物质均有较强的吸水性，与水反应后生成强碱和有毒气体，接触人体后，能使皮肤干裂、腐蚀并引起中毒。

4）自燃性

硼氢类物质和化学性质极活泼的金属及其氢化物（在空气中暴露时）均能发生自燃。综上所述，虽然按燃烧的不同条件把第4类危险货物分为3项，每项货物都有其具体的特征，但它们的共同危险特征是具有易燃性、腐蚀性、毒害性和爆炸性。

3 常见的易燃固体、易于自燃的物质、遇水放出易燃气体的物质

1 白磷或黄磷

黄磷是白色或淡黄色的半透明的蜡状固体，相对密度1.828，自燃点30℃，熔点44.1℃，沸点280℃，蒸气相对密度4.42，蒸气压1333kPa（76.6℃）。黄磷性质极活泼，暴露在空气中即被氧化，加之自燃点低，因此只需1~2min即自燃。所以，黄磷必须浸没在水中，若包装破损使水渗漏，导致黄磷露出水面，就会自燃。

黄磷有剧毒。黄磷自燃的生成物氧化磷也有毒。在救火过程中应防止中毒。黄磷对皮肤有刺激性，可引起烧伤。

2 油浸的麻、棉、纸等及其制品

纸、布、油脂都是可燃物，但通常情况下不作为易燃品，更不会自燃。

虽然它们在空气中会氧化（如纸发黄、油结成一层硬膜等），但过程缓慢，不聚热，不会自燃。然而，当把它们经浸油处理后，油脂与空气的接触面积增加了无数倍，氧化反应放出的热量就增大，再加上纸、布又有很好的保温作用，使生成的热量难于逸散。时间一长，热量积聚，温度不断升高，达到自燃点就会自燃。特别是在空气潮湿的情况下，温度逐渐升高而发生自燃。所以这些物质要充分干燥后，才能装箱储运，且要用花格透笼箱包装，并保持良好的通风散热条件。在装运储存过程中，要慎防这些物质

淋雨受潮，只要注意通风，一般不会自燃。

3 钠、钾等碱金属

如图5-9、图5-10所示，钠、钾都是银白色柔软轻金属。钠相对密度0.971，常温时为蜡状，熔点97.5℃。钾相对密度0.862，熔点63℃。钠、钾等碱金属是化学性质最活泼的金属元素。暴露在空气中会与氧作用生成金属氧化物，也会吸收空气中的水分，发生反应而置换出氢气。若放在水中，反应进行得迅速而剧烈，反应热会使放出的氢气爆炸，引起金属飞溅。

图 5-9　金属钠

图 5-10　金属钾

二氧化碳不能作为碱金属火灾的灭火剂。因为二氧化碳能与钠、钾等碱金属起反应。干砂（SiO_2）也不能用于扑救碱金属的火灾。由于这些金属与煤油、石蜡不反应，所以把钠、钾等浸没在这些矿物油中储存，使其能与空气中的氧和水蒸气隔离。应当注意，用于存放活泼金属的矿物油必须经过除水处理。这些物质的包装如损漏，则非常危险。

4 碳化钙

如图5-11所示，碳化钙又称电石。纯品为无色晶体，工业品为灰黑色块状物，相对密度2.22。电石有强烈的吸湿性，能从空气中吸收水分而发生反应（与水相遇反应更剧烈），放出乙炔（电石气）和大量热量。热量能很快达到乙炔的自燃点而起火燃烧，甚至爆炸。

图 5-11　碳化钙

需要注意的是，由于工业品常含有砷化钙、磷化钙等杂质，与水作用时会放出砷化氢（AsH_5）、磷化氢（PH_5）等有毒气体，因此由电石产生的乙炔有毒（需通过浓硫酸和重铬酸钾洗液除去）。

六 氧化性物质和有机过氧化物的基本特性

1 氧化性物质和有机过氧化物的分项和定义

此类危险货物包括氧化性物质和有机过氧化物，分为2项。

第5.1项：氧化性物质

氧化性物质，是指本身未必燃烧，但通常因放出氧气可能引起或促使其他物品燃烧的物质。

此项货物系指处于高氧化态，具有强氧化性，易分解并放出氧和热量的物质。包括含过氧基的无机物，其本身不一定可燃，但能导致可燃物的燃烧。与松软的粉末状可燃物能组成爆炸性混合物，对热、振动或摩擦比较敏感。

第5.2项：有机过氧化物

有机过氧化物，是指分子组成中含有过氧基（—0—0—）结构的有机物。

有机过氧化物易燃易爆，极易分解，对热、振动或摩擦极为敏感。有机过氧化物按其危险程变分为7种类型。具体是：A型有机过氧化物、B型有机过氧化物、C型有机过氧化物、D型有机过氧化物、E型有机过氧化物、F型有机过氧化物、G型有机过氧化物。有机过氧化物是“类属”条目，其适用于意义明确的一组物质或物品。如：UN3109是“液态F型有机过氧化物”。

2 氧化性物质和有机过氧化物的特性

1 氧化性物质的特性

此项货物在遇酸、受热、受潮或接触有机物、还原剂后即有分解放出原子氧和热量，引起燃烧或形成爆炸性混合物的危险。

（1）氧化性。

（2）不稳定性，受热易分解。

（3）化学敏感性。氧化性物质与还原剂、有机物、易燃物质或酸等接触时，有的能立即发生不同程度的化学反应。如氯酸钾或氯酸钠与蔗糖或淀粉接触、高锰酸钾与甘油或松节油接触、三氧化铬与乙醇等混合，都能引起燃烧或爆炸。用扫帚清扫撒在地上的硝酸银即能引起局部燃烧爆炸。同属氧化性物质，由于氧化性的强弱不同，相互混合后也能引起燃烧爆炸，如硝酸铵和亚硝酸钠，硝酸铵和氯酸盐等。有机过氧化物中的过氧化苯甲酰电子分解温度只有130℃，甚至在拧瓶盖时如操作不当也可能引起爆炸。

（4）吸水性。大多数盐类都具有不同程度的吸水性。如硝酸盐中的钠、钙、镁、铵、锌、铁、铜和亚硝酸钠等，在潮湿环境里很容易从空气中吸收水分，甚至溶化、流失。有的还容易吸水变质，如：过氧化钠、过氧化钾遇水则猛烈分解释放氧气，若遇有机物、易燃物即引起燃烧；三氧化铬迅速吸水变成铬酸；高锰酸锌吸水后的液体接触有机物（如纸、棉布等），能立即燃烧；漂粉精遇水后，不仅能放出氧，同时还产生大量剧毒和腐蚀性的氯气等。

（5）毒性和腐蚀性。氧化性物质一般都具有不同程度的毒性，有的还具有腐蚀性，人吸入或接触可能发生中毒、灼伤现象。如硝酸盐、氯酸盐都有不同程度的毒性，三氧化铬（铬酸酐）、过氧化钠都有腐蚀性等，从业人员操作时应做好个人防护。

2 有机过氧化物的特性

（1）有机过氧化物比无机氧化物更容易分解。其分解温度一般在150℃以下，有的甚至在常温或低温时即可分解，一些有机过氧化物的分解温度接近室温，故需保持低温运输。由于分解温度低，有机过氧化物对摩擦、撞击等因素也比无机氧化物敏感。同时，有机过氧化物对杂质很敏感，少量的酸类、金属氧化物或胺类即会引起剧烈分解。

（2）有机过氧化物绝大多数是可燃物质，有的甚至是易燃物质。有机过氧化物分解产生的氧往往能引起自燃；燃烧时放出的热量又加速分解，循环往复极难扑救。

（3）有机过氧化物分解后的产物，几乎都是气体或易挥发的物质，再加上易燃性和自身氧化性，分解时易发生爆炸。

3 常见的氧化性物质和有机过氧化物

1 硝酸钾

硝酸钾又称钾硝石、火硝。无色透明晶体或粉末，相对密度2.109，溶于水，且在水中的溶解度随水温上升而剧烈增大。该物质为强氧化剂，与有机物接触能燃烧爆炸，遇热则分解放出氧气。当硝酸钾与易燃物质混合后，受热甚至轻微的摩擦冲击都会迅速地燃烧或爆炸。黑火药就是根据这个原理配制的。

硝酸钾遇硫酸会发生反应生成硝酸，所以硝酸盐类不能与硫酸配载。

2 氯酸钾

氯酸钾为白色晶体或粉末，味咸、有毒，相对密度2.32。常温下稳定，在400℃时能分解生成氯化钾（KCl）和氧气（O_2）。与还原剂、有机物（如糖、面粉）、易燃物（如硫、碳、磷）或金属粉末等混合可形成爆炸性混合物，经摩擦、撞击或加热时即爆炸。因包装破损，氯酸钾撒漏在地上后被踩踏发生火灾的事故时有发生。

氯酸钾的热敏感和撞击感度都比黑火药灵敏得多。氯酸钾遇浓硫酸则生成高氯酸（$HClO_4$）和二氧化氯（ClO_2）。高氯酸是一种极强的酸，也有极强的氧化性，而二氧化氯是极不稳定易爆炸的物质。所以氯酸盐不可与浓硫酸配载。

七 毒性物质和感染性物质的基本特性

1 毒性物质和感染性物质的分项和定义

此类包括毒性物质和感染性物质，分为2项。

第6.1项：毒性物质

毒性物质，是指经吞食、吸入或与皮肤接触后可能造成死亡或严重受伤或损害人类健康的物质。

本项包括满足下列条件之一的毒性物质（固体或液体）：

（1）急性口服毒性$LD_{50}\leq 300mg/kg$。（注：青年大白鼠口服后，最可能引起受实验动物在14d内死亡一半的物质剂量，试验结果以mg/kg体重表示。）

（2）急性皮肤接触毒性：$LD_{50}\leq 1000mg/kg$。（注：使白兔的裸露皮肤持续接触24h后，最可能引起受实验动物在14天内死亡一半的物质剂量，试验结果以mg/kg体重表示。）

（3）急性吸入粉尘和烟雾毒性：LD_{50}≤4mg/L。

（4）急性吸入蒸气毒性：LD_{50}≤5000mL/m^3，且在20℃和标准大气压力下的饱和蒸气浓度大于或等于1/5LD_{50}。

第6.2项：感染性物质

感染性物质，是指已知或有理由认为有病原体的物质。

感染性物质分为A类和B类。

A类：以某种形式运输的感染性物质，在与之发生接触（发生接触，是在感染性物质泄漏到保护性包装之外，造成与人或动物的实际接触）时，可造成健康的人或动物永久性失能、生命危险或致命疾病。

B类：A类以外的感染性物质。

2 毒性物质的危险特性

1）有机毒性物质具有可燃性

毒性物质中的有机物都是可燃的，其中有不少液体的闪点低于61℃，够得上易燃液体标准。这些物质一旦遇明火、高热或与氧化剂接触会燃烧爆炸，燃烧时会放出有毒气体，加剧毒性物质的危险性。如戊腈，闪点40℃；异戊腈，闪点25℃；甲基苯胺，闪点29.4℃；氯甲苯，闪点52℃；氯甲酸丁酯，闪点36～38℃；溴丙酮，闪点45℃等。

2）遇酸或水反应放出有毒气体

如氰化钾能与盐酸发生反应，生成毒性更强的氰化氢气体，气体更容易通过呼吸道中毒。因此，氰化物不得与酸性腐蚀性物质配装。

氰化物还能与水发生反应生成有毒的气体。如氰化钾与水放出氨气（NH_3）。氨气虽然也是一种毒气，但其毒性要比氰化钾弱得多。两害取其微，故氰化钾泄漏污染时，可用水来分解，不过要注意不得使氰化钾的水溶液溅在人身上，否则会加速中毒。

必须指出，并不是所有遇水反应放出有毒气体的毒性物质，都像氰化钾（氰化物）一样，反应生成有毒气体的毒性比反应前的毒性物质弱。如氟化砷遇水发生反应放出的有毒气体是氟化氢，其危害性就比液体状的氟化砷要大得多。

3）腐蚀性

有不少毒性物质对人体和金属有较强的腐蚀性，强烈刺激皮肤和黏膜，甚至会发生溃疡加速毒物经皮肤的入侵。

3 感染性物质的危险特性

感染性物质的危险特性在于其使人或动物感染疾病或其毒素能引起病态，甚至死亡。

4 常见的毒性物质

1 氢氰酸及氰化钡、氰化钾、氰化钠等氰化物

氢氰酸即氰化氢（HCN），具有苦杏仁味，极易扩散，易溶于水（即称为氢氰

酸）。含氰基（-CN）的化合物叫氰化物。大多数氰化物属剧毒物质，在体内能迅速高解出氰根（CN-）而起毒性作用，50～100mg就可使人致死。如氰化钠，俗称山萘或七步倒，人仅服1～3mg走不出七步路即会死亡。

氰化物虽有较大毒性，但易被分解为低毒或无毒的物质。如氰化钾与水作用会逐渐被分解成甲酸钾和氨。遇过氧化氢H_2O_2分解很快，故小量的含氰毒物可用H_2O_2作解毒剂。

氰化物遇酸或酸性腐蚀物质时会放出HCN。

2 砷、砷粉及其化合物

砷的俗名为砒，为元素砷（As）的单质，通常为灰色的金属状的晶体，还有黄及黑的两种同素异形体。灰色的金属特性较突出，但性脆；相对密度5.7，不溶于水；在空气中表面会很快被氧化而失去光泽。纯的未被氧化的砷是无毒的，口服后几乎不被吸收就排出体外。但因为砷易氧化，表面几乎都生成了剧毒砷的氧化物，所以砷也被列为剧毒品。砷在自然界主要是以化合物存在。

不纯的砷俗称砒霜或白砒，有剧毒。砷为非金属，故其氧化物为酸性氧化物。有两种氧化物：三氧化二砷（As_2O_3）和五氧化二砷（As_2O_5）。其对应酸为亚砷酸（H_3AsO_3）和偏亚砷酸（$HAsO_2$）及砷酸（H_3AsO_4）砒霜，皆为弱酸。其对应盐则为亚砷酸盐和偏亚砷酸盐及砷酸盐。亚砷酸钠（$NaAsO_2$）及砷酸钾（K_3AsO_4）等皆为剧毒品。其他砷化物也大都具有毒性。

砷与氢的化合物叫砷化氢，是气体，极毒，当砷化氢分子中的氢原子被有机化合物中的烃基取代后得到的有机砷化合物则叫作胂。胂类化合物也大都具有毒性。一般地，砷的可溶性化合物都具有毒性。砷及其化合物可用作药物和杀虫剂等。

3 发动机燃料抗爆剂混合物（四乙基铅）

四乙基铅［$Pb(C_2H_5)_4$］又名四乙铅，为无色油状液体。相对密度1.66，有臭味，不溶于水，易溶于有机溶剂和脂肪，易挥发；主要作为汽油抗爆剂；因高度挥发，易进入呼吸道；因溶于脂肪，易为皮肤接触吸收；毒性较大，主要侵害中枢神经系统。

八 腐蚀性物质基本特性

1 腐蚀性物质的定义

此类物质是指通过化学作用使生物组织接触造成严重损伤或在渗漏时会严重损害甚至毁坏其他货物或运载工具的物质。其包括满足下列条件之一的物质：

（1）使完好皮肤组织在暴露超过60min，但不超过4h之后开始的最多14d观察期内全厚度毁损的物质。

（2）被判定不引起完好皮肤组织全厚度毁损，但在55℃试验温度下，对钢或铝的表面腐蚀率超过6.25mm/a的物质。

上述表述，一方面是针对人体的伤害，如灼伤人体组织、完好皮肤坏死等；另一方面从运输角度考虑，腐蚀对材料（金属等物品）造成的损坏、破坏，如长期、缓慢的腐蚀对车辆、罐体的影响等。

腐蚀性物质对物质的腐蚀作用，主要是化学作用。有时会引起一系列复杂的化学变化。各种腐蚀性物质接触不同物质发生腐蚀反应的效应及速变是不同的，说明各种腐蚀性物质腐蚀性强弱不一。各物质的耐腐蚀性也参差不齐。

从运输角度考虑，腐蚀不仅要看对材料的破坏，还应特别考虑对人体的伤害。同时也不能虑及长期的缓慢的腐蚀，而只能以即时的化学或电化学腐蚀作用为准。

2 腐蚀性物质的包装类别

I类包装：非常危险的物质和制剂。

Ⅱ类包装：显示中等危险性的物贡和制剂。

Ⅲ类包装：显示轻度危险性的物质和制剂。

其具体的危险程度，见《危险货物分类和品名编号》（GB 6944—2012）的“4.921 I类包装、4.9.2.2 Ⅱ类包装、4.9.2.3 Ⅲ类包装”的表述。

3 腐蚀性物质的特性

腐蚀性物质是化学性质非常活泼的物质，能与很多金属、非金属及动植物机体等发生化学反应。腐蚀性物质不仅具有腐蚀性，很多同时还具有毒性、易燃性或氧化性等性质中的一种或数种。

1 腐蚀性

腐蚀是物质表面与腐蚀性物质接触后，发生化学反应而受到破坏的现象。

1）对人体的腐蚀（化学烧伤或化学灼伤）

具有腐蚀性的固体、液体、气体或蒸气都会对皮肤表面或器官的表面（如眼睛、食道等）产生化学烧伤。固体腐蚀性物质如氢氧化钠等，能烧伤与之直接接触的表皮。液体腐蚀性物质则能很快侵害人体的大部分表面积，并能透过衣物发生作用。气体腐蚀性物质虽然不多，但许多液体腐蚀性物质的蒸气和粉末状固体腐蚀性物质的粉尘，同样具有严重的腐蚀性，能伤害人体的外部皮肤，尤其会侵害呼吸道和眼睛。

2）对物质的腐蚀

腐蚀性物质中的酸、碱甚至盐都能不同程度地对金属进行腐蚀。它们会腐蚀金属的容器、车厢、货舱、机舱及设备等。即使这些金属物质不直接与腐蚀性物质接触，也会因腐蚀性物质蒸气的作用而锈蚀。如化工物质运输车辆的损耗程度要比普通运输车辆的损耗大得多。

2 毒性

腐蚀性物质中有很多物质还具有不同程度的毒性，如五溴化磷、偏磷酸、氢氟硼酸等。特别是具有挥发性的腐蚀性物质，如发烟硫酸、发烟硝酸、浓盐酸、氢氟酸等，能挥发出有毒的气体和蒸气，在腐蚀机体的同时，还能引起中毒。

3 易燃性和可燃性

有机腐蚀性物质具有可燃性。这是所有有机物的通性，是它们本身的化学构成所决定的。其中有很多有机腐蚀性物质闪点很低，如冰醋酸，闪点40℃；醋酸酐，闪点54℃，遇明火会引起燃烧。

有些强酸强碱的腐蚀性物质，在腐蚀金属的过程中能放出可燃的氢气。当氢气在空气中占一定的比例时，遇高热、明火即燃烧，甚至引起爆炸。

4 氧化性

腐蚀性物质中的含氧酸大多是强氧化剂。它们本身会分解释放出氧，如硝酸暴露在空气中就会分解产生氧气，或在与其他物质作用时，夺得其电子将其氧化。

一方面，强氧化剂与可燃物接触时，即可引起燃烧，如硝酸、硫酸、高氯酸等。与松节油、食糖、纸张、炭粉、有机酸等接触后，即可引起燃烧甚至爆炸；另一方面，氧化性有时也可被利用。如浓硫酸和浓硝酸的强氧化性能使铁、铝金属在冷的浓酸中被氧化，在金属表面生成一层致密的氧化物薄膜，保护了金属。这种现象称为“钝化"。根据这一特点，对运输浓硫酸可采用铁制容器或铁罐车装运，用铝制容器盛放浓硝酸。

5 遇水反应性

腐蚀性物质中很多物质能与水会发生反应，并放出大量的热量。与空气中的水气反应而发烟（实质是雾，习惯上称烟），其对眼睛、咽喉和肺均有强烈刺激作用，且有毒。由于反应剧烈，并同时放出大量热量，当满载这些物质的容器遇水后，则可能因漏进水滴而猛烈反应，使容器炸裂。所以，尽管没有给这些物质贴上“遇潮时危险”的副标志，但其防水要求应和4.3项危险货物（遇湿易燃物质）相同。

4 常见的腐蚀性物质

1 硫酸，含硫高于51%

一般认为，硫酸的消费量可以从某个角度衡量一个国家的经济状况和发展水平。硫酸是重要的工业原料，硫酸铝、盐酸、氢氟酸、磷酸钠和硫酸钙等，在制造时都要用硫酸。硫酸的运输量和储存量在整个酸性腐蚀性物质中占首位。

纯硫酸是无色的油状液体，常见不纯的硫酸为淡棕色。硫酸是一种高沸点难挥发的强酸，易溶于水，能以任意比与水混溶。98%的硫酸水溶液的相对密度1.84，沸点338℃，凝固点10℃。SO_3溶于硫酸中所得产物俗称发烟硫酸，其化学式为H_2S_2O，称为焦硫酸。焦硫酸比硫酸还要危险。

稀硫酸具有酸的一切通性，能腐蚀金属，能中和碱，并能与金属氧化物和碳酸盐作用。浓硫酸具有脱水性、吸水性和强氧化性。

2 硝酸

这里所讲的硝酸有三类：硝酸，发红烟的除外，含硝酸高于70%；硝酸，发红烟的除外，含硝酸不超过70%以及硝酸，发红烟的。

硝酸的水溶液无论浓稀均具有强氧化性及腐蚀性，溶液越浓其氧化性越强。浓硝酸和浓盐酸物质的量按1∶3混合，即为王水，能溶解金等稳定金属。硝酸在光照条件下分解成水、二氧化氮和氧气，因此硝酸一定要盛放在棕色瓶中，并置于阴凉处保存。

3 氢氯酸（盐酸）

氢氯酸是无水氯化氢的水溶液。即为氢氯酸，也称盐酸。浓盐酸和稀盐酸均为强酸，具有腐蚀性，具有一切酸的特性。

浓盐酸易挥发性，其酸蒸气具有毒性。吸入危险数量的氯化氢，可使呼吸道中的细胞完全变态，并能破坏气管内层。对于成人来说，氯化氢在空气中的浓度为5×10^{-6}时开始有气味；$5\sim10\times10^{-6}$时对黏膜有轻度刺激；35×10^{-6}时短暂接触会强烈刺激咽喉；$50\sim100\times10^{-6}$时达忍耐的限度；1000×10^{-6}时短暂接触就有肺水肿的危险。

此外，盐酸受热时，氯化氢会从水中逸出，此时盐酸容器内会产生相当大的压力，而导致耐压能力不大的耐盐酸腐蚀的容器破裂。因此，运输途中应防曝晒、雨淋，防高温。

4 固态氢氧化钠和氢氧化钠溶液

氢氧化钠又被称为烧碱、苛性钠、火碱等，是最常见的强碱，在整个工业部门有许多用途。纯的无水氢氧化钠为白色半透明的块状或片状固体，极易溶于水，溶解度随温度的升高而增大。固体氢氧化钠有吸水性，除极易吸收空气中的水汽外，还会吸收二氧化碳生成碳酸钠而变质，这是因为氢氧化钠能与非金属氧化物反应生成盐和水。因此在储存和运输固体氢氧化钠时，必须防止其与空气接触。

氢氧化钠水溶液有涩味和滑腻感，溶液呈强碱性，具备碱的一切通性。市场出售和运输的氢氧化钠大多是30%和45%的水溶液，运输量很大。

由于氢氧化钠对蛋白质有溶解作用，所以，其浓溶液能与活体组织作用，能溶解丝、毛和动物组织，会严重灼伤皮肤。摄入液碱，如不立即用1%的醋酸溶液中和就可致命。氢氧化钠浓溶液是带微红色（45%氢氧化钠水溶液）或微蓝色（30%氢氧化钠水溶液）的透明液体，将之误认为红白葡萄酒、烧酒或饮料而误食丧命时有所闻。

氢氧化钠与无机酸发生中和反应产生大量热，并生产相应的盐类；与金属铝、锌、非金属硼和硅等反应放出氢气；能与玻璃的主要成分二氧化硅反应，生成易溶于水的硅酸钠，而使玻璃腐蚀，但其反应速度缓慢。所以，长期存放氢氧化钠溶液（又称液碱）时，不宜使用玻璃或陶瓷器皿。

九 杂项危险物质和物品基本特性

1 杂项危险物质和物品的定义

本类是指存在危险但不能满足其他类别定义的物质和物品。

（1）以微细粉尘吸入可危害健康的物质。

（2）会放出易燃气体的物质。

（3）锂电池组。

（4）救生设备。

（5）一旦发生火灾可形成二噁英的物质和物品。

（6）在高温下运输或提交运输的物质，是指在液态温度达到或超过100℃，或固态温度达到或超过240℃条件下运输的物质。

（7）危害环境物质，包括污染水生环境的液体或固体物质，以及这类物质的混合物（如制剂和废物）。

（8）不符合6.1项毒性物质或6.2项感染性物质定义的经基因修改的微生物和生物体。

（9）其他。

2 常见的杂项危险物质和物品

1 磁化材料

永久磁铁以及含有磁性零部件的设备仪表、光学仪器、移动电话、家电产品等货物，距包装件表面任何一点2.1m处的磁场强度$H\geqslant 0.159$A/m的，在航空运输时要作为“磁化材料”运输。此项物质在其磁场强度范围内，对飞机的导航、通信设备有一定的影响，干扰飞行罗盘的准确性，从而影响飞机安全。

2 固态二氧化碳（干冰）

如图5-12所示，干冰是固态的二氧化碳，在常温和压强为6079.8kPa压力下，把二氧化碳冷凝成无色的液体，再在低压下迅速蒸发，便凝结成一块块压紧的冰雪状固体物质，其温度是−78.5C。干冰为白色升华性结晶，无嗅。临界温度31.0℃，临界压力7.4×10^{6}Pa，相对密度1.56，常用于食品工业作制冷剂，也可用作人工催雨的化学药剂以及消防灭火剂。干冰气化时吸收的热量是同质量的冰溶解汽化吸收热量的2倍，且这个过程比冰快得多，故人体接触瞬间即能严重冻伤。因其外形与普通的冰雪很相像，常被误认而用手去抓，但因温度在−78.5C，故会造成冻伤。因此，在每次接触干冰的时候，一定要小心并且用厚棉手套或其他遮蔽物才能触碰干冰。

图 5-12　干冰

由于干冰升华的二氧化碳具有窒息性，能引起呼吸急促甚至窒息死亡，故请于通风良好处使用干冰，切忌与干冰同处于密闭空间。

十 危险废物

根据《中华人民共和国固体废物污染环境防治法》的规定，危险废物是指列入《国家危险废物名录》（表5-1）或者根据国家规定的危险废物鉴别标准和鉴别方法认定的具有危险特性的固体废物。

《国家危险废物名录》　表 5-1

第一条	根据《中华人民共和国固体废物污染环境防治法》的有关规定，制定本名录
第二条	具有下列情形之一的固体废物（包括液态废物），列入本名录： （一）具有腐蚀性、毒性、易燃性、反应性或者感染性等一种或者几种危险特性的。 （二）不排除具有危险特性，可能对环境或者人体健康造成有害影响，需要按照危险废物进行管理的
第三条	医疗废物属于危险废物。医疗废物分类按照《医疗废物分类目录》执行
第四条	列入《危险化学品目录》的化学品废弃后属于危险废物
第五条	列入本名录附录《危险废物豁免管理清单》中的危险废物，在所列的豁免环节，且满足相应的豁免条件时，可以按照豁免内容的规定实行豁免管理
第六条	危险废物与其他固体废物的混合物，以及危险废物处理后的废物的属性判定，按照国家规定的危险废物鉴别标准执行
第七条	本名录中有关术语的含义如下： （一）废物类别，是在《控制危险废物越境转移及其处置巴塞尔公约》划定的类别基础上，结合我国实际情况对危险废物进行的分类。 （二）行业来源，是指危险废物的产生行业。 （三）废物代码，是指危险废物的唯一代码，为 8 位数字。其中，第 1~3 位为危险废物产生行业代码［依据《国民经济行业分类（GB /T 4754—2011）》确定］，第 4~6 位为危险废物顺序代码，第 7~8 位为危险废物类别代码。 （四）危险特性，包括腐蚀性（Corrosivity，C）、毒性（Toxicity，T）、易燃性（Ignitability，I）、反应性（Reactivity，R）和感染性（Infectivity，In）
第八条	对不明确是否具有危险特性的固体废物，应当按照国家规定的危险废物鉴别标准和鉴别方法予以认定。 经鉴别具有危险特性的，属于危险废物，应当根据其主要有害成分和危险特性确定所属废物类别，并按代码“900-000-× ×”（× × 为危险废物类别代码）进行归类管理。 经鉴别不具有危险特性的，不属于危险废物
第九条	本名录自 2016 年 8 月 1 日起施行。2008 年 6 月 6 日环境保护部、国家发展和改革委员会发布的《国家危险废物名录》（环境保护部、国家发展和改革委员会令第 1 号）同时废止

《国家危险废物名录》的附表中详细介绍了危险废物具体的行业来源、废物代码、危险废物、危险特性；也给出了危险废物豁免管理清单。因本教材篇幅有限，请在网络查找学习。

第二节　危险货物品名及运输要求索引

一　道路运输危险货物一览表

《危险货物道路运输规则　第3部分：品名及运输要求索引》（JT/T 617.3—2018，以下简称JT/T 617.3—2018）对不同的危险货物，汇总了道路运输危险货物一览表（表A.1）。需要说明的是，表格内容不仅限于JT/T 617.3—2018的内容，其中涉及很多《危险货物道路运输规则》（JT/T 617—2018）其他章节的规定，本书篇幅有限，对说明中提到的其他章节的附录或附表以及规定细则只给出条目，具体内容可参考《危险货物道路运输规则》（JT/T 617—2018）全文。

表格每一行的物质或物品都对应一个特定的联合国编号。当同一联合国编号下的物质或物品具有不同的化学、物理性质和或不同的运输条件时，将分行依次列明。

表格每一列专门用于一个特定的要求，表格共20列，每列标题及具体说明如表5-2所示。

道路运输危险货物一览表各列序号和标题 表5-2

列序号	列标题	列序号	列标题	列序号	列标题
（1）	联合国编号	（7a）	有限数量	（13）	罐体的特殊规定
（2a）	中文名称和描述	（7b）	例外数量	（14）	罐式运输车辆
（2b）	英文名称和描述	（8）	包装指南	（15）	运输类别（隧道通行限制代码）
（3a）	类别	（9a）	特殊包装规定	（16）	运输包件的特殊规定
（3b）	分类代码	（9b）	混合包装规定	（17）	散装运输的特殊规定
（4）	包装类别	（10）	可移动罐柜和散装容器的指南	（18）	运输装卸的特殊规定
（5）	标志	（11）	可移动罐柜和散装容器的特殊规定	（19）	运输操作的特殊规定
（6）	特殊规定	（12）	罐体代码	（20）	危险性识别号

（1）表格的前4列，列明了该行所属的物质或物品属性信息［有关的附加信息在第（6）列特殊规定中加以注明］。

（2）其他列采用完整的信息或编码形式列明了适用的特殊要求。在JT/T 617.1～JT/T 617.7的相关部分、章节或条目中对这些信息和编码做出了相应的解释。单元格为空时表示该处只适用一般要求，或者表示适用于说明性注释中的运输限制。

（3）各列内容的进一步解释可参考JT/T 617.3—2018原文，不再赘述。

（4）以常见的危险货物甲醇为例，第（1）列联合国编号为1230。第（8）列包装指南可以参考JT/T 617.4—2018中的表A.93中型散装容器指南IBC02。第（10）列可移动罐柜和散装容器指南的T7，在JT/T 617.4—2018中的附录D中的表D.1有相关要求说明。第（18）列运输特殊规定的CV13和CV28，在JT/T 617.6—2018中的附录C有详细介绍。

二 特殊规定

《危险货物道路运输规则 第3部分：品名及运输要求索引》（JT/T 617.3—2018）表A.1“道路运输危险货物一览表”中第（6）列，列出了与物品或物质有关的特殊规定，当特殊规定与其他要求冲突时，优先适用特殊规定。

1 特殊规定的定义

特殊规定规定了与物品或物质有关的任何特殊要求，其适用于特定物质或物品的所有包装类别。具体来讲，特殊规定可分为限制运输和豁免。

1 限制运输

限制运输，即不可以运输或者有特殊运输要求。如含氰氧酸高于20%，除非经有关主管机关特别批准，否则禁止运输；高氯酸，如按质量含酸浓度大于2%，除非经有关主管机关特别批准，否则禁止运输。

此外，从危险货物自身来说，某些危险货物自身具有不稳定性，会产生各种不同的危险性，如爆炸性、聚合性、遇热分解出易燃、有毒、腐蚀或窒息性气体等。对于大多数危险性物质，自身的不稳定性可以通过适合的包装、稀释、添加稳定剂、添加抑制剂、控制温度或采取其他特殊措施来控制其不稳定性，通过使用这些技术处理，以达到运输要求。如未加抑制剂的正丁基乙烯（基）醚、未经稀释或含量大于27%的过氧化二丙酰都是禁运物品。

2 豁免

豁免，即不作为危险货物运输。硅铝粉，如有涂料，即不作为危险货物运输；仅在空运时作为危险货物；仅海空运时作为危险货物。

在实际工作中，如根据表A.1查找“特殊规定”中的豁免条件，比较繁琐且不便于执法，因此，针对需要危险货物豁免运输的，可按照《道路危险货物运输管理规定》的豁免程序确认并操作。

2 特殊规定举例

关于具体的特殊规定，在《危险货物道路运输规则　第3部分：品名及运输要求索引》（JT/T 617.3—2018）的附录B中有详细描述。参照JT/T 617.3—2018中表A.1第（6）列的数字代码可以在JT/T 617.3—2018附录B中查找相应危险货物的特殊规定。

因篇幅所限，摘录部分特殊规定内容供读者参考。

1 空弹药筒壳，带有起爆器（UN0055）特殊规定代码：364

本项物品只能根据第7章的规定运输，条件是交付运输的包件能够通过根据《关于危险货物运输的建议书试验和标准手册》第1部分试验系列6（d）所做的试验。

2 硝酸铵（UN0222）特殊规定代码：370

本条适用于：

（1）硝酸铵，可燃物质含量大于0.2%，包括以碳计算的任何有机物质，但不包括任何其他添加物质。

（2）硝酸铵，可燃物质含量不大于0.2%，包括以碳计算的任何有机物质，但不包括任何其他添加物质，根据试验系列2（见《关于危险货物运输的建议书试验和标准手册》第1部分）所做试验，结果显示因太不敏感而不能划为第1类的物质。

3 高氯酸铵（UN0402）特殊规定代码：152

这种物质的分类因颗粒大小和包装不同而异，边界值未曾用试验方式加以确定，应按照JT/T 617.2—2018中5.1的要求得出。

三 有限数量危险货物

1 有限数量危险货物的要求

《危险货物有限数量及包装要求》（GB 28644.2—2012）提出了“有限数量”的概念，在JT/T 617.3—2018表A.1中第（7a）列规定了每种物质适用于内包装或物品的数量限制。

当满足JT/T 617.3—2018表A.1的有限数量”要求和GB 28644.2—2012关于包装、标记等要求时，有限数量危险货物可以豁免，按普通货物运输，即当危险货物在移交运输时，如数量较少，且包装满足一定要求，可免除部分运输要求的规定。

有限数量的最大值为5kg（5L）、最小值为500g（100ml）。同时，有限数量危险货物最小值为500g（100mL）时，远远大于“每个内容器的最大净装载量”中的最小值为1g。由此可见，有限数量危险货物所涉及的最小质量大于例外数量危险货物所涉及的最小质量的500倍，故有限数量危险货物运输主要用于道路运输，也可以说是危险货物道路运输限量豁免。如小包装5L以下的白酒（乙醇饮料，按体积含乙醇高于24%，但不超过70%，UN3065），可以豁免按普通货物运输。另外，有限数量对其包装、容器也有较高、较明确的要求。

符合“有限数量”运输的要求主要有：

（1）运输数量不可超过有限数量上限。每个UN编号对应的有限数量一栏都有一个具体的数值和单位，其含义为危险货物在有限数量运输时，其单一内包装或物品所盛装的危险货物数量不可超过此上限。

（2）产品包装要满足特定要求。危险货物在有限数量运输时，虽然其量少，危险性低，但对其包装也不是没有要求，无论是内包装还是外包装都应符合联合国《关于危险货物运输的建议书　规章范本》（TDG）或我国《危险货物有限数量及包装要求》（GB 28644.2—2012）。

（3）包装要加贴特殊标记。为了在运输环节能够快速识别有限数量运输的危险货物包装件，联合国《关于危险货物运输的建议书　规章范本》（TDG）以及我国《危险货物有限数量及包装要求》（GB 28644.2—2012）均要求在有限数量运输的包装件外表面加贴统一的标记。

（4）运输单证需满足特殊规定。在航空运输和水路运输时，危险货物以有限数量运输时，在运输单证的危险货物说明应写入“有限数量”或“LTDQTY”一词。

2 有限数量危险货物的具体规定

（1）在JT/T 617.3—2018的表A.1中第（7a）列规定了每种物质适用于内包装或物品的数量限制。

该列中用“0”表示不适用于按照有限数量运输的条目。

符合JT/T 617.3—2018第7章规定的有限数量危险货物，除应遵守以下规定外，不再受JT/T 617.1—2018 ~ JT/T 617.7—2018其他规定的限制：

①JT/T 617.1—2018中第5章、第6章、第7章、第8章和附录A。

②JT/T 617.2—2018。

③JT/T 617.3—2018中第4章、第5章和第6章［除特殊规定61、178、181、220、274、625、633和650（e）之外］。

④JT/T 617.4—2018中4.1.1、4.1.2、4.1.4 ~ 4.1.9。

⑤JT/T 617.5—2018中5.1.1a）、5.1.1d）、5.1.2、5.1.3和6.1.5。

⑥JT/T 617.6—2018中第4章、5.1、5.2、8.1（除8.1.4外）、8.5、8.6和8.7。

⑦JT/T 617.7—2018中附录B。

（2）危险货物以有限数量运输时应装在有合适外包装的内包装中，并可使用中间包装。运输气雾剂或装气体的小型容器等物品时，无须使用内包装。包件的总质量（含包装）不应超过30kg。

（3）除1.4项配装组S的物品外，符合JT/T 617.4—2018中4.1.1、4.1.2、4.1.4 ~ 4.1.9规定条件的收缩包装或拉伸包装托盘，可作为外包装使用。易碎或易破的内包装，如玻璃瓷器、粗陶瓷或某些塑料等制造的内包装，应放在符合JT/T 617.4—2018中4.1.1、4.1.2、4.1.4 ~ 4.1.9规定的中间包装中。包件的总质量（含包装）不应超过20kg。

（4）装有第8类（腐蚀性物质）、包装类别Ⅱ、液态货物的玻璃、陶瓷内包装，应按照GB 28644.2—2012中6.3的要求放在相容的坚硬中间包装内。

（5）除空运外，内装有限数量危险货物的包件应有标记。标记应满足如下要求：

①清晰可见、可靠耐久。

②为正方形，取45°（菱形）摆放。上下部分和边线应为黑色，中心区域为白色或适当反差底色，最小尺寸为100mm × 100mm，菱形边线的最小宽度为2mm。在未明确规定尺寸的情况下，所有要素均应与图示比例大致相当。

③外围尺寸可根据包件的大小相应缩小，但应不小于50mm × 50mm。菱形边线的宽度可以缩小，但应不小于1mm。

（6）内装危险货物、包装符合《危险品航空安全运输技术细则》第3部分第4章规定的包件，可作如图5-13所示标记，标记要求见《危险品航空安全运输技术细则》。

图 5-13　内装有限数量危险货物包件的标记

（7）装有危险货物并有如图5-14所示标记的包件，不论是否还有其他空运标记和标签，应视为符合JT/T 6173.—2018中7.1 ~ 7.4的规定，无须另作如图5-17所示的标记。

图 5-14　内装有限数量危险货物、符合《危险品航空安全运输技术细则》第 3 部分第 4 章规定的包件的标记

（8）当装有有限数数量危险货物的包件包装于集合包装内时，应遵守JT/T 617.5—2018中5.1的规定。此外，除集合包装内每一项危险货物的标记均清晰可见的情形外，集合包装应按JT/T 617.3—2018中7.5或7.6进行标记。当在集合包装内载有未按有限数最包装的其他危险货物时，适用JT/T 617.5—2018中5.1.1b）和5.1.4的规定。

（9）运输前，托运人应以托运清单的形式告知承运人有限数量危险货物的总质量（含包装）。

（10）载运有限数量危险货物的总质量（含包装）大于8t时，应在运输单元的前部和后部喷涂或悬挂标志牌，标志牌按JT/T 617.3—2018中7.12规定；当运输单元里装有其他危险货物时，则应按JT/T 617.5—2018中7.2的规定喷涂或悬挂矩形标志牌，也可同时喷涂或悬挂JT/T 617.3—2018中7.12规定的标志牌。

采用集装箱运输有限数量危险货物的总质量（含包装）大于8t时，应在集装箱的四面喷涂或悬挂标志牌，标志牌按JT/T 617.3—2018中7.12的规定；当集装箱中装载其他危险货物时，则应按JT/T 617.5—2018中7.1的规定喷涂或悬挂菱形标志牌，也可同时喷涂或悬挂JT/T 617.3—2018中7.12规定的标志牌。

如能从外面清晰地看到集装箱上的标志牌，则装载集装箱的运输单元无须喷涂或悬挂标志牌，否则应在运输单元的前部和后部喷涂或悬挂同样的标志牌。

（11）当运输单元装载有限数量危险货物的总质量（含包装）不大于8t时，JT/T 617.3—2018中7.10的规定可以免除。

（12）除了标志牌最小尺寸为250mm × 250mm外，标志牌应遵守JT/T 617.3—2018中7.5的标记规定。

四 例外数量危险货物

1 例外数量危险货物的要求

《危险货物例外数量及包装要求》（GB 28644.1—2012）提出了“例外数量”的概

念，5.8条款规定："对按照本标准准许运输的例外数量危险货物，列出了例外数量编码，规定了每个内容器和外容器可以运输的危险货物的最大数量。"

在JT/T 617.3—2018表A.1第（7b）列明确了以下内容：一是列出按照本标准准许运输的例外数量危险货物的编码，编码是E1～E5，其具体内容见表5-3；二是规定了每个内容器和外容器可以运输的危险货物的最大数量。

例外数量编码 E1~E5 的含义　　表 5-3

编号	每件内容器的最大净装载量（固体为 g，液体和气体为 mL）	每件外容器的最大净装载量（固体为 g，液体和气体为 mL，在混装情况下为 g 和 mL 之总和）
E1	30	1000
E2	30	500
E3	30	300
E4	1	500
E5	1	300

由表5-3可以看出，"每件内容器和外容器的最大净装载量"中最大值分别为30g（mL）和1000g（mL），"每件内容器和外容器的最大净装载量"中最小值分别为1g（mL）和300g（mL）。即当货物在移交运输时，如数量非常少（如1g或1mL），且采用非常坚固和耐用并经测试满足一定要求的包装，只需满足表5-3等相关要求，即可免除危险货物运输的所有要求。例外数量也指小包装限量豁免。同时，考虑到该标准对其使用包装物（包括内容器和外容器）的要求很高，例外数量危险货物主要应用于航空货物运输，也可以用道路运输的零担货运。

例外数量运输还考虑了一个运输工具（载货汽车）在一次装载运送中危险货物的最大允许载运量。《危险货物例外数量及包装要求》（GB 28644.1—2012）的4.4条款规定"任何货运车辆、铁路货车或多式联运集装箱所能装载的以例外数量运输的危险货物包件，最大数量不应超过1000个。"如按"每件外容器的最大净装载量"的最大值1000g计算，一车最多可以载重1000kg（1t）；如按"每件外容器的最大净装载量"的最小值300g计算，一车最多可以载重300kg（0.3t）。这也说明，例外数量危险货物的量较少。

以例外数量运输的危险货物包件，应做永久、清楚的标记，如图5-15所示。最小尺寸为100mm×100mm。

当从事危险货物运输人员的培训要求、有关包装要求和危险货物分类、分类程序和包装组标准符合《关于危险货物运输的建议书　规章范本》，以及以例外数量运输的危险货物满足《危险货物例外数量及包装要求》（GB 28644.1—2012）规定时，可免除危险货物运输的任何其他要求。符合例外数量运输规定时，运输单证需满足特殊规定，即危险货物在以例外数量运输时，在运输单证的危险货物说明应写入"例外数量的危险货物"，并注明包件的数量。

图 5-15 例外数量标记

注 1：影线和符号使用同一颜色，红或黑，白底或适当反差底色。
注 2：* 此处显示类别，或如果已经划定，显示项别。
注 3：** 如果包件没有在其他位置显示发货人或收货人的姓名，则在此处显示。

2 例外数量危险货物的包装

用于运输例外数量危险货物的包装，要求如下：

（1）应使用内包装，内包装的制造应使用塑料（在用于液体危险货物时，其厚度应不小于0.2mm），或玻璃、瓷器、石器、陶器或金属，每个内包装的封口应使用金属丝、胶带或其他可靠手段紧固；任何带有模压螺纹瓶颈的容器，应配有防漏的螺纹型瓶盖。封口应能够耐内装物的腐蚀。

（2）每个内包装都应牢靠地装在带衬垫材料的中间包装中，使之在正常运输条件下不会破裂、穿孔或使内装物泄漏。在发生破裂或泄漏的情况下，不论包件的方向如何，中间包装都应能够完全盛载内装物。装载液态危险货物的中间包装，应含有足够的吸收材料，可吸收内包装的全部内装物。在这种情况下，吸收材料可以是衬垫材料。危险货物不应与衬垫材料、吸收材料和包装材料产生危险化学反应，或降低材料的完整性或作用。

（3）包件的测试。准备运输的完整包件，包括内包装，装载固体物质不小于其容量的95%或液体物质不小于其容量的98%，并应通过有关测试（记录测试过程及结果）（图5-16）且不发生任何内包装的破裂或泄漏。

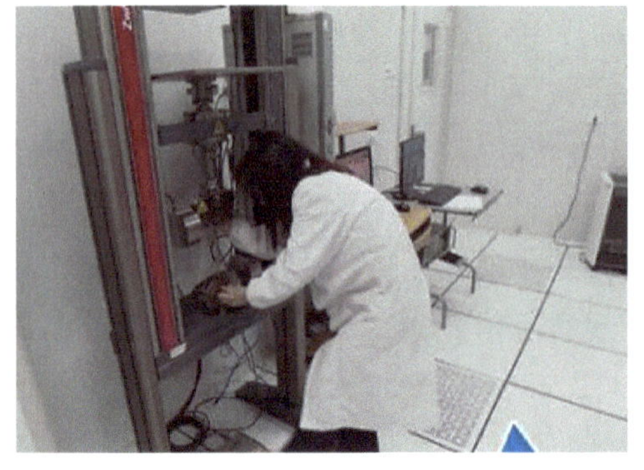

图 5-16 包件的测试

（4）包件的标记。

①装有例外数量危险货物的包件，应耐久、清楚地粘贴如图5-14所示的标记。包件内所有例外数量危险货物的不同危险类别应分别在标记内列明。例外数量危险货物的危险类别可在表A.1第（5）列相应的单元格中查到；当第（5）列的单元格中有两个危险类别时，应选择第一个危险类别进行标记。

②例外数量标记应为正方形。影线和符号使用同一颜色（黑色或红色），放在白色或适当反差底色上。最小尺寸为100mm × 100mm。在未明确规定尺寸的情况下，所有要素均应与图示比例大致相当。

③装有例外数量危险货物的集合包装，如果不能从集合包装外清楚地看到包件的标记，则应按照JT/T 617.3—2018中8.4.1要求在集合包装外表面进行标记。

（5）车辆或集装箱可装载的包件的最大数量不应超过1000个。

（6）单据。如果单据（如提单或空运货单）显示有例外数量的危险货物，则应注明“例外数量的危险货物”，并注明包件的数量。

第三节 危险货物道路运输基本内容

危险货物道路运输需要相关从业人员了解运输过程的基本内容，包括运输的基本环节、运输合同的内容、一些允许拼装的危险货物以及危险货物运输的豁免和禁止等。

一、危险货物道路运输的特点

1 品类繁多

按照危险货物的危险性，《危险货物分类与品名编号》（GB 6944—2012）将危险货物分为9类共22项。每一项中又包含具体的危险货物，《危险货物品名表》（GB 12268—2012）中在册的已达2763种品名。2763种危险货物和每年不断新增加的危险货物，其物理和化学性质差异很大。

2 危险性大

危险货物具有特殊的物理、化学性质，运输中如防护不当，极易发生事故，其后果较一般车辆事故更加严重。如液化石油气，由于具有易燃、易爆、易产生静电等特性，运输过程中易遇到各种危险，比如着火、爆炸等。

3 运输管理的规章制度多

危险货物运输是整个道路货物运输的一个重要组成部分，要遵守各级各项特殊规定。比如，危险货物道路运输的国家标准、行业标准，以及所在城市相关规定。

4 专业性强

危险货物运输不仅要满足一般货物的运输条件，严防超载、超速等危及行车安全的情况发生，还要根据货物的物理和化学性质，满足特殊的运输条件。危险货物运输是一项技术性和专业性很强的工作。

二、危险货物道路运输基本环节与运输质量要求

危险货物道路运输作业过程一般包括托运、受托、验货、派车、配货、派装、运送、卸车、保管和交付等环节。按照货物运输阶段的不同，可将作业划分为发送作业、

途中作业和达到作业。一般危险货物运输受理属于发送作业阶段，由受理托运、组织装车和核算制票三部分组成。

1 受理托运

受理托运包括托运、受托、验货三个环节。

1）托运

无论是将货物交给危险货物运输企业运输，还是企业主动承揽货物，都必须由货主办理托运手续。托运手续是从托运人递交“危险货物托运证明书”开始的。

危险货物的托运必须符合《危险货物道路运输规则》（JT/T 617）的相关规定。

2）受托

承运人审查托运人递交的托运证明书，根据企业的经营范围和运输能力，决定是否接受委托。若接受，让货主认真填写托运单，办理承运手续。承运人要认真审核运单上所填写货物的收发货地点、时间以及所提供的单证是否符合《危险货物道路运输规则》（JT/T 617）的相关规定，并核实货物的编号、品名、规格、数量、件重和货物包装标志、标签以及应急措施和运输要求，检查单证附录是否齐全。

3）验货

理货员凭托运单验货、勘察现场、落实货物分批数量、起运时间、可用车型，向调度室汇报并做记录。

根据托运单填写的内容，一一核实货物的编号、品名、规格、数量、件重、净重、总重和货物包装标志、标签是否与托运单上的一致，货物包装是否破损以及是否符合国家相关规定，具体要求如下：

（1）危险货物一般应单独包装。同一件包装内的货物必须是同一项或同一配装号（除爆炸品外），而且消防方法不相抵触的物品。

（2）包装的种类、材质、封口等应适应所装货物的性质。

（3）包装规格、形式及单位包装质量应便于装卸、搬运和保证运输过程中的安全。

（4）包装必须有规定的标志。

2 组织装车

调度室根据业务员送交的托运单及反馈的信息，编制作业计划，选配合适的车辆，签发派车单派装，选派技能熟练的从业人员组织装货。

危险货物装车前应认真检查包装的完好情况，当发现破损、撒漏时，托运人应调换包装或修理加固。货物交接时，双方应做到点收、点交，并由双方在运单上签章确认。

承运人有权拒绝运输不符合国家有关规定、标准要求的危险货物。

3 核算制票

货物一经派车装运，开票员根据发货单位的发货通知单或磅码单上的货名、数量、质量、卸货地点、收货单位等计算运费，填开货票，核收运费；货票一式五联，即：存查、缴款、发票、随货同行、单车结算。根据派车单、货票及有关单证，由调度室签发行车路单代行车命令，交驾驶员或押运人员凭此发车。

三 危险货物道路运输合同与保险

1 合同

运输危险货物有各种各样的风险，所以运输前委托人和承运人要签订好合同，有备无患。

本书提供一个危险货物运输合同范本（附录一），具体执行过程中可根据实际情况修改。

2 保险

危险货物承运人责任保险是保障危险货物承运人的法律责任的保险，一般由货物责任保险、第三者责任保险两部分组成，投保人可选择投保，也可同时投保。经道路运输管理机构批准，合法从事危险货物道路运输的经营性与非经营性承运人，均可作为被保险人。

本书提供一个危险货物运输保险范本（附录二），具体的保险合同和要求，要根据运输情况由保险公司和承运人共同决定。

四 危险货物道路运输装载质量及拼装配载要求

1 爆炸品、剧毒化学品、强腐蚀性危险货物的装载限制

《道路危险货物运输管理规定》规定，运输爆炸品、强腐蚀性危险货物的罐式专用车辆的体容积不得超过20m^3，运输剧毒化学品的罐式专用车辆的罐体容积不得超过10m^3，但符合国家有关标准的罐式集装箱除外；运输剧毒化学品、爆炸品、强腐蚀性危险货物的非罐式专用车辆，核定载质量不得超过10t，但符合国家有关标准的集装箱运输专用车辆除外。

2 一般专用车辆的装载限制

国家有关法律、行政法规和部门规章严格禁止危险货物专用车辆违反国家有关规定超限、超载运输。《中华人民共和国道路交通安全法》第四十八条规定“机动车载物应当符合核定的载质量，严禁超载；载物的长、宽、高不得违反装载要求，不得遗撒、飘散载运物”；《中华人民共和国道路交通安全法实施条例》第五十六条第（三）款规定：“载货汽车所牵引挂车的载质量不得超过载货汽车本身的载质量”；《中华人民共和国道路运输条例》第十九条规定“货物运输业务经营者应当按照车辆核定的载货限额运送装载货物，禁止超载、超限运输”；《道路危险货物运输管理规定》第四十四条第一款规定：“严禁专用车辆违反国家有关规定超载、超限运输”。

3 罐式专用车辆的装载限制

由于各种原因，一部分“大吨小标”“小车大罐”专用车辆进入危险货物道路运输市场，导致超载超限运输，存在着很大的安全隐患，成为历次安全整治的重点。为防止新的“大吨小标”“小车大罐”车辆从事危险货物运输，《道路危险货物运输管理规定》规定，危险货物道路运输企业或者单位使用罐式专用车辆运输货物时，罐体载货后的总质

量应当和专用车辆核定载质量相匹配；使用牵引车运输货物时，挂车载货后的总质量应当与牵引车的准牵引总质量相匹配。

五 危险货物道路运输的限定

由于危险货物的特性，其必须在一些特定的条件下运输。为了确保运输安全，现实中对危险货物的本身状态以及危险货物的包装、包装件限量、运输量、运输和装卸操作、车辆等做了一系列的限制。根据限定的种类，可分为限制运输、限量运输和限量包装。

1 限制运输

从危险货物本身来看，其自身就具有不稳定性，会产生各种不同的危险性，如爆炸性、聚合性、遇热分解出易燃、有毒、腐蚀或窒息性气体等。对于大多数危险物质，自身的不稳定性可以通过适合的包装、稀释、添加稳定剂、添加抑制剂、控制温度或采取其他特殊措施来控制，使用这些技术处理后达到运输要求。

从运输管理方面来说，主要是从承运人资质、车辆、设备、从业人员、运输、装卸等方面对运输危险货物进行限制的。

（1）资质限制。《危险化学品安全管理条例》《中华人民共和国道路运输条例》要求危险货物承运人须经过行政许可，符合《道路危险货物运输管理规定》规定的资质条件，方可从事运输。

（2）车辆及设备限制。车辆安全技术状况应符合《机动车运行安全技术条件）（GB 7258）、《道路运输爆炸品和剧毒化学品车辆安全技术条件）（GB 20300）、《危险货物运输车辆结构要求）（GB 21668）等标准的要求；车辆技术状况应达到一级车况标准；标志应符合《道路危险货物运输车辆标志》（GB 13392）的要求；车辆应配置带有行车记录功能的卫星定位装置；易燃易爆危险货物运输车辆的排气管应安装隔热和熄灭火星装置，并配备导静电橡胶拖地带装置；车辆应有切断总电源和隔离电火花的装置，切断总电源装置应安装在驾驶室内；装卸易燃易爆危险货物的机械，工、属具应有消除产生火花的措施等。运输车辆和设备必须满足上述条件时，方可从事危险货物运输作业。

此外，《道路危险货物运输管理规定》还明确规定，除铰接列车、具有特定装置的大型物件运输专用车辆外，严禁使用货车列车（经特许，具有特殊装置的大型物件运输专用车辆除外）装运危险货物；倾卸式车辆只准装运散装硫黄、萘饼、粗蒽、煤焦沥青等危险货物。

（3）从业人员限制。从业人员的素质、技术水平，是决定运输安全的重要因素，所以国家对从业人员实行从业许可。从业人员必须通过考试，取得从业资格证书。在《道路危险货物运输管理规定》中，为了体现分类管理的理念，加强对剧毒化学品、爆炸品的运输管理，要求相应的从业人员也必须取得剧毒化学品、爆炸品运输从业资格证书。

（4）运输、装卸限制。运输途中不得进入危险货物运输车辆禁止通行的区域；驾驶员连续行车时间不得超过4h，一天驾驶总时间不得超过8h；装卸操作时，轻拿轻放，谨慎操作，严防跌落、摔碰、溢漏，禁止撞击、拖拉翻滚、投掷等。危险货物从业人员必须严格按照规定进行作业。

2 限量运输

限量运输是指使用车辆或罐体等运输容器一次装载危险货物的最大允许载运量。目前，在危险货物道路运输中，对单车一次装载量没有明确的限制，最高限量为汽车核定载质量。对于罐式专用车辆罐体载货后总质量与专用车辆核定载质量相匹配，对于危险程度较高的剧毒化学品、爆炸品以及强腐蚀的危险货物，《道路危险货物运输管理规定》明确限制了其运输容积，要求："运输爆炸品、强腐蚀性危险货物的罐式专用车辆的罐体容积不得超过20m^3，运输剧毒化学品的罐式专用车辆的罐体容积不得超过10m^3，但符合国家有关标准的罐式集装箱除外。运输剧毒化学品、爆炸品、强腐蚀性危险货物的非罐式专用车辆，核定载质量不得超过10t，但符合国家有关标准的集装箱运输专用车辆除外。"此外，爆炸品和过氧化物中可堆码的物品，其高度不可超过1.5m，最高件超过车厢栏板部分必须小于该包件的1/3等。

3 限量包装

限量包装是指一单件包装的最大允许装载量。单件包装既可以是内包装，也可以是组合包装。在这种情况下一般是规定两个，即每小件内包装限装多少、每件外包装限装多少。限量包装主要的决定因素是危险货物的性质。一般而言，危险性越大的货物，其使用的包装量就越小。其次是包装的形式、材质和强度。金属容器的包装限量要比木质材料的包装限量大。密封型木箱，直接装固体货物，包装限量可达50kg，而如果作为组合包装的外包装则其包装的净重不得超过20kg。使用可伸缩带覆盖的货盘作为装运货物的外包装时，其每一包件的总质量不得超过20kg。

六 危险货物道路运输安全操作程序

危险货物道路运输安全操作程序如图5-17所示。

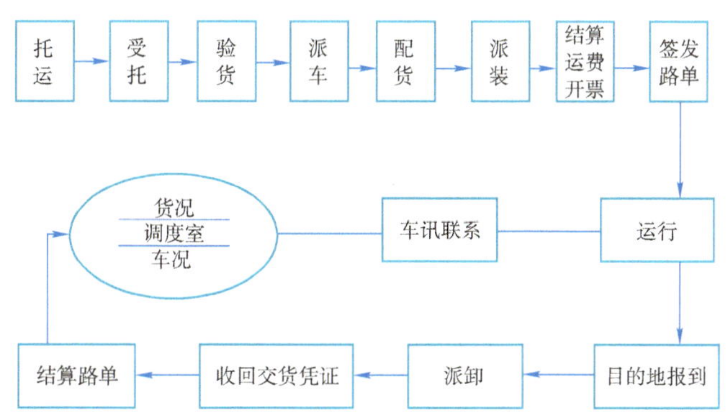

图5-17　危险货物道路运输安全操作程序

危险货物多式联运可以极大提高危险货物运输的安全性和经济性。基于危险性最小，以及成本、时间最少的联运方案设定危险货物的联运方案，根据运输方式危险性排序、环境危险性评估、货物固有的危险特性判断、危险货物多式联运系统的危险性等确定危险货物多式联运系统性，并进行实例验证，以达到危险货物多式联运顺畅、高效地完成的目的。

国际多式联运相关要求是：

（1）当道路运输作为国际海运或空运的多式联运的一个环节时，如果运输危险货物的包件集装箱、可移动罐柜和罐式集装箱，符合《国际海运危险货物规则》或《危险货物航空安全运输技术细则》相关要求，但不能满足本部分及JT/T 617.2～JT/T 617.7中有关包装，混合包装标记、标志，菱形标志牌和矩形标志牌等要求，可按照《国际海运危险货物规则》或《危险货物航空安全运输技术细则》相关要求进行道路运输，运输车辆应按照JT/T 617—2018中的要求悬挂矩形标志牌。

（2）在道路运输与海运或航空运输接驳时，JT/T 617—2018中有特殊规定危险货物和危险货物托运清单或危险货物道路运输运单中要求提供的信息可由符合《国际海运危险货物规则》或《危险货物航空安全运输技术细则》要求的运输文件或信息替代。

第四节 危险货物运输包装

危险货物因其特殊的物理、化学性质，在运输途中，需要安全又经济的包装。专业的危险货物包装既能保证运输途中危险货物的安全，又方便装卸和辨识。在危险货物的包装方面，我国有规范严格的规定，从业人员应当在运输过程中严格执行相关规定，以确保危险货物及工作人员的安全。

一 危险货物道路运输包装基础知识

1 危险货物运输包装的作用

危险货物的危险性主要取决于其自身的物理化学性质，同时也受到外界条件的影响，如温度、雨雪水、机械作用以及不同性质货物之间的影响。对于危险货物运输包装来说，除了一般的经济学、市场营销学上的意义外，还具有如下重要的作用：

（1）能够防止被包装的危险货物因接触雨雪、阳光、潮湿空气和杂质面使货物变质，或发生剧烈化学反应而造成事故。

（2）可以减少货物在运输过程中所受到的碰撞、振动、摩擦和挤压，使危险货物在包装的保护下保持相对稳定状态，从而保证运输过程的安全。

（3）可以防止因货物洒漏、挥发以及与性质相悖的货物直接接触而发生事故或污染运输设备及其他货物的事情发生。

（4）便于储运过程中的堆垛、搬动、保管，提高车辆生产率、运送速度和工作效率。

（5）可以防止放射性物质放出的射线对人体的内照射和外照射而造成危害。

2 危险货物运输包装的分类

在《危险货物运输包装通用技术条件》（GB 12463—2009）中，根据盛装内装物的危险程度不同，将运输包装分为以下3个类别。

（1）Ⅰ级包装：适用内装危险性较大的货物；

（2）Ⅱ级包装：适用内装危险性中等的货物；

（3）Ⅲ级包装：适用内装危险性较小的货物。

3 危险货物运输包装的其他分类

（1）按危险货物的物质种类分4种：通用包装、爆炸品专用包装、气体（气瓶）专用包装、腐蚀性物质包装。

（2）按危险货物的包装材料分7种：木质包装、金属制包装、纸制包装、玻璃陶瓷制包装、棉麻织品制包装、塑料制包装和编织材料包装。

（3）按危险货物包装容器类型分6类：桶（罐）类、箱类、袋类、坛类、筐篓类以及复合包装。

一些常见的包装如图5-18所示。

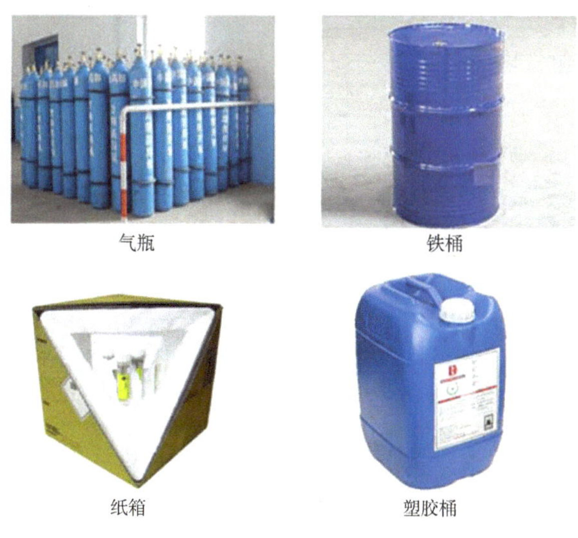

图 5-18 常见危险货物包装

二 道路危险货物运输包装英文标识

随着我国市场经济的发展，尤其是加入世界贸易组织（WTO）以后，我国的进出口贸易逐年扩大，其中危险货物运输量也大幅度增长。且随着未来国际贸易运输量的不断增长，许多危险货物也将被“请”进或“请”出国门，所以在危险货物的外包装上，仅能识别危险货物的分类及危害性，显然不能满足运输危险货物业务的需要，还要求能识别货票、包装以及装箱单上的简单英文标识。这也是危险货物运输业务人员“应知”“应会”的重要内容之一。

三 包装标志及使用要求

《危险货物包装标志》（GB 190—2009）规定了危险货物包装图示标志的分类图形、尺寸、颜色及使用方法等。标志的图形共21种，19个名称，其图形分别标示了9类危险货物的主要特性。危险货物可能具有一种以上的危险特性，还须加贴次要危险性标签。通常是彼此紧挨着贴。

运输包装标志的使用要求如下：

（1）每件货物包装的表面都必须有识别标志和相应的储运图示标志和包装标志。

（2）标志的文字书写应与底边平行。带棱角的包装，其棱角不得将标志图形或文字说明分开。书写、粘贴标志都应标在显著的位置，以利识别。如箱形包装，箱的相对两侧都必须有各种标志；袋形包装袋的两大面，桶形包装的桶盖和桶身的对应侧面都必须有必备的标志。总之，每一包装必须有两组以上相同的标志，其位置应在相对的两侧。“由此吊起”和“重心点”两种标志，使用时应根据要求粘贴、喷涂或钉附在货物外包装的实际准确位置。

（3）如一个集合货物包件内有两种以上不同性质的危险货物，如从包件外不能一目了然地看清包件内各包装标志的话，集合包件外除识别标志外，还必须具有包装件内各种货物的包装标签。包件内的各包装必须有齐备的各种标志或标识。

（4）如一种危险货物除主要危险性外，还具有比较重要的次要危险性，应分别粘贴有相应的主要危险性和次要危险性标签。

（5）货物的运输包装上，禁止有广告性、宣传性的文字或图案，以免与包装标志混杂，影响标志的正常使用。包装在重复使用时，应把原有的（废弃的）包装标志痕迹清除干净，以免与新标志混淆不清而造成事故。同时，不准在包装外表乱写乱涂任何与标志无关的文字或图案。

四 包装、中型散装容器和大型包装的使用要求

中型散装容器是刚性或柔性的可移动包装。根据中型散装容器结构和材质的不同可分为：金属中型散装容器、木质中型散装容器、柔性中型散装容器、纤维板中型散装容器、复合中型散装容器、刚性塑料中型散装容器。

大型包装是由装有物品或内包装的外包装组成的包装，设计上适合机械装卸、净重超过400kg或容量超过450L但不超过$3m^3$。

包装（包括中型散装容器和大型包装）应在外界环境影响下不会发生变形，在正常运输条件下，包括振动的影响或温度湿度或压力的变化，包装（包括中型散装容器和大型包装）的结构和封口应保证其内装物不会溢漏。

包装（包括中型散装容器和大型包装）及其封口材料应同所装物质相容，或具有保护内装物而不应发生下列情况：

（1）与内装物接触，使容器在使用上具有危险性。

（2）与内装物发生反应或分解，或同容器的制造材料发生反应形成有毒或危险性化合物。

（3）衬垫材料和衬垫物不应受到容器内装物的侵害。

包装（包括中型散装容器和大型包装）辅助设备应位置合理、保护得当，以防止在装卸运输中发生损坏而造成内装物溢漏。中型散装容器及其附属设备、辅助设备和结构性设备在设计上必须能承受所装物质的压力及正常装卸运输的应力，不会发生内装物流失。需要堆码的容器应符合堆码设计要求。容器的提升和紧固装置应具有足够的强度，能承受正常装卸和运输条件而不会发生整体变形或断裂。这些装置应位置得当，不对容器的任何部位造成过大的应力。

如果包装（包括中型散装容器和大型包装）由框架内装箱体组成，应满足下列结构要求：

（1）框架和箱体之间不应发生碰撞或摩擦而造成箱体损坏。

（2）箱体应自始至终位于框架内。

（3）如果箱体和框架的连接部分允许相对膨胀或运动，则中型散装容器的各种设备应固定在合适位置，使各种设备不会因为这种相对运动而被损坏。

容器的底部卸货阀应关闭紧固。整个卸货装置应保护得当以免损坏。使用杠杆关闭装置的阀门应能防止任何意外开启。开、关位置应明显易辨认。装液体货物的容器还应配备能封闭卸货口的辅助装置。

容器在装货和交付运输前应进行认真检查以保证其没有任何腐蚀、污染及其他损坏，各附属设备的功能正常，凡有迹象表明容器的强度已低于其设计类型的试验强度，该容器应停止使用，或进行再处理使之能够承受该类型的试验强度。

当容器装载液体时，液面上方应留有足够的空间，以保证货物的平均温度为50℃时中型散装容器的充灌度不超过其总容量的98%。

以串联的方式使用两个或两个以上的关闭装置，应最先关闭距运输物质最近的那个关闭装置。运输期间，容器的外部不得黏附有任何危险的残留物。未清洁的，曾装运过危险物质的空容器也应按本标准的要求，除非已采取了足够的措施消除其危险性。容器用于装闪点≤60℃的液体，或用于装运易发生粉尘爆炸的粉末时，应采取防静电措施。当拟装运的固体物质在运输过程中的温度下可能液化时，容器还应达到盛装液态物质的有关要求。

五 可移动罐柜的使用要求

可移动罐柜是指金属质的，其容量在450L以上，配备有减压、隔热、测量、通风、装卸等装置的，可整体装卸的容器。可移动罐柜在大多数情况下可以像标准集装箱那样，无须拆除或增加任何结构设备就可以作为一个整体，在灌装货物后，直接从船上（车上或车厢）吊上、吊下或装在车辆上成为罐车，直接开到船上或目的地。可移动罐柜的使用和构造的规定是根据《道路危险货物运输管理规定》制定的。图5-19展示了一种可移动罐柜。

（1）使用可移动罐柜运输第1类和第3类~第9类物质的一般规定。

图 5-19 可移动罐柜

当可移动罐柜采用集装箱结构时，还应符合《1972年国际集装箱安全公约》（CSC）以及《系列/集装箱 分类、尺寸和额定质量》（GB/T 1413）、《系列/集装箱 技术要求和试验方法 液体、气体及加压干散货罐式集装箱》（GB/T 16563）和《集装箱 代码、识别和标记》（GB/T 1836）等标准的技术要求。当可移动罐柜属于移动式压力容器时，还应满足特种设备相关安全技术规范的要求。

如果某些物质的化学性质不稳定，托运人应采取必要的措施，防止运输途中发生危险化学反应。在运输期间，应采取足够的防护措施防止因受到横向、纵向的碰撞及侧翻，导致可移动罐柜壳体及其装卸设备的损坏。可移动罐柜壳体（不包括开口及其封闭装置）或隔热层外表面的温度不应超过70℃。若有需要，壳体应具有绝热层。未进行清洁残留有气体的空罐柜，应按照先前充装物质的要求进行运输。

可相互发生危险化学反应的物质，不得装在罐柜相邻的隔舱内运输。可移动罐柜应按照规章范本和相关要求进行制造检验并取得相应证书和牌照，此后，每2.5年应进行定期检验，并取得相应的检验报告和具有相应的定期检验标识。

（2）使用可移动罐柜运输第1类和第3类~第9类物质的充装要求。

装货前，托运人应确保使用了合适的可移动罐柜，且所装货物不会与壳体材料、垫、装卸设备及任何防护衬料发生危险化学反应。

可移动罐柜最高平均整体温度（t_x）应取50℃。但在温和气候条件或极端天气条件下运输时，可酌情采用较低或较高温度时液体的密度进行计算。装有加温装置的可移动罐柜应使用温度调节器，确保运输过程中的最大充装度在任何时候都不大于95%。

下列情况的可移动罐柜不得交付运输：

（1）液体充装度大于20%且小于80%（在20℃时或加温物质在运输中的最大温度时其黏度大于或等于2680mm^2/s的液体除外），除非壳体用隔舱或防波板隔开，且每一舱容量不大于7500L。

（2）罐体或其辅助设备上黏附有所装物的残留物。

（3）可移动罐柜渗漏，或损坏程度使罐柜完整性或其起吊、紧固附件受到影响。

（4）可移动罐柜的辅助设备没有经检查确认其工作状态良好。

六 罐式车辆罐体的使用要求

1 一般规定

液体危险货物罐式车辆金属常压罐体的制造、检验应满足《道路运输液体危险货物

罐式车辆　第1部分：金属常压罐体技术要求》（GB 18564.1）的要求。液体危险货物罐式车辆非金属常压罐体的制造、检验应满足《道路运输液体危险货物罐式车辆　第2部分：非金属常压罐体技术要求》（GB 18564.2）的要求。冷冻液化气体汽车罐车罐体的制造、检验应满足《冷冻液化气体汽车罐车》（NB/T 47058）的要求。液化气体汽车罐车罐体的制造、检验应满足《液化气体汽车罐车》（GB /T 19905）的要求。当罐式车辆罐体适用于特种设备中移动式压力容器的要求时，还应满足特种设备有关安全技术规范的规定。当在JT/T 617.3—2018中表A.1第（12）列标明了罐体代码时，该货物才能使用罐式车辆运输，某些特定货物还应遵守JT/T 617.3—2018中表A.1第（13）列中标明的特殊规定。

运输过危险货物的罐体不得装运食品。

罐车所有人应保存并维护罐体档案，应保留至罐体报废后的12个月。罐体档案主要内容包括罐体质量证明、罐体出厂检验报告、定期检验报告等。在罐体生命周期内若发生所有者的变更时，罐体档案应移交给新所有人。

2 充装度

在室温下运输液体，金属常压罐体的充装度计算公式可参考JT/T 617.3—2018。

运载液态物质、液化气体、冷冻液化气体的罐体，在没有被分舱隔板或防波板分成容量不超过7500L的若干舱的情况下，其充装量应大于其容量的80%或小于20%。但这一规定并不适用于下列情形：

（1）20℃时，液体的运动黏度大于或等于2680mm^2/s。

（2）充装温度下，熔融物质的运动黏度大于或等于2680mm^2/s。

（3）UN1963冷冻液态氦和UN1966冷冻液态氢。

3 充装作业

（1）在罐体充装和卸货时，要采取适当措施防止过量的危险气体或蒸气泄漏。充装人在罐体充装后应检查罐体封闭装置是否泄漏。

（2）当几道封闭装置串联在一起时，最靠近充装物质的封闭装置应首先关闭。

（3）除非隔舱隔板厚度大于罐体壁厚，否则，可能发生危险化学反应的物质不得在罐体相邻隔舱内运输。可能发生危险化学反应的物质可以使用一个空舱隔开。

4 未经清洗的空罐体

（1）在运输过程中，充装物质的危险残留物不应黏附在罐体的外部。

（2）未经清洗的空罐体应按照先前充装物质的要求进行运输。

第五节　危险货物装卸条件及作业要求

各类危险货物具有不同的危险特性，需要执行规范的装卸作业，本节内容选取常见的具有代表性的危险货物，介绍危险货物的装卸条件及作业要求。

一 装卸作业基本要求

危险货物运输装备的选择及装卸操作，应符合《1972年国际集装箱安全公约》（CSC）或《国际铁路联盟规则》UIC591、UIC592中“集装箱”定义的大型集装箱、可移动罐柜和罐式集装箱，在运输危险货物时，其结构应满足CSC或UIC规则要求。

运输危险货物的大型集装箱其结构构件（包括顶部及底部的侧梁、门槛和门楣、底板、底横梁、角柱、角件等）不得存在以下重大缺陷：

（1）深度超过19mm的凹陷或弯曲。

（2）裂缝或破裂。

（3）顶部或底部端梁、门楣中间出现多于一处的拼接，或不正确拼接（如搭接的拼接）以及在任何一个顶部或底部侧梁处出现超过两处的拼接，或在门槛、角件上出现任何拼接。

（4）门铰链和部件出现卡住、扭曲、破裂、丢失或因其他原因失灵。

（5）门胶条和封口不密封。

（6）足以影响到起吊设备和车架系固操作的整体变形。

大型集装箱当出现任何构件的恶化，例如侧壁金属锈蚀或玻璃纤维材料破裂，不可继续使用；当出现不影响使用性能的普通磨损，包括氧化（生锈）、轻微的凹陷或划伤，则可继续使用。

大型集装箱装载前，装货人应检查集装箱内，确保没有危险货物残留，且集装箱底板和箱壁内部没有凸起。

二 包件运输装卸要求

包件可用运输的车辆和集装箱包括：封闭式车辆或封闭式集装箱；侧帘车辆（图5-20）或软开顶集装箱（图5-21）；敞开式车辆或开顶集装箱（图5-22）。

图 5-20　侧帘车辆

包件采用的包装若由易受潮湿环境影响的材质制成，应通过侧帘车辆、封闭式车辆、软开顶集装箱或封闭式集装箱进行装载。运输包件车辆或箱体，应符合JT/T 617.3—2018表A.1第（16）列中代码表示的特殊规定，代码含义见JT/T 617.6—2018附录A。

图 5-21　软开顶集装箱

图 5-22　开顶集装箱

三 散装运输装卸条件

JT/T 617.3—2018表A.1第（17）列运输特殊规定的“散装”，标记了“VC”代码的危险货物，例如4.2项中的碳、氧化铁、湿的棉花；4.3项中的粉末状危险货物，铝粉、碳化铝、硅铝粉等危险物品，以及在该表第（10）列可移动柜罐和散装容器的“指南”标记为“BK”代码危险货物，例如5.1项的硝酸铵基化肥；6.2项的只对动物感染的感染性物质等，可采用散装形式将货物装在散装容器、集装箱或车厢内进行运输。

其中，标记了“VC”代码的危险货物，“VC”标记分为“VC1”“VC2”和“VC2”。VC1允许通过侧帘车辆、软开顶集装箱或软开顶散装容器进行散装运输；VC2允许通过封闭式车辆、封闭式集装箱或封闭式散装容器进行散装运输；VC3运输方案经具有资质的专业机构认可后方可散装运输。

标记了“BK”代码的危险货物，“BK”标记分为“BK1”和“BK2”，标记“BK1”的危险货物允许通过软开顶散装容器进行散装运输。标记“BK2”的危险货物允许通过封闭式散装容器进行散装运输。

散装危险货物运输装卸时的注意事项如下。

（1）易受温度影响而液化的物质不能采取散装运输。

（2）散装容器、集装箱以及车体应防溢洒，并在运输过程中保持关闭，防止由于振动，或者温度、湿度、压力变化导致货物溢洒。

（3）装载散装固体时，应均匀分布以减少移动，防止散装容器、集装箱及车辆损坏或者货物溢洒。

（4）通风装置应保持洁净并处于运行状态。

（5）货物不得与散装容器集装箱和车厢、衬垫、设备（盖子和防水帆布）的材料发生危险反应，或者与货物直接接触的保护涂层发生反应或明显降低包装材料的使用性能。

充装和交付运输前，应检查和清理每一个散装容器、集装箱或车辆以确保无下列情形的残留物：

①可能与即将运输的物质发生危险的化学反应；

②对散装容器、集装箱或车辆的结构完整性产生不利影响；

③影响散装容器、集装箱或车辆对危险货物的适装性。

（6）在运输途中，应确保散装容器集装箱或车体的外表面没有危险货物残留。

（7）多个封口装置串联时，充装货物之前应首先关闭最靠近所装货物的封口装置，并依次关闭剩余封口装置。

（8）装载过固体危险货物的空散装容器、集装箱和车辆，若未采取措施消除危险，应遵守装有该物质的散装容器、集装箱和车辆的规定。

（9）容易发生粉尘爆炸或者释放出易燃气体的货物的散装运输，应在运输，充装和卸货时采取消除静电措施。

（10）如果危险货物与其他货物容易发生下列危险反应，两者不能混装：

①燃烧或释放大量热。

②释放易燃或有毒气体。

③生成腐蚀性液体。

④生成不稳定物质。

（11）充装货物之前应对散装容器、集装箱或车辆采取目视检查，确保其内壁、顶板和底板无凸起或损坏，内衬和货物固定装备没有明显裂痕或损伤；集装箱顶部和底部的侧梁、门槛和门楣，底横梁、角柱、角件等结构组成部分不存在下列重大缺陷。

四 罐式运输装卸条件

JT/T 617.3—2018中明确标注了罐体代码的危险货物，才可以用罐式运输（可移动罐柜或罐式车辆运输）。罐式运输车辆选择需符合JT/T 617—2018 的规定。在JT/T 617.3—2018表A中，详列了不同危险货物对应的运输车辆，其中车辆都有相应代码。

五 装卸作业条件

（1）车辆、大型集装箱、散装容器、罐式集装箱或可移动罐柜等，应符合安全、安保防范、清洁及装卸操作等相关管理规定。

（2）装货人在对车辆、大型集装箱、散装容器、罐式集装箱或可移动罐柜及其装卸载设备检查时，发现不满足法规或标准要求时，不得进行装载。

（3）装卸操作人员在装卸之前应检查车辆罐体或集装箱等，如果发现安全隐患，不得进行装卸作业。

（4）按照JT/T 617.3—2018表A.1中第（17）列和第（18）列的运输特殊规定，某些特定的危险货物应采用单次专用形式运输。

（5）包件与集合包装应按其方向标记进行装卸。液体危险货物应尽可能装载在干燥的危险货物下方。

第六节 危险货物托运

危险货物在托运过程中，需要严格执行相关法规和标准的要求，如对于一些集合包装的危险货物需要有清晰可靠的标志。托运人还应当在托运前提供相应的托运单据。

一 托运的一般要求

（1）危险货物交付运输时，托运人应依据JT/T 617.2—2018的规定对危险货物进行分类，且确认该货物能够通过道路运输。

（2）使用的大型包装、中型散装容器和罐体应符合JT/T 617.4—2018的规定，并按照JT/T 617.5—2018中第6章和第7章的要求粘贴标记、标志。

（3）托运人应向承运人如实提供危险货物特性信息，以及《危险货物托运清单》。

（4）危险货物道路运输车辆标志牌的材质、性能及试验方法应符合《道路危险货物车辆标志》（GB 13392）的规定。车辆标志牌的规格样式及使用要求应符合JT/T 617.5—2018中第7章“集装箱、罐体与车辆标志牌及标记”的规定。

二 包件标记和标志

1 包件的标记使用要求

（1）包件的外部粘贴的标记应醒目、耐久地标上内装危险货物对应的UN编号。一般情况下，字母“UN”和编号的高度应不小于12mm，但对于容量小于或等于30L或净重小于或等于30kg的包件或水容积小于或等于60L的气瓶，标记高度应不小于6mm；对于容积小于或等于5L或净重小于或等于5kg的包件，标记的尺寸可适当缩小。无包装物品的标记应标示在物品或其托架或装卸、存储设施上。

（2）包件标记应清晰可见且易辨识同时能够经受日晒雨淋而不显著减弱其显示功能。

（3）救助包装和救助压力容器应另外标明“救助”字样，或同时标明“SALVAGE”字样，“救助”或“SALVAGE字样的高度应不小于12mm。

（4）容积超过450L的中型散装容器和大型包装，应在其相对的两面做标记。

（5）第1类爆炸品应在包件上标记危险货物正式运输名称。标记应清晰可见且不易磨损。

（6）第2类气体的可再充装容器应清晰醒目且耐久地标记气体或混合气体的UN编号和正式运输名称。对未另作规定的气体，应标记气体的技术名称。混合气体应在技术名称中显示危险性最高的一种或两种成分，其他成分不必显示。

（7）如果充装的是压缩气体或液化气体，可再充装容器应清晰醒目且耐久地标记其最大充装质量和容器自重（含充装时连接在容器上的配件）或总质量。可再充装容器应清晰醒目且耐久地标记容器下次检验的日期（年月）。上述标记可镌刻或喷涂在容器上，也可显示在耐用的信息牌标签上，并固定在容器外表面，或用其他的等效方式。

（8）装有符合JT/T 617.2—2018中5.9.7危害环境的物质的包件，应粘贴有危害环境物质标记，标记应可耐久使用。如果单一包装或组合包装的每个内包装的内装液体容量小于或等于5L，或内装固体净重小于或等于5kg，则不必粘贴危害环境物质标记。

（9）危害环境物质标记应粘贴在UN编号附近，且应满足标识的基本要求。

（10）危害环境物质标记为与水平线呈45°的正方形，符号树为黑色，符号鱼为白色，底色为白底或其他反差鲜明的颜色，最小尺寸为100m×100mm，菱形边线的最小宽度为2mm，标记图例如图5-23所示。如果包件的尺寸较小，标记的尺寸和边线宽度可相应压缩，但标记应清晰可见，且所有要素均应与图示比例大致相当。

图5-23　危害环境物质标记图例

（11）规定的包件之外，内容器装有液态危险货物的组合包装配有通风口的单一包装应粘贴方向标记。方向标记应粘贴在包件相对的两个垂直面上，箭头朝上。

（12）方向标记应为长方形，尺寸与包件的尺寸相适应，标记符号为两个黑色或红色箭头，底色为白色或其他反差鲜明的颜色，可选择在方向箭头的外围加上长方形边框，方向标记如图5-24所示。所有要素均应与图示比例大致相当，方向标记应清晰可见。除标明包件正确放置方向以外的其他箭头，不应与方向标记同时粘贴在包件上。

以下包件可不粘贴方向标记：

（1）内装压力容器的外包装。

（2）装有危险货物的内包装置于外包装之中，每一内包装的装载量不超过120mL，内包装和外包装之间有充足的吸收材料，足以吸收内包装中的全部液态危险货物。

（3）内装主容器的外包装，主容器内含有6.2

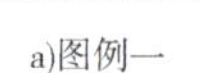
a)图例一

b)图例二

图5-24　方向标记图例

项感染性物质，且每一主容器的装载量不超过50mL。

（4）内装货物在任何方向上都不会泄漏的外包装（如温变计中的酒精或汞、气雾剂等）。

（5）外包装所装危险货物均密封在内包装中，且每一内包装的装载量不超过500mL。

2 包件标志使用要求

危险货物的包件应粘贴主要或次要危险性类别对应的标志。

1）标志应符合要求

（1）如果包件的尺寸足够大，所有标志应粘贴在包件同一表面。

（2）对于内装第1类爆炸品的包件，标志还应粘贴在紧邻危险货物正式运输名称的位置。

（3）粘贴标志不应被遮盖。

（4）多个标志应彼此紧邻粘贴。

（5）当包件形状不规则或尺寸太小时，可在包件上牢固系挂一个标牌来粘贴标志，也可采取其他等效方式。

对于容量超过450L的中型散装容器和大型包装，应在相对的两个侧面上粘贴标志。对于自反应物质和有机过氧化物，标志还应满足下列特殊要求：

①粘贴了4.1 项标志已表明货物具备易燃特性，无须粘贴第 3 类易燃液体标志。另外，B型自反应物质的包件应粘贴第 1 类爆炸品次要危险性标志，除非试验数据证明此类包装中的自反应物质不具有爆炸性。

②粘贴了5.2项标志已表明货物具备易燃特性，无须粘贴第3类易燃液体标志。但还需粘贴以下标志：

a.B型有机过氧化物应粘贴符合第 1 类爆炸品的标志，除非试验数据证明此类包装中的有机过氧化物不具有爆炸性。

b.若货物符合第 8 类腐蚀性包装类别 I 和包装类别 I 的包装标准，则需粘贴第 8 类标志。

对于感染性物质包件，除粘贴6.2项感染性物质标志之外，还应根据该物质的其他危险特性粘贴相应标志。

2）标志规格和分类

标志的颜色符号和式样应符合本章第四节要求。国际多式联运的道路运输部分，如果包件标志与本部分存在差异，但满足国际多式联运其对应运输方式的要求，可视为满足本部分的要求。标志应粘贴在反衬颜色的表上，或用虚线或实线标出外缘。标志形状为与水平线呈45° 的正方形（菱形），尺寸最小应为100mm×100mm，菱形边缘内侧线的最小宽度应为2mm，内侧线与边缘之间的距离为5mm。上面两条边缘线的颜色与标志上部图形或符号相同，下面两条边缘线的颜色与标志下部类号或项号的颜色一致。在未明确规定的情况下，标志的所有要素均应与图例比例一致。

若包件较小，标志的尺寸可以缩小，但符号和标志中的要素应清晰可见。标志边缘内平行线与标志外缘线之间的距离为5mm，边缘内直线宽变应为2mm。

内装第2类气体的气瓶，可根据其形状、放置方向和运输固定装置，粘贴符合《气瓶警示标签》（GB/T 16804）要求的标志。标志大小可按照GB/T 16804的规定予以缩小，以便牢固粘贴在气瓶的非圆柱体部分（肩部）。如有危害环境特性的，还应粘贴危害环境物质标记。标志和危害环境物质标记可适当重叠粘贴，但应保证危险性标志文字和符号不被遮盖。

三 集合包装及混合包装的标记标志

集合包装，是指将一定数量的产品或包装件组合在一起，形成一个合适的运输单元，以便于装卸、储存和运输，又称组合包装或集装单元。集合包装可以提高港口装卸速度，减轻装卸搬运的劳动强度，降低运输成本和节省运杂费用，更好地保护商品的质量和数量，并促进包装的标准化。

集合包装的种类很多，主要有集装箱、集装托盘、滑片集装、框架集装、无托盘集装、集装袋等。

集合包装通常采用集装箱、集装包（袋）和托盘。

1 集合包装的标记标志要求

（1）集合包装上标明“集合包装”字样，或同时标明“OVERPACK”字样，文字高度不小于12mm。

（2）从集合包装外部无法清晰识别内装所有包件上的UN编号、标志和标记的，按照本书上一条“包件标记”的要求在集合包装上标注UN编号，按照本书上一条“包件标志”的要求粘贴危险货物对应的标志，如果所托运货物具有环境危害性按“危害环境物质标记”的要求粘贴危害环境物质标记。

（3）包件内装的不同危险货物对应相同的UN编号标志或危害环境物质标记，则只需粘贴一个即可。

（4）从集合包装外部无法清晰识别内装包件方向标记的，在集合包装相对的两面粘贴方向标记。

集合包装中的每个危险货物包件，都应符合JT/T 617的规定。集合包装不应损害包件的性能。标有方向标记的危险货物包件放在集合包装或大型包装内时，其放置方向应符合相应的标记。集合包装应符合JT/T 617.6—2018中8.2包件混合装载要求。

2 混合包装的标记标志要求

两种及以上危险货物装在同一个外包装内时，包件上应按照每种危险货物的要求做标记和粘贴标志。若危险货物对应的标志相同，则只需在外包装上粘贴一个标志。

四 集装箱、罐体与车辆标志牌及标记

集装箱、罐体与车辆标志牌有菱形标志牌和矩形标志牌。

除运输第7类放射性物质外，菱形标志牌是与水平面呈45°的正方形，最小尺寸为250mm×250mm，内有一条边缘内侧线、距边缘距离为12.5mm，菱形标志牌如图5-25所示。菱形标志牌内显示待运危险货物类别或项别（对第1类爆炸品，还应标明配装组字母），数字高度不小于25mm。菱形标志牌尺寸可适当放大，但所有要素均应与图例比例一致。菱形标志牌应粘贴在反衬颜色的表面上，或用虚线或实线标出外缘。容量不超过3m³的罐体以及小型集装箱，菱形标志牌尺寸可缩小至100mm×100m。

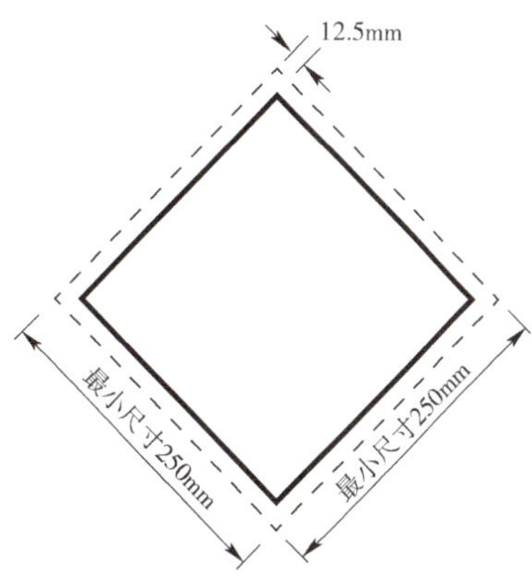

图 5-25　菱形标识牌图例

矩形标志牌材质应反光，板底长400mm、高300mm，并有宽15mm的黑色水平边缘线将其分为两部分，周边边缘线宽15mm。使用的材料应能够经受日晒雨淋而不显著减弱其显示功能。若车辆没有足够大的表面悬挂矩形标志牌，可将标志牌的底板长度缩小为300mm、高度缩小为120mm、黑色边缘线缩小为10mm。对于运输散装固体物质的集装箱、罐式集装箱和可移动罐柜，矩形标志牌可用自粘板、喷涂或其他等效方式，但应符合矩形标志牌的规格要求。

矩形标志牌显示了危险货物的危险性识别号和UN编号。危险性识别号和UN编号为黑色数字，高100mm、宽15mm。危险性识别号应刻于矩形标志牌上部，UN编号刻于矩形标志牌下部；中间为15mm粗的黑色横线。底色为橙色，边缘水平线和数字为黑色。危险性识别号和UN编号应清晰可见，放在大火中烧15min后应不影响其显示功能但所有要素均应与图例比例一致。

带有危险性识别号和UN编号的矩形标志牌图例如图5-26所示。

危险性识别号由2~3位数字组成，详情可参考JT/T 617.5—2018中表1。

高温物质标记。高温物质标记为等边三角形。标记颜色为红色，每边长不应小于250mm，如图5-27所示。高温物质标记尺寸可适当放大，但所有要素均应与图例比例一致。

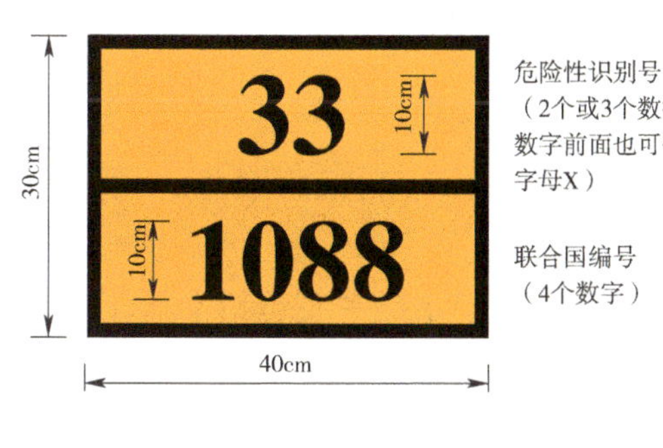

图 5-26　矩形标识牌图例

图 5-27　高温物质标记图例

罐式车辆、罐式集装箱、可移动罐柜、集装箱或车辆，在运输或配送温变大于或等于100℃的液态物质、温度大于或等于240℃的固态物质时，应在车辆的两外侧壁和尾部，集装箱、罐式集装箱、可移动罐柜的两侧壁和前后两端粘贴高温物质标记。

五 运输单据

托运人在托运危险货物时，应向承运人提交危险货物托运清单；托运剧毒化学品、民用爆炸物品、烟花爆竹或放射性物品时，应向承运人提供公安部门核发的许可或批准文件；托运《放射性物品安全运输规程》（GB 11806）规定的一级放射性物品时，应向承运人提供国务院核安全监管部门核发的放射性物品运输核与辐射安全报告批准书；托运危险废物（包括医疗废物，下同）时，应向承运人提供环境保护主管部门核发的危险货物转移联单。

危险货物运输承运人应制作危险货物道路运输运单并交由驾驶员随车携带。驾驶员还应随车携带危险货物道路运输安全卡，危险货物道路运输车组成员从业资格证；剧毒化学品、民用爆炸物品、烟花爆竹或放射性物品的运输车辆应同时携带公安部门核发的许可或批准文件；GB 11806规定的一级放射性物品运输车辆应同时携带国务院核安全监管部门核发的放射性物品运输核与辐射安全报告批准书；危险废物运输车辆应同时携带环境保护主管部门核发的危险废物转移联单，以及其他标准法规规定的单据。

危险货物托运清单和危险货物道路运输运单可以是电子或纸质形式。

危险货物托运清单至少应包含以下信息：

（1）托运人的名称和地址。

（2）收货人的名称和地址。

（3）装货单位名称。

（4）实际发货/装货地。

（5）实际收货/卸货地址。

（6）运输企业名称。

（7）所托运危险货物的UN编号（含大写“UN”字母）。

（8）危险货物正式运输名称。

（9）危险货物类别及项别。

（10）危险货物包装类别及规格。

（11）危险货物运输数量。

（12）24h应急联系电话。

（13）必要的危险货物安全信息，作为托运清单附录，主要包括操作，装卸、堆码、储存安全注意事项以及特殊应急处理措施等。

在运输开始前，承运人应告知驾驶员所装载的危险货物信息，并提供危险货物安全卡（以下简称“安全卡”），确保其掌握安全卡内容并正确操作。

驾驶员应将安全卡放置于车辆驾驶室内易于获取的位置。安全卡的格式见表5-4。安全卡的内容分为四部分：

（1）事故发生后，车组人员需采取的基本应急救援措施。

（2）不同类别项别危险货物发生危险事故时可能造成的后果，以及车组人员应采取的防护措施。

（3）危害环境物质和高温物质发生事故时可能造成的后果，以及车组人员应采取的防护措施。

（4）运输过程中应随车携带的基本安全应急设备。

危险货物安全卡格式　　表 5-4

<table>
<tr><td colspan="2" rowspan="2">自燃物品
4
易于自燃物质（举例）</td><td colspan="2" rowspan="2"></td><td>UN 编号：</td></tr>
<tr><td>危险货物编号：</td></tr>
<tr><td colspan="3" rowspan="2">主要危险性</td><td colspan="2">泄漏处理</td></tr>
<tr><td colspan="2" rowspan="2">急救处理</td></tr>
<tr><td colspan="3" rowspan="2">储运要求</td></tr>
<tr><td colspan="2">灭火材料
灭火方法</td></tr>
<tr><td>防护措施</td><td colspan="4"></td></tr>
</table>

第七节　危险货物运输条件及作业要求

危险货物运输过程中对车辆、人员和运输单据都有相关的要求。车辆除了要保证能安全运载以外，还应当根据托运危险货物的特性，配装相应的灭火器材和防护用具。驾驶员也应当规范操作，在车辆行驶过程中，掉头、停车、转弯时都要充分考虑的车辆的特殊性，谨慎驾驶。

一 运输装备条件

在危险货物运输中，应使用载货汽车（半挂牵引车除外）或半挂牵引车与半挂车组成的汽车列车作为载运危险货物的运输单元。

危险货物运输单元应按JT/T 617.5—2018中第7章要求粘贴或悬挂菱形标志牌、矩形标志牌和标记。

运输单元运载危险货物时，应随车携带便携式灭火器。灭火器应适用于扑救《火灾标准》（GB/T 4968—2008）规定的A、B、C三类火灾。

便携式灭火器的数量及容量应符合表5-5的规定。运输剧毒和爆炸品的车辆灭火器数量要求应符合《道路运输爆炸品和剧毒化学品车辆安全技术条件》（GB 20300）的规定。

运输单元应携带的便携式灭火器数量及容量要求　　表5-5

运输单元最大总质量 M（t）	灭火器配置最小数量（个）	适用于发动机或驾驶室的灭火器		额外灭火器	
		最小数量（个）	最小容量（kg）	最小数量（个）	最小容量（kg）
$M \leqslant 3.5$	2	1	1	1	2
$3.5 < M \leqslant 7.5$	2	1	1	1	4
$M > 7.5$	3	1	1	2	4

注：容量是指干粉灭火剂（或其他同等效用的适用灭火剂）的容量。

每个运输单元，应配备至少1个最小容量为2kg的干粉灭火器（或其他同等效用的适用灭火器）。便携式灭火器应满足有关车用便携式灭火器的规定。如果车辆已装备可用于扑灭发动机起火的固定式灭火器，则其所携带的便携式灭火器无须适用于扑灭发动机起火，其中便携式灭火器应在检验合格有效期内。灭火器应放置于运输单元中易于被车组人员拿取的地方。

驾驶员应根据所运载的危险货物选择个人防护装备。

1 运输单元应配备装备

（1）每辆车需携带与最大允许总质量和车轮尺寸相匹配的轮挡。

（2）一个三角警告牌。

（3）眼部冲洗液（第1类和第2类除外）。

2 运输单元应为每名车组人员配备装备

（1）反光背心。

（2）防爆的（非金属外表面，不产生火花）便携式照明设备。

（3）合适的防护性手套。

（4）眼部防护装备（如护目镜）。

3 特定类别危险货物应包括附加装备

（1）对于2.3项或6.1项危险货物，每位车组人员随车携带一个应急逃生面具，逃生面具的功能需与所装载化学品相匹配（如具备气体或粉尘过滤功能）。

（2）对于第3类，4.1项、4.3项、第8类或第9类固体或液体的危险货物，配备一把铲子（对具有第3类，4.1项，4.3项危险性的货物，铲子应具备防爆功能）和一个下水道口封堵器具，如堵漏垫、堵漏袋等。

二 人员条件

1 驾驶员培训要求

（1）驾驶员上岗前应经过危险货物运输基本知识培训，掌握必需的知识和技能，并通过考核。

（2）罐式车辆驾驶员还应接受JT/T 617.7—2018中5.2.2的罐体运输专业知识培训。

（3）运载第1类或第7类危险货物的车辆驾驶员还应分别接受JT/T 617.7—2018中5.2.3或5.2.4中规定的专业知识培训。

2 驾驶员培训内容

基本知识培训应至少包含以下内容：

（1）危险货物运输有关的法律法规。

（2）主要危险特性。

（3）危险废物转移过程中环境保护的有关要求。

（4）针对不同类型的危险货物所应采取的相关预防和安全措施。

（5）事故发生后要采取的应急处置措施（急救、安全防护设备使用的基本知识，危险货物道路运输安全卡所规定的要求等）。

（6）标记、标志菱形标志牌和矩形标志牌等的含义和使用要求。

（7）道路通行限制要求。

（8）危险货物运输过程中，允许和禁止驾驶员操作的事项。

（9）车辆相关设备的用途和使用方法。

（10）在同一辆车或集装箱中混合装载的禁止性条款。

（11）装卸危险货物时的注意事项。

（12）包件的堆放要求。

（13）安全驾驶规范。

（14）安全意识。

3 罐体运输专业知识培训内容

1）专业知识

（1）车辆在道路上的运行特点。

（2）车辆的特殊规定。

（3）各种装货、卸货设备的基础知识。

（4）车辆标记、标志牌使用的特殊规定。

2）实际操作培训

（1）牵引车与半挂车的连接。

（2）罐车附件（包括紧急切断阀、安全阀等）的操作。

（3）轮胎、设备、罐体的常规检查。

（4）罐车转向、制动操作。

4 爆炸品运输人员要求

运输爆炸品的专业知识培训还应该学习爆炸物和烟火类物质或物品相关的特殊危险性以及爆炸品在混合装载时的特殊规定。

5 放射性物质运输人员要求

运输第7类放射性物品的专业知识培训应至少包含以下内容：

（1）放射性物品的特殊危险性；

（2）放射性物品的包装、操作、混合装载、积载相关特殊规定；

（3）当发生放射性物品运输事故时，应采取的特别措施。

6 危险货物运输相关人员的继续教育

驾驶员应定期接受继续教育培训，培训内容包含法规标准新要求、车辆新技术等。

与危险货物道路运输相关的人员，包括参与危险货物道路运输操作及相关管理人员，应接受与之工作职责相适应的危险货物运输专业知识培训，培训内容应符合JT/T 617.1—2018中规定的要求。

三 运输作业要求

运输作业要携带道路运输证、危险货物运单、危险货物道路运输安全卡、危险货物道路运输车组成员从业资格证、法规标准规定的其他单据。

危险货物道路运输安全卡应放置在车辆中易于取得的地方。运输过程中禁止搭乘无关人员。车组人员应会使用灭火装置。非紧急情况下，车组人员不应打开含危险货物的包件。应使用防爆的（非金属外表面，不产生火花）便携式照明装置。装卸作业时，车辆附近和车内禁止吸烟和使用明火，包括电子香烟及其他类似产品。装卸过程中应关闭发动机，国家有关标准规范中允许装卸过程中起动发动机或其他设备的除外。运载危险货物的运输单元停车时，应使用驻车制动装置。挂车应使用至少两个轮挡限制其移动。

危险货物车辆在停车时应受到监护。应按以下优先顺序选择危险货物车辆停车场所：

（1）未经允许不能进入的公司或工厂的安全场所；

（2）有停车管理人员看管的停车场，驾驶员应告知停车管理人员其去向和联系方式；

（3）其他公共或私人停车场，但车辆和危险货物不应对其他车辆和人员构成危害；

（4）一般不会有人经过或聚集的、与公路和民房隔离的开阔地带。

危险货物运输车辆通行时应遵守国家和行业对道路通行限制的要求。

JT/T 617.3—2018中注明有特殊规定的某些危险货物，运输过程要优先考虑这些特殊规定。

第六章

危险货物道路运输车辆知识

学习目标

（1）了解危险货物道路运输车辆类型和基本要求。
（2）了解危险货物道路运输车辆构造与维护知识。
（3）掌握危险货物道路运输车辆安全配套设备设施使用方法。
（4）掌握爆炸品和剧毒化学品车辆安全技术要求。
（5）掌握轮胎的使用方法。
（6）了解危险货物道路运输车辆新技术。
（7）了解危险货物道路运输车辆低碳、节能、环保技术。

第一节 危险货物道路运输车辆技术要求

危险货物的特殊性质，对危险货物道路运输的车辆和设备都提出了特殊的要求。如果车况不良、装备故障，都有可能导致重特大事故。正确认识和掌握危险货物运输车辆的技术要求，对危险货物运输安全具有非常重要的意义。本节主要介绍危险货物运输车辆的安全配套设备设施的使用方法以及爆炸品、剧毒化学品车辆的安全技术要求。

一 车辆设备的技术要求

1 车辆技术要求

（1）危险货物运输车辆技术性能符合《机动车运行安全技术条件》（GB 7258）、《道路运输车辆综合性能要求和检验方法》（GB 18565）和《道路运输车辆技术等级划分和评定要求》（JT/T 198）规定的一级技术等级；并应按照《道路运输危险货物车辆标志》（GB 13392）的要求悬挂危险品运输标志，喷涂警示标志和安全告示.

（2）专用车辆外廓尺寸、轴荷和质量符合《汽车、挂车及汽车列车外廓尺寸、轴荷和质量限值》（GB 1589）的要求；燃料消耗量符合《营运货车燃料消耗量限值及测量方法》（JT 719—2008）的要求。

（3）道路运输爆炸品和剧毒化学品的专用车辆应符合《道路运输爆炸品和剧毒化学品车辆安全技术条件》（GB 20300）的技术要求。

2 专用车辆其他要求

（1）专用车辆为企业自有，且数量（挂车除外）为5辆以上；运输剧毒化学品、爆炸品的自有专用车辆（挂车除外）10辆以上。若为非经营性危险货物道路运输企业，自有专用车辆（挂车除外）的数量可以小于5辆。

（2）罐式专用车辆的罐体应当经质量检验部门检验合格，且罐体载货后总质量与专用车辆核定载质量相匹配。运输爆炸品、强腐蚀性危险货物的罐式专用车辆的罐体容积不得超过20m^3，运输剧毒化学品的罐式专用车辆的罐体容积不得超过10m^3，但符合国家有关标准的罐式集装箱除外。

（3）运输剧毒化学品、爆炸品、强腐蚀性危险货物的非罐式专用车辆，核定载质量不得超过10t，但符合国家有关标准的罐式集装箱除外。

（4）车辆配备满足在线监控要求，且具有行驶记录功能的卫星定位系统。

（5）车辆电路系统应有切断总电源和隔离电火花装置，切断总电源装置应安装在驾驶室内，以便于开关。

（6）配备有效的通信工具。

二 车辆适装要求

1 危险货物道路运输车型选择

由于各类危险货物形态、性质不同、包装形式不一，因此所选用的车型也不同，如液化石油气是成吨批量运输的，多使用受压的液化气罐车运输，而居民日常生活所需的瓶装液化石油气，就可以选择栏板货车或者厢式货车运送。为此，根据危险货物不同形态、性质，不同包装，选择合适车型也十分重要。

（1）钢瓶装气体、小包装的易燃液体、易燃固体、自燃物品、无机氧化剂、毒害品（低毒）、固体腐蚀品可选用栏板货车运输。

（2）爆炸物品、遇湿易燃物品、固体剧毒品、感染性物品、有机过氧化物应选用厢式货车。

（3）压缩气体和液化气体（含受压、低温）应选用压力容器专用罐车。钢瓶装气体应按气瓶直立道路运输的要求，使用集装格、集装篮、散装等方式直立运输；集装格、集装篮运输可采用厢式车辆、栏板式车辆、平板车辆或专用车辆等运输；散装气瓶应采用厢式车辆、栏板式车辆或专用车辆运输。

（4）易燃液体、液体剧毒品应选用化工物品罐式专用车辆或罐式集装箱运输。

（5）液体腐蚀品货物，应选用化工物品专用罐车、可移动罐体车或罐式集装箱运输。

（6）有机过氧化物、感染性物品应选用控温车型。

2 栏板货车

车厢底板必须平整完好，周围栏板必须牢固，周围没有栏板的车辆，不得装运危险货物。

3 专用罐车

专用罐车按其罐体壳承受工作压力大小，分为压力专用罐车和常压专用罐车。罐车的种类有：不可移动罐体车，罐体永久性固定在车辆底盘上，与车辆不可分离的固定罐式货车；拖挂罐式货车，罐体永久性固定在挂车底盘上，与挂车不可分离，牵引车与挂车可分离的罐体运输车（图6-1）。

a) 固定罐式货车

b) 拖挂罐式货车

c) 罐式集装箱

d) 集装束

图 6-1 罐车种类

1）压力专用罐车（又称液化气体罐车）

压力专用罐车的罐体必须符合《移动式压力容器安全技术监察规程》的要求。压力罐体的最高工作压力大于或等于0.1MPa（10kgf/cm^2），设计温度不大于50℃，罐体材质为钢质。根据不同气体的物理性质（临界温度和临界压力），罐体可分为裸式、有保温层、绝热层等形式。

压力罐体须经质检部门检测、检验合格，由质检部门核发压力容器使用证，在压力容器使用证有效期内使用。在用受压专用罐车的罐体必须进行定期检验，每年一次全面检验每六年进行一次。受压罐体发生重大事故或停用时间超过一年的，使用前须进行全面检验。

压力专用罐车适用于运输液化石油气液化天然气、丙烯、丙烷、液氨及低温的液氧、液氮等。

2）常压专用罐车

常压专用罐车的罐体必须符合国家标准《道路运输液体危险货物罐式车辆　第1部

分：金属常压罐体技术要求》（GB 18564.1）、《道路运输液体危险货物罐式车辆　第2部分：非金属常压罐体技术要求的要求》（GB 18564.2）。常压罐体最高工作压力不大于72kPa，罐体材质可为金属或非金属，金属罐体工作温度不大于50° C、非金属罐体工作温度不大于40° C。

常压专用罐车适用于运输液体危险货物，如轻质燃油、硫酸、盐酸、硝酸、烧碱、甲醇、甲苯等。

常压罐体可用碳素钢、耐酸不锈钢、铝或铝合金板材、玻璃纤维增强塑料制作。

（1）根据所装介质，确定罐体材质。

罐体材质不能与装运介质有性能抵触，也不能让介质把罐体腐蚀、穿孔而导致泄漏，所以选择罐体材质是个关键问题。如：装运硝酸的罐体应用铝板制作；装运硫酸的罐体应用碳钢板制作；装运盐酸的罐体则应用非金属的玻璃钢制作；装运离子膜液碱的罐体则用不锈钢板制作等，即罐体材质应与装运介质相符合。

（2）根据所装介质，确定罐体结构。

液体危险货物由于化学性质不同，其危险性也不一样，因此要根据各种危险货物的理化特性，确定其罐体结构和需要配备的相应设备、设施。

钢质罐车。这种罐体采用厚度均匀的碳钢或不锈钢板制造，其结构为椭圆形横断面短轴为长轴的二分之一；罐体最小壁厚应符合规定；内置防波隔板，隔板之间容积不应大于$3m^3$；罐体固定在车辆底盘上，顶部有通气阀，底部有沉淀槽，并配备火花熄灭器、导除静电装置、灭火器材；罐体后封头没有安装卸料阀门的，适宜装运原油、异丁醇、白煤油等危险货物；罐体后封头安装卸料阀门的，适宜装运硫酸等危险货物；罐体后封头安装卸料阀门，而不配备火花熄灭器、导除静电装置的，适宜装运液碱等危险货物；罐体后封头无卸料阀门，卸料应在进料口以泵吸方式完成卸料的，罐底应有锅底形凹坑，便于将卸料管插接，可将罐内物品卸净，不易燃的，可不配备导静电装置，适宜装运剧毒物品的液氰、丙酮氰醇等危险货物。选用不锈钢板的罐体，后封头无卸料阀，配备导静电装置、灭火器材的，适宜装运食用乙醇、精细化工等危险货物。

铝质罐车。这种罐体采用厚度均匀的优质铝板制造，厚度不应小于6mm，其结构也应椭圆形横断面，短轴为长轴的二分之一。内置防波隔板，隔板之间容积不应大于$3m^3$。罐体固定在车辆底盘上或固定在货车栏板车箱内。它适宜装运硝酸、冰醋酸、甲醛等危险货物。

玻璃纤维增强塑料（玻璃钢）罐车。这种罐体采用树脂、玻璃纤维材质，手工糊制而成，并将金属骨架埋在材质中，罐内无金属裸露，增强抗拉硬度，但不能与装运介质发生化学反应。罐体最小壁厚应符合规定，表6-1。由于树脂、玻璃纤维材质容易老化、脱落，应定期加强检查，及时修复或更换。

玻璃纤维增强塑料罐体最小壁厚　　表6-1

项目	2	2~4	4~6	6~8	8~10	0~15
壁厚（mm）	0	2	3	5	8	20

（3）轻质燃油罐车。

轻质燃油罐车为常压专用罐车的一种，因其所装货物就是单一的燃料油，质地较轻，闪点低，极为易燃，所以有专门设计。

轻质燃油罐车（以下简称油罐车）又分为运油车和加油车两种。油罐车应符合国家标准《轻质燃油油罐汽车通用技术条件》（GB 9419—1988）的规定。运油车装有罐体、导静电装置、通气阀、灭火器材和输油胶管等附属设施；加油车除有运油车的基本装置外，还设有泵油系统、工作仪表、操作装置和计量器，方便加油，并能对其他运输车辆和大型机械设备加注油料。

①油罐车应能在环境温度-40～40℃条件下正常工作，罐体总成应能承受36kPa空气压力，不得有渗漏和永久性变形。

②油罐车的分类及性能参数应符合规定。

③罐体一般为椭圆形横断面或带圆弧短形横断面，罐内设置横向防波挡板，必要时可设置纵向或水平的防波挡板。

④通气阀应能调节油罐内外压差。当油罐内压力高于外界压力6kPa时，出气阀应关闭但高于8kPa时出气阀应打开；当油罐内压力低于外界压力2kPa时，进气阀应关闭，但低于3kPa时，进气阀应打开，使油罐内、外气体相通。

⑤油罐车应具有防止和消除静电起火的安全装置。发动机排气管应位于驾驶室前方与油罐及泵油系统距离不得小于1.5m。油罐两侧要有明显的“严禁烟火”字样。

⑥金属管路中任意两点间或任意一点到地线插末端，油罐内部导电部件上及导除静电橡胶拖地带末端的导电通路电阻值不应大于5Ω。加油软管两端的电阻值不大于5Ω。电器元件和导线连接必须可靠，屏蔽良好，以保证不产生火花。油罐车必须备有有效适当的灭火器材。

4 厢式货车

1）一般厢式货车

厢式货车分为两种，一种是驾驶室与车厢分离，各成一室的厢式货车；另一种是驾驶室与车厢同为一室的客货两用的厢式车。后一种不得装运危险货物，因为，一旦危险货物发生泄漏，车厢内充满有害气体，会使驾驶员失去驾驶能力，造成车辆无人驾驶，后果将不堪设想。所以，这种客货两用厢式车不得运输危险货物。

厢式货车的厢体，大多数是木质、钢板或钢木结合的厢体，可以固定在栏板货车的底板上。其紧固装置必须牢固，不能使厢体滑落。厢式货车装运的危险货物大多数应是单一品种的货物，不得装入性质相抵触的危险货物。

厢式货车适宜运输爆炸物品、遇湿易燃物品、氧化剂及毒害品等危险货物，在运输中能防止危险货物货损、货差和丢失；能起到防雨、防雷等保护作用。在装运易燃、易爆危险货物时，应使用木质底板车厢，如是铁质底板，应采取衬垫措施，如铺垫木板、胶合板、橡皮板等，但不能使用谷草、草片等松软易燃材料；货厢内蒙皮应用有色金属或采用不易发火的非金属材料，货厢面板内外蒙皮之间应采用阻燃隔热材料填充，厢体侧壁或前、后壁板应根据需要设置具有防雨功能的通风窗。

2）控温厢式货车

控温厢式货车，其车厢内应有制冷或加温装置以及保温措施，驾驶室应有温度监控系统（图6-2）。根据所装危险货物的特殊要求，车辆还要有防振、防爆、隔热、防止产生火花、排除静电等装置且厢体密封性能要好，确保危险货物在恒温或冷藏条件下完成运输。其恒温或制冷装置在一个厢体内除正常工作使用外，还应有一套或一套以上备用控温装置，一旦正常工作的装置发生故障，备用控温装置能及时正常工作，保证运送任务的完成。这类厢式车多数从事有机过氧化物、疫苗、菌苗的运输。

图 6-2　控温厢式货车

5 集装箱运输车

集装箱运输是一种集零为整的成组运输。其集装箱临时固定在拖挂车上，经过运行到达目的地把集装箱卸下去，一次运输任务即告完成。集装箱有它的周转规定，按时清洗交箱后，运输任务就全部完成（图6-3）。

图 6-3　集装箱运输车

集装箱装运危险货物，应考虑的是危险货物化学性质的抵触性、敏感性，在同一箱体内不得装入性质相抵触的危险货物；更要注意危险货物的配载规定，如果小箱体达不到隔离间距，不应强行配装，避免发生事故。

还有一种罐式集装箱，它是由箱体框架和罐体两部分组成的集装箱，有单罐式和多罐式两种。罐式集装箱运输车主要运输液体化工物品、压缩气体和液化气体等危险货物。

三 车辆的限制

由于危险货物所特有的理化性质，其具有一定的潜在危险性，在运输装卸过程中，对于环境、温度、湿度、振动、摩擦、冲击等因素的防范，要求非常严格。为此，《道路危险货物运输管理规定》和《危险货物道路运输规则》（JT/T 617—2018）、《道路运输爆炸品和剧毒化学品车辆安全技术条件》（GB 20300—2018）对道路运输危险货物工具作了限制。

1 车型的限制

（1）禁止使用报废的、擅自改装的、检测不合格的、车辆技术等级达不到一级的和其他不符合国家规定的车辆从事道路危险货物运输。不符合国家、行业标准要求的车辆，存在极大的安全隐患，因此禁止这些车辆从事道路危险货物运输。

（2）客车、客货两用车禁止运输危险货物。各种客车、客货两用车由于会导致危险货物与人直接接触，一旦装运的危险货物泄漏，易造成人身伤亡事故。因此，这些车辆不得运输危险货物。

（3）自卸汽车一般不得装运危险货物。由于自卸汽车在运输中，其自卸装置有可能造成误操作而发生事故。因此自卸汽车不得装运危险货物。为了便于装卸和生产作业的实际需要，允许自卸汽车只能运输散装硫磺、萘饼、粗蒽、煤焦沥青等危险货物。

（4）货车列车（经特许的车辆除外）禁止装运危险货物。根据《汽车和挂车类型的术语和定义》（GB /T 3730.1—2001），货车列车是指一辆货车与一辆或多辆挂车的组合。货车列车可分为牵引杆挂车列车、双挂列车和双半挂列车。货车列车的拖挂车在行驶中颠簸、摆动很大，货物易造成丢失，且挂车与主车连接部位易产生火花等，造成火灾事故，因此禁止货车列车运输危险货物。但铰接列车、具有特殊装置的大型物件运输专用车辆除外。

（5）移动罐体（罐式集装箱除外）禁止从事危险货物运输。移动罐体是指临时固定在车辆底盘上或者放在栏板货车货箱里的常压罐体。利用移动罐体运输危险货物事故频发，且危害极大。

车型的限制，见图6-4、图6-5。

图 6-4 车型的限制（一）

图 6-5 车型的限制（二）

2 车辆技术状况的限制

根据《道路危险货物运输管理规定》要求，从事危险货物道路运输的专用车辆的技术性能应符合国家标准《道路运输车辆综合性能要求和检验方法》（GB 18565）和《机动车运行安全技术条件》（GB 7258）的要求，技术等级达到行业标准《道路运输车辆技术等级划分和评定要求》（JT/T 198）规定的一级技术等级。凡技术性能不达标、不符合一级技术等级标准的专用车辆，不得运输危险货物。

（1）不得使用罐式专用车辆或者运输有毒、感染性、腐蚀性危险货物的专用车辆运输普通货物，但集装箱运输车（包括牵引车、挂车）甩挂运输的牵引车除外。有毒物质、感染性物质和腐蚀性物质具有较高的危险性，出于安全的考虑，《道路危险货物运输管理规定》禁止运输上述危险货物的专用车辆运输普通货物。集装箱运输车（包括牵引车、挂车）、甩挂运输的牵引车在卸载危险货物后，无任何污染，与普通货车无异，为提高车辆利用率，降低企业运输成本，允许其从事普通货物运输。

（2）其他专用车辆可以从事食品、生活用品药品、医疗器具以外的普通货物运输，但应当由运输企业对专用车辆进行消除危害处理，确保不对普通货物造成污染和损害。

（3）不得将危险货物与普通货物混装运输危险货物与普通货物混装，若危险货物包装出现破损，易造成对普通货物的污染，产生安全隐患。在现实运输活动中，有的托运人、承运人，为了降低运输成本，在普通货物中夹带危险货物，发生了很多危险货物运输事故，给生命、财产造成很大损失，留下了惨痛的教训。因此，《道路危险货物运输管理规定》禁止将危险货物与普通货物混装。

不得运输法律、行政法规禁止运输的货物。法律、行政法规规定的限运、凭证运输货物，道路危险货物运输企业或者单位应当按照有关规定办理相关运输手续。危险货物运输企业单位取得道路危险货物运输资质，可从事危险货物道路运输，但必须遵守相关法律、行政法规禁运、限运的规定。根据我国有关法律、行政法规的规定，禁止运输的有毒品、假劣药品以及伪造、变造、非法印刷的人民币等；必须向有关部门办理准运（通行）手续后方可运输的货物有：枪支、烟草、剧毒品、爆炸品、麻醉药品、木材、野生动物等。有些手续需要托运人办理，但承运人必须查验所有手续齐全有效后方可运输。如，运输剧毒品、爆炸物品，需由托运人向运输目的地的公安部门申请剧毒化学品公路运输通行证和爆炸物品准运证，在托运货物时，应提交给承运人。承运人应审查相应的准运手续手续齐全的可以受理；手续不齐全的，应向托运人说明情况，要求出具相应的手续，或者要求托运人在重新办理手续后再受理。如果承运人为了经济利益，擅自运输限制运输的货物；或因不了解情况，运输了禁止运输的货物，或者在未审查托运人手续的情况下，运输了限制运输的货物，都要承担相应的法律责任。

车辆使用的限制，见图6-6~图6-8。

3 车辆装载的限制

1）爆炸品、剧毒化学品、强腐蚀性危险货物的装载限制

《道路危险货物运输管理规定》规定，运输爆炸品、强腐蚀性危险货物的罐式专用

车辆的罐体容积不得超过20m^3，运输剧毒化学品的罐式专用车辆的罐体容积不得超过10m^3，但符合国家有关标准的罐式集装箱除外；运输剧毒化学品、爆炸品、强腐蚀性危险货物的非罐式专用车辆，核定载质量不得超过10t，但符合国家有关标准的集装箱运输专用车辆除外。

图 6-6　车型使用的限制（一）

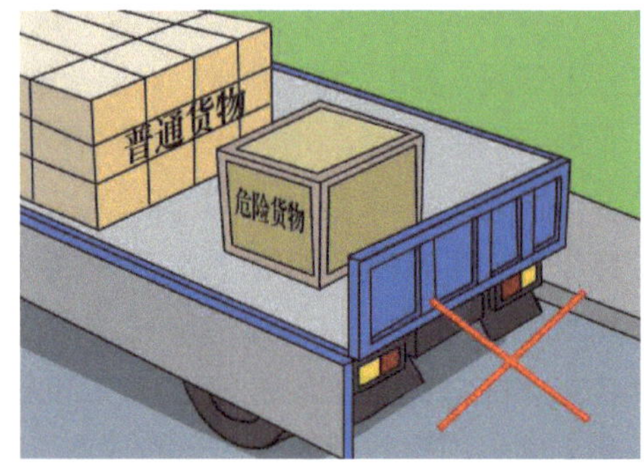

图 6-7　车辆使用的限制（二）

图 6-8　车辆使用的限制（三）

2）一般专用车辆的装载限制

国家有关法律、行政法规和部门规章严格禁止危险货物专用车辆违反国家有关规定超限超载运输。《中华人民共和国道路交通安全法》第四十八条规定："机动车载物应当符合核定的载质量，严禁超载；载物的长、宽、高不得违反装载要求，不得遗洒、飘散载运物"。《中华人民共和国道路交通安全法实施条例》第五十六条第（三）款规定："载货汽车所牵引挂车的载质量不得超过载货汽车本身的载质量"；《道路危险货物运输管理规定》第四十二条规定："严禁专用车辆违反国家有关规定超载、超限运输"。

3）罐式专用车辆的装载限制

由于各种原因，一部分"大吨小标""小车大罐"专用车辆进入道路危险货物运输市场，导致超载超限运输，存在着很大的安全隐患，成为历次安全整治的重点。为防止新的“大吨小标”“小车大罐”车辆从事危险货物运输，危险货物道路运输企业或者单位使用罐式专用车辆运输货物时，罐体载货后的总质量应当和专用车辆核定载质量相匹配；使用牵引车运输货物时，挂车载货后的总质量应当与牵引车的准牵引总质量相匹配。

四 车辆工属具及安全设施配备要求

危险货物运输车辆除不同车型根据车辆技术状况配备的工属具有区别外，对车辆安全设施也有特殊要求。

（1）根据所装危险货物的性质，配备相应的消防器材、安全防护设备，其功能、数量应与危险货物性质相匹配、能满足应急需要。

（2）对装运危险货物的专用车辆、设备、搬运工具、防护用品等，应定期进行污染程度的检查，被污染的不得继续使用。

（3）危险货物运输车辆，应根据所装运的危险货物性质，采取相应的遮阳、控温、防爆、防火防震、防水、防冻、防粉尘飞扬、防静电、防撒（洒）漏等措施。

（4）报废的、擅自改装的、检测不合格的或者其他不符合国家规定要求的车辆设备禁止从事危险货物道路运输活动。

（5）装运大型运输容器、集装箱、集装罐等车辆，必须设置牢固、安全且有效的紧固装置。

（6）装运大型气瓶的车辆必须配置活络插桩、三角垫木、紧绳器等工具，以保证车辆装载平衡，防止气瓶在行驶中滚动，以保证运输安全。钢瓶装气体使用平板车辆直立运输时，应在地板上设置带锁止的固定装置。

（7）根据所运危险货物的性质和包装形式的需要，车辆还须配备相应的捆扎用大绳、防散失用的网罩、防水用的苫布等工属具。

（8）运输易燃易爆危险货物车辆的发动机排气管应安装在车身前部，并安装隔热和熄灭火星装置，配装符合《汽车导静电橡胶拖地带》（JT/T 230）规定的导静电橡胶拖地带装置。

（9）运输危险货物车辆的前轮应按《机动车安全运行技术条件》（GB 7258—2017）的规定，安装盘式制动器。

（10）危险货物运输车应按《机动车安全运行技术条件》（GB 7258—2017）的规定，安装符合《机动车和挂车防抱制动性能和试验方法》（GB/T 13594）规定的防抱死制动装置。

（11）危险货物运输车应按《机动车安全运行技术条件》（GB 7258—2017）的规定装备缓速器或其他辅助制动装置。

车辆工属具及安全设施配备要求，见图6-9~图6-11。

图 6-9 车辆工属具及安全设施配备要求（一）

图 6-10 车辆工属具及安全设施配备要求（二）

五 爆炸品和剧毒化学品车辆安全技术要求

车辆是道路危险货物运输的载体，与运输安全有密切的关系。运输事故的发生与汽车本身性能及安全性的关系十分明显。虽然在事故统计中，因为车辆问题而直接导致的事故比例并不大，但车辆的结构和性能及良好的技术状况是防止驾驶员失误的基本保证条件。爆炸品作为危险性很大的货物，其运输车辆的技术要求也相比一般危险货物的要求更为严格。目前，对于爆炸品道路运输的车辆要求，应当遵循《道路运输爆炸品和剧毒化学品车辆安全技术条件》（GB 20300）的相关规定。

图 6-11 车辆工属具及安全设施配备要求（三）

1 车辆基本要求

1 发动机

对于运输爆炸品的车辆，总质量大于2000kg的，其发动机应为压燃式。

2 排气系统

车辆发动机排气装置应具备灭火星的功能。若装用排气火花熄灭器，如图6-12所示，应符合《机动车排气火花熄灭器》（GB 13365）的要求。

a)

b)

图 6-12　排气火花熄灭器

车辆发动机排气管应置于货厢或罐体前端面之前，排气管的布置应能避免加热和点燃货物，距油箱、油管净距离应不小于200mm，与裸露的电气开关的距离应不小于100mm；当受车辆结构限制，发动排气管设置在货厢底板下面时，应在排气管与货厢底板之间加装隔热板。排气管均应安装机动车排火花熄灭器。

3 车辆轮胎

运输爆炸品的车辆，应装用子午线轮胎，不得使用翻新轮胎。

4 限速器

为保证爆炸品运输车辆的运行安全，车辆上应配备限速装置，否则应配备缓速装置。限速装置的调定速度不得大于80km/h。

5 制动装置

必须装备防抱死装置。其中，N类车辆必须装备符合《机动车和挂车防抱制动性能和试验》（GB/T 13594）规定的1类防抱制动装置：O类车辆必须装备符合GB/T 13594规定的A类防抱制动装置。汽车列车的牵引车和挂车，其防抱制动性能应相匹配。

6 电器装置

导线应有足够的截面面积以防止过热，且应可靠绝缘。不经过电源总开关而直接接通蓄电池的线路应采取可靠的过热保护措施。

驾驶室内应设置用于电源总开关，如图6-13所示，蓄电池接线端应采取可靠的绝缘保护措施或用绝缘的蓄电池箱盖住。

图 6-13　驾驶室内的电源总开关

7 车辆结构及厢体基本要求

运输爆炸品的车辆应为罐式车辆或货厢为整体封闭结构的厢式车辆。封闭式货厢具有一定的强度和刚度，且具有防火防雨、防盗功能。货厢内蒙皮应采用有色金属或不易发火的非金属材料，如图6-14所示。

货厢侧壁或前、后板应根据需要设置具有防雨功能的通风窗，是指如需要靠通风降温以及车厢内可能有有毒气体的，要设置有防雨功能的通风窗。

货厢面板内、外蒙皮之间采用阻燃隔热材料填充。货厢侧壁或前、后板应根据需要设置具有防雨功能的通风窗。货厢门应安装密封条。密封条应固定可，防雨防尘密封良好。货厢门铰链应固定可靠，旋转自如。锁止结构安全可靠，如图6-15所示。货厢内不得装设照明灯光，不得敷设电气线路。厢式车辆的最大允许装载质量不得超过10000kg。

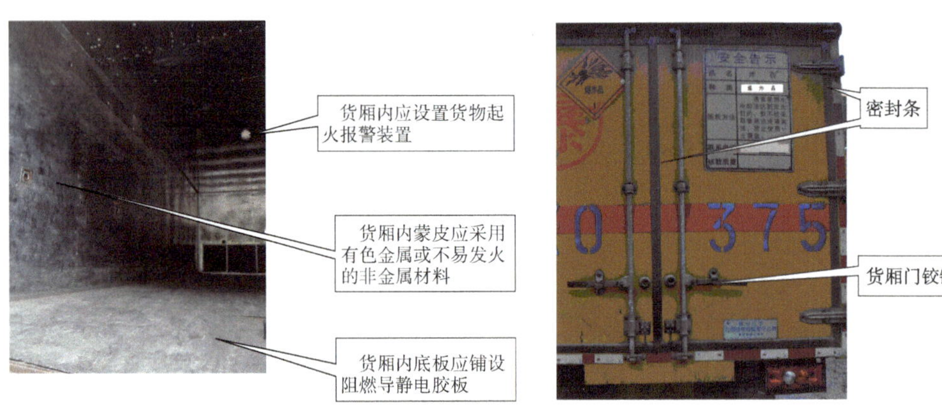

图 6-14　货厢内部示例

图 6-15　货厢门锁止结构

货厢内应设置货物起火燃烧报警装置；货厢门上应设置防盗报警装置；总质量密封条大于或等于9000kg的车辆驾驶室内应装监视器，其摄像头应设在货厢后部上端，并应有良好的观察效果。

罐体及罐体上的管路和管路附件不得超出车辆的侧面防护装置及后下部防护装置，罐体后封头及罐体后封头上的管路和管路附件外端面与后下部防护装置内侧在车辆长度方向垂直投影的距离应大于或等于150mm。

罐体顶部应设置具有足够强度的倾覆保护装置，该装置应有能将积聚在其内部的液体排出的排放阀。罐体顶部的管接头、阀门及其他附件的最高点必须低于倾覆保护装置的最高点至少20mm。

8 防静电措施

底盘、罐体或厢体、管道及其他相关附件等相关装置任意两点间的电阻值应不大于5Ω货厢内底板应铺设阻燃导静电胶板，厚度不小于5mm，导静电胶板任意一点与拖地带之间的电阻值为$10^4 \sim 10^8 \Omega$。

需配置输送泵的车辆，应采用离心泵、叶片泵或其他不易积聚静电的泵，泵送系统应形成导静电通路。装卸软管所用材质应与所装运介质相适应，应采用导静电软管，装卸软管两端金属件之间的电阻值应不大于5Ω。

车辆必须装设接地装置，接地装置与车架之间的电阻值应不大5Ω。车辆底部应设置导静电拖地带，其性能应符合《汽车导静电橡胶拖地带》（JT/T 230）的规定

9 灭火器

驾驶室内应配备一个干粉灭火器。在车辆两边应配备与所装载介质性能相适应的灭火器各一个，灭火器应固定牢靠、取用方便。

10 行驶记录仪

行驶记录仪应安装在驾驶室内部便于使用者查看及提取数据的位置。行驶记录仪的主电源应为车辆电源。对所有导线均应有适当保护，以保证这些导线不会接触到可能会引起导线绝缘损伤的部件。应布置整齐，并固定可靠。

11 监控车载终端

车辆应安装符合规定的卫星定位系统车载终端。卫星定位系统车载终端应安装在驾驶室内或根据需要安置在挂车适当位置。

卫星定位系统车载终端的主电源应为车辆电源。在无法获得车辆电源时，可由车载终端的备用电池组供电，备用电池组可支持正常工作时间不小于8h。电源导线应用不同颜色或标号（等距离间隔标出）明确标示。接线应布置整齐，并固定可靠。天线应远离其他敏感的电子设备。车载终端的地线应连接到车辆底盘上。

12 其他要求

驾驶室内部应有放置应急设施的空间和放置应急设施的装置。

2 车辆标志

（1）车辆应安装符合《道路运输危险货物车辆标志》（GB 13392）要求的标志牌和标志灯，如图6-16、图6-17所示。

图 6-16　爆炸品标志牌

图 6-17　剧毒化学品标志牌

（2）在车辆后部和两侧应安装安全标示牌，如图6-18、图6-19所示。安全标示牌为白底黑字，字迹应晰完整。根据车辆结构或用途，选择螺栓固定、铆钉固定、黏合剂粘贴固定等方式安装固定标志牌。

a（宽）　b（高）

品　　名		种　　类	
罐体容积		装载质量	
施救方法			
联系电话			

图 6-18　罐式和厢式车辆安全标示牌示例（横版）

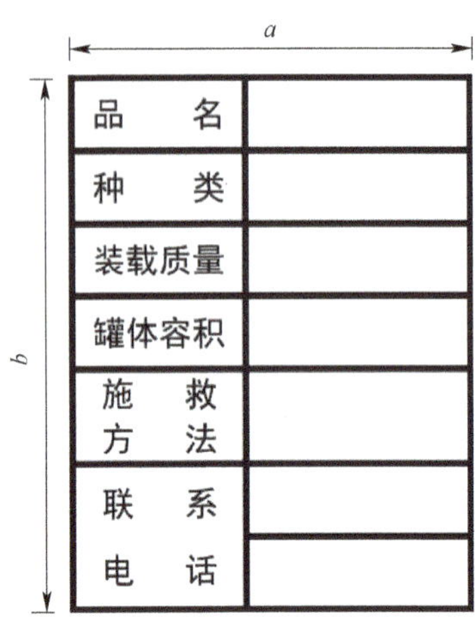

图 6-19　罐式和厢式车辆安全标示牌示例（竖版）

（3）在车辆的后部和两侧应粘贴橙色反光带以标示车辆的轮廓，如图6-20、图6-21所示。橙色反光带的宽度为150mm ± 20mm。橙色反光材料的亮度因数应符合《视觉信号表面色》（GB/T 8416—2003）中表5的规定，橙色反光材料的色品坐标应符合《视觉信号表面色》（GB/T 8416—2003）中表6的规定，其逆反射性能应符合《公路交通标志反光膜》（GB /T 18833—2012）中表4规定的Ⅳ级橙色反光膜。

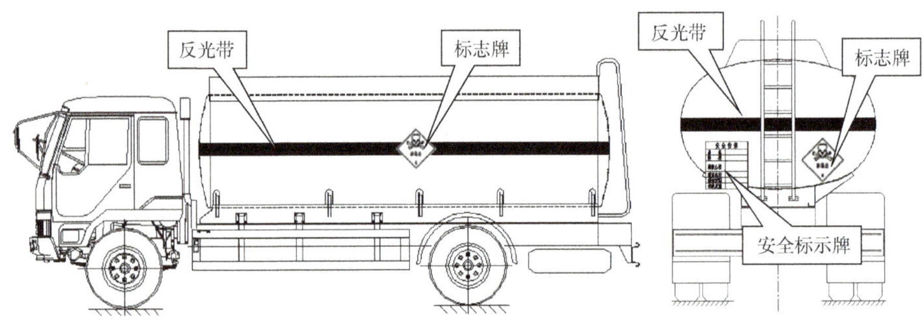

图 6-20　罐式车辆反光带、标志牌及安全标示牌位置

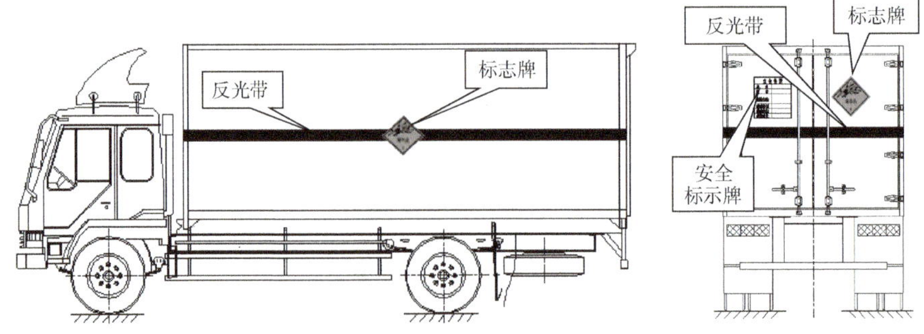

图 6-21　厢式车辆反光带、标志牌及安全标示牌位置

（4）厢式车辆的货厢外部颜色应为浅色。

道路运输爆炸品和剧毒化学品车辆安全技术条件中有关车辆的技术要求，主要是针对车辆生产企业的要求。但作为爆炸品和剧毒化学品道路运输的企业（用户），也要了解其相关要求，以保证运输安全和从业人员的安全。

3 随车文件

车辆应配备车辆使用说明书。使用说明书的编写应包括以下内容：

（1）产品名称与型号。

（2）生产企业名称、详细地址。

（3）技术特点及参数。

（4）装运的危险货物品名和应急措施。

（5）禁止混装与换装的规定。

（6）行驶速度要求。

（7）停车熄火要求。

（8）车辆维修维护的特殊规定。

第二节　危险货物道路运输车辆的使用

道路危险货物运输驾驶员要了解车辆的使用技术，包括车辆的结构、使用规范、车辆的维护、轮胎的使用和车辆安全系统，保证车辆技术状态完好，进而保障行车安全，更好地提供运输服务，提高运输效率和经济效益，具有重要意义。

一 结构

各种汽车在外形、功能上虽然有所差异，但基本结构大体相同。汽车由发动机、底盘、车身和电气设备四部分组成。

二 使用规范

1 外观

（1）机动车各零部件应完好，连接牢固，无缺损。

（2）车体应周正，车体外缘左右对称部位高度差应小于或等于40mm。

2 发动机

（1）发动机应动力性能良好，运转平稳，怠速稳定，机油压力和温度正常。发动机功率应大于或等于标牌（或产品使用说明书）标明的发动机功率的75%。

（2）发动机应有良好的起动性能，应能由驾驶员在驾驶座位上起动。汽油发动机在不低于-5℃、柴油发动机在不低于5℃条件下，用起动机起动时，应在三次起动中至少有一次可在5s内起动，在做重复起动时，每次间隔2min。

（3）发动机点火、燃料供给、润滑、冷却和排气等系统的机件应齐全，性能良好。

（4）柴油机的停机装置必须灵活有效。

3 底盘

汽车的底盘是由传动系统、行驶系统、转向系统和制动系统组成。

1 传动系统

1）离合器

（1）机动车的离合器应接合平稳，分离彻底，工作时不应有异响、抖动或不正常打滑等现象。

（2）踏板自由行程应与该车型的技术要求一致。

（3）离合器彻底分离时，踏板力应小于或等于300N（拖拉机运输机组应小于或等于350N），手握力应小于或等于200N。

2）变速器和分动器

（1）换挡时齿轮应啮合灵便，互锁、自锁和倒挡锁装置应有效，不应有乱挡和自行跳挡现象；运行中应无异响；换挡杆及其传动杆件不应与其他部件干涉。采用自动变速器的机动车，应通过设计保证只有当变速器换挡装置处于驻车挡（P挡）或空挡（N挡）时方可起动发动机[具有自动起停功能时在前进挡（D挡），也可起动发动机]；变速器换挡装置换入或经过倒车挡（R挡），以及由驻车挡（P挡）位置换入其他挡位时，应通过驾驶员的不同方向的两个动作（驾驶员踩下制动踏板应视为一个动作）完成，但车速低于10km/h时通过汽车电子控制技术能有效避免驾驶员误操作的除外。变速器出现功能限制使用情形时，对驾驶员应有警示信息提示。

（2）在换挡装置上应有驾驶员在驾驶座位上即可容易识别变速器和分动器挡位位置的标志。如换挡装置上难以布置，则应布置在换挡杆附近易见部位或仪表板上。

（3）有分动器的机动车，应在挡位位置标牌或产品使用说明书上说明连通分动器的操作步骤。

3）传动轴

传动轴在运转时不应发生振抖和异响，中间轴承和万向节不应有裂纹和或松旷现象。

4）驱动桥驱动桥壳、桥管

不应有裂纹和变形，驱动桥工作应正常且无异响。

5）超速报警和限速功能

（1）车长大于或等于6m的客车应具有超速报警功能，当行驶速度超过允许的最大行驶速度（允许的最大行驶速度不应大于100km/h）时能通过视觉和声觉信号报警，但具有符合规定的限速功能或限速装置的除外。

（2）危险货物运输货车应具有限速功能，否则应配备限速装置。对危险货物运输货车的限速，不应大于80km/h。

2 行驶系统

1）轮胎

（1）机动车所装用轮胎的速度级别不应低于该车最大设计车速的要求，但装用雪地轮胎时除外。总质量大于3500kg的货车和挂车（封闭式货车、旅居挂车等特殊用途的挂车除外）装用轮胎的总承载能力，应小于或等于总质量的1.4倍。

（2）转向轮不应装用翻新的轮胎；其他车轮若使用翻新的轮胎，应符合相关标准的规定。

（3）同一轴上的轮胎规格和花纹应相同，轮胎规格应符合整车制造厂的规定。

（4）危险货物运输车辆及车长大于9m的其他客车应装用子午线轮胎。

（5）轮胎胎冠花纹上的花纹深度应大于或等于1.6mm，其他机动车转向轮的胎冠花纹深度应大于或等于3.2mm，其余轮胎胎冠花纹深度应大于或等于1.6mm。

（6）轮胎胎面不应由于局部磨损而暴露出轮胎帘布层。轮胎不应有影响使用的缺损、异常磨损和变形。

（7）轮胎的胎面和胎壁上不应有长度超过25mm或深度足以暴露出轮胎帘布层的破裂和割伤。

（8）双式车轮的轮胎的安装应便于轮胎充气，双式车轮的轮胎之间应无夹杂的异物。

2）车轮总成

（1）轮胎螺母和半轴螺母应完整齐全，并应按规定力矩紧固。车轮及车轮上的所有螺栓、螺母不应安装有碍于检查其技术状况的装饰罩或装饰帽（设计和制造上为防止生锈等情形发生而配备的、易于拆卸及安装的装饰罩和装饰帽除外），且车轮螺母、轮毂罩盖和保护装置不应有任何蝶型凸出物。

（2）车轮总成的横向摆动量和径向跳动量，总质量小于或等于3500kg的汽车应小于或等于5mm，摩托车应小于或等于3mm，其他机动车应小于或等于8mm。

（3）最大设计车速大于100km/h的机动车，车轮的动平衡要求应与该车型的技术要求一致。

（4）总质量大于3500kg的危险货物运输货车的转向轮应装备轮胎爆胎应急防护装置。

3）悬架系统

（1）悬架系统各球关节的密封件不应有切口或裂纹，稳定杆应连接可靠，结构件不应有残损或变形。

（2）钢板弹簧不应有裂纹和断片现象，同一轴上的弹簧形式和规格应相同，其弹簧形式和规格应符合产品使用说明书中的规定。中心螺栓和U形螺栓应紧固、无裂纹且不应拼焊。钢板弹簧卡箍不应拼焊或残损。

（3）空气弹簧应无裂损、漏气及变形，控制系统应齐全有效。

（4）减振器应齐全有效，减振器不应有滴漏油现象。

（5）总质量大于或等于12000kg的危险货物运输货车的后轴，所有危险货物运输半挂车，以及三轴栏板式、仓栅式半挂车应装备空气悬架。

3 转向系统

（1）机动车的转向盘应转动灵活，无卡滞现象。机动车应设置转向限位装置。转向系统在任何操作位置上，不应与其他部件有干涉现象。

（2）正常行驶时，转向轮转向后应有一定的回正能力（允许有残余角），以使机动车具有稳定的直线行驶能力。

（3）机动车转向盘的最大自由转动量应小于或等于以下数据。

①最大设计车速大于或等于100km/h的机动车：15°；

②三轮汽车：35°；

③其他机动车：25°。

（4）转向横、直拉杆及球销应连接可靠，且不应有裂纹和损伤，并且转向球销不应松旷。对机动车进行改装或修理时，横、直拉杆不应拼焊。

4 制动系统

1）行车制动

（1）行车制动应保证驾驶员在行车过程中能控制机动车安全、有效地减速和停车。

（2）制动系统的机构和装置应经久耐用，不会因振动或冲击而损坏。

（3）汽车制动完全释放时间（从松开制动踏板到制动消除所需要的时间），对两轴汽车应小于或等于0.80s，对三轴及三轴以上汽车应小于或等于1.2s。

（4）机动车在运行过程中不应有自行制动现象，但属于设计和制造上为保证车辆安全运行的除外。当挂车（由轮式拖拉机牵引的装载质量3000kg以下的挂车除外）与牵引车意外脱离后，挂车应能自行制动，牵引车的制动仍应有效。

（5）危险货物运输货车的前轮，以及危险货物运输半挂车、三轴的栏板式和仓栅式半挂车的所有车轮，应装备盘式制动器。

（6）制动器应有磨损补偿装置。制动器磨损后，制动间隙应易于通过手动或自动调节装置来补偿。制动控制装置及其部件以及制动器总成应具备一定的储备行程，当制动器发热或制动摩擦片的磨损达到一定程度时，在不必立即做调整的情况下，仍应保持有效的制动。所有危险货物运输车辆的所有行车制动器应装备制动间隙自动调整装置。

（7）应装备符合规定的防抱制动装置。总质量大于或等于12000kg的危险货物运输货车还应装备电控制动系统（EBS）。

（8）防抱制动装置中的任何电器故障不应使行车制动器的制动促动时间和制动释放时间延长。在需要电源进行操纵防抱制动装置的挂车上，电源应由专用电源线路供给。

2）驻车制动

（1）驻车制动应能使机动车即使在没有驾驶员的情况下，也能停在上、下坡道上。驾驶员应在座位上就可以实现驻车制动。对于汽车列车和轮式拖拉机运输机组，如挂车与牵引车脱离，挂车应能产生驻车制动。挂车的驻车制动装置应能由在地面上的人实施操纵。

（2）驻车制动应通过纯机械装置把工作部件锁止，并且驾驶员施加于操纵装置上的力，用手操纵时应小于或等于600N；用脚操纵时，应小于或等于700N。

（3）驻车制动操纵装置的安装位置应适当，操纵装置应有足够的储备行程（开关类操作装置除外），一般应在操纵装置全行程的三分之二以内产生规定的制动效能；驻车制动机构装有自动调节装置时允许在全行程的四分之三以内达到规定的制动效能。驻车制动使用电子控制装置时，锁止装置应为纯机械装置，发生断电情况锁止装置仍应保持持续有效。棘轮式制动操纵装置应保证在达到规定的驻车制动效能时，操纵杆往复拉动的次数不应超过三次。

3）应急制动

在行车制动只有一处失效的情况下，在规定距离内将车停住。

4）辅助制动

（1）总质量大于3500kg的危险货物运输货车，应装备缓速器或其他辅助制动装置。

（2）装备电涡流缓速器的汽车，电涡流缓速器的安装部位应设置温度报警系统或自动灭火装置。

5）制动报警装置

（1）采用液压制动的机动车，其储液器的加注口应易于接近，从结构设计上应保证在不打开容器的条件下就能很容易地检查液面。如不能满足此条件，则应安装制动液面过低报警装置。

（2）采用液压制动的汽车（三轮汽车和装用单缸柴油机的低速货车除外），如液压传能装置任一部件失效，应通过红色报警信号灯警示驾驶员。只要失效继续存在且点火开关处在开（运行）的位置，该信号灯应保持发亮。报警信号灯即使在白天也应很醒目，驾驶员在其座位上应能很容易地观察报警信号灯工作是否正常。报警装置的失效不应导致制动系统完全丧失制动效能。

（3）采用气压制动的机动车，当制动系统的气压低于起步气压时，报警装置应能连续向驾驶员发出容易听到或看到的报警信号。

（4）安装具有防抱制动装置的汽车，当防抱制动装置失效时，报警装置应能连续向驾驶员发出容易听到或看到的报警信号。

（5）安装制动间隙自动调整装置的车辆，当行车制动器制动摩擦片需要更换时，应采用光学或声学的报警装置向在驾驶座上的驾驶员报警。

4 电气设备

1 照明、信号装置和其他电气设备

（1）机动车的灯具应安装牢靠、完好有效，不应由于机动车振动而松脱、损坏、失去作用或改变光照方向；所有灯光的开关应安装牢固、开关自如，不应由于机动车振动而自行开关。开关的位置应便于驾驶员操纵。

（2）机动车应装置后反射器。挂车及车长大于或等于6m的机动车应安装侧反射器和侧标志灯。反射器应与机动车牢固连接，且后反射器应能保证夜间在机动车正后方150m处，用符合本标准规定的汽车前照灯照射时，在照射位置就能确认其反射光。

（3）宽度大于2100mm的机动车均应安装示廓灯。

（4）牵引杆挂车应在挂车前部的左、右各装一只前白后红的牵引杆挂车标志灯，其高度应比牵引杆挂车的前栏板高出300～400mm，距车厢外侧应小于150mm。

（5）机动车的前、后转向信号灯，危险警告信号及制动灯白天在距其100m处应能观察到其工作状况，侧转向信号灯白天在30m处应能观察到其工作状况；前、后位灯，示廓灯，挂车标志灯夜间能见度良好时在距其300m处应能观察到其工作状况；后牌照灯夜间能见度良好时在距其20m处应能看清号牌号码。制动灯的发光强度应明显大于后位灯。

（6）机动车照明和信号装置的任一条线路出现故障，不应干扰其他线路的正常工作。

（7）驾驶区的仪表板应采用不反光的面板或护板，车内照明装置及其在风窗玻璃、视镜、仪表板等处的反射光线不应使驾驶员炫目。

（8）仪表板上应设置仪表灯。仪表灯点亮时，应能照清仪表板上所有的仪表且不应炫目。

（9）应具有危险警告信号装置，其操纵装置不应受灯光总开关的控制。对于牵引挂车的汽车，危险警告信号控制开关也应能打开挂车上的所有转向信号灯，即使在发动机不工作的情况下，仍应能发出危险警告信号。危险警告信号和转向信号灯的闪光频率应为1.5Hz ± 0.5Hz，起动时间应小于或等于1.5s。如某一转向灯发生故障（短路除外）时，其他转向灯应继续工作，但闪光频率可以不同于上述规定的频率。

2 刮水器

（1）机动车的前风窗玻璃应装备刮水器，其刮刷面积应确保驾驶员具有良好的前方视野。

（2）刮水器应能正常工作。

（3）刮水器关闭时，刮片应能自动返回至初始位置。

3 车身反光标识和车辆尾部标志板

（1）总质量大于或等于12000kg的货车（半挂牵引车除外）和货车底盘改装的专项作业车、车长大于8.0m的挂车及所有最大设计车速小于或等于40km/h的汽车和挂车，应按《车辆尾部标志板》（GB 25990）规定设置车辆尾部标志板；半挂牵引车应在驾驶室后部上方设置能体现驾驶室的宽度和高度的车身反光标识，其他货车（多用途货车除外）、货车底盘改装的专项作业车和挂车（设置有符合规定的车辆尾部标志板的专项作业车和挂车，以及旅居挂车除外）应在后部设置车身反光标识。后部的车身反光标识应能体现机动车后部的高度和宽度，对厢式货车和挂车应能体现货厢轮廓，且采用一级车身反光标识材料时与后反射器的面积之和应大于或等于0.1m^2，采用二级车身反光标识材料时与后反射器的面积之和应大于或等于0.2m^2。

（2）所有货车（半挂牵引车、多用途货车除外）、货车底盘改装的专项作业车和挂车（旅居挂车除外）应在侧面设置车身反光标识。侧面的车身反光标识长度应大于或等于车长的50%，对三轮汽车应大于或等于1.2m，对侧面车身结构无连续平面的货车底盘改装的专项作业车应大于或等于车长的30%，对货厢长度不足车长50%的货车应为货厢长度。

（3）道路运输爆炸品和剧毒化学品车辆，除应按上述要求设置车身反光标识外，还应在后部和两侧粘贴能标示出车辆轮廓、宽度为150mm ± 20mm的橙色反光带。

4 前照灯

机动车装备的前照灯应有远、近光变换功能；当远光变为近光时，所有远光应能同时熄灭。同一辆机动车上的前照灯不应左、右的远、近光灯交叉开亮。

5 车身

（1）车身的技术状况应能保证驾驶员有正常的工作条件和客货安全，其外部不应产生明显的镜面反光（局部区域使用镀铬、不锈钢装饰件的除外）。

（2）机动车驾驶室应保证驾驶员的前方视野和侧方视野。

（3）车身和驾驶室应坚固耐用，覆盖件无开裂。车身和驾驶室在车架上的安装应牢固，不会因机动车振动而引起松动。

（4）车身外部和内部乘员可能触及的任何部件、构件都不应有任何可能使人致伤的尖锐凸起物（如尖角、锐边等）。

（5）危险货物运输货车应装备单燃油箱，且单燃油箱的容积应小于或等于400L。

6 安全防护装置

1 汽车安全带

（1）驾驶员座椅和前排乘员座椅均应装备汽车安全带。

（2）汽车安全带应可靠有效，安装位置应合理，固定点应有足够的强度。

2 防护要求

（1）货车、专项作业车前下部总质量大于7500kg的货车、货车底盘改装的专项作业车，应按规定提供对平行车辆纵轴方向的作用力具有足够阻挡力的前下部防护，以防止正面碰撞时发生钻入碰撞。

（2）总质量大于3500kg的货车（半挂牵引车除外）、货车底盘改装的专项作业车和挂车，应按《汽车及挂车侧面和后下部防护要求》（GB 11567）的规定提供防止人员卷入的侧面防护。

（3）货车列车的货车和挂车之间应提供防止人员卷入的侧面防护。

（4）总质量大于3500kg的货车、货车底盘改装的专项作业车（半挂牵引车及由于客观原因而无法安装后下部防护装置的专用货车和专项作业车除外）和挂车（长货挂车除外）的后下部，应按规定设置后下部防护，以防止追尾碰撞时发生钻入碰撞。

7 危险货物运输车辆的特殊要求

（1）专门用于运送易燃和易爆物品的危险货物运输车辆，车上应备有消防器材并具有相应的安全措施；排气管的布置应能避免加热和点燃货物，距燃油箱、燃油管净距离应大于或等于200mm，排气管出口应装在罐体/箱体前端面之前、不高于车辆纵梁上平面的区域，并安装机动车排气火花熄灭器，机动车尾部应安装接地端导体截面面积大于或等于100mm²的导静电橡胶拖地带，且拖地带接地端无论空、满载应始终接地。

（2）罐式危险货物运输车辆的罐体顶部如有安全阀、通气阀组件以及检查孔、装卸料阀门、管道等附件设备设施，应设置能承受 2 倍车辆总质量乘以重力加速度的惯性力的倾覆保护装置，且该装置应具有能将积聚在其内部的液体排出的结构或功能；若罐体顶部无任何附属设备设施或附属设备设施未露出罐体，不应设置倾覆保护装置。罐体顶部的管接头、阀门及其他附件的高点应低于倾覆保护装置的高点至少20mm。

（3）罐式危险货物运输车辆罐体上的管路和管路附件不应超出车辆的侧面及后下部防护装置，且罐体后封头及罐体后封头上的管路和管路附件外端面与后下部防护装置内侧在车辆长度方向垂直投影的距离应大于或等于150mm。

（4）液体危险货物运输罐式车辆的常压罐体在设计和制造上，其进料口、卸料口的形式、位置应考虑受到意外撞击时的安全防护要求。

（5）装有紧急切断装置的罐式危险货物运输车辆，在设计和制造上应保证运输液体危险货物的车辆行驶速度大于5km/h时紧急切断阀能自动关闭，或在发动机起动时能通过一个明显的信号装置（例如：声或光信号）提示驾驶员需要关闭紧急切断阀。

三 危险货物道路运输车辆的维护

1 车辆技术档案

按照《道路运输车辆技术管理规定》的要求，道路运输经营者应当建立车辆技术档案制度，实行一车一档。档案内容主要包括：车辆基本信息，车辆技术等级评定、客车类型等级评定或者年度类型等级评定复核、车辆维护和修理（含《机动车维修竣工出厂合格证》）、车辆主要零部件更换、车辆变更、行驶里程、对车辆造成损伤的交通事故等记录。档案内容应当准确、翔实。车辆所有权转移、转籍时，车辆技术档案应当随车移交。

2 车辆维护

车辆维护是为维持车辆完好技术状况或工作能力而进行的作业。道路运输车辆的技术状况是直接影响道路运输安全、节能、环保的重要因素。对道路运输车辆定期进行维护和检测，既是确保车辆符合国家技术法规的重要保证，又是保障运行安全的重要措施。汽车维护制度贯彻“安全第一、预防为主”的方针，是保障汽车运行安全的基本制度。

道路运输车辆的维护分为日常维护、一级维护和二级维护。

（1）日常维护是由驾驶员每日出车前、行车中和收车后负责执行的车辆维护作业。其作业中心内容是清洁、补给和安全检视。

（2）一级维护是由维修企业负责执行的车辆维护作业。其作业中心内容除日常维护作业外，以清洁、润滑、紧固为主，并检查有关制动、操纵等安全部件。

（3）二级维护是由维修企业负责执行的车辆维护作业。其作业中心内容除一级维护作业外，以检查和调整转向节、转向摇臂、制动蹄摩擦片、悬架等经过一定时间的使用容易磨损或变形的安全部件为主，并拆检轮胎，进行轮胎换位。二级维护必须按期进行。

3 车辆维护的相关规定

（1）道路运输经营者应当依据国家有关标准和车辆维修手册、使用说明书等，结合车辆类别、车辆运行状况、行驶里程、道路条件、使用年限等因素，自行确定车辆维护周期，确保车辆正常维护。车辆维护作业项目应当按照国家关于汽车维护的技术规范要求确定。

（2）道路运输经营者可以对自有车辆进行二级维护作业，保证投入运营的车辆符合技术管理要求，无需进行二级维护竣工质量检验。道路运输经营者不具备二级维护作业能力的，可以委托二类以上机动车维修经营者进行二级维护作业。机动车维修经营者完成二级维护作业后，应当向委托方出具二级维护出厂合格证。

（3）道路运输经营者应当遵循视情修理的原则，根据实际情况对车辆进行及时修理。

（4）道路运输经营者用于运输剧毒化学品、爆炸品的专用车辆及罐式专用车辆（含罐式挂车），应当到具备道路危险货物运输车辆维修资质的企业进行维修。专用车辆的牵引车和其他运输危险货物的车辆由道路运输经营者消除危险货物的危害后，可以到具备一般车辆维修资质的企业进行维修。

4 车辆检测和技术等级评定

（1）道路运输经营者应当定期到机动车综合性能检测机构，对道路运输车辆进行综合性能检测，并自道路运输车辆首次取得《道路运输证》当月起，按照下列周期和频次，委托汽车综合性能检测机构进行综合性能检测和技术等级评定。

危险货物运输车辆自首次经国家机动车辆注册登记主管部门登记注册不满60个月的，每12个月进行1次检测和评定；超过60个月的，每6个月进行1次检测和评定。

（2）危险货物运输车辆的综合性能检测应当委托车籍所在地汽车综合性能检测机构进行。

四 轮胎的使用

轮胎是车辆行驶系的主要部件，其性能的优劣，对行车安全至关重要，还会影响车辆的牵引性、通过性、制动性、稳定性和舒适性。汽车轮胎的使用寿命与汽车的技术性能、工作气压、轮胎负荷、行驶速度、气温、驾驶技术、道路条件以及轮胎的维护和管理等因素有关。合理使用轮胎，延长轮胎的使用寿命，是降低成本和保证车辆正常运行的重要措施之一。

1 胎压正常

轮胎工作气压直接关系到汽车行驶的安全性和经济性。轮胎制造厂在设计各种规格的轮胎时，都规定了其最大负荷量和相应的充气压力，使用时应按轮胎规定的气压标准进行充气，否则将造成轮胎早期磨损和损坏。

气压过低，胎体变形增大，造成内应力增加；易造成过度生热升温，加速橡胶老化，使帘线疲劳导致帘线折断、松散和帘布脱层；胎面接地面积增大，滑移量增加，加剧磨损，特别是胎肩磨损加剧，双胎中如果其中一个胎气压过低会使另一个胎超载损坏。气压过高，接地面积小，单位压力增高，使胎冠部分磨损加剧；材料过度拉伸，轮胎刚性增大，使轮胎在受到冲击时，动载荷增大，易使胎冠爆裂。保持轮胎气压符合标准是减轻磨损、消除隐患、延长使用寿命的重要措施。

2 严禁超载

当汽车超载或装载不均衡时，便会引起轮胎超载。超载时轮胎损坏的特点和胎压过低行驶时的损坏相似。但是，超载时轮胎损坏更严重。因为，在这种情况下，胎体帘线的应力加大，轮胎材料的疲劳强度下降，产生热量大，而且轮胎与路面接触面积上的压强增大，分布便不均匀。轮胎超载不许用提高胎压的方法补偿。因为，这会引起胎体帘线的应力显著增大，造成轮胎的早期报废。超载的轮胎碰上障碍物时，易导致胎冠爆裂。超载还能引起胎体脱层、胎面和胎侧脱空。当悬架的弹簧变形时，超载可能使轮胎与车身相接触，导致轮胎损坏。

3 合理搭配

轮胎应按照规定车型配装，并根据行驶地区道路条件选择适当的胎面花纹。要求在同一轴上装用厂牌、尺寸、帘线层数、花纹、磨耗程度相同的轮胎。同一名义尺寸的不同厂牌的轮胎，其实际尺寸会有所差别，轮胎尺寸大小不一致，会产生高低不一，承受负荷不均衡，附着力不一样，最终导致磨耗不均匀。胎面花纹不同，与地面附着系数也会不同，同样会造成磨耗程度的差别。因此，不能将外周尺寸大小不一致、花纹不相同的轮胎混装使用。

4 控制车速

随着车速的增加，轮胎的变形频率、胎体的振动以及轮胎的圆周和侧向扭曲变形也随之增加。当车速达到某一速度时，此能量大部分转换成热量，使轮胎的工作温度和气压升高，加速老化。此外，车速过高，胎体受力增加，还容易产生帘布层破裂和胎面剥落现象，严重时造成轮胎爆裂，这在高速公路行驶时是非常危险的。因此，控制车速是非常必要的。

5 温度影响

汽车在行驶时，其轮胎断面产生变形，而形成挠曲变形，轮胎产生内部摩擦，引起轮胎发热，胎温升高，胎内气体受热膨胀，致使胎压升高。在炎热的夏季，轮胎内的摩擦产生的热量不易散发出去，应适当降低轮胎的充气压力。所以，夏季行车时，要特别注意爆胎问题。在行驶中如果发现胎温过高，应将汽车停在阴凉地点，待胎温降低后再继续行驶，不得采用泼冷水或放气降压的办法给轮胎降温。

6 保持车况

保持车况良好，尤其是汽车底盘技术状况良好，做好四轮定位，是防止轮胎早期损坏的有效措施。若行车中感到车辆乏力，操作困难或有异响、抖动，有烧焦气味时，立即停车检查。当底盘机件装配不当或出现故障时，轮胎不能平稳滚动，产生滑移、拖曳或摆振，使轮胎遭到损坏；停车时，不要将车停到有损轮胎的地面上，防止油液浸蚀轮胎橡胶，否则也会造成轮胎早期损坏。

7 正确驾驶

行车过程中，驾驶员因尽量避免急剧加速、紧急制动、超速行驶和急剧转弯，以及碰撞硬障碍物等。

五 危险货物道路运输车辆安全系统的使用

危险货物道路运输车辆与普通货物运输车辆的运输对象不同，除对车辆车型、技术状况、配备的工属具等要求不同外，对车辆安全设施亦有特殊的要求。针对选用的车型、所装运的危险货物的不同，还必须配备相应的安全系统。

1 汽车行驶记录仪

行驶记录仪就是安装在汽车上，记录、存储、显示、打印车辆运行速度、时间、里程以及有关车辆运行安全的其他状态信息的数字式电子记录装置。

行驶记录仪具有超速、超时报警及记录功能。可详细记录停车前20s车辆的各种状态参数，为道路交通事故提供判断依据，从而有效遏制超速行车和疲劳行车，保证运输行车安全。

2 卫星定位装置

根据上述关于危险货物运输过程实行在线监控的要求，危险货物运输车辆必须配备符合国家标准规定的卫星定位系统，安装道路运输车辆卫星定位系统车载终端（下称“车载终端”）。车载终端是车辆卫星定位系统的前端设备，是一种能对车辆行驶速度、时间、里程以及有关车辆行驶的其他状态信息进行记录、存储并可通过接口实现数据输出的数字式电子记录装置。车载终端必须符合《道路运输车辆卫星定位系统车载终端技术要求》（JT/T 794—2011）标准要求。

车载终端由主机和外部设备两部分组成。主机包括微处理器、数据存储器、卫星定位模块、车辆状态信息采集模块、无线通信传输模块、数据通信接口等，如图6-22、图6-23所示。

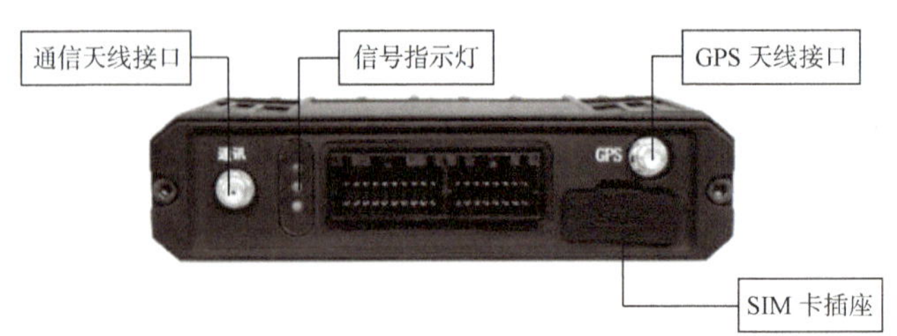

图 6-22　车载终端主机

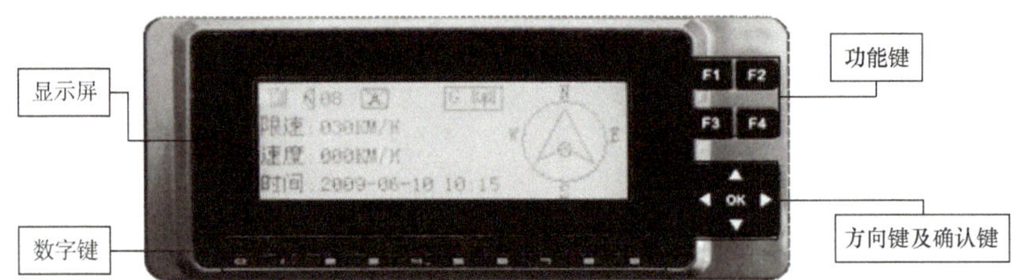

图 6-23　车载终端主机操作面

外部设备则主要包括卫星定位天线无线通信天线、应急报警按钮、语音报读装置等组成。其中，主机模块和天线是构成车载终端的基础部分，可实现定时定位，探测经纬度、时间、行进方向和速度等基本功能。此外，车载终端还可以通过主机上的各种数据接口实现与车辆本身的油路、电路、门磁、货物温度等传感器，以及车上防盗器和摄像头等外接设备相连，以满足各种不同的实际需求，进而实现对车辆的全方位监控。

3 系统功能

1 实时监控跟踪

通过车辆卫星定位系统的监控终端可以对车辆进行全天候实时监控（速度、方向等）并监控平台实时显示出车辆的实际位置。系统还具有对单独一辆或是全部车辆进行实时记录行驶路线功能，当车辆驶过后就会在地图上画出一条黑线，管理员可直观地看到车辆的行驶线情况。

2 话务指挥

指挥中心可以监测区域内车辆运行状况，对被监控车辆进行合理调度。指挥中心也可随时与被跟踪目标通话，实行管理。

3 紧急援助

通过车辆卫星定位系统可以对遇有险情或发生事故的车辆进行紧急援助。监控台的电子地图显示求助信息和报警目标，规划最优援助方案，并以报警声光提醒值班人员进行应急处理。

4 车辆行驶管理和统计

管理员可单独或是设定全部车辆的行驶上下限速度，当车辆行驶速度超过该限制时，系统即会提示车辆超速并报警，伴有声音和窗口弹出进行提示。通过系统提供的行驶数据保存功能，能记录车辆每一次的开车时刻、停车时刻和行车时间、行车距离、驾驶员姓名及编号，在事后可将某车在某天某日某一段时间的行车数据进行回放。

能记录最后12次每一次的停车前20s内与实时时间相对应的车辆行驶速度值及车辆制动、左右转变、鸣号等状态信号。当车辆停车前有发生交通事故的可疑特征时，能将事故数据进行特殊保存，保留下极端情况的驾驶过程。

5 路线规划自动导航

系统规划功能分为自动线路规划和人工线路设计。自动线路规划是由驾驶者确定起点和目的地，由计算机软件按要求自动设计最佳行驶路线，包括最快的路线、最简单的路线、通过高速公路路段次数最少的路线的计算。人工线路设计是由驾驶员根据自己的目的地设计起点、终点和途经点等，自动建立路线库。线路规划完毕后，显示器能够在电子地图上显示设计路线，并同时显示车辆运行路径和运行方法。当驾驶员没有按规划的线路行驶，或者走错路口时候，系统会根据车辆现在的位置，重新规划一条新的到达目的地的线路。

6 信息查询

用户或监测中心可以对主要物标，如旅游景点、宾馆、医院等进行查询，系统将在电子地图上显示查询物标的位置。

7 区域报警

可以设定禁区，当车辆进入禁区监控处会发出警报提醒。定制行驶路线，当驾驶员驶预定的驾驶路线发出报警。

8 行业监管

此系统将政府监管平台、企业监管平台和运输车辆联系在一起，政府监管部门可以通过系统分析车辆的事故记录和企业的安全生产记录，从而有针对性地进行管理。

第三节　危险货物道路运输车辆新技术

近年来，国内危险货物运输领域发生多起重特大道路交通事故，教训惨痛。究其事故原因，主要是驾驶员的不安全行为和车辆的不安全状况。主动安全智能防控系统通过技术手段加强对驾驶员和车辆在运营中的状态进行全方位监控，进行预警预控，是有效减少事故发生的重要手段之一。

一 制动防抱死系统（ABS）

当行车在湿滑路面上突遇紧急情况而实施紧急制动时，汽车会发生侧滑，严重时甚至会出现旋转掉头，相当多的交通事故便由此而产生。当左、右侧车轮分别行驶于不同摩擦系数的路面上时，汽车的制动也可能产生意想不到的危险。弯道上制动遇到上述情况则险情会更加严重。所有这些现象的产生，均源自于制动过程中的车轮抱死，如图6-24所示。

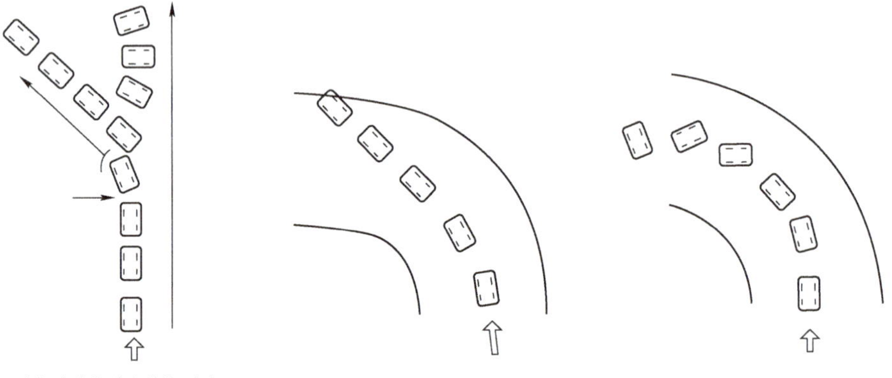

图 6-24　车轮抱死后车辆的运动情况

ABS就是为了消除在紧急制动过程中出现上述非稳定因素，避免出现由此引发的各种危险状况而专门设置的制动压力调节系统。

1 制动防抱死系统的基本组成

ABS由齿圈、传感器、电磁阀、传感器电磁阀导线、电子控制单元（ECU）和ABS警告灯等组成，如图6-25所示。

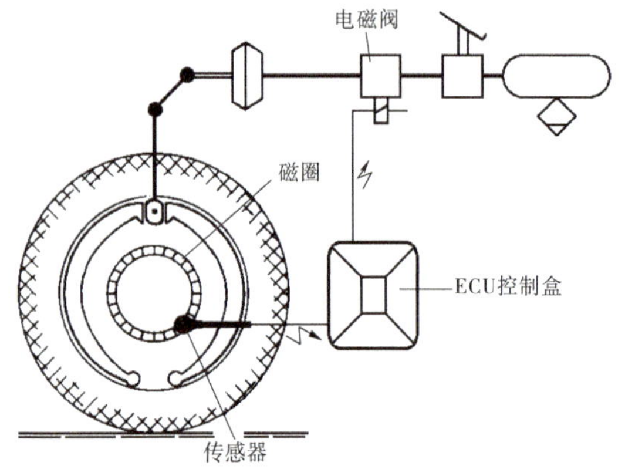

图 6-25　ABS 控制系统组成示意图

2 制动防抱死系统的工作过程

ABS是防止制动力过大，造成的车轮抱死（尤其是光滑的路面上），从而使得即使全制动也能维持车辆的横向牵引力，保证了驾驶的稳定性和车辆的转向控制性，同时保证了可利用轮胎和路面之间的最大制动摩擦力，可以使车辆减速和停车距离的最优化。ABS是一个在制动期间监视和控制车辆速度的电子系统，要与常规的气制动系统一起工作，ABS在所有时间内监视车轮速度，并在车轮趋向抱死的情况下控制制动。该系统改善了车辆的控制性，对每一个车轮进行控制，如果ABS在一个车轮上失效，该车轮的常规制动仍然起作用，其他车轮的ABS功能仍然起作用。

在实施制动时如果车轮由于制动力过大，使得车轮趋于抱死时，传感器输出的交流电压的频率降低，ECU就输出控制信号使得电磁阀排气降低制动轮缸气室的压力使制动力下降。由于制动力下降车轮会重新加速，传感器输出的交流电压的频率升高，ECU就输出控制信号使得电磁阀进气加大制动力，如此反复。

ABS控制循环可以简单地描述为：在车轮接近抱死的情况下，相应车轮的制动压力将被释放并在测得车轮重新加速期间保持恒定，并在重新加速之后又逐步增加制动压力，如果对于实际的摩擦力来讲制动力仍然太大，制动压力又被释放，如此循环。控制循环的次数由ABS控制—车辆制动—车辆路面所组成的整个控制系统的动态反应决定。还会随着车轮对不同摩擦系数的动态变化而应相应地变化，即可以实现自适应系统控制（如行车速度、车辆减速度）。在这些变化中，摩擦力是最关键的，一般情况下完成3～5次/s控制循环，但在湿的冰面上这个数目会减少。

二 电子稳定性控制系统（ESC）

电子稳定性控制（Electronic Stability Control， ESC）是一种辅助驾驶员控制车辆的主动安全技术。它可以在恶劣驾驶条件下增加车辆的稳定性和驾驶员的控制范围，以便使车辆在危险的、不可预料的条件下仍然可控。

ESC系统通过多个传感器来判断驾驶员的行驶意图，在车辆稳定性进入临界状态的情况下，例如猛打转向盘或车速过高转向等等，自动主动干预，通过主动制动和降低发动机转矩来帮助车辆恢复正常状态，从而有效地控制车辆姿态，保证行驶的稳定性。ESC增强了对侧翻、侧滑和折叠现象的保护。

当钥匙开关接通时，ESC功能自动激活。当ESC系统正常且起作用时，ESC指示灯闪烁；当系统故障时，ESC指示灯常亮，需要驾驶员及时联系车辆品牌的维修站。并且在维修站排除故障之前，驾驶员不可驾驶带病车辆上路。

需要提醒驾驶员注意的是，车辆的任何电子系统都有一定的局限性，ESC也不能超过物理极限，驾驶员必须根据路况和交通情况随时调整驾驶方法，切忌因ESC提供的安全性而养成不良的驾驶习惯。

三 自动紧急制动系统（AEBS）

AEBS通过传感器对汽车前方目标进行识别、跟踪和测量，结合本车行车情况，利用中央处理器人工智能算法快速地对数据进行分析处理（识别、去重和确认），从而测出前方驾驶环境中出险障碍物的种类、形状大小、速度、运动方向、距离、数量等，对指令执行模块发出报警指令提示驾驶员及时采取相关制动措施，而当本车与障碍物（静止物体、行人、车等）小于安全距离出现高碰撞风险时驾驶员未能及时采取相关制动措施的情况下，AEBS会向指令执行模块发出自动制动的指令（先减速、后制动），从而为驾驶员安全驾驶保驾护航。

AEBS只是在行驶过程中起到驾驶辅助作用的系统，它在环境因素感知工作范围方面还待完善，在没有100%安全完整的传感器方案情况下，AEBS仍然起不到完美的安全保护作用，因此，如果驾驶员过分依赖AEBS系统，将存在极大的安全隐患。

四 爆胎应急安全装置（TESD）

TESD是一款全新的汽车被动安全产品，能有效地在车辆发生爆胎瞬间，避免轮毂与

地面接触，使车辆转向力及制动力仍然可控，第一时间保证人员及车辆安全。是继安全带、ABS、安全气囊后第四代汽车被动安全保护装置系统，能够保证车辆在轮胎严重甚至完全失压后仍然能够安全、可控地行驶一段距离的技术。

在车辆发生爆胎或严重失压时，TESD能让驾驶员安全地控制车辆方向和制动，有效保障驾乘人员和物资、装备安全。TESD安装于车轮轮槽部位，有效填补轮辋内径差，避免了轮胎失压后卷入槽底或脱离轮辋的可能；并利用失压轮胎有效支撑形成橡胶垫，避免金属轮毂直接触地打滑。装置上的凸起机构使轮辋内部形成可靠的齿轮结构，与失压轮胎紧紧咬合，履带传动模式的车轮在爆胎后也能正常地向地面传递驱动力、转向力和制动力。

第七章

危险货物道路运输危险源辨识与防御性驾驶技术

学习目标

（1）了解道路运输危险源的基本概念与分类。
（2）掌握危险源的辨识方法。
（3）掌握运输过程中常见的危险源。
（4）掌握防御性驾驶的通用规则。
（5）掌握不同行驶状态下的防御性驾驶方法。
（6）掌握不同道路条件下的防御性驾驶方法。
（7）掌握不同气象条件下的防御性驾驶方法。
（8）掌握罐车防御性驾驶方法。

第一节 危险货物道路运输常见危险源

危险货物道路运输安全的核心目标是不发生事故。任何事故的发生都有其原因，系统安全理论认为，危险源的存在是事故发生的根本原因，防止道路交通事故就是消除、控制道路交通系统中的危险源。驾驶员了解危险源的知识，掌握行车中危险源的辨识方法，可以更有效地避免道路交通事故。本节讲解危险货物道路运输常见危险源。

一、人的不安全行为

危险货物道路运输过程中，人员方面的危险因素一般包括驾驶员性格和心理缺陷，生理异常，工作过程中违法驾驶、操作不当及其他交通参与者的不安全行为等。这些与人有关的危险源统称为道路运输过程中人的不安全行为。

1 驾驶员的不安全行为

1 驾驶员性格、心理缺陷

驾驶员的性格、心里缺陷主要表现为驾驶员个性存在缺点，如易激动、急躁、懒惰、侥幸心理、自负、自卑、马虎大意等，这些因素容易使驾驶员出现危险的驾驶行为，许多违规驾驶、注意力分散、操作错误等不安全行为都与其本身的个性缺陷有着或多或少的联系。因此，道路危险货物运输驾驶员弥补缺陷、克服缺点，对于行车安全至关重要。

2 驾驶员生理异常

驾驶员生理异常主要表现为疾病、药物不良反应、疲劳、饮酒后不适等，每年因驾驶员生理异常引发的交通事故时有发生。

3 驾驶员违法驾驶

在近几年发生的重特大道路交通事故中，95%以上的交通事故存在驾驶员违法驾驶行为，违法驾驶是引发道路交通安全事故的重要原因之一。驾驶员较为典型的违法驾驶行为包括超速行驶、疲劳驾驶、酒后驾驶、行车中接打电话、违法装载、违法超车、逆向行驶等。

4 驾驶员错误操作

在行车过程中，驾驶员不能根据道路交通状况的变化，准确、全面获得相关信息或者应对不足，出现了错误操控车辆的转向、制动和挡位等，给行车带来安全隐患，甚至引发事故。

2 其他交通参与者的不安全行为

在道路运输过程中，其他交通参与者的不安全行为同样是引发事故的重要危险源，驾驶员稍有疏忽便可能导致严重的交通事故。在车辆运行中，其他机动车驾驶员、行人或非机动车驾驶员的不安全行为也会形成安全隐患，造成交通事故（表7-1）。

其他交通参与者不安全行为的危险特征　　表 7-1

危险源类型	危险特征
其他机动车	（1）出现强行加塞、抢行等不安全驾驶行为，寄托于他人礼让，与其他车辆形成交通冲突； （2）以自我为中心的驾驶员，当他人影响自己正常行车时，易产生报复心理； （3）新手不能熟练操控车辆，易妨碍他人正常驾驶，并使其产生情绪波动； （4）道路养护（工程）车辆会在路侧临时停车作业，影响后续来车的正常通行
行人	（1）儿童缺乏交通安全常识，玩耍时不顾及周边的交通情况，突然横穿道路，形成交通冲突； （2）儿童在车辆周边玩耍，因身材矮小，容易落入驾驶盲区； （3）老年人反应迟钝、行动缓慢，应变能力差； （4）青年人喜欢并排行走或戴耳机听音乐，不注意周边的交通情况，妨碍机动车的正常通行
骑自行车人或骑电动车人	（1）青少年成群骑自行车时，喜欢逞能、冒险，速度比较快，不顾及周边交通状况； （2）雨天，骑车人只顾低头避雨，匆忙赶路，不注意遵守交通规则，妨碍机动车的正常通行； （3）当非机动车道的路况不好时，骑车人常常占用机动车道行驶，妨碍机动车的正常通行； （4）前方有障碍物时，骑车人会突然改变行驶路线绕行，形成交通冲突； （5）骑电动车人突然横穿道路或在车辆之间穿行，形成交通冲突

二 车辆的不安全因素

道路运输车辆本身结构、行驶特点等与其他机动车存在很大差异，如道路运输车辆的车长、车高等尺寸要大，使用强度相对要高，压力容器的使用年限等，容易导致车辆相关设施设备容易出现故障及安全装置失效。驾驶员不了解这些差异，不注意这些差异性和特殊性给运输安全带来的风险，会给车辆运行带来安全隐患（表7-2）。

车辆的不安全因素 表 7-2

危险源类型	危 险 特 征
车辆技术参数的影响	（1）车身高度、宽度尺寸较大，驾驶员盲区大； （2）车体重心高，行驶稳定性变差，转弯速度过快易发生侧翻； （3）车辆罐体自重较大，惯性力较大，停车距离长，事故危害程度大； （4）车身较长的车辆，转弯时占用的空间大
车辆运行状态的影响	（1）发动机舱温度过高，易引发火灾； （2）行驶中车身振动大，易使货物产生位移
车辆制动系统故障	（1）制动盘（鼓）、管路等存在故障，易造成制动失效； （2）驻车制动器效能降低，坡路驻车能力下降，容易发生溜车
车辆转向系统故障	（1）转向盘自由行程过大，易出现转向不足或转向过度； （2）转向助力失效时，转向盘操控困难
车辆传动系统故障	（1）离合器自由行程过大，分离不彻底，挂挡操作困难； （2）变速器挂挡困难、易脱挡，车辆难以正常行驶
车辆照明、信号装置故障	（1）低能见度情况下，前照灯损坏会影响驾驶员观察； （2）转向灯损坏，不能正确传递行车意图
车辆行驶系统故障	（1）车辆悬架、减振系统故障，车辆经过凹凸不平路段，车身颠簸严重； （2）轮胎气压不符合要求，异常磨损，与路面的附着能力下降，易发生爆胎
其他安全部件失效	（1）车速表故障，驾驶员不能准确判断行车速度； （2）后视镜破损，会影响驾驶员观察； （3）刮水器失效，在雨雪天会影响驾驶员视线； （4）安全带织带破损、不能正常系扣，发生碰撞、翻车等事故时，无法保护乘员的安全； （5）灭火器、防护器具等应急工具缺失，使火灾时的应急处置变得困难； （6）车身反光标识缺失，使得其他机动车驾驶员在夜间无法正确辨识

三 货物的不安全因素

道路危险货物运输过程中，车辆本身装载的就是危险货物，其理化特性等都是造成事故发生的典型危险源，容易引起燃烧、爆炸、腐蚀、中毒或产生放射性，必须采用特殊防护设施与措施。危险货物应按照相关要求使用相应的包装或容器，在运输过程中包装一旦破损很容易造成人身伤亡和财产损失。所以，危险货物运输驾驶员应密切关注货物装卸车过程，详细检查包装有无破损，防止货物的不安全因素带来的损失。

四 道路的不安全因素

道路的不安全因素主要包括从事长途运输、山区道路，行经交叉路口、铁路道口、隧道、桥梁、城乡接合部、涉水路面及冰雪路面等，车辆经过时容易出现事故，驾驶员必须提高警惕。因此，驾驶员应了解其中的危险因素。

五 环境的不安全因素

夜间、特殊天气及自然灾害等特殊环境改变了车辆的正常行车环境，驾驶员的观察能力也会受限，危险性很高，易引发事故。驾驶员要充分了解这些危险源的特点及风险。

第二节 危险货物道路运输危险源辨识和防御性驾驶技术

道路危险货物运输驾驶员在行车过程中，对道路状况、交通情况和周围环境进行主动观察，有预见性地进行分析和判断，对前方潜在的各种交通风险作出预先估计，并及时采取相应的防御性措施，能有效地规避危险，避免交通事故的发生。本节讲解危险货物运输车辆的防御性驾驶技术。

一 防御性驾驶通则

防御性驾驶是指驾驶员在行车过程中，全面地观察驾驶环境，随时针对路况、车辆状况、行人及环境等与交通有关的迹象进行分析、判断，准确地预测不确定的、潜在的危险因素并作出预先估计，及时地采取避让、减速或停车等预防措施，避免发生交通事故。

驾驶员在行车过程中，能够准确地预见由其他驾驶员、行人、不良天气或路况所引发的危险，并能及时采取必要、合理、有效的措施防止事故的发生，这种可以避免交通事故发生的驾驶方式即为防御性驾驶。

防御性驾驶，一方面，要求驾驶员在驾驶时规范操作，尽量不犯错误，确保车辆不会主动引发交通事故；另一方面，在别人犯错误时，驾驶员要及时发现并宽容对待，提前采取措施进行规避，确保不出现被动性的交通事故。

二 危险货物运输车辆进出厂区、装卸货区防御性驾驶方法

车辆起步前，要先查看装卸人员是否已经下车，车辆周围有无障碍物，确认安全后方可起步。在行车中驾驶员必须严格遵守道路交通安全法律、规范，谨慎驾驶，礼貌行车。驾驶员应根据道路交通状况控制车速，禁止超速和强行超车、会车。注意不抢行、不冒险，自觉做到先慢、先让、先停；会车时不准侵占对方行车路线。在危险路段、冰雪道路以及雾天行驶时，要严格控制车速，禁止紧急制动和猛打转向盘。下陡坡时不准熄火、空挡滑行。通过弯道时要靠道路中心线右侧行驶，严禁侵占对方路线。通过隧道、涵洞、立交桥时，要注意标高、限速标志。

夜间行车要高度提高警惕，保持适当车距；行车中如感觉困倦时，应选择安全地点停车休息，严禁疲劳驾驶。车辆必须严格按照有关规定通过渡口及无人看守的铁路道口。驾驶员应保证车辆以合适的速度行驶，注意与前车保持适当的安全距离，避免采取紧急制动措施，车辆转弯时，应减速慢性。运输危险货物的车辆在一般道路上最高车速为70km/h，在高速公路上最高车速为80km/h，并应确认有足够的安全车间距离。如遇雨天、雪天、雾天等恶劣天气，最高车速不超20km/h，并打开示警灯，警示后车，防止追尾。连续驾驶时间不得超过4h，24h内实际驾驶车辆时间总计不超过8h。

运输过程中，应每隔2h检查一次。若发现货损（如丢失、泄漏等），应及时联系当地有关部门予以处理。严格按规定的线路、时间、速度行驶，不得擅自改变运输作业计划。运输过程中如发生交通事故而危及货物时，驾驶员应立即向当地公安及有关部门报告，向公司部门相关领导汇报，并应看护好车辆、货物。当发生货物泄漏时，应共同配合公安、安检、环保、质检、消防等部门采取一切可能的警示、救援措施消除危害。

装车完毕后，驾驶员应对货物的堆码、遮盖、捆扎等安全措施及对影响车辆起动的不安全因素进行检查，确认无不安全因素后方可起步。车辆停靠货垛时，应听从作业区指定人员的指挥，车辆与货垛之间要留有安全距离；待装、待卸车辆与装卸货物的车辆应保持足够的安全距离并不准堵塞安全通道。驾驶员不准离开车辆。

装卸过程中，车辆的发动机必须熄灭并切断总电源。在有坡度的场地装卸货物时，必须采取防止车辆溜坡的有效措施。驾驶员负责监装监卸，办理货物交接签证手续时要点收点交。装车完毕，驾驶员必须对货物的堆码、遮盖、捆扎等安全措施及对影响车辆起动的不安全因素进行检查。装卸过程中需要移动车辆时，应先关上车厢门或栏板。若原地关不上时，必须有人监护，在保证安全情况下才能移动车辆，起步要慢，停车要稳。禁止在装卸作业区内维修车辆。危险货物运达卸货地点后，因故不能及时卸货，在待卸期间，驾驶员应会同押运人员负责看管货物。

三 危险货物运输车辆进出服务区及沿途停靠防御性驾驶方法

1 进出服务区

危险货物运输车辆应停放在服务区危险货物运输车辆的专用停放区域，以确保对服务区人员、建筑、加油站及车辆的防火和安全距离。配合现场管理员对危险货物运输车辆实行停放登记管理，包括登记车辆进入服务区的时间、所载危险货物的名称、种类、施救方法和车辆驶离服务区的时间等详细内容。

匝道是进出高速公路唯一的单向通道，你一旦进入匝道就必须一直向前行驶。因此，在进入匝道前应根据指路标志确定你目的地的行驶方向，进入匝道后严格按限速标志行驶。匝道上超车、停车、掉头、倒车，都有可能导致事故。

2 沿途停靠

装卸危险货物的车辆不得在居民聚居点、行人稠密地段、政府机关、名胜古迹、风景游览区停车。如必须在上述地区进行装卸作业或临时停车，应采取安全措施并征得当地公安部门同意。停车时要留人看守，确保车辆安全。运输爆炸品、放射性物品及有毒压缩气体、液化气体，禁止通过大中城市的市区和风景游览区，如必须进入上述地区，应事先报经当地县、市公安部门批准，按照指定的路线、时间行驶。

四 危险货物运输车辆典型道路防御性驾驶方法

1 高速公路

在高速公路上驾驶车辆，每时每刻都面临着意想不到的危险，驾驶员对速度的感知能力下降，稍有疏忽就会出现车辆失控导致交通事故，多车连续追尾和二次事故时有发生。常见的交通事故有追尾、翻车、爆胎、撞护栏、失火等。

高速公路上车辆行驶速度快、情况单一，交通干扰少，行车中的噪声和振动频率小，行车感到比较枯燥，驾驶员容易疲劳或松懈。不能正确选择行车路线，频繁变更车道、违法占道行驶的现象较为普遍，这也是造成道路拥堵和交通事故的主要原因。闯入高速公路的动物、进出高速公路路口、遗洒到路面上的货物以及违规进入高速公路的行人，时刻威胁着高速公路的行车安全。

危险货物运输车辆在高速公路行车，应注意车道的选择。由于危险货物运输车辆载质量较大，同时有限速要求，故不应超速和变更车道进行超车，防止发生事故。

进入高速公路行驶前，驾驶员要做好充分的准备，例如检查车辆的燃油余量、机油量和轮胎气压等，了解天气状况、道路拥堵等信息，提前规划好行车路线，尤其是标记好沿途高速公路的出入口。

危险货物运输车辆的行驶速度相对较慢，要在右侧慢速车道内行驶，注意与其他车辆之间保持足够的安全间距，正常情况下，车速为70km/h，纵向安全间距为70m以上。遇大风、雨、雪、雾等天气条件时，应当减速行驶，纵向安全间距适当加大1～1.5倍。

驾驶车辆长时间高速行驶后，驾驶员对车速的感觉变得迟钝，常常会低估车速，要通过间断性地查看车速表来确认车速。将车速严格控制在60km/h以上、80km/h以下。车辆在高速公路上长时间高速行驶，轮胎因升温随之气压升高而发生爆胎。驾驶员每隔2h或者每行驶150km，要对车辆重点部位，特别是轮胎进行安全检查。

行车中发现贸然闯入高速公路的行人、非机动车和其他动物时，要立即减速，切不可猛转转向盘躲避，避免发生车辆侧翻事故。

突然出现制动失效或车辆失控时，可利用路侧专门设置的紧急避险区来辅助减速停车。

高速公路雨中行车时，要降低车速，尽量避开易积水的凹地行驶，特别是在弯道和斜坡的地段要尽量减速，防止“水滑”现象的发生。一旦发生“水滑”现象时，不要慌张地转向、制动，两手应紧握转向盘，缓抬加速踏板，利用发动机制动，并冷静地等待减速，使轮胎与地面的摩擦作用恢复。

2 山区道路

山区道路多依山体走势而建，道路等级相对较低，路面狭窄，坡路和弯道多，视线不开阔，路基不牢固。长坡和连续坡陡弯急、经常发生泥石流和山体滑坡，对行车安全构成严重威胁。山区道路跟车行驶距离近，下坡、转弯、会车和通过下坡路段速度过快，都会引发车辆失控、追尾、碰撞、翻车、坠崖等事故。

山区道路驾驶，要根据道路条件控制好行驶速度，跟车行驶要保持较大的安全距离，狭窄路段会车让不靠山体的一方先。转弯要留有较大的空间，尽可能避免超车，雨季或暴雨后路基可能会松塌，在危险路段要提前停车观察，确认安全后低速通过，尽快通过经常发生塌方、泥石流的山区路段。爬长坡时，要注意冷却液温度，出现冷却液温度过高、发动机动力不足等情况，立即选择安全的区域停车降温。重载车辆爬坡行驶，要根据路况和坡度及时减挡，使车辆保持足够的驱动力。

在山区道路（坡路）临时停车，要选择右侧靠山体的路段，停车后拉紧驻车制动器操纵杆，用掩木垫在轮胎下（上坡掩在轮胎后侧、下坡掩在轮胎前侧），挂好挡位（上坡挂低速挡、下坡挂倒挡），将转向盘向右侧转动一定角度，以防溜车造成危险。

五 危险货物运输车辆特殊路段防御性驾驶方法

1 桥梁

桥梁的最大承载能力、最大限制高度或宽度，大桥上强烈的横向风，雨天桥涵里的积水，立交桥引桥的坡度，路线错综复杂的引桥等，都会对行车构成危险。不遵守限载、限高、限宽规定，通过大桥不考虑横向风的影响，雨天不探明桥涵积水深度，雨雪天在立交桥引桥停车，在立交桥上注意力过分集中于“找路”而忽视了对交通情况的观察，都会发生危险或引发交通事故。

驾驶危险货物运输车辆通过桥梁前，要注意限载总质量或限载轴重、限高或限宽标志，超过规定时要绕道行驶，避免造成撞垮桥体或被卡在桥涵里，如图7-1所示。

雪天、雨天等在立交桥引桥上行驶，要与前车保持足够的安全间距，临时停车时，拉紧驻车制动器操纵杆，防止溜车。雨季或大暴雨后，遇桥涵路面积水，要探明积水深度，必要时选择其他路线改道而行，避免盲目涉水行驶。

在跨径较大的高架桥或跨海大桥上行驶，会遇到强烈的横风影响。驾驶员要控制好车速并握稳转向盘，并与侧面的车辆保持足够的横向间距，防止车辆发生偏离。

图 7-1　货车超高示意图

2 隧道

隧道内见不到阳光，通风条件不良，汽车排放的尾气易沉到路面形成油垢，使路面摩擦系数降低。一些装有淋水装置的车辆，会将车上的油污淋到隧道内的路面上，水和油污会造成道路湿滑。特别是雨天，隧道内路面水与油的混合物会使路面更加湿滑，如果车辆行驶速度过快，则极易发生侧滑酿成事故，如图7-2所示。

驾驶车辆进入隧道和驶出隧道的瞬间，人的眼睛都有一个明适应和暗适应过程。当驾驶车辆运行在明暗急剧变化的隧道时，由于眼睛不能立即适应，容易发生视觉障碍，危及行车安全。

图 7-2 货车侧滑示意图

驾驶车辆进入隧道前应减速，开启车灯，注意隧道前的交通信号。进入隧道后按车道行驶，适当增加安全间距，不要随意变更车道和超车。在双向行驶的隧道内会车，要将视线转移至右侧，避开对向来车的远光灯。遇隧道内因施工或发生交通事故临时管制时，要选择绿色箭头信号灯指示的车道行驶。

隧道内禁止停车、倒车和超车，车辆出现故障需要临时停车时，要将车辆移至专门的避险区域，并迅速开启危险报警闪关灯，在车后方相应位置放置警告标志牌。驶出隧道出口时，要适当控制车速，握稳转向盘，避免因隧道出口处强烈横风造成转向失控，引发车辆侧滑或侧翻。

3 长下坡

重车下坡行驶，要使用行车制动器和缓速器或利用发动机进行制动控制，不得空挡滑行。下长坡时，车速会因为惯性而越来越快，连续使用行车制动器会因制动器温度升高而使制动效果急剧下降。下较陡的坡道，可选用低速挡，要充分利用发动机阻力制动、缓速器辅助制动和排气辅助制动，禁止空挡滑行和关闭发动机行驶。跟车行驶要与前车保持充足的安全距离，不得超车。一旦发现制动器温度过高时，要及时停车进行自然降温，此时千万不要进入冷水池强制降温。

4 连续转弯

在连续转弯路段和急转弯时，提前降低车速，鸣喇叭提示，注意对面弯道情况，有条件时尽量让靠山体一侧的车辆行驶。在狭窄弯道通过有困难时，可在车下专人的指挥下通过。车辆通过弯道，要做到“减速、鸣号、靠右行”。

六 危险货物运输车辆特殊气象条件防御性驾驶方法

1 雨天

雨天路面湿滑，视线受阻，路面附着力减小，制动距离增大，高速行驶容易出现“水滑”现象，使用行车制动器紧急制动容易导致车辆失控，发生横滑或侧滑。雨天行车，风窗玻璃容易形成水雾影响视线，暴雨后，低洼区域或者道路排水系统不畅的路面容易形成积水，给车辆通行带来危险。连续降雨天气，可能会出现路肩松软和堤坡坍塌现象，车辆在上面行驶会有路面下沉的危险。雨天穿戴雨具的行人和骑车人由于其视线受阻，也是非常危险的因素，如图7-3所示。

雨天行车，要控制行驶速度，避免因“水滑”而造成危险。跟车或会车尽量保持较大间距，跟车行驶纵向距离保持干燥路面的1.5倍以上，危险货物运输车辆的间距在此基础上应适当增大。连续降雨天气，选择道路中间坚实的路面，避免靠近路边行驶。减速时避免使用紧急制动，以防车辆发生侧滑。经过水淹路面注意探测水的深度，不要贸然涉水行驶，以免导致排气装置、发动机进水，而严重损坏车辆。暴雨天气刮水器无法刮净雨水时，要选择安全地点立即减速靠边停驶，开启避险措施。遇慌乱的行人或骑车人妨碍通行时，要减速慢行，多留余地，尽量避让，确保安全。

图 7-3 货车雨中行车示意图

2 雪天

雪天道路易结冰，路面溜滑，附着力大大降低，制动性能极差，制动距离延长，车辆的稳定性降低，方向易跑偏，积雪对光线的反射，易造成驾驶员炫目而产生错觉。加速过急，车轮易空转或溜滑。制动减速或转向过急，易侧滑、甩尾、转向失控。积雪覆盖的路面，道路的轮廓难以辨别，容易驶出路面发生危险。路上通行的行人和非机动车稳定性差，容易发生因失控而摔倒的危险。

雪天行车，有条件时要安装防滑链。行车中注意观察前方道路情况，用发动机的牵阻力控制车速，保持匀速慢行。超、会车时选择比较安全的地段靠右侧慢行，加大两车间横向安全距离。减速、停车和处理紧急情况时，利用发动机的制动作用降低车速，不得使用紧急制动和急转向的方法躲避，以免侧滑或转向失控。没有安装ABS装置的车辆，急减速可采用间歇缓踏制动踏板辅以拉起驻车制动器操纵杆的方法，切忌将行车制动器一脚踏到底或使用驻车制动器过急过猛。

有车辙的路段应循车辙行驶，积雪覆盖道路轮廓难以辨别时，根据道路两旁的树木、电杆等参照物判断行驶路线，控制车速，低速行驶。遇前车正在爬坡时，要在坡底选择适当地点停车，等前车通过后再爬坡，一定要避免在坡道上停车。车辆发生侧滑时，立即缓慢、适当地向后轮侧滑的一方转动转向盘，可连续数次回转转向盘，以便调整车身。

3 雾天

雾天，能见度低，视野变窄，视线模糊，不易发现对面来车和路面障碍，跟车行驶不能准确判断距离。浓雾天气会使驾驶员看到的物体变形，根本无法预见危险，雾天是行车最危险的恶劣气候之一。雾天行车，驾驶员对车速和跟车距离的判断会出现偏差，容易发生追尾事故。另外，驾驶员看不清路面标线，骑轧道路中心线行驶，会与对面来车迎面相撞。

雾天行车，要开启雾灯、近光灯、示廓灯、前后位灯、危险报警闪光灯，低速靠右侧行驶，随时注意行人与其他车辆的动态，多鸣喇叭以引起其他车辆和行人注意。听到对方车辆鸣喇叭，可鸣喇叭回应。跟车行驶要与前车保持更大的距离，以能看见前车后部的雾灯为宜，避免因前车紧急制动而发生追尾事故。遇有浓雾或特大雾天，能见度过低行车困难时，应选择安全地点停车等待雾散。

雾天行车，不要开启远光灯，远光灯照在雾中会引起折射，影响视线，使人炫目，看不清前方路面和交通情况。能见度低于200m，开启前雾灯；能见度低于50m，开启后雾灯。后雾灯光线极强，后面来车的跟车距离很近时，及时关闭后雾灯。

4 沙尘天

如遇到沙尘暴，其特点是风力大，被大风吹起的物体易击中车辆；使车辆偏离行驶路线。沙尘漫天的情况也会影响驾驶员的视线，而且沙尘多也容易引起车轮打滑。

在过往交叉路口或在混合交通道路上行车时，更要小心谨慎，提防行人、骑自行车人突然闯入自己的路线。沙尘会降低视线，大风会影响喇叭声的传播，一定要谨慎驾驶，降低车速，加强观察。

5 高温天

高温炎热天气，路面的沥青会软化，变得黏糊，附着力下降，有发生侧滑的危险。发动机温度上升或冷却液沸腾，胎温、胎压过高，会影响行车安全。电路、油路等出现线路软化、短路、漏油等情况，容易引起车辆自燃。另外，驾驶员在高温天气容易出现烦躁情绪、疲劳驾驶。清晨和傍晚外出散步和纳凉的行人，也是构成危险源的因素之一。

高温天气行车，驾驶员要充分休息，保证有充沛的精力。夏季午后天气炎热，行车中极易瞌睡，当感到视线逐渐变得模糊、反应迟钝时，要及时停车休息。行车中，发现冷却液温度上升或冷却液沸腾时，立即停车降温，待温度适当下降后再补充冷却液。

途中要注意检查胎温和胎压变化，发现胎温、胎压过高时，选择阴凉处停车，使胎温自然恢复正常，不可用放气或浇水的方法进行降温。通过市区、村镇或桥梁时，要减速慢行，注意道路或桥两侧的人群，清晨和傍晚密切关注外出散步和纳凉的行人，随时做好停车准备，如图7-4所示。

图 7-4　货车轮胎降温示意图

七 危险货物运输车辆夜间防御性驾驶方法

夜间行车，潜在很多的危险因素。由于夜间车灯的灯光照射范围和亮度有一定的局限，驾驶员的视线受到限制，夜间即使开着前照灯，可视距离也比白天短得多，遇到突然情况或危险时，反应和处置时间相对较短，危险性大。车辆行驶中，灯光随车晃动，驾驶员对地形、障碍等的判断更困难，易产生错觉，致使很难像白天一样快速地辨识危险，致使很多危险情况不能及时发现，如图7-5所示。

图 7-5　货车夜间行车示意图

驾驶员长时间夜间驾驶车辆，注意力高度集中、瞳孔扩大、眨眼的频率降低，会出现头晕、视物模糊、双眼胀痛、注意力不集中及烦躁不安等症状，尤其是午夜后行车最容易疲劳，甚至瞌睡。另外，夜间行车由于看不见道路两旁的景观，对驾驶员兴奋性刺激小，容易引起驾驶疲劳，甚至导致交通事故。

夜间迎面来车的灯光，对驾驶员的视线影响很大。若对面车辆使用远光灯或者氙气灯，强烈刺眼的灯光，会让驾驶员突然失去视觉，看不清前方的道路情况，尤其会在两车车灯的交织处形成盲区，很容易发生交通事故。

夜间行车要在灯光能显示出车的轮廓时就打开车灯，开灯不仅仅是为了照明，更重要的是为了提醒其他交通参与者。在照明条件好的市区或路段行车，使用近光灯，借助路灯尽量把视野扩大到前照灯光以外的区域。

照明不好的地方，尽量使用远光灯（例如，在开阔的乡村道路，或者黑暗没有路灯的城市街道）。对面有来车时，及时把灯光切换成近光，以免使对面的驾驶员炫目。行车时集中注意力，时刻观察前方灯光能照到的道路情况，谨慎驾驶，随时准备应对突发情况。

夜间行车车速要控制在当车辆制动时制动距离在前照灯照射距离之内。跟车行驶要保持比白天更大的车距，夜间很难准确判断跟车距离，故要保持较大的车距，距离150m以内使用近光灯，尽量不要超车。发现停靠的车辆、行人或自行车等，要注意观察其动态变化，随时准备避让危险行为。遇到意外障碍物、施工地段、突然出现的急转弯或陡坡，要预防前方看不到的路面潜在的危险，做好应急准备。

驾驶员受到强烈的光线刺激，眼睛会出现短暂性失明，恢复正常视觉需要一段时间，此时间非常危险，年龄大的驾驶员对刺眼的灯光特别敏感。夜间会车要按规定使用灯光，遇对面来车不切换为近光灯或使用氙气灯照射强烈时，不要直视对面车的灯光，要将视线转移到右侧路面，用眼睛的余光观察来车，必要时可停车让行。千万不要开远光灯“还击”，这样会使两个驾驶员都看不见会车情况，很容易发生事故。遇尾随车辆使用远光灯照射产生炫目时，及时调整后视镜的角度。

在夜间特别是在午夜以后或者长时间行车后，驾驶员往往容易疲劳且警觉敏锐性降低。如果驾驶员感到困倦，最安全的措施就是把车辆停靠在安全的地方，休息一会儿。

八 罐车防御性驾驶方法

行驶时必须严格遵守当地公安、交通部门制定的交通规则，并按规定的路线、时间和车速行驶；不准拖带挂车，不得携带易燃、易爆等危险货物，严禁其他人员搭乘；车上严禁吸烟。

罐车一般载质量较大，在行车途中驾驶员应尽量避免紧急制动，减少对罐内气体做功，在道路转弯处车辆应减速，以防止急转弯或车速过快时，车辆发生侧翻、罐体破裂等事故；同时，应在整个运输过程中定期对车辆和罐体的质量进行实时检查，以便及时发问题妥善处理。

通过隧道、涵洞、立交桥时，必须注意标高，限行速度；槽车行驶途中，应当选择平坦、快捷的道路，如远离城市等人口密集地区。

应经常注意罐体压力和温度变化情况，如有异常，应立即停车检查。当罐体内液体温度达到40℃时，应该采取遮阳或罐外用冷水喷淋罐体降温等安全措施。避免暴晒，以防止罐内压力过高发生危险。

应停在专用的停车场或车库内。已经灌装的槽车只可停放在停车场，不得进入停车库。活动式槽车的罐体应卸在规定的位置单独停放；不得停放在机关、厂矿、学校、桥梁、仓库和人员稠密的地方；途中停车如果超过6h，应与当地公安部门联系，并按指定的地点停放；在途中停放时，驾驶员和押运员不同时远离车辆；停车位置应通风良好，停车地点10m以内不得有明火。夏季应有遮阳措施，防止暴晒；停车检修时，应使用不产生火花的工具，不得有明火作业。

第八章

典型道路运输事故案例分析

学习目标

（1）道路运输超载事故案例分析。
（2）道路运输超速事故案例分析。
（3）道路运输酒驾、药驾、毒驾事故案例分析。
（4）道路运输疲劳驾驶、分心驾驶事故案例分析。
（5）道路运输机械故障事故案例分析。
（6）道路运输不按规定停车事故案例分析。
（7）道路运输闯红灯事故案例分析。
（8）道路运输应急处置不当事故案例分析。
（9）道路运输其他事故案例分析。

第一节 道路运输超载事故案例分析

近年来，车辆违法超载的情况比较普遍，随之而来造成的交通事故也日益增多。造成这种情况的一个主要原因就是，部分道路运输企业，包括部分驾驶员片面追求经济效益，未能充分认识到违法超载危害之多。

一 案例描述

2005年3月29日晚，京沪高速公路淮安段上行线103km+300m处发生一起交通事故，一辆载有液氯的槽罐车与一辆货车相撞，导致槽罐车液氯大量泄漏。两车相撞后，由于肇事的槽罐车驾驶员逃逸，延误了最佳抢险救援时机，致使货车驾驶员死亡，造成公路旁3个乡镇村民重大伤亡。事故共造成29人死亡，436名村民和抢救人员中毒住院治疗，门诊留治人员1560人。另有10500多名村民被迫疏散转移，大量家畜（家禽）、农作物死亡。直接经济损失1700余万元。京沪高速公路宿迁至宝应段（约110km）关闭20h，如图8-1所示。

图 8-1　事故现场

二 案例分析

1 事故原因

这辆核定载质量为15t的运载剧毒化学品液氯的槽罐车严重超载，事发时实际运载液氯多达40.44t，超载169%。而且使用报废轮胎，安全机件也不符合技术标准，导致在行驶的过程中左前轮爆胎，槽罐车侧翻，致使液氯泄漏。肇事车驾驶员、押运员在事故发生后逃离现场，失去最佳救援时机，是造成此次特大事故的直接原因。

2 事故暴露出的其他问题

（1）危险化学品运输企业对运输车辆和从业人员疏于安全管理。济宁市某化学危险货物运输中心对挂靠的这辆危险化学品运输车疏于安全管理，未能及时纠正车主车辆超载行为；该车所运载液氯的生产和销售单位山东沂州某水泥集团化工公司被有关部门证实没有生产许可证，也是这起事故的间接原因。

（2）押运员无证上岗。专业人员在检查过程中还发现该车押运员王某没有相应的工作资质，没有参加相关的培训和考核，不具备押运危险化学品的资质，也不具备危险化学品运输知识和相应的应急处置能力。这是事故发生乃至伤亡损失扩大的另一个重要间接原因。

法规链接

《中华人民共和国道路交通安全法》第四十八条规定：机动车载物应当符合核定的载质量，严禁超载；载物的长、宽、高不得违反装载要求，不得遗洒、飘散载运物。第九十二条规定：货运机动车超过核定载质量的，处二百元以上五百元以下罚款；超过核定载质量百分之三十或者违反规定载客的，处五百元以上二千元以下罚款。运输单位的车辆经处罚不改的，对直接负责的主管人员处二千元以上五千元以下罚款。该起交通事故肇事车辆装载货物超出规定，是导致该起事故发生的原因。

三 案例警示

超载会导致车辆行驶时制动效果变差，驾驶员遇到紧急情况时不能进行及时有效的制动，进而造成车辆失控，引发事故。因此，道路运输企业应建立驾驶员的违法管理制度，加强驾驶员的安全培训教育，杜绝超载、超限驾驶行为。道路危险货物运输企业和驾驶员也要时刻将人民群众的生命财产安全和交通安全放在首位，按照规定装载货物，确保行车安全。

超载的危害

超载是指交通运输工具的实际装载量超过核定的最大容许限度，货运超载通常是指机动车运输的货物超过货运机动车的核载总质量。超载不仅会造成车辆油耗增加、汽缸磨损加大、离合器片烧毁、车架和钢板弹簧片断裂、爆胎、车辆偏驶、汽车转向性能变差，而且会造成转向沉重、增大车辆制动距离。

四 预防措施

（1）道路运输企业应健全驾驶员安全管理责任制度，严禁驾驶员超载驾驶。企业建立有效的规划引导和有力的制度管理，有序竞争，形成健康的道路运输经营环境。

（2）道路运输企业应加强对驾驶员的安全培训教育，杜绝超载行驶。道路运输企业应加强驾驶员的职业道德教育，提高驾驶员的安全意识和法律意识，让驾驶员充分认识到超载行驶对行车安全的影响，从根本上杜绝超载行驶。

（3）充分发挥全社会对超载驾驶行为的监督作用。充分发挥群众的安全监督作用，车辆超载行驶时，群众可对驾驶员进行提示、提醒或通过安全监督电话进行举报等。

第二节　道路运输超速事故案例分析

超速驾驶是最常见也是最容易引发恶性事故的交通违法行为。车辆超速行驶时，操纵稳定性下降、制动距离增加，驾驶员视野范围变窄，连续制动还容易导致轮胎温度过高。如果驾驶员操作不当，极易造成车辆失控，酿成重大交通事故。

一 案例描述

2017年5月23日，张石高速公路保定段浮图峪五号隧道内发生一起重大危险货物运输车燃爆事故。爆炸产生的冲击波、高温及火焰导致车辆破损、人员伤亡，煤炭燃烧及爆炸破片飞溅，后续油箱、电动储气罐、灭火器及轮胎等又相继发生连锁爆炸。事故共造成15人死亡、3人重度烧伤，16名村民轻微受伤，9部车辆、43间民房受损，直接经济损失4200多万元，事故现场如图8-2所示。

图 8-2　事故现场

二 案例分析

1 事故原因

本次事故主要原因是驾驶员超速驾驶。经提取车辆监控检测系统中车辆的行驶轨迹，5月22日至5月23日，超速报警（100km/h）记录23次。冀晋界驿马岭隧道出口至事故发生地相距33.4km，落差368m，用时22min，该车平均速度约91km/h（该路段限速70km/h）。由于在隧道超速行驶并连续制动，导致后桥左侧车轮橡胶轮胎温度过高，引发自燃，引燃了捆绑绳、篷布和密封布，使厢体温度升高，当能量聚集达到氯酸钠燃爆点时，发生了氯酸钠初始爆炸并引发了后续爆炸和燃烧。

2 事故暴露出的其他问题

（1）车辆联网联控监管不力，涉事企业车辆动态监控中心对超速行驶报警等未采取措施。

（2）为逃避监管，涉事驾驶员将危险货物运输车伪装成普通货车进行运输，在危险货物运输车禁止通行的时段进入高速公路行驶。

（3）危险化学品未妥善包装装载，氯酸钠包装塑料袋未按要求进行组合包装，单个包装袋质量达1t，未采取有效防挤压摩擦、防高温措施。

（4）驾驶员及押运员处置不当，在轮胎起火情况下将存在爆炸危险的车辆驶入隧道，加重了事故后果。

拓展知识

一、超速行驶的形成原因

超速行驶主要是由于驾驶员主观原因造成的违法驾驶行为。

1.急躁心理

当驾驶任务过重、行车计划发生改变、临近夜晚、天气突变、乘客催促或受经济利益驱使等的影响，驾驶员会产生急躁心理，在这种心理状态下，驾驶员往往会超速行驶。

2.争强好胜心理

部分驾驶员，尤其是年轻驾驶员，普遍存在不同程度的争强好胜心理，盲目超速行驶，以此炫耀车技。

3.麻痹和侥幸心理

部分驾驶员会在比较熟悉的路段或视线良好的平直道路上产生麻痹和侥幸心理，不自觉地超速行驶。

二、超速行驶的危害

超速行驶使得驾驶员的视野变窄、动视力下降，与此同时，车辆的行驶稳定性下降、制动距离增加，在转弯时易产生侧滑、侧翻，严重危害行车安全。

1.行驶稳定性下降

车辆的行驶稳定性与车辆的结构及行车速度直接相关，车辆转弯时的速度越高，离心力越大，速度增加1倍，离心力增加3倍，较大的离心力易引起车辆侧滑和侧翻。

汽车的行驶稳定性是指汽车行驶过程中，在外部因素作用下，汽车保持正常行驶状态和方向，不致失去控制而产生滑移、倾覆等现象的能力。影响汽车行驶稳定性的因素主要有汽车本身的结构参数、驾驶员的操作技术以及道路与环境等外部因素。当车辆以一定的速度转弯，转向盘的转角保持不变时，车辆行驶的圆周半径保持不变。此时，如果车辆逐渐加速，将会出现3种特性：向外跑偏、不跑偏、向内跑偏，分别称为不足转向特性、中性转向特性和过度转向特性，如图8-3所示。

a) 不足转向特性

b) 过度转向特性

图 8-3　汽车的行驶稳定性

2.制动距离增加

车辆的制动距离与车速相关，高速行驶的车辆，其制动距离会明显增加，易引发交通事故。以某危险货物运输车为例，驾驶员的反应时间以0.8s计算，车速与制动距离的对应关系如图8-4所示。

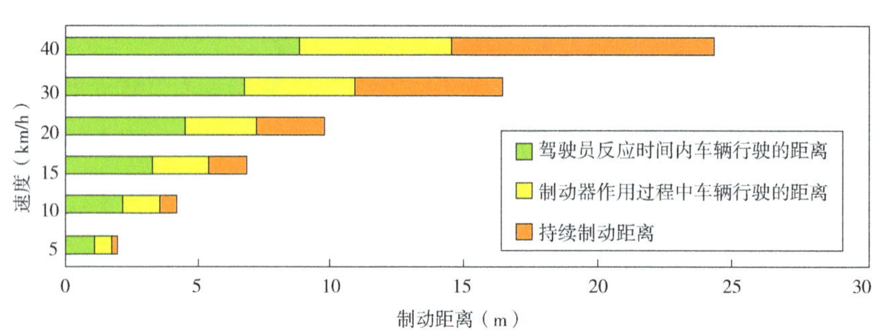

图 8-4　车速与制动距离

3.动视力下降

动视力是指车辆在行驶过程中，驾驶员能够看清物体的最远距离。驾驶员的动视力与车速有密切的关系，车速越高，动视力下降越快。研究表明，车速为40km/h时，驾驶员可以观察清楚前方200m以内的物体；当车速为100km/h时，驾驶员只能观察清楚前方160m以内的物体。车速与动视力关系如图8-5所示。

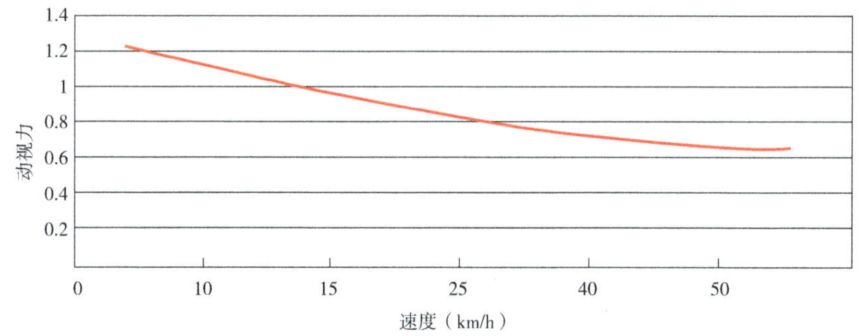

图 8-5　车速与动视力曲线图

4.视野范围变窄

车辆在行驶过程中，驾驶员的视野会随着车速的增加而变窄。研究表明，车速为40km/h时，驾驶员可以观察到90°～100°（视野度）范围内的物体；当车速为105km/h时，驾驶员只能观察到40°以内的物体。

5.超速行驶时轮胎压力较大

重型车辆因长距离制动会导致轮胎过热自燃，一起起惨痛的教训让社会更加关注制动安全，液力缓速器在近几年得到了快速推广，而电涡流缓速器因其工作原理的原因，运行时会产生大量的热量，现有的防护措施不易完全消除其影响。在运输危险化学品过程中对温度敏感性较高，故危险货物运输车辆禁用电涡流缓速器。目前，有助于防范制动事故的配置，例如散热性能更好的盘式制动器，胎压监控、爆胎应急安全防护装置等虽然在危险货物运输车辆上投入使用，但是远远不能避免因超速带给重型车辆的轮胎、车身结构的压力。

三 案例警示

提高驾驶员的安全意识、保持良好的心态、做好行车前的规划，有效预防驾驶员的超速违法驾驶行为，对于保障行车安全至关重要。

1 增强安全意识

超速行驶不仅是不安全驾驶行为，更是违法驾驶行为。驾驶员要有高度的安全意识和社会责任感，树立“以人为本，安全至上”的职业道德和行为规范，规范驾驶行为，杜绝超速行驶。

2 调整好心态

驾驶员要调整好心态，在行车过程中不能争强好胜、麻痹大意或心存侥幸，应始终保持谨慎的态度。

3 做好行车前的规划

驾驶员在行车前应规划好行车路线、行车时间，避免因为行驶路线不熟悉、时间紧迫等客观原因而超速行驶。

四 预防措施

超速行驶是造成道路交通事故最主要的原因，杜绝超速行驶对于预防道路交通事故具有极为重要的意义。道路运输企业应建立驾驶员的违法管理制度，加强驾驶员的安全培训教育，杜绝超速驾驶行为。

（1）道路运输企业应健全驾驶员安全管理责任制度，严禁驾驶员超速驾驶。超速行驶会造成车辆的行驶稳定性下降，引起驾驶员的视觉机能下降，属于违法驾驶行为，道路运输企业应建立相应的安全管理责任制度，惩处驾驶员的违法驾驶行为，应充分利用“道路运输车辆卫星定位系统动态监控平台”对车辆实施动态监管，及时提醒和纠正车辆的超速违法驾驶行为。

（2）道路运输企业应加强对驾驶员的安全培训教育，杜绝超速行驶。道路运输企业应加强驾驶员的职业道德教育（如安全理论和法律知识的学习等），提高驾驶员的安全意识和法律意识，让驾驶员充分认识到超速行驶对行车安全的危害，从根本上杜绝超速行驶。

（3）充分发挥全社会对超速驾驶行为的监督作用。超速行驶在各种事故原因中居于首位，道路运输安全管理部门应通过社会宣传，让全社会认识到超速行驶的危害。充分发挥人民群众的安全监督作用，车辆超速行驶时，群众可对驾驶员进行提示、提醒或通过安全监督电话进行举报等。

第三节 道路运输酒驾、药驾、毒驾事故案例分析

酒驾、药驾、毒驾被认为是人类社会的公害，饮酒、服用禁用药品、吸毒后能抑

制人的中枢神经系统，使其感知能力和驾驶能力被严重削弱，给道路交通安全带来重大隐患。

一 案例描述

图 8-6　事故现场图

2017年7月，驾驶员王某于中午12时和朋友聚餐，吃饭时碍于朋友相劝便喝了3瓶啤酒。下午3时驾驶危险货物运输车辆从山东省东营市化工园区出发，当车辆行驶至园区岔路口时，驾驶员王某因饮酒后反应迟钝未及时采用制动，追尾前方一辆等待红灯的油罐车，致使油罐车起火泄漏。事故造成2人轻微烧伤，1辆油罐车、周边绿化带和标志牌烧毁，直接经济损失76万元，事故现场如图8-6所示。

二 案例分析

1 事故原因

本案例中，危险货物运输车驾驶员王某于中午12时饮酒，下午3时接到出车任务驾车出发。随后在行车中操作反应迟钝，操作不当，致使车辆追尾并起火燃烧。警方表示，驾驶员王某饮酒后驾车是造成事故的直接原因，负事故全部责任。

2 事故暴露出的其他问题

（1）危险货物运输车所属道路运输企业对车辆的安全管理存在漏洞。本起事故中，危险货物运输车所属运输企业将车辆承包给个人经营，在驾驶员饮酒的情况下，未采取强制措施停止该车辆运行，属于未实施有效监督管理。

（2）危险货物运输车所属道路运输企业对驾驶员的管理不到位。所属道路运输企业未建立驾驶员管理档案，未对驾驶员、押运员进行上岗安全培训，属于未实施有效监督管理。

拓展知识

一、常见毒品及对人体的危害

毒品可分为天然毒品、半合成毒品和合成毒品。天然毒品是直接从毒品原植物中提取的毒品，如鸦片；半合成毒品是由天然毒品与化学物质合成而得，如海洛因；合成毒品完全用有机合成的方法制造，如冰毒、氯胺酮（K粉）、摇头丸等，常见毒品及危害见表8-1。

常见毒品及危害　　表 8-1

海洛因	强效镇痛药物	白色结晶粉末	使用初期会感觉愉快安静，但无法集中精力，甚至产生梦幻现象；吸食 12h 后导致人精神紧张、无法入睡、出汗、肠胃不适、四肢疼痛及痉挛
可卡因	麻醉性药物	白色晶体状，无臭，味苦而麻	吸食几秒钟至几分钟后产生兴奋感、心情激动、心跳加速，“快感”之后会感到沮丧，影响神经系统的正常反应
氯胺酮（K 粉）	麻醉性药物	白色粉末状固体物质，不能燃烧	服用后会出现梦境、幻觉、躁动不安、噩梦及谵语等精神症状
大麻（白麻）	医学用作止痛剂	掌状复叶的一种年生草本植物	吸食大麻产生迷幻效果，出现幻觉，动作反应迟缓，运动协调性变差
吗啡	镇痛和麻醉性药物	白色的针状结晶或结晶性粉末，味苦有毒，无臭	容易疲倦，想睡觉，情绪不稳，精神错乱，并有恶心、呕吐和呼吸抑制现象
鸦片（大烟）	镇痛和麻醉性药物	呈黑色或褐色，有氨味，味苦，气味强烈	初期吸食时致欣快感，无法集中精力，产生梦幻、幻觉现象；长期使用后停止吸食则会出现不安、流泪、易怒、发抖、打冷战等现象
冰毒	镇痛和麻醉性药物	微带苦味，呈白色或无色，为结晶体或粉末状	长期吸食冰毒会出现被害妄想、幻觉、严重抑郁、疲劳和激怒等精神症状
摇头丸	精神科药品，兴奋剂	圆形、方形、棱形等形状的片剂，呈白色、灰色、蓝色、绿色等多种颜色	服用后会出现精神亢奋、情绪失控、视听幻觉、缺乏注意力及专注力等现象

二、常见药品及对人体的危害

世界卫生组织列出了7大类在服用后可能影响安全驾驶的药品，并提出在服用上述药品后应禁止驾车。这7大类药品包括：对神经系统有影响的催眠药物、有恶心呕吐反应或变态反应的药物、止痛类药物、兴奋剂、治疗癫痫的药物，以及抗高血压药物和降血糖药物等。

临床上服用后会影响驾车的药物多达十几类，多是用于治疗一些常见疾病的，其中最常见的是感冒药。由于这些药物中含有抑制中枢神经的成分，人在服用后会产生嗜睡、头晕、反应迟钝等不良反应，这些因素将严重影响驾驶员的驾车安全。药物都具有确定的剂量和用药的对象，从药理学角度看某些药物对神经系统的影响强度超过了酒精，甚至一些中药乃至保健品也可能影响到交通安全。一份致命性交通事故中用药情况的调查表明：吃扑尔敏等抗组胺药（感冒常用药）的事故率达72%；而吃抗抑郁和镇静剂的人，事故率达97%。

三 案例警示

近年来，酒驾、药驾、毒驾所引发的交通事故呈上升态势，对道路交通安全的影响日益突出，如何杜绝酒驾、药驾、毒驾是确保交通安全的关键。

1 酒驾、药驾、毒驾的危害

驾驶员饮酒、摄入禁用药物或吸食毒品后，感知能力和驾驶技能下降，甚至出现异常驾驶行为，严重危害行车安全。

1 感知能力下降

饮酒、摄入禁用药物或吸食毒品后，驾驶员短时间内出现高度亢奋的状态，随后失去意识，此时极易出现嗜睡、幻觉、妄想等情形，表现为感知障碍、感知能力和判断能力下降、无法控制自己的行为，往往出现操作异常。

2 操作技能下降

饮酒、摄入禁用药物或吸食毒品后，脑神经对肌肉的支配能力及小脑的平衡能力下降，会引起反应迟钝、动作变慢、操作准确性下降。研究表明，驾驶员吸食禁食品后驾驶机动车，反应时间比正常驾驶员慢21%，遇到突发情况时往往处置不及时。

2 酒驾、药驾、毒驾的整治措施

近年来，随着酒驾、药驾、毒驾的违法行为逐渐增加，我国对酒驾、药驾、毒驾的治理措施也陆续出台，管控力度不断加大。

1 酒后驾车处罚

饮酒后驾驶机动车的，处暂扣6个月机动车驾驶证，并处1000元以上2000元以下罚款。

因饮酒后驾驶机动车被处罚，再次饮酒后驾驶机动车的，处10日以下拘留，并处1000元以上2000元以下罚款，吊销机动车驾驶证。

饮酒后驾驶营运机动车的，处15日拘留，并处5000元罚款，吊销机动车驾驶证，五年内不得重新取得机动车驾驶证。

2 醉酒驾车处罚

醉酒驾驶机动车的，由公安机关交通管理部门约束至酒醒，吊销机动车驾驶证，依法追究刑事责任；五年内不得重新取得机动车驾驶证。

3 如何避免药驾

（1）看病时，请医生尽量避免使用会对驾驶员产生不良影响的药物。

（2）仔细阅读药品的说明书或是商品标签，特别是“用量、禁忌症和副作用”等。

（3）不可超剂量用药。

（4）对已知有不良反应，但不得不吃的药，开车前要减半量服用，等休息时再补足全量。

（5）等药效消除得差不多后，再开车上路。

四 预防措施

从驾驶员个体角度来看，毒品、饮酒危害个人身体健康；从运输企业管理角度来看，酒驾、药驾、毒驾危害公共安全，影响社会和谐，预防酒驾、药驾、毒驾，企业有责。道路运输企业要加强防范相关宣传教育，提高驾驶员的安全意识，加强驾驶员的安全监管工作，配合道路运输安全相关管理部门的指导，共同创造安全的驾驶环境。

（1）道路运输企业要加强对运输驾驶员的源头监管。道路运输企业要加强对驾驶员的管理，可在报班审核中加入有关酒驾、药驾、毒驾的检测程序，确保驾驶员无酒驾、药驾、毒驾行为。

（2）提高驾驶员的安全意识和社会责任感。加强对驾驶员防范酒驾、药驾、毒驾的安全培训教育，增强驾驶员防范酒驾、药驾、毒驾的安全意识；培养驾驶员的社会责任感，使驾驶员担负起维护公共安全的社会职责，从根本上拒绝酒驾、药驾、毒驾。

（3）加强防范毒品、预防酒驾、药驾、毒驾的社会宣传。可通过视频、图片等多种呈现形式，再现酒驾、药驾、毒驾导致人员伤亡、财产损失、家庭破裂的案例，向全社会广泛宣传毒品、酒精的危害，酒驾、药驾、毒驾的危害，提高全社会的安全意识。

第四节　道路运输疲劳驾驶、分心驾驶事故案例分析

疲劳驾驶会导致驾驶员驾驶机能下降，一旦遇到突发事件，不能及时采取正确的应急处置措施，易引发道路交通事故。从近几年发生的道路交通事故情况来看，部分驾驶员依然无视事故教训，存在疲劳驾驶行为，以致引发重大恶性交通事故。

一 案例描述

2017年8月16日凌晨3时许，驾驶员张某驾驶装载危险化学品芳烃的槽罐车从山东省青州市运往陕西宝鸡，车辆行至G30高速公路眉县段时，张某因疲劳驾驶致使车辆冲越高速隔离带，罐体侧翻破裂、危险化学品芳烃泄漏，G30高速公路杨凌至宝鸡西段双向中断12h，造成车损、路损等各项经济损失39万余元的重大事故，事故现场如图8-7所示。

图 8-7　事故现场图

二 案例分析

1 事故原因

槽罐车驾驶员张某因前夜刚从外地赶到家中，后临时接到出车任务，在没有充足睡眠的情况下疲劳驾驶危险货物运输车，行车中未及时采取安全措施，是导致此次事故的主要原因。

2 事故暴露出的其他问题

槽罐车所属道路运输企业对驾驶员的安全管理不到位，车辆联网联控监管不力。本起事故中，卫星定位系统显示疲劳驾驶报警116次，而所属道路运输企业未对驾驶员行车过程进行有效监督管理，使得驾驶员张某继续疲劳驾驶并驶入高速公路的违法行为未能得到及时纠正。

拓展知识

据统计，2018年我国发生因疲劳驾驶、分心驾驶导致的营运车辆交通事故高达700余起，共造成400多人死亡。疲劳驾驶、分心驾驶已成为影响道路交通安全的重要因素之一。

一、疲劳驾驶的表现形式

疲劳驾驶对道路运输安全具有潜在风险。驾驶员处于疲劳状态时，会出现视线模糊、困倦、瞌睡等现象，造成驾驶员动作呆板、注意力不集中、驾驶技能下降。不同疲劳等级对应的疲劳表现形式见表8-2。

疲劳驾驶的表现形式　　表 8-2

疲 劳 等 级	疲劳表现形式
轻微疲劳	频频打哈欠，眼皮沉重，肌肉麻木
中度疲劳	瞌睡，走神；眼睛发涩，有疼痛感；脊椎疲劳，腰酸背痛
重度疲劳	瞬间意识模糊，控制不住地打盹

二、疲劳驾驶、分心驾驶的形成原因

由于驾驶工作的复杂性，疲劳驾驶、分心驾驶与驾驶员的生理机能（年龄、性别、性格、身体条件、驾驶经验）、生活习惯（睡眠、饮食）、行驶条件（道路环境、车内环境）等诸多因素相关。

1.生理机能

驾驶时间过长，会使驾驶员肌肉内部产生超负荷的乳酸堆积，从而使驾驶员出现生理疲劳。轻微疲劳时，受意志力等因素的影响，驾驶员还可以较好地完成运输任务，若在较长的一段时间内，驾驶员不能有效地缓解疲劳，会使疲劳程度不断累加，从而引发注意力不集中，驾驶机能下降，产生分心驾驶，严重影响行车安全。

2.生活习惯

生活习惯不健康，睡眠、饮食、作息不规律，睡眠时间不足、睡眠质量不高，食用易导致嗜睡的食物等，都可能导致驾驶员在行车过程中出现疲劳状态。

3.道路环境

驾驶员疲劳驾驶程度与行车的道路环境密切相关。如高速公路行车环境相对简单，驾驶任务比较轻松，在相对单调的行车环境中，驾驶员容易麻痹大意、注意力不集中，引起分心驾驶；山区道路则由于道路环境复杂多变，驾驶员处于精神高度集中状态，需要根据道路环境变化，频繁地进行制动、转向等驾驶操作，繁重的劳动强度也容易引起驾驶员疲劳驾驶。

三 案例警示

疲劳驾驶使得驾驶员信息感知能力和安全操作能力等驾驶技能下降，严重影响行车安全。

1 感知能力下降

行车中，驾驶员要不断地感知周边车辆及交通信息，对其他物体的相对距离、行驶速度进行判断和估计，以便采取不同的应对措施。疲劳驾驶时驾驶员的感知能力下降，主要表现为驾驶员对空间距离、障碍物的远近距离和车速不能作出准确判断。

2 安全操作能力下降

行车中，驾驶员经常会遇到各种复杂的交通环境，这就要求驾驶员不仅要反应迅速，而且还要操作准确。驾驶员的专注程度与安全操作能力密切相关，疲劳驾驶、分心驾驶时驾驶员的选择反应能力下降、错误操作次数增加、二者的对应关系如表8-3所示。

疲劳程度、分心时长与安全操作的影响　　表 8-3

疲劳程度等级、分心时间长短	对安全操作能力的影响
轻微疲劳、短时间分心	换挡不及时、不准确
中度疲劳、分心时间 1min 左右	操作动作迟缓，有时甚至会忘记操作
重度疲劳、长时间分心	下意识操作或出现短时间睡眠，严重时会失去对车辆的控制能力

四 预防措施

有效预防和避免驾驶员的疲劳驾驶、分心驾驶行为，对于保障行车安全至关重要。

驾驶员可以通过严格控制驾驶时间、养成良好的驾驶习惯和生活习惯等方式方法，预防和避免疲劳驾驶、分心驾驶。

1 严格控制驾驶时间

道路运输企业及驾驶员要合理安排运输任务和行车时段，在行车过程中驾驶员要严格执行连续24h累计驾驶时间不超过8h、日间连续驾驶时间不超过4h、夜间连续驾驶时间不超过2h、每次停车休息时间不少于20min的规定。

2 养成良好的驾驶习惯

驾驶员要养成良好的驾驶习惯，不能疲劳驾驶。行车中，当驾驶员注意力不集中时，意味着驾驶员安全驾驶能力开始下降，此时应将车辆停靠在安全区域，进行调整和休息。

3 养成良好的生活习惯

驾驶员要养成良好的运动习惯，积极参加有益的锻炼活动，保持健康的身体；营造和谐的家庭氛围，保持愉悦的心情；保障充足的睡眠时间和良好的睡眠质量，建议每天睡眠时间为7～8h。

第五节 道路运输机械故障事故案例分析

车辆技术状况是安全行驶的前提，做好车辆维护是保持车辆技术状况良好、消除故障及其隐患以及延长车辆使用寿命的有效保障。然而，有些道路运输企业及驾驶员却对车辆维护工作不以为意，不按标准要求进行正常车辆维护，使得车辆的安全隐患未得到及时消除，最终酿成交通事故。

一 案例描述

2018年6月1日，驾驶员孙某驾驶一辆运载类硝酸的危险货物运输车在沈海高速公路福建方向萧江路段发生起火事故，事故现场如图8-8所示。

图 8-8 事故现场图

经过高速公路交警和消防人员两个多小时的连续奋战，大火被彻底扑灭，事故无人员伤亡，危险化学品未发生泄漏，事故共造成危险货物运输车损毁，道路及绿化带烧毁严重，直接经济损失52万元。

二　案例分析

1 事故原因

危险货物运输车电路存在问题，驾驶员行驶途中未观察到车身异样，等闻到异味时车辆已发生自燃，电路存在问题导致车辆自燃起火是导致本次事故的主要原因。

2 事故暴露出的其他问题

危险货物运输车所属道路运输企业未能督促驾驶员严格执行日常车辆维护制度，做好车辆发车前、行车中、收车后的例行检查。导致车辆自燃的原因见图8-9。

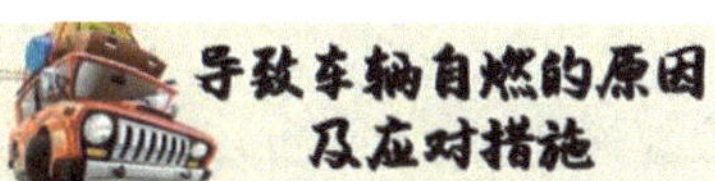

1. 电路老化。
措施：定期检查电路，如果电线出现胶皮老化、电线发热等情况，应及时修理。
2. 不正确地改造电路。
措施：尽量少改变车辆电路。
3. 长期不清理发动机。
措施：勤检查，发现发动机舱或接线柱脏了，应及时清理。
4. 油路泄漏。
措施：定期检查油路，发现问题及时更换，保持发动机整个系统整洁干净。
5. 静电导致起火。
措施：平时注意放电，比如买一个放电棒，座套或者穿衣服等，应多选用纯棉质地。

图 8-9　车辆自燃的原因

三　案例警示

2018年，我国重特大道路交通事故统计结果表明，涉及车辆故障的事故占事故总数的50%，其中，与车辆制动性能故障相关的事故占绝大多数，电路引发自燃的事故也时有发生。如何在行车前进行必要的安全检查和车辆日常维护尤为关键。

1 车辆的安全检查及维护

车辆使用过程中，驾驶员除按照机动车生产企业的要求进行车辆维护外，还应执行道路运输管理部门制定的车辆维护制度，包括日常检查和维护、一级维护和二级维护。《汽车维护、检测、诊断技术规范》（GB /T 18344）对车辆的维护内容作出了详细的规定，内容见表8-4。

汽车维护主要内容　　表 8-4

项　目	内　容
日常维护	以清洁、补给和安全检视为作业中心内容，由驾驶员负责执行
一级维护	除日常维护作业外，以清洁、润滑、紧固为作业中心内容，并检查有关制动、操纵等安全部件，由维修企业负责执行
二级维护	除一级维护作业外，以检查、调整转向节、转向摇臂、制动蹄摩擦片、悬架等经过一定时间的使用容易磨损或变形的安全部件为主，并拆检轮胎，进行轮胎换位，检查调整发动机工作状况和排气污染控制装置等，由维修企业负责执行

从表8-4中可以看出，车辆的日常维护由驾驶员负责完成，一级维护和二级维护由维修企业负责完成。车辆日常维护由驾驶员在每日出车前、行车中和收车后负责执行，主

要作业内容有以下三个方面：

（1）对汽车外观、发动机外表进行清洁，保持车容整洁。

（2）对汽车各部润滑油（脂）、燃油、冷却液、制动液、各种工作介质、轮胎气压进行检视补给。

（3）对汽车制动、转向、传动、悬架、灯光、信号等安全部位和位置以及发动机运转状态进行检视、校紧，确保行车安全。

2 车辆常见故障处理

车辆故障是指车辆机件和电气设备部分或完全失去工作能力，致使车辆不能正常运行的现象，车辆在发生故障后如果能够及时处置，对于保障行车安全具有重要意义。车辆常见故障见表8-5。

车辆常见故障及特征　表 8-5

序号	故障现象	特　征
1	异响	总成或零部件在运行中产生的不正常响声
2	泄漏	有密封要求的部位出现漏气、漏液
3	过热	总成或零部件在运行中温度超过规定值
4	失控	总成或零部件在运行中出现操纵失灵、无法控制的现象
5	乏力	运行中，出现动力明显不足的现象
6	费油	燃油、润滑油消耗过高
7	振抖	运行中产生不正常的自身抖动
8	污染	运行中产生的有害排放物和噪声超过限值

四 预防措施

车辆故障是道路运输安全的潜在风险，加强车辆的安全检查、提高驾驶员的故障处置能力，对于提高道路运输安全水平具有重要意义。道路运输企业应严格落实车辆的安全检查制度，保障车辆技术状况良好。

（1）道路运输企业应建立健全并严格落实有关车辆安全检查和维护制度。

道路运输企业要严格落实道路运输车辆的安全检查和维护制度，严防“重形式，走过场”的行为，杜绝安全检查不合格、维护不到位的运输车辆继续从事运输经营。

（2）道路运输企业应加强驾驶员的安全培训教育。道路运输企业应通过驾驶员的安全培训，使驾驶员认识到车辆安全检查和车辆维护的重要意义，督促驾驶员做好车辆的日常安全检查工作。

第六节 道路运输不按规定停车事故案例分析

时下，由于安全意识欠缺和对有关法律法规知识的一知半解，一些驾驶员在行车途中因车辆故障或临时有事时随意停车，往往容易诱发交通事故。而在事故发生后，个别驾驶员不是积极抢救伤者、及时报警，而是擅自驾车离开现场。事故的不当处理不仅给受害方身体带来伤害，也给精神上带来更大的伤害。

一 案例描述

2012年6月29日，广深沿江高速公路发生一起中型自卸货车与危险货物运输车追尾相撞的交通事故，追尾碰撞导致危险货物运输车装载的54.22t 溶剂泄漏，泄漏溶剂迅速流淌至高速公路高架桥下方周边的货物堆场、工棚，挥发的可燃气体与空气混合形成爆炸性的混合气体，遇桥下过往机动车产生的火花，引起连环爆燃，事故共造成20人死亡、31人受伤，直接经济损失约4600万元，过火面积1396m^2，事故现场如图8-10所示。

图 8-10　事故现场图

二 案例分析

1 事故原因

（1）危险货物运输车在高速公路上违法停车，停车地点不当。违反了《道路交通安全法》的有关规定，是造成本次特大事故的最根本原因。

（2）后方驶来的自卸货车驾驶员未能及早观察、及时处理情况，导致车辆追尾，危险货物运输车侧翻，危险化学品溶剂泄漏，是造成本次特大事故的主要原因。

2 事故暴露出的其他问题

（1）危险货物运输车所在公司安全生产管理责任落实不到位，使用不符合国家标准的危险货物运输车，车辆实际外廓尺寸与行驶证所载不相符，罐体装卸口未设置阀门箱、密封式集漏器和紧急切断装置，并涉嫌伪造道路运输证，导致车辆严重超载。

（2）相关公路管理机构涉事路政大队未采取有效措施及时发现、制止广深沿江高速公路夏港高架桥下公路用地范围内停放汽车、违法占地等行为，导致了大量人员在高速公路建筑控制区及周边区域范围内搭建非法建筑物，生产并居住，形成事故隐患。

三 案例警示

每年我国重特大道路交通事故统计结果表明，车辆不按规定停车的事故占事故总数居高不下，其中大部分由于驾驶员安全意识欠缺和对有关法律法规知识的一知半解。发生突发情况时，安全地停放车辆、处置现场是避免发生二次事故的关键。

1 违规停车的处罚

《中华人民共和国刑法》第一百三十三条规定：违反交通运输管理法规，因而发生重大事故，致人重伤、死亡或者公私财产遭受重大损失的，处三年以下有期徒刑或者拘役。交通运输肇事后逃逸或者有其他特别恶劣情节的，处三年以上七年以下有期徒刑。因逃逸致人死亡的，处七年以上有期徒刑。

法规链接

《中华人民共和国道路交通安全法》第七十条规定，在道路上发生事故，车辆驾驶员应当立即停车，保护现场，造成人身伤亡的，车辆驾驶员应当立即抢救受伤人员，并迅速报告执勤的交通警察或者公安机关交通管理部门。因抢救受伤人员变动现场的，应当标明位置。

2 行车前安检，防途中故障

临时停车的情况大部分是因车辆运行中出现各种故障，因此在出车前驾驶员一定要对车辆进行安全检查，平时更要注意对车辆加强维护，以避免和减少途中突发故障。

如果车辆突发故障或者发生轻微事故，记得先把危险报警闪光灯打开，在快速拍照取证后把事故车辆开至应急车道，并把三角警告牌设置在事故车后150m以外，人要撤离到护栏外面，尽快报警求助。如果车辆不能移动，也记得要设置三角警告牌，这是每个驾驶员的责任和义务。三角警告牌设置如图8-11所示。

图 8-11　三角警告牌的摆放

四 预防措施

（1）道路运输企业要加强驾驶员的安全培训教育，提高驾驶员的风险防范意识和安全行车意识。当因故障或有事情而需要停车时，切勿莽撞随意。要严格按照《中华人民共和国道路交通安全法》的有关规定，将车辆安全停放。

（2）加强对不按规定停车的危害的社会宣传。道路运输安全相关管理部门应向社会广泛宣传不按规定停车的危险性和后果，使人们认识到不按规定停车的风险及其危害，提高全社会的安全意识，从根本上保障行车安全。

第七节　道路运输闯红灯事故案例分析

道路交通事故归根结底是人、车、路、环境四个方面的因素失去平衡所造成。因闯红灯造成的严重交通事故比比皆是，有时候就是一次疏忽大意造成了不可挽救的后果。

一 事故概括及经过

2007年6月19日，安徽省六安市城北工业园区发生一起交通事故，一辆载有约15t甲醇的槽罐车与一辆货车相撞，导致甲醇泄漏起火燃烧。事故造成了货车驾驶员重伤，2辆汽车烧毁，公路旁200m 绿化带烧毁，直接经济损失170余万元。事故现场如图8-12所示。

图 8-12　事故现场图

二 事故调查结果

1 事故原因

根据事故调查结果显示，事故车辆运营手续齐全，没有超载，而大货车事故发生时是空载。本案例中槽罐车在交叉路口时未按照交通信号灯行驶是该起事故的直接原因。

② 事故暴露出的其他问题

（1）槽罐车、货车驾驶员安全意识淡薄。本起事故中，两车驾驶员在行驶至公路交叉路口时，均未减速慢行，观察不充分。

（2）槽罐车所属道路运输企业安全管理不到位。槽罐车所属道路运输企业未通过“道路运输车辆卫星定位系统动态监控平台”对车辆实施有效监控，未能及时提醒和纠正驾驶员的违法行为。

拓展知识

闯红灯的原因

一些人缺乏交通安全意识、遵纪守法意识，缺乏对交通违法行为的正确认知，不重视国家相关法律法规，进而出现闯红灯的情况。

法规链接

根据相关法律规定，如果行人的行为违反了《道路交通安全法》且机动车已经采取必要处置措施，应减轻机动车一方的责任。

三 案例警示

根据《中华人民共和国道路交通安全法》第二十六条：交通信号灯由红灯、绿灯、黄灯组成。红灯表示禁止通行，绿灯表示准许通行，黄灯表示警示。闯红灯，全称是机动车违反道路交通信号灯通行，根据《中华人民共和国道路交通安全法》规定将罚款200元，扣6分，即使是如此严厉的惩罚，还是不能制止部分车主的违法行为，闯红灯已成为影响道路交通安全的重要因素之一。

① 对道路交通安全的影响

1 破坏通行规则

交通信号灯的主要作用是科学分配车辆、行人的通行权，使之安全、有序通行，其重要性不言而喻，闯红灯严重破坏了路权分配规则。

2 发生交通事故概率高

无论是行人、非机动车还是机动车的闯红灯行为都会增加路口交通冲突，增加事故发生概率，危害极大。

3 导致交通无序

“中国式过马路”等媒体热词折射出全民交通法治意识的缺失，行人和非机动车视法律为儿戏，随意闯红灯，既破坏了社会公共秩序，也极大损害了社会文明风尚。

4 控制信号灯的作用

如图8-13所示，在交叉路口设置控制信号，可在时间上分离通过交叉路口的车流，减少交通冲突点个数，提高交叉路口的通行能力和交通安全性能。

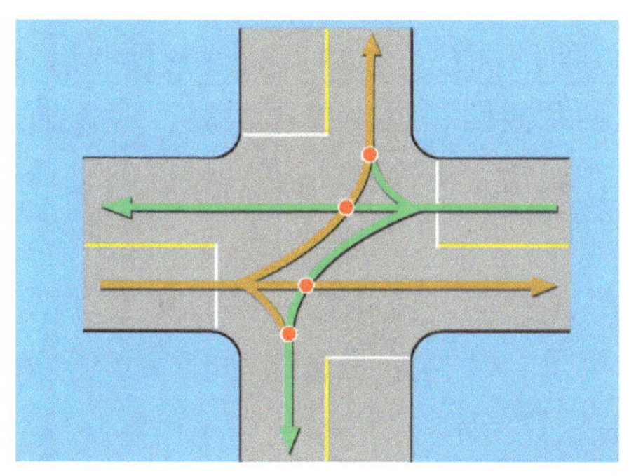
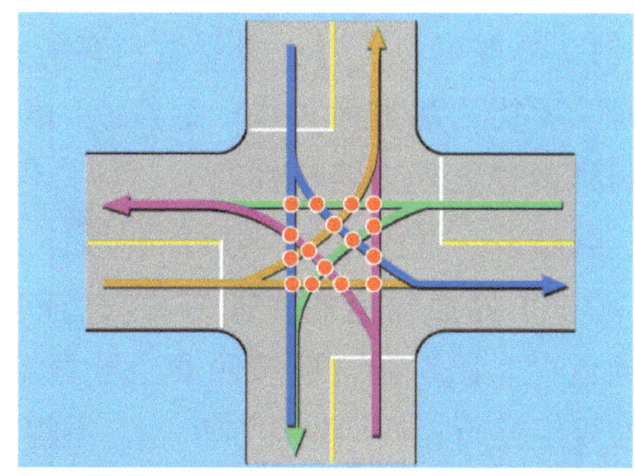

图 8-13　控制信号灯的作用

2 六种闯红灯情况

1 遇红灯过线即停车

如果车辆在红灯时只是刚刚越过停止线，但立即停住了，这种行为不算闯红灯，要是越过停止线后还有明显的位置移动，就要被处罚。电子眼拍摄闯红灯的3张照片为：车辆驶过停止线、车辆驶到路口中间以及到达对面路口。只有当这3张照片齐备时，才会被认定为闯红灯。

2 交警指挥下闯红灯

当信号灯与交警手势发生冲突时，机动车驾驶员要服从现场交警的现场指挥。如果因交警现场指挥“被闯红灯”，驾驶员可以到事发地交警大队开具调流证明，免于处罚。

3 遇红灯车身全越线停车

如果车辆全身越过停止线后没再继续移动，这样并不算闯红灯。但这种情况是越线停车，根据《道路交通安全违法行为记分分值》第4条第1项，“驾驶机动车行经交叉路口不按规定行车或者停车的，一次扣2分”。

4 越线停车后又倒车

机动车不得在铁路道口、交叉路口、单行路、桥梁、急弯、陡坡或者隧道中倒车。如果违规倒车，可处警告或者二十元以上二百元以下罚款。

5 跟大车后“误闯”红灯

驾驶员要保持足够的视野范围，要以能看到前方的信号灯、保证安全制动距离为标准。一般情况下，机动车跟在大型车辆后面被拍，都是因为过路口抢信号灯通行。这种行为按闯红灯予以处罚。

6 闯黄灯经过路口

交警部门表示，按《中华人民共和国道路交通安全法实施条例》规定，路口黄灯亮时，已经越过停止线的车辆可以继续通行。

四 预防措施

交叉路口行车环境复杂，受视距、控制信号、交通标志的影响，行车风险较多，是交通事故的多发地点之一，驾驶员要减速慢行，避免事故发生。

（1）驾驶员行车过程中要做到有箭头指示灯时看箭头指示灯，否则看圆灯；红灯亮时，车头不得再越过停止线；绿灯刚闪时，车辆距离路口近且速度快时，应该通过，距离路口远或速度慢或路口拥塞时，应该停止；在城市中开车，养成只要见到斑马线或停止线、遇路口，就找交通信号灯的习惯。

（2）道路运输企业要加强驾驶员的安全培训教育，提高驾驶员的安全意识。驾驶员在通过交叉路口时，应按照安全教育培训的要求，严格按照交通标志、交通标线的指示，按规定让行；应严格控制车速，不得违反信号灯指示。

第八节 道路运输应急处置不当事故案例分析

驾驶员的应急处置能力是驾驶员自身素质和业务水平的重要体现，是影响车辆安全运行的重要因素，与行车安全直接相关。驾驶员应注重应急避险能力的培养和提升，否则，在车辆遇到突发情况时处置不当，极易造成道路交通事故。

一 案例描述

2014年3月1日，驾驶员汤某和押运员冯某驾驶危险货物道路运输铰接列车B，行驶至岩后隧道（沿晋济高速公路由北向南）右洞入口以北约100m处时，变道进入岩后隧道，停车等候时，被同样变道进入隧道，由驾驶员李某和押运员牛某驾驶的运输危险货物道路铰接列车A追尾，造成前车尾部的防撞设施及卸料管断裂、甲醇泄漏，后车前部损坏。

图 8-14 事故现场图

两车追尾碰撞后，B车押运员冯某下车观察，发现B车左侧尾部甲醇泄漏。私下协商后，冯某要求汤某向前移动车辆，随后发现地面泄漏的甲醇已起火燃烧。甲醇形成流淌火迅速引燃了两辆事故车辆和隧道内滞留的其他车辆，造成40人死亡、12人受伤和42辆车烧毁，直接经济损失8197万元。事故现场图如图8-14所示。

二 案例分析

1 事故原因

肇事车辆危险货物道路运输铰接列车A在隧道内追尾危险货物道路运输铰接列车B，

两车驾驶员私下协商后起动车辆，进而引燃泄漏的甲醇，是此次事故的主要原因。

危险货物道路运输铰接列车A准牵引总质量37.6t，小于罐式半挂车的整备质量与运输甲醇质量之和（38.34t），存在超载行为。超载影响车辆制动，导致车辆追尾，是此次事故的次要原因。

② 事故暴露出的其他问题

（1）肇事车辆危险货物道路运输铰接列车A所属企业，安全生产主体责任不落实。

该企业从业人员安全培训教育制度不落实，驾驶员和押运员习惯性违章操作，罐体底部卸料管根部球阀长期处于开启状态。另外，肇事车辆在行车记录仪于2014年1月3日发生故障后，仍然继续从事运营活动，违反了有关规定。

（2）肇事车辆危险货物道路运输罐式半挂车检验监督企业违规出具检验报告。

①肇事车辆危险货物道路运输铰接列车A罐式半挂车的检验企业出具了“允许使用”的委托检验报告，而该罐体未安装紧急切断阀，不符合《道路运输液体危险货物罐式车辆　第1部分：金属常压罐体技术要求》（GB 18564.1）中5.8的规定，属于不合格产品，且改变了充装介质。

②肇事车辆危险货物道路运输铰接列车B罐式半挂车的检验企业出具了“允许使用”的年度检验报告。而该罐体未安装紧急切断阀，且罐体壁厚为4.5mm，不符合《道路运输液体危险货物罐式车辆　第1部分：金属常压罐体技术要求》（GB 18564.1）标准要求。

危险货物运输车事故的应急处置

1.迅速停车，观察情况

查看车辆和罐体损坏及现场周边情况。如果发生危险化学品泄漏，条件允许时，迅速将车驶离水源、城镇、村庄和人员密集场所等区域，或直接就近将车停于空旷、低洼地点，采取关闭紧急制动阀、紧急封堵、容器或吸油海绵收集等措施。

2.立即报警，建立警戒区域

隔离事故现场，把现场人员疏散或转移至安全区域，应选择安全的撤离路线，一般是向上风侧离开，并在现场周边设置安全警示标志，提示过往行人和车辆注意避让。

3.进行自救和互救

发生人员伤亡时要积极抢救伤员，并标明标记保护现场，抓紧取出备用的应急装备包，穿戴好防护装备，如无法取出装备，采取简易有效的防护措施保护自己。

4.采取应急措施

根据车上运载的危险货物性质、危害特性、包装容器的使用特性采取相应的应急措施。如罐式运输车、液化气运输车、腐蚀品运输车采取相应的应急器材和防护用品。

5.发生火灾等事故

在火灾初期，可迅速取出灭火器灭火或用路边沙土扑救；火势失控时应放弃个人扑救，采取应急疏散、撤离和逃生措施，待消防救援力量到场后，配合开展救援行为。

三 案例警示

近年来，发生了多起道路运输车辆高速行驶时驾驶员操作不当引发的事故，其主要原因是道路运输车辆的质心较高、高速行驶时操纵稳定性降低，遇到突发情况时驾驶员不能很好地处置，导致事故发生。

1 常见危险源及特征

行车中，驾驶员要不断地对交通状况、道路条件等进行观察，对行车中潜在的各种交通风险预先作出判断，才能从容应对各种危险情景，有效避免交通事故的发生，常见危险源及特征见表8-6。

常见危险源及特征　　表 8-6

序号	危险源类型	特　征
1	超速行驶	(1) 车辆的制动距离增加； (2) 驾驶员的视野变窄，反应时间延长； (3) 车辆的操纵稳定性下降
2	违法超载	(1) 影响车辆的操纵性能； (2) 增加了事故的损害程度
3	制动系统故障	制动效能下降，易造成制动失效
4	转向系统故障	(1) 易出现转向不足或转向过度； (2) 易出现转向操作困难
5	照明、信号装置故障	影响驾驶员视野，其他车辆不能准确判断行车意图
6	高速公路	(1) 交通环境单一，易导致疲劳驾驶； (2) 高速情况下出现行人等，易处置不当
7	城市道路	(1) 交叉路口机动车、非机动车、行人易形成混合交通，交通冲突点多； (2) 出租汽车强行超车、会车情形比较常见，与其他车辆形成交通冲突； (3) 上下班高峰期，“中国式过马路”影响行车
8	山区道路	(1) 临水临崖路段较多，坡陡弯急； (2) 长大下坡路段，易导致制动失灵； (3) 易出现驾驶员视线受阻的情况； (4) 自然灾害频发，影响行车安全

② 突发情景的应急处置

行车中，当出现紧急情况时，驾驶员最基本的处置原则：首先要保持沉着冷静，迅速观察车辆前方及周边的交通状况；其次是握紧转向盘，立即减速；最后在车速降低后，采取正确的防御性驾驶措施。

1 高速行驶时的应急避险

车辆高速行驶时，操纵稳定性下降，急转向极易造成甩尾或侧翻，因此，不能采取急转向的避险措施，即使需要调整方向，转向幅度也不能太大。

2 制动失效的应急处置

车辆制动失效时，首先握稳转向盘控制车辆的行驶方向，其次观察车辆前方和周边的交通状况，开启危险报警闪光灯、交替变换远近光灯、鸣喇叭或打手势，向其他道路交通参与者发出警示信号；同时挂入低挡靠发动机制动减速或驶入避险车道，并均匀而用力地拉紧驻车制动器。

3 转向失效的应急处置

车辆转向失效时，首先应立即抬起加速踏板，全面观察周边的交通情况，开启危险报警闪光灯、交替变换远近光灯、鸣喇叭或打手势，向其他道路交通参与者发出警示信号；平缓踩下制动踏板的同时挂入低挡靠发动机制动减速。

避险车道的作用

避险车道是一条“救命道”，是专门为减慢失控车辆速度并使车辆安全停车而设置的辅助车道。避险车道连接着主车道，为上坡车道，表面为铺满沙石或松软沙砾的制动层，两边有护栏，路端有沙石坑或者铺满轮胎的防撞墙壁，车辆在上爬过程中车速逐渐降低，最终停止行驶。当车辆在行驶中突然制动失效或无法控制行驶速度时，可以开往避险车道应急避险。

四 案例小结

驾驶员的应急处置能力对保障行车安全具有重要作用，其中避险操作与行车安全直接相关。道路运输企业要加强驾驶员的安全培训教育，提高驾驶员的危险辨识能力和应急处置能力。

（1）道路运输企业要加强驾驶员的安全培训教育，提高驾驶员的应急处置能力，加强对驾驶员危险源的辨识和突发情况应急处置方法的培训，提高驾驶员的风险防范意识和应急处置能力。

（2）加强对行车危险源及其危害的社会宣传。道路运输安全相关管理部门应向社会广泛宣传常见的危险源和常见的危险情景，使人们认识常见危险源及其危害，提高全社会的安全意识，从根本上保障行车安全。

第九节 道路运输其他事故案例分析

危险货物道路运输由于自身特点，一旦发生事故，容易造成巨大的生命财产损失，严重破坏公共设施和生态环境，产生极其恶劣的社会影响，所以驾驶员的安全意识尤为重重。据统计，大多数危险货物道路运输重特大事故的起因都是驾驶员、押运员安全意识淡薄。

一、案例描述

2015年1月16日，驾驶员曹某驾驶轻型货车行驶至荣乌高速公路饮马池大桥时，因桥面结冰引发车辆失控碰撞中央隔离护栏后停车，后方驶来的一辆运输汽油的罐式危险货物运输车、一辆客车以及一辆小型越野车相继发生碰撞，导致罐式车辆发生泄漏并起火燃烧。事故共造成12人死亡、6人受伤，3辆车受损严重，直接经济损失1300余万元。事故示意图如图8-15所示。

图 8-15　事故示意图

二、案例分析

1 事故原因

本案例中，轻型货车在结冰湿滑道路未保持安全车速行驶，发生碰撞后停靠在应急车道与行车道之间，形成路障。罐式危险货物运输车在运输过程中未闭合紧急切断装置，导致发生碰撞事故后运输的危险货物泄漏、燃烧，最终导致本起事故。

2 事故暴露出的其他问题

（1）罐式危险货物运输车所属道路运输企业未落实对车辆的安全管理责任，允许该车辆超载运行，且“大罐小标”（标定载体积为24.24m^3，实际载体积为30m^3）。

（2）罐式危险货物运输车所属道路运输企业对从业人员管理不到位，未对驾驶员、押运员进行严格管理，驾驶员在上岗前未进行相关培训。

拓展知识

危险货物运输车辆配置特点

1.排气火花熄灭器

对于爆破器材运输车及危险货物运输车，车辆发动机排气管应前置，并且应该安装排气火花熄灭器。安装在排气管尾端，对车辆废气进行冷却，从而熄灭废气内夹带的火花，如图8-16所示。

图 8-16 排气火花熄灭器

2.导静电橡胶拖地带

导静电橡胶拖地带是安装在车辆底架上的，能将静电导入大地，使箱体始终处于零点位，防止静电火花的产生，如图8-17所示。

3.离子感烟火灾探测器

货厢内部应有性能良好的感烟雾报警装置。当有烟雾发生时，3min内感烟火灾探测器应能报警，驾驶室内置报警装置，报警声音强度100dB以上，如图8-18所示。

图 8-17 导静电橡胶拖地带

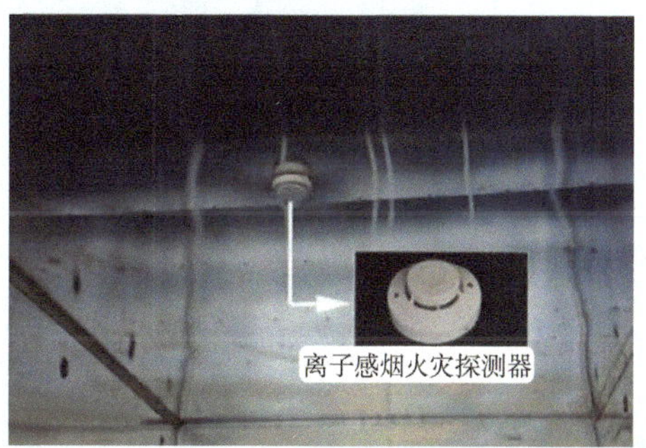

图 8-18 离子感烟火灾探测器

4.导静电胶板

货厢底板上应铺设阻燃导静电胶板，并使用导静电粘接剂粘固，胶液涂抹均匀，胶板粘接平整，接口严密，缝隙尽量减小，并用粘接剂填充，并且胶板不应起皱或翘曲，如图8-19所示。

5.抗爆容器

抗爆容器宜装在后舱内。隔离墙的厚度不应小于80mm。墙的夹层内应装入能吸收爆炸冲击波能量且不燃（或阻燃）的材料；安装抗爆容器时，泄爆孔的位置应避免与汽车底盘的重要零部件相对峙，如图8-20所示。

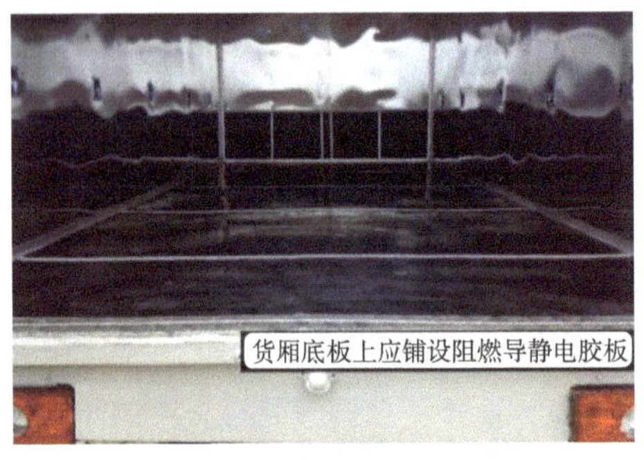

图 8-19　导静电胶板

图 8-20　抗爆容器

6.通风窗、通风口

通风窗通过专用模具一次性压制成型，具有防雨、通风作用。而通气口安装在侧厢内壁板上与通风窗对应处，其作用是确保厢内空气流通，如图8-21所示。

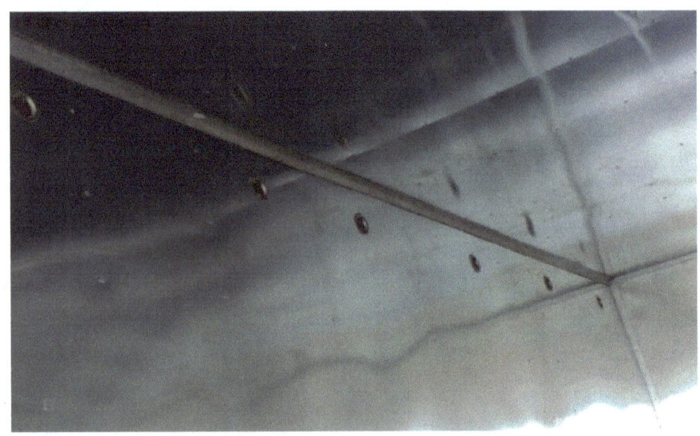
图 8-21　通风窗、通风口

三 案例警示

近年来，发生了多起道路运输车辆高速行驶时驾驶员违规操作引发的事故，主要原因是驾驶员安全责任意识淡薄、违规操作。

1 液体危险货物罐车的紧急切断装置

紧急切断阀又称海底阀或底阀，一般安装在罐体底部。紧急切断阀可以在管路发生大量泄漏时快速关闭，紧急止漏。

装卸过程中，紧急切断阀借助液压系统（按阀门驱动形式不同，也可能是气压系统）提供的压力使阀门打开，当出现紧急情况时，通过远程控制系统打开液压（气压）紧急泄放装置卸掉压力，使紧急切断阀关闭，达到切断效果。

如果液体危险货物罐体包含多个货舱，则应在每个货舱对应设置一个紧急切断阀。

2 紧急切断装置的使用要求与检查

（1）紧急切断阀的设置尽可能靠近罐体根部，不应兼作他用，在非装卸时紧急切断阀应处于闭合状态。

（2）紧急切断阀应能防止任何因冲击或意外动作所致的无意识的打开。

（3）远程控制系统的关闭操作装置应装在人员易于到达的位置。

（4）液压或气压式紧急切断阀应保证在工作压力下全开，并持续保持48h不致自然闭止。

（5）紧急切断阀自始闭起，应在10s内闭止。

（6）紧急切断阀制成后应经耐压试验和气密性试验合格。

（7）罐式危险货物运输车的定期检查过程中，检查紧急切断装置，不应出现腐蚀变形及其他可能影响正常使用的缺陷，遥控关闭装置应能正常使用。

四 预防措施

（1）在危险化学品的运输、装卸过程中，存在危险化学品大量泄漏的风险，如果泄漏不能被及时终止，所造成的后果将会非常严重。在危险化学品装卸过程中，紧急切断装置起着不可或缺的安全作用。此外，为了防止意外，通常还会对危险化学品输送臂采取防拉断措施，设置防拉断阀等，尽量从源头遏制泄漏的发生。

（2）道路危险货物运输企业要不断强化从业人员的培训教育。由于危险货物运输的特殊要求和危险货物运输事故的严重后果，危险货物运输从业人员应具有符合岗位要求的资质、危险货物运输事故应急处置常识和较高的安全意识。相关企业应加强对从业人员的安全培训，尤其是危险货物运输从业人员应掌握危险货物应急处置常识和突发情形的应急处置方法。

相关法律法规和技术规范

1.《中华人民共和国道路交通安全法》

《中华人民共和国道路交通安全法》第四十八条规定，机动车载运爆炸物品、易燃易爆化学物品以及剧毒、放射性等危险物品，应当经公安机关批准后，按指定的时间、路线、速度行驶，悬挂警示标志并采取必要的安全措施。

2.《道路运输液体危险货物罐式车辆　第1部分：金属常压罐体技术要求》（GB 18564.1—2006）

《道路运输液体危险货物罐式车辆　第1部分：金属常压罐体技术要求》（GB 18564.1—2006）有关紧急切断装置的要求中规定，紧急切断阀的设置应尽可能靠近罐体的根部，不应兼作他用，在非装卸时紧急切断阀应处于闭合状态。

3.《关于在用液体危险货物罐车加装紧急切断装置有关事项的通知》

2014年7月7日，国家安全监管总局、工业和信息化部、公安部、交通运输部、国家质检总局发布《关于在用液体危险货物罐车加装紧急切断装置有关事项的通知》，其中规定：

（1）液体危险货物罐车生产企业、改装企业和使用单位要认真做好紧急切断装置加装工作。

（2）各有关主管部门要认真落实液体危险货物罐车安全监督管理职责。

（3）液体危险货物罐车使用单位和改装单位要切实加强罐车紧急切断装置加装过程安全管理。

第二篇

应用能力篇

第九章

危险货物道路运输车辆日常维护和安全检视

项目一 危险货物道路运输车辆维护的分类、作用及要求

学习目标

（1）了解危险货物运输车辆维护的分类。

（2）了解危险货物运输车辆维护的作用。

（3）掌握危险货物运输车辆维护的要求。

情景导入

小李是参加危险货物运输职业化培训课程，导师安排其了解和掌握危险货物运输车辆维护方面的知识。

知识链接

依据《汽车维护、检测、诊断技术规范》（GB/T 18344—2016），汽车维护分为日常维护、一级维护和二级维护，其作业要求如下。

1 日常维护

日常维护是以清洁、补给和安全性能检视为中心内容的维护作业，是驾驶员在出车前、行车中和收车后执行的维护作业。

2 一级维护

一级维护是除日常维护作业外，以润滑、紧固为作业中心内容，并检查有关制动、操纵等系统中安全部件的维护作业。

3 二级维护

二级维护是除一级维护作业外，以检查调整制动系统、转向操纵系统、悬架等安全

部件，并拆检轮胎，进行轮胎换位，检查调整发动机工作状况和汽车排放相关系统等为主的维护作业。

4 维护周期

汽车一级维护、二级维护周期的确定应以行驶里程间隔为基本依据，行驶里程间隔执行车辆维修资料等有关技术文件的规定。对于不便用行驶里程间隔统计、考核的汽车，可用行驶时间间隔确定一级维护、二级维护周期。

1 实训模式和时间

建议采用一体化教学模式。实训时间根据大纲和学习小组人数等实际情况确定。

2 实训场地和材料准备

（1）在实训基地进行。

（2）教学用罐车。

（3）《汽车维护、检测、诊断技术规范》（GB/T 18344—2016）和《道路运输车辆综合性能和检验方法》（GB 18565—2016）的学习资料。

3 教学组织

（1）场景布置。根据教学车辆和车辆维护教学内容布置学习场景。

（2）导师在车辆维护教学前做好教学设施设备和教学环境的安全检查，确保教学安全。教学中运用实物教具、多媒体等一体化教学方法进行教学。及时向学生布置训练任务，记录学生的训练效果并及时进行点评。

（3）学生服从导师安排，认真听讲，积极参与学习活动并完成训练测试任务，做好日常学习记录。建立学习微信群，拍摄车辆维护教学或学习微视频，上传至微信群进行辅助学习，提高学习效果。学习结束后积极完成场地和设施设备的清理工作。

4 教学活动步骤

（1）实训导师先讲解车辆维护的目的、意义和执行的规范性文件[《汽车维护、检测、诊断技术规范》（GB/T 18344—2016）和《道路运输车辆综合性能和检验方法》（GB 18565—2016）]。

（2）实训导师根据教学车辆讲解车辆结构和与维护相关的安全部件，安排学生对车辆结构和部件的识别训练。

（3）向学生分发学习活动训练工单，每人独立完成训练工单的填写，如表9-1所示。

危险货物运输车辆维护分类和作业训练工单 表 9-1

姓名：__________ 学习小组：__________ 导师：__________ 测试结果：__________

维护分类	作业中心内容	作业周期	执行主体
日常维护			
一级维护			
二级维护			

项目二 危险货物道路运输车辆日常维护作业内容和作业要领

学习目标

（1）掌握危险货物运输车辆日常维护作业内容。

（2）掌握危险货物运输车辆日常维护作业要领。

导师安排小李学习群体学习掌握危险货物运输车辆日常维护方面的知识和操作技能。

知识链接

1 作业要领

日常维护是由驾驶员负责执行的维护作业。安全性能检视作业时，应从驾驶室内部和左前部开始，逆时针绕车一周完成整个作业内容，如图9-1所示。

2 安全性能检视作业方法

（1）目测：通过驾驶员的目视对车辆零部件及管、线路的观察，以确定裂纹、泄漏、破损、老化、干涉等安全或故障隐患。

（2）触摸：通过驾驶员手的触摸，以确定松动、破损、老化、泄漏、失效等安全或故障隐患。

（3）敲击：通过驾驶员使用检验锤敲击相关部位，倾听声响来确定轮胎气压不足、松动、裂纹等安全或故障隐患。

（4）听诊：通过驾驶员听觉来确定车辆动态下的异响，如发动机异响等。

图 9-1　安全性能检视作业要领

项目实施

1 实训模式和时间

建议采用一体化教学模式。实训时间根据大纲和学习小组人数等实际情况确定。

2 实训场地和材料准备

（1）在实训基地进行。

（2）教学用罐车。

（3）通风良好的教学场地及投影仪、磁板等辅助教具。

（4）安全性能检视必要的用具，如手锤、抹布、手套、手电筒、警示牌等。

3 教学组织

（1）场景布置。根据教学车辆和车辆日常维护教学内容布置学习场景。

（2）导师在车辆日常维护教学前做好安全检查，确保教学安全。

（3）学生服从导师安排并完成训练任务，拍摄车辆日常维护教学或学习微视频，上传至微信群进行辅助学习，提高学习效果。学习结束后积极完成场地和设施设备的清理工作。

4 教学活动步骤

（1）实训导师根据教学车辆先讲解车辆日常维护的作业内容和作业要领。

（2）实训导师对安全性能检视作业要领进行示范，从驾驶室和左前部开始，逆时针绕车一周讲解示范作业范围、作业内容和作业方法。

（3）学生根据导师的示范讲解和安排进行分段训练与讨论。

（4）向学生分发学习活动训练工单，每人独立完成训练工单的填写，如表9-2所示。

危险货物运输车辆日常维护作业内容和作业要领训练工单　　表 9-2

［依据《汽车维护、检测、诊断技术规范》（GB 18344—2016）、《道路运输车辆综合性能要求和检验方法》（GB 18565—2016）］

姓名：________　学习小组：________　导师：________　测试结果：________

训练项目	训练内容	训练点评
清洁		
补给		
安全性能检视		

项目三　危险货物道路运输车辆动态监控要求和正确使用

学习目标

（1）了解危险货物运输车辆动态监控系统的组成。

（2）了解危险货物运输车辆动态监控系统的要求和使用规范。

情景导入

导师带小李学习群体了解公司所配备的车辆动态监控系统的组成和对车辆的管理模式，以利于今后在危险货物运输过程中进行安全规范操作，确保运输作业安全。

知识链接

危险货物运输是一种特殊的运输工作，需要结合定位技术和动态监控进行管理，以在出现突发状况时作出最快反应、及时处理，从而减小危害或损失。所以，国家在法律层面上对危险货物运输车辆安装卫星定位和动态监控系统作出明文规定，要求将车辆实时数据传输到监控管理系统平台，实现对运输车辆的实时监控管理。

危险货物运输车辆动态监控系统是指采用3G/4G通信技术、卫星定位技术、地理信息技术、计算机网络和数据库等技术，建立一个以机房服务器为中心、以监控中心客户端为分支的可以互联网为媒介的综合危险货物运输车辆监控管理系统。整个平台由车联网监控系统、无线通信平台、卫星定位系统、车载监控终端四部分组成，可对注册车辆进行全天候、全范围的监控。

1 实训模式和时间

建议采用一体化教学模式。实训时间根据大纲和学习小组人数等实际情况确定。

2 实训场地准备

（1）公司的卫星定位系统和动态监控管理平台。

（2）危险货物运输车辆。

3 教学组织

（1）场景布置。根据公司配备的卫星定位系统和动态监控管理平台、车辆和教学内容布置学习场景。

（2）导师在车辆动态监控系统教学前做好安全检查，确保教学安全。要求学员在参观学习时遵守相关管理规定和安全管理人员的指挥。及时向学员布置训练任务，记录学生的训练效果并及时进行点评。

（3）学生服从导师安排，完成训练测试任务。拍摄车辆动态监控要求和正确使用教学或学习微视频，上传至微信群进行辅助学习。学习结束后积极完成场地和设施设备的清理工作。

4 教学活动步骤

（1）导师根据公司配置的卫星定位和动态监控系统管理平台以及车辆终端讲解其组成、系统要求、功能和使用规范。

①了解预报功能。通过监控平台及时发送道路交通事故通报和安全提示，根据道路状况、气候变化及时发送预警信息。

②了解限速功能。限速设置实行分段限速，严格按政府有关部门核准的运行速度行驶。

③了解违法违规处置。监控车辆在行驶中发生异常停车、超速行驶、疲劳驾驶、逆向行驶等违法、违规行为时，监控员要通过监控平台及时给予警告和纠正，做好监控记录，并事后进行处理。

④了解异常情况处置。监控车辆平台不在线、运行情况异常、收班情况异常时，监控员要及时追查原因，查明原因后逐级向上级汇报，并做好记录，如发现系统平台损坏，应按规定及时报修并监督维修过程。

⑤了解偏离线路处置。监控车辆未按规定线路、时间行驶时，监控员要及时发现，并报告公司安全管理部门，立即查明原因。对未经许可不按规定线路运行的，要给予警告和纠正，做好监控记录，事后严肃处理。

⑥了解意外情况处置。凡因气候条件恶劣、车辆抛锚、发生道路交通事故或交通堵塞等造成道路通行不畅车辆滞留、夜间22点至次日6点期间仍然在山区三级（含三级）以下公路上行驶的车辆，作为重点监控对象。监控人员要采取预见性措施，通过监控平台发信息或打电话：一是要及时提醒、提示驾驶员夜间行车的危险性；二是要制止夜间22点至次日6点期间在三级以下（含三级）山区公路运行的违规行为；三是告诫驾驶员选择最近的安全地点停车休息，防止发生安全事故；四是要对未能在正常时间内到达目的地的车辆，将到达目的地的时间通告相关管理人员，以便相关人员作出调整或安排其他措施；五是要做好相关记录，并向部门负责人或分管领导汇报。

⑦了解交接班规定。严格执行交接班制度，认真填写交接班记录。交班人要将车辆运行动态、所采取的处置措施或进一步措施以及注意的事项移交给接班人，并在交接班记录中注明。

（2）向学生分发学习活动训练工单，由小组讨论并每人填写训练工单，如表9-3所示。

危险货物运输车辆动态监控系统训练工单　　表 9-3

［依据《汽车行驶记录仪》（GB /T 19056）
和《道路运输车辆卫星定位系统　车载终端技术要求》（JT/T 794）要求）］

姓名：__________　学习小组：__________　导师：__________　测试结果：__________

训练项目	训练内容和操作	训练点评
系统组成		
系统功能		
使用规范		

项目四　危险货物道路运输车辆安全备品、工具和消防器材使用

学习目标

（1）了解危险货物运输车辆的安全备品、工具和消防器材等应急设施的配备要求。

（2）了解危险货物运输车辆的安全备品、工具和消防器材等应急设施的使用规范。

情景导入

导师安排小李学习群体学习掌握危险货物道路运输车辆安全备品、工具和消防器材使用方法。

知识链接

危险货物运输车辆安全备品、工具和消防器材应与所运货物的性能相匹配，其目的是应对紧急情况，减少突发事件损失。掌握这些备品、工具和器材的正确使用，对保证运输安全非常重要。

1 三角警告牌（三角牌）

危险货物运输车辆在行驶中出现故障停车检修或者发生事故停车时，应在车辆后方放置三角警告牌：一般道路上，放置在车辆后方50~100m，反光面朝向后方；高速公路上，放置在车辆后方150m外，反光面朝向后方；特殊情况，如雨天、雾天、夜间和弯道，摆放三角警告牌尤为重要，如图9-2所示。

2 三角木（轮挡）

车辆停车时，特别是在坡道上停车时，在车轮下垫放三角木，可以有效地避免溜车。在山区道路停车时，三角木更是不可或缺的必备物品；装卸货物时，在车轮下垫放三角木，可以避免因车辆移动导致的场内事故，如图9-3所示。

图 9-2 三角警告牌的摆放

图 9-3 三角木（轮挡）

3 安全锤

安全锤一般放置在车内便于取用的地方，在发生火灾或车辆倾翻等紧急情况时，方便车内人员敲碎玻璃，逃离车辆。

车辆车窗的钢化玻璃中间部分最坚固，四角和边缘最薄弱。因此，使用安全锤时，应使用尖的一头敲击玻璃的四个角或四条边的中间部位，不应敲击正中位置。危险货物运输车辆要配备2把安全锤，如图9-4所示。

4 车载灭火器

车载灭火器是车辆发生火灾时，驾驶员进行初期灭火、消灭初期火灾的器材，是车辆应急救援的必备物品。危险货物运输车辆应配备与其所运危险货物相适应的有效灭火器，灭火器应安装牢靠并便于取用。

驾驶员应每月检查一次灭火器压力，或查看商标上标注的有效期。灭火器失效后可以到消防器材销售部门重新填装使用，并且在测试合格后粘贴标签，如图9-5所示。

图 9-4　安全锤

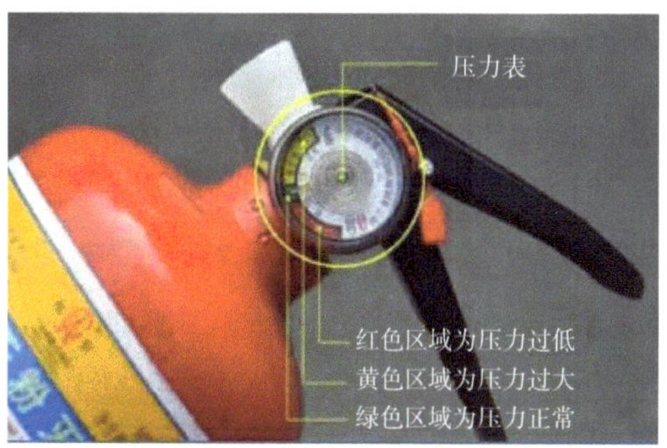

图 9-5　车载灭火器

5 急救箱

危险货物运输车辆应配备急救箱，以备驾驶员突发疾病或发生事故后开展自救和互救时使用。急救箱宜配备的药品和器材及数量：消毒绷带2包、消毒棉花1包、急救包2个、医用胶布1卷、三角巾2包、2%碘酒1瓶、75%酒精1瓶、止血带2条、止血粉1瓶、晕车药20片、祛疼片10片、消毒敷料10片、镊子1把、手术剪刀1把等。

项目实施

1 实训模式和时间

建议采用一体化教学模式。实训时间根据大纲和学习小组人数等实际情况确定。

2 实训场地及材料准备

（1）在实训基地进行。

（2）教学用罐车。

（3）三角警告牌、三角木、安全锤、车载灭火器、急救箱等。

（4）相关学习资料和本项目训练工单人手一份。

（5）通风良好的教学场地及投影仪、磁板等辅助教具。

3 教学组织

（1）场景布置。根据教学车辆和安全备品、工具和消防器材检查和使用教学内容布置学习场景。

（2）导师在安全备品、工具和消防器材检查和使用教学前做好安全检查，确保教学安全。

（3）学生服从导师安排，完成训练测试任务。拍摄安全备品、工具和消防器材检查和使用教学或学习微视频，上传至微信群进行辅助学习。学习结束后积极完成场地和设施设备的清理工作。

4 教学活动步骤

（1）实训导师先介绍车辆应配备的随车安全备品、工具和消防器材的类型和作用。

（2）实训导师示范讲解随车安全备品、工具和消防器材的检查和使用方法。

（3）向学生分发学习活动训练工单，由小组讨论并每人进行训练和填写训练工单，如表9-4所示。

危险货物运输车辆安全备品、工具和消防器材使用训练工单　　表 9-4

姓名：__________　学习小组：__________　导师：__________　测试结果：__________

训练项目	训练操作内容	训练点评
三角警告牌和三角木的规范使用		
车载灭火器的检查和使用		
安全锤的规范使用		
急救箱的规范使用		

项目五　危险货物道路运输车辆罐体维护

学习目标

（1）了解危险货物运输车辆罐体的分类和结构特点。

（2）掌握危险货物运输车辆罐体的维护规范。

情景导入

导师安排小李学习群体学习掌握危险货物运输车辆罐体的维护知识和操作技能。

知识链接

常压罐体由筒体、封头、人孔、装卸阀门、装卸软管、安全阀、呼吸阀、紧急切断阀等装卸附件和安全附件所构成，是装载液体货物的封闭容器总成，如图9-6所示。一般有金属罐体和非金属罐体两种。

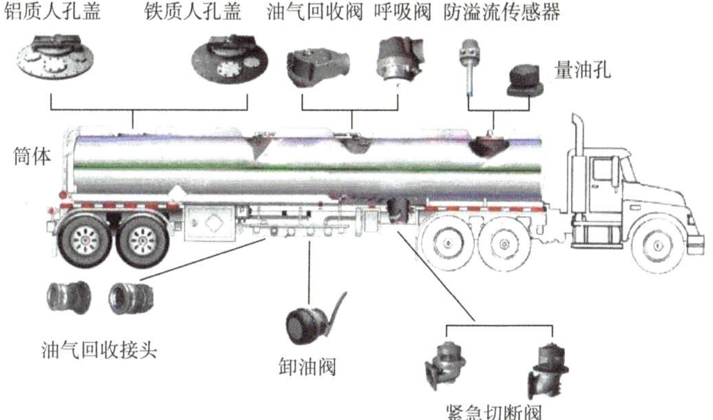

图 9-6　危险货物运输车罐体及配置

常压罐体要满足如下要求。

（1）用于危险货物运输的常压罐体的设计、制造及检验应符合《道路运输液体危险货物罐式车辆　第1部分：金属常压罐体基本要求》（GB 18564.1）或《道路运输液体危险货物罐式车辆　第2部分：非金属常压罐体基本要求》（GB 18564.2）的要求。罐车要按规定的罐体设计代码安装符合《道路运输液体危险货物罐式车辆紧急切断阀》（QC/T 932）要求的并与所运输介质相适应的紧急切断装置。

（2）装有紧急切断装置的罐式危险货物运输车辆，在设计和制造上应保证运输液体危险货物的车辆行驶速度大于5km/h时紧急切断阀能自动关闭，或在发动机起动时能通过一个明显的信号装置（例如：声或光信号）提示驾驶员需要关闭紧急切断阀。

（3）运输第3类危险货物（不包括其中的液态退敏爆炸品或具有毒害性、腐蚀性介质）的罐体应配备符合要求的人孔盖和呼吸阀。

（4）罐体应具备至少包括罐体唯一性编码、罐体设计代码、罐体容积、生产企业名称、生产日期等信息的铭牌，且铭牌应牢固固定在罐体上。

（5）运输第1、2.1、3、4.1、4.3、5.1、5.2等类项的危险货物、剧毒化学品、其他具有易燃特性的危险货物及属于易致爆危险化学品的危险货物运输车辆，应安装符合《汽车导静电橡胶拖地带》（JT/T 230）要求的汽车导静电橡胶拖地带，其接地端导体截面面积应大于或等于100mm^2，且拖地带接地端无论空、满载均应始终接地良好，如图9-7所示。

图 9-7　导静电橡胶拖地带

（6）危险货物运输车辆必须安装符合《机动车排气火花熄灭器》（GB 13365—2005）要求的机动车排气火花熄灭器，前置发动机排气管并且在尾端安装排气火花熄灭器（图9-8），以利于对发动机废气进行冷却和熄灭废气中夹带的火花。

图 9-8 排气火花熄灭器安装位置

排气火花熄灭器，是一种安装在机动车、内燃机排气管路后，允许排气流通过，且阻止排气流内的火焰和火星喷出的安全防火、阻火装置。合格产品配有公安部消防产品合格评定中心颁发的消防产品身份信息明码［A签（红色）、B签（黄色）］。

（7）罐体外部安全标志。罐体外部安全标志有反光标志（体现轮廓）、环形橙色反光带、介质名称、车牌放大号、菱形标志（张贴或悬挂）、危险品矩形标志牌（前后悬挂）、危险货物警告灯（驾驶室顶安装）、危险货物安全卡（张贴或悬挂）及其他警告标志，如图9-9所示。

图 9-9 罐体外部安全标志

项目实施

1 实训模式和时间

建议采用一体化教学模式。实训时间根据大纲和学习小组人数等实际情况确定。

2 实训场地和材料准备

（1）在实训基地进行。

（2）教学用罐车。

（3）《道路运输液体危险货物罐式车辆　第1部分：金属常压罐体基本要求》（GB 18564.1）、《道路运输液体危险货物罐式车辆　第2部分：非金属常压罐体基本要求》（GB 18564.2）和《危险货物道路运输规则》（JT/T 617—2018）学习资料和本项目训练工单人手一份。

（4）通风良好的教学场地及投影仪、磁板等辅助教具。

3 教学组织

（1）场景布置。根据教学车辆和车辆罐体维护教学内容布置学习场景。

（2）导师在车辆罐体维护教学前做好安全检查，确保教学安全。

（3）学生服从导师安排，完成训练测试任务。拍摄车辆罐体维护教学或学习微视频，上传至微信群进行辅助学习。学习结束后积极完成场地和设施设备的清理工作。

4 教学活动步骤

（1）实训导师先讲解车辆罐体的分类及结构特点。

（2）实训导师根据教学车辆讲解罐体配备安全附件的功能和维护要求。

（3）实训导师根据教学车辆讲解示范安全附件的安全性能检视方法。

（4）学生根据导师的安排进行学习训练活动，并填写训练工单，如表9-5所示。

危险货物运输车辆罐体维护作业训练工单　　表 9-5

姓名：__________　学习小组：__________　导师：__________　测试结果：__________

训练项目	训练内容	训练点评
罐体的安全附件及维护方法		
罐体外部安全标识的规范性检视		

项目六 危险货物道路运输车辆常见故障识别、诊断与排除

学习目标

（1）了解危险货物运输车辆常见故障识别、诊断方法。

（2）了解危险货物运输车辆常见故障排除方法。

2018年8月中旬，沿海高速公路雅韶至东平段一辆罐式危险货物运输车辆的轮胎起火自燃，起火的位置距离三山出口50m处。当时油罐内装有27t汽油，如果火情不能被及时控制，很容易发生泄漏或爆炸，后果将不堪设想。消防官兵迅速救援，排除险情。事后查明，火灾是由于起火部位车轮制动器制动拖滞过热引起的。由此可见，驾驶员在运输过程中规范检查故障并及时排除是多么重要。

知识链接

故障诊断的基本方法有两种：一种是人工诊断法，另一种是仪器设备诊断法。人工诊断主要是凭借诊断人员的实践经验和知识，借助简单工具，用眼看、耳听、手摸、鼻闻等感官手段，边检查、边试验、边分析，进而对汽车技术状况作出判断，这种方法简便直观；仪器设备诊断法是采用通用或专用的仪器设备检测，为分析汽车技术状况和判断故障提供定量依据。在诊断实践中，两种方法往往结合使用，先是观察故障现象，对车辆进行直观检视，凭经验初步判断故障属性，再利用诊断仪器设备进一步筛选、识别，最终确认故障并维修。

在进行故障诊断时，常用一些诊断参数来综合分析整车、总成及机构的技术状况。这些参数有物理量（如振动、噪声、温度、真空度、功率、汽缸压力等）和化学量（如尾气成分、润滑油杂质成分等），这些诊断参数的变化可以与汽车的技术状况变化相对应，并具有高度的灵敏性和可靠性。

因故障隐患往往都是在安全性能检视过程中被发现的，因此常见故障识别、诊断必须要结合安全性能检视作业进行。当故障症状出现时能对症检查并准确维修，是职业驾驶员的基本素质。

1 发动机（配套发动机模拟故障诊断台架训练）

起动发动机，在发动机运转状态下进行故障识别、诊断：

（1）发动机起动过程。发动机应能“一触即发”。若发动机起动困难，则检查蓄电池、起动机及控制线路，确定故障大致范围并准确维修。

（2）发动机自检过程。自检过程体现在仪表上，即起动后仪表上的故障警告灯点亮几秒再熄灭；若有常亮不灭，则须送修理厂进行仪器诊断和故障排除。

（3）听发动机有无异常响声。发动机异响表示发动机某些零件磨损过度或装配、调整不当。严重的异响预示发动机将可能发生事故性损伤，因而当发动机出现异响时，先要对发动机异响特点进行分析，确定异响的部位和程度，及时送修理厂修理，防止故障恶化。

（4）发动机温度修正控制过程。发动机冷起动后，发动机转速应能根据发动机冷却液温度进行调节：当低温时，发动机转速处于快怠速运转进行预热，随着温度逐渐上升至正常温度，发动机转速逐渐回落至正常怠速范围。若没有这个调节过程或怠速不稳，则汽油机须检查怠速控制阀、冷却液温度传感器、与进气管相关的管路、喷油性能、点火性能、数据线和电控单元等；柴油机须查冷却液温度传感器、喷油泵压力传感器、与进气管相关的管路、喷油性能、数据线和电控单元等。

（5）发动机正常温度控制。当发动机运转一段时间后，冷却液温度应能控制在正常温度范围，否则检查冷却系统。

（6）发动机负荷修正控制过程。当发动机温度正常后，打开空调、前照灯等大负荷用电设备，发动机怠速应能调节怠速转速至快怠速运转，提高发电机转速以适应用电负荷，否则须检查怠速控制阀、电气负荷传感器等。

（7）加速过程。当发动机温度正常后，检查发动机加速、减速过程应流畅，无卡顿、抖动等异常现象，否则应检查节气门控制机构、燃料供给系统、点火系统、配气相位、发动机固定支架等。

（8）查看尾气颜色。排气管排蓝烟，也叫烧机油现象。出现烧机油现象，可以使缸内的积炭增加、燃烧特性恶化、功率下降、排放超标等。烧机油现象的主要原因有燃烧室燃烧质量变差、机油过量进入燃烧室参加燃烧（机油从气门与导管间、汽缸壁与活塞间、汽缸垫等位置进入）、废气涡轮增压器损坏等；排气管排黑烟，是由于燃烧室内混合气燃烧不充分导致，主要原因有空燃比过小、燃烧温度过低、点火性能不良、柴油机喷油压力和喷油正时异常、喷油器损坏等；排气管排白烟，过量的白烟表明有过量的水分参与燃烧，主要原因有水套与汽缸间缸垫被冲破、燃油或空气中有水分等。

2 底盘（配套底盘故障模拟台架训练）

汽车底盘由传动系统、行驶系统、转向系统和制动系统组成。重点培养学生针对安全部件的检查和故障识别诊断。

1 传动系统

传动系统主要由离合器（或变矩器）、变速器、万向传动装置、主减速器、差速器和半轴等组成。

（1）离合器。操纵时应轻便灵活，接合平稳、分离彻底。主要故障有分离不清、打滑、发抖、异响、沉重等。分离不清主要是由踏板自由行程过大、分离杠杆变形不平、分离轴承损坏、从动盘变形或曲轴轴向间隙过大等原因引起；打滑主要由踏板自由行程过小、从动盘油污或磨损过大等原因引起；发抖和异响主要由离合器部件松旷引起的；沉重主要由操纵机构变形或轴承损坏引起，如图9-10所示。

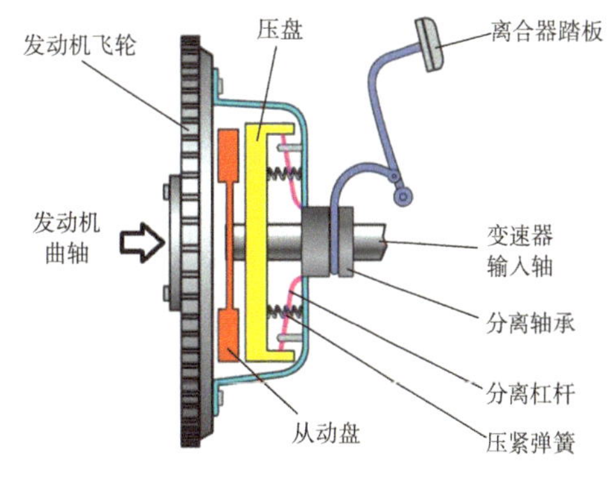

图 9-10　离合器结构

（2）变速器。操纵时应轻便灵活，挡位准确，锁止有效可靠。主要故障有渗漏、换挡困难、跳挡、乱挡、误挂倒挡和过热等。变速器外观应无渗漏、安装牢固。行驶中停车检查外壳温度，应正常。换挡困难主要由换挡机构变形或齿轮油变质，润滑不良引起；跳挡主要由自锁机构损坏、传动齿轮锥形磨损或轴承松旷等引起；乱挡主要由互锁机构损坏或换挡机构损坏等引起；误挂倒挡主要由倒挡锁损坏引起；变速器过热主要由缺油或齿轮油变质引起。变速器操纵机构如图9-11所示。

（3）万向传动装置。应转动平稳无异响。传动轴抖动或异响主要是由传动轴、万向节、伸缩节和中间支承等松旷引起（图9-12）。

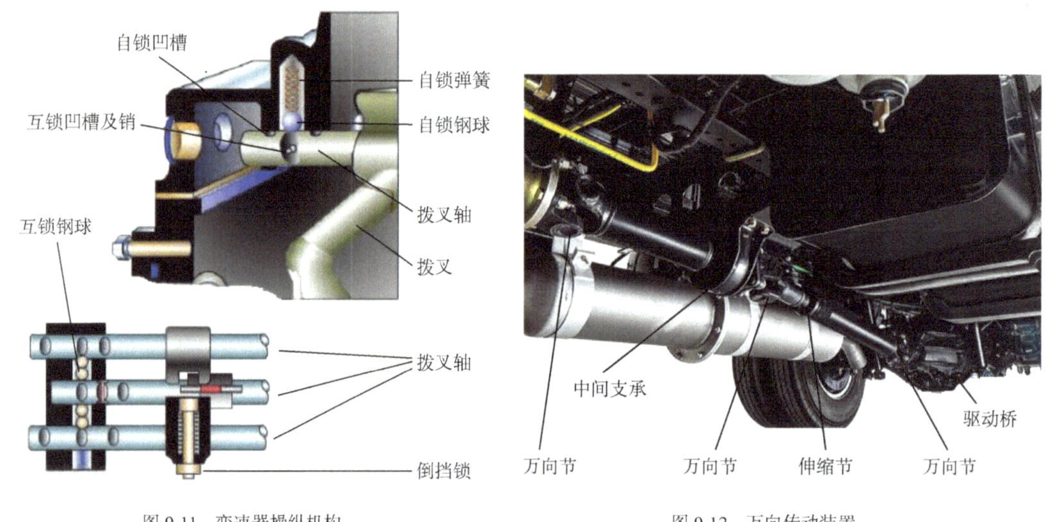

图 9-11　变速器操纵机构

图 9-12　万向传动装置

（4）主减速器、差速器。应传动平稳无异响，外壳无渗漏、温度正常。主要故障有异响、渗漏、过热等。若直行无异响而转弯有异响，则异响来自差速器。异响主要由齿轮松旷、啮合异常或润滑变差等引起；渗漏主要由油封损坏引起；过热主要缺油或齿轮油变质等引起，如图9-13所示。

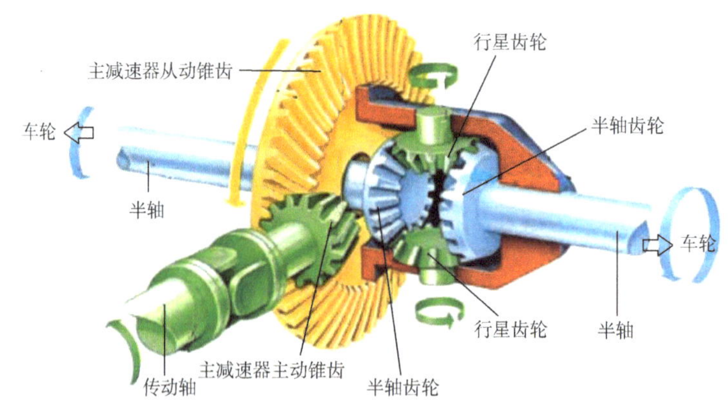

图 9-13　主减速器和差速器

（5）半轴。主要故障有异响、断裂、套管损坏等。

2 行驶系统

行驶系统主要由车架、车轮和悬架等组成。

（1）车架。重点识别车架变形、断裂等故障隐患。

（2）车轮。重点识别车轮紧固、车轮制动器、轮毂、轮胎气压花纹等故障隐患。

（3）悬架。重点识别钢板弹簧、减振器和导向机构等故障隐患。

（4）车轮定位。重点识别车轮定位失准故障隐患。危险货物运输车辆车轮定位主要有前轮外倾、前轮前束、主销内倾、主销后倾和轮距差。

①前轮外倾角失准，会导致转向沉重或轮胎内外侧异常磨损等故障，如图9-14所示。

②主销内倾失准会导致转向沉重等故障，如图9-15所示。

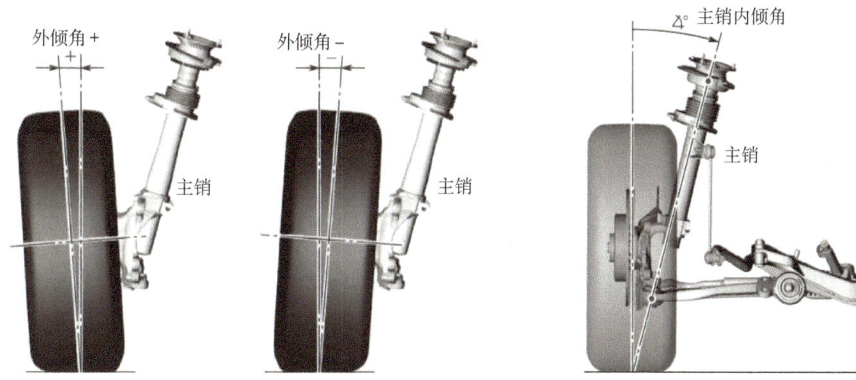

图 9-14　前轮外倾

图 9-15　主销内倾

③主销后倾。主销后倾角失准，会导致转向回正力矩变化，可能会引起行驶中前轮摆振或失去转向后回正功能等故障。

④前轮前束。前轮前束值失准，会引起车辆行驶阻力增大、行驶不稳定、前轮异常磨损等故障。

⑤轮距差。轮距差指的是车辆左侧前、后轮距离与右侧前、后轮距离的差值，正常情况下轮距差应该为零。如果存在轮距差，将会导致前、后轴不平行，引起行驶阻力增大、行驶跑偏、轮胎异常磨损等严重情况发生，如图9-16所示。

图 9-16　轮胎异常磨损

3 转向系统

危险货物运输车辆转向系统一般采用助力转向机构，主要由转向操纵机构、转向器和转向传动机构等组成，如图9-17所示。

（1）转向操纵机构。重点识别转向盘、转向轴及万向节等安全部件故障隐患。

（2）转向器。重点识别转向器灵活性、可靠性和渗漏故障隐患。

（3）转向传动机构。重点识别横直拉杆及球销、转向节臂、转向节等故障隐患。

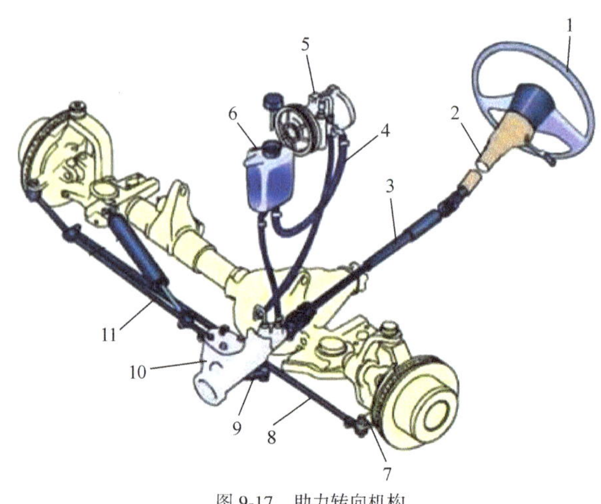

图 9-17　助力转向机构

1- 转向盘；2- 转向轴；3- 转向轴；4- 助力液压油管；5- 助力油泵；6- 储油罐；7- 转向球销；8- 转向横拉杆；9- 转向直拉杆；10- 转向器；11- 转向横拉杆

4 制动系统

制动系统由制动操纵机构、制动主缸、制动液（压缩气体）、制动管路、制动轮缸和车轮制动器等组成。辅助制动系统还包括驻车制动器、排气制动系统和缓速器等。

（1）制动操纵机构。操纵应灵活可靠。重点识别制动踏板、连杆等卡滞干涉故障隐患。

（2）制动主缸。应工作可靠不漏气、不漏液。重点识别工作行程、渗漏等故障隐患。

（3）制动液或制动压缩气体。属于制动操纵传力介质。重点识别制动液不足、漏液、制动液混有空气或制动气压不足、漏气等故障隐患。

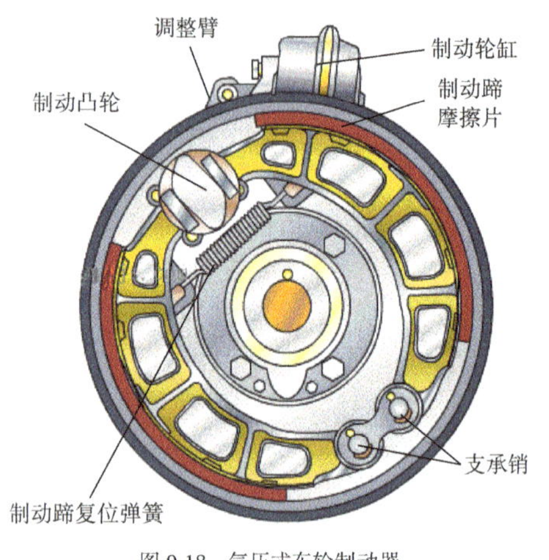

图 9-18　气压式车轮制动器

（4）制动轮缸。制动轮缸是车轮制动器的执行机构。重点识别制动轮缸漏气、漏液、制动凸轮轴不复位等故障隐患。

（5）车轮制动器。车轮制动器分为盘式和鼓式两种，危险货物运输车辆一般采用鼓式车轮制动器。鼓式车轮制动器主要由制动鼓、制动蹄摩擦片、凸轮和凸轮驱动机构等组成，如图9-18所示。重点识别制动力不足、制动拖滞和异响等故障隐患。

（6）驻车制动器。重点识别驻车不可靠、驻车制动器无法释放等故障隐患。

3 电气设备

汽车电气设备主要由电源和用电设备两部分组成。电源由蓄电池、发电机及整流稳压系统等组成；用电设备主要由照明系统、信号系统、点火系统、刮水器、空调、车载局域网、卫星定位系统、音响等，以及根据需要增设的其他用电设备。故障识别主要根据安全性能检视过程中出现的异常、失效等情况进行诊断。

项目实施

1 实训模式和时间

建议采用一体化教学模式。实训时间根据大纲和学习小组人数等实际情况确定。

2 实训场地和材料准备

（1）在实训基地进行。

（2）教学用罐车和照明、通风良好的维修地沟，方便学生进出学习、训练。

（3）与教学车辆相关的发动机、底盘和电气设备模拟故障诊断台架各一台，配备相应的诊断工具。

（4）通风良好的教学场地及投影仪、磁板等辅助教具。

3 教学组织

（1）场景布置。根据教学车辆和车辆常见故障识别、诊断与排除的教学内容布置学习场景。

（2）导师在车辆常见故障识别、诊断与排除的教学前做好安全检查，确保教学安全。

（3）学生服从导师安排，完成训练测试任务。拍摄车辆常见故障识别、诊断与排除教学或学习微视频，上传微信群进行辅助学习。学习结束后积极完成场地和设施设备的清理工作。

4 教学活动步骤

（1）实训导师先根据教学车辆和模拟台架讲解示范车辆常见故障的识别、诊断和排除方法。

（2）学生根据导师的安排进行车辆常见故障的识别、诊断和排除方法训练。

（3）向学生分发学习活动训练工单，每人填写训练工单并小组讨论，见表9-6。

危险货物运输车辆模拟故障识别诊断与排除作业训练工单　　表 9-6

姓名：＿＿＿＿　学习小组：＿＿＿＿　导师：＿＿＿＿　测试结果：＿＿＿＿

故障分类	故 障 现 象	故障识别、诊断流程	故障排除方法	测 试 结 果
发动机				
底盘				
电气设备				

项目七 危险货物道路运输车辆行车前、行车中和收车后的安全检查

学习目标

（1）掌握危险货物运输车辆出车前、行车中和收车后的安全性能检查部位和项目。
（2）掌握危险货物运输车辆出车前、行车中和收车后的安全性能检查方法。

情景导入

导师安排小李学习群体学习掌握危险货物运输车辆出车前、行车中和收车后的安全检查作业内容和方法。

知识链接

危险货物运输车辆出车前、行车中和收车后的安全性能检视是日常维护的重要作业内容。驾驶员熟练掌握安全性能检视是保持车辆良好技术性能的前提，更是安全驾驶的基础。

依据安全性能检视作业规范，安全性能检视作业在出车前、行车中和收车后进行，检查部位从驾驶室内部至左前部开始，逆时针绕车一周，最后检视车辆前部和发动机舱，完成整个作业项目。

依据教学大纲和考试大纲，安全性能检视的具体部位和项目如下。

（1）驾驶室内部：检视项目有安全带、灯光、喇叭、后视镜、仪表、刮水器、门锁、转向盘自由转动量、制动踏板自由行程、加速踏板自由行程、离合器自由行程、驻车制动器、卫星定位装置等。

（2）左前部：检视项目有左后视镜、轮胎及轮胎螺栓、半轴螺栓（挂车）、制动鼓及轮毂、制动管路、转向横直拉杆及球销、储气筒、悬架及U形螺栓等。

（3）左中后部：检视项目有油箱及油箱盖、轮胎及轮胎螺栓、半轴螺栓、制动鼓及轮毂、制动管路、储气筒、悬架及U形螺栓、传动轴螺栓、变速器壳、侧栏板、菱形标志牌、侧防护装置、牵引车与挂车连接装置等。

（4）车后部：检视项目有牌照、灯光、备胎、驱动桥壳、后栏板、后防护装置、安全告标示牌、菱形标志牌、排气管隔热装置和火星熄灭器、导静电橡胶拖地带、紧急切断阀等。

（5）右中后部：检视项目有轮胎及轮胎螺栓、半轴螺栓、制动鼓及轮毂、制动管路、储气筒、悬架及U形螺栓、传动轴螺栓、差速器、危险标志牌、侧防护装置等。

（6）右前部：检视项目有轮胎及轮胎螺栓、半轴螺栓（挂车）、制动鼓及轮毂、制动管路、储气筒、悬架及U形螺栓等。

（7）前部及发动机舱：检视项目有牌照、灯光、后视镜、散热器、冷却液、风扇皮带、润滑油、制动液、高压线、蓄电池、危险标志灯、灭火器、防护服、防毒面具、危险警告标志等。

1 实训模式和时间

建议采用一体化教学模式。实训时间根据大纲和学习小组人数等实际情况确定。

2 实训场地和材料准备

（1）在实训基地进行。

（2）教学用罐车。

（3）安全性能检视作业必要的用具，如手锤、抹布、手套、手电筒、警示牌等。

（4）通风良好的教学场地及投影仪、磁板等教具。

3 教学组织

（1）场景布置。根据教学车辆和车辆出车前、行车中和收车后的安全检查教学内容布置学习场景。

（2）导师在车辆出车前、行车中和收车后的安全检查教学前做好安全检查，确保教学安全。

（3）学生服从导师安排，完成训练测试任务。拍摄车辆出车前、行车中和收车后的安全检查教学或学习微视频，上传微信群进行辅助学习。学习结束后积极完成场地和设施设备的清理工作。

4 教学活动步骤

（1）实训导师根据实训车辆讲解示范车辆出车前、行车中和收车后的安全性能检查作业流程、作业部位和作业项目。

（2）学生根据导师安排进行各部位的安全检视作业训练。

（3）向学生分发学习活动训练工单，由小组讨论并每人填写训练工单，如表9-7所示。

危险货物运输车辆行车前、行车中和收车后的安全检查训练工单　　表 9-7

姓名：________　学习小组：________　导师：________　测试结果：________

作业部位	作业项目	训练结果点评
驾驶室内部		
左前部		
左中后部		
车后部		
右中后部		
右前部		
前部和发动机舱		

项目八　危险货物道路运输车辆驾驶室内部检视

学习目标

（1）掌握危险货物运输车辆驾驶室内部检视项目和要求。

（2）掌握危险货物运输车辆驾驶室内部检视方法。

（3）掌握危险货物运输车辆驾驶室内部检视项目安全隐患的排除方法。

（4）掌握行车日志中危险货物运输车辆安全检视的记录方法。

情景导入

导师安排小李学习群体学习掌握危险货物运输车辆驾驶室内部检视作业内容和方法。

知识链接

驾驶室内部检视主要针对驾驶员的操纵部件进行，由于车型不同，操纵部件布置也会存在差异。因此，驾驶员在安全检视前必须熟练掌握驾驶室内部操纵部件的布局和操作方法，如图9-19所示。

依据教学大纲和考试大纲，驾驶室内部检视项目和要求如下。

（1）安全带：要求无破损，有效可靠，具有未系警告信息。检查时能缓拉释放、快拉锁止。

（2）灯光：要求安装牢靠、完好有效，开关应灵活有效。检查时两人配合，驾驶室内灯光开关操作员根据外面灯光检视人员口令进行开闭操作，外面检视人员查看灯光的有效性。

图 9-19　车辆驾驶室内部

（3）喇叭：要求齐全有效，开关灵活轻便。检查时按喇叭开关，听喇叭声音。

（4）后视镜：要求安装牢固无破损，易于调整并能有效保持其位置。检查时两人配合，驾驶员在驾驶室内自然乘坐，根据后视情况指挥外面人员调整后视镜位置达到最佳状态并固定位置。

（5）仪表：要求外观完整清洁、动态显示无异常。检查时起动发动机，查看仪表指示和信号显示正常。

（6）刮水器：要求前风窗玻璃刮水器、洗涤器应能正常工作，刮水器关闭时刮片应能自动返回初始位置。检查时打开雨刮器开关至各挡位置，查看刮水速度和清洁度。

（7）门锁：要求齐全有效。检查时进行锁门和开门操作。

（8）转向盘：要求转动灵活，操纵方便，无卡滞现象，具有合适的转向限位装置。最高设计车速不小于100km/h的道路运输车辆，转向盘的最大自由转动量不大于15°，其他道路运输车辆不大于25°。动态检查时转向系统在任何操作位置上，不得与其他部件有干涉现象；正常行驶时，转向轮转向后应有一定的回正能力（允许有残余角），以使机动车具有稳定的直线行驶能力。

（9）制动踏板：要求操纵灵活有效、无卡滞、无干涉，自由行程与该车型技术要求一致。检查时进行踩踏操作。

（10）加速踏板：要求操纵轻便灵活，无卡滞、无干涉。检查时进行踩踏操作。

（11）离合器踏板：要求离合器接合平稳、分离彻底、操作轻便，工作时无异响、打滑、抖动和沉重等现象。踏板自由行程与该车型技术要求一致。检查时进行动态分离和接合操作。

（12）驻车制动器：要求控制装置齐全有效，安装位置适当。检查时操纵装置应有足够的储备行程（开关类操作装置除外），在操纵装置全行程的三分之二以内产生规定的制动效能；对装有自动调节装置的允许在全行程的四分之三以内达到规定的制动效

能。使用电控式的，锁止装置应为纯机械装置，发生断电情况时锁止装置仍应保持持续有效；棘轮式制动操纵装置应保证在达到规定的驻车制动效能时，操纵杆往复拉动的次数不得超过三次。

（13）卫星定位装置：要求车辆终端安装位置适当牢固、齐全有效、性能良好。检查时查看是否牢固，开机自检过程和显示是否正常等。

（14）缓速器：要求缓速器连接可靠，安装部位应设置温度报警系统或自动灭火装置。检查时电涡流缓速器外表定子与转子间应清洁、无油污；液压式缓速器不应有漏油现象。

（15）电源总开关：要求操作灵活有效、安装牢固、电源线连接可靠。检查时能切断彻底、接合时接触良好，无烧蚀发烫等现象。

（16）安全锤：要求齐全可靠、便于取用。检查时查看手柄是否破损、放置位置是否合适牢固。

（17）灭火器：要求随车配备与车辆类型相适应的灭火器，灭火器应在有效期内，并安装牢靠和便于取用。检查要点是有效期和安装位置。

（18）三角警告牌：要求随车配备三角警告牌，并妥善放置。检查要点是完整有效。

（19）随车工具和相关证件：要求与车型、所运介质相适应的随车工具和相关证件。

（20）三角木（轮挡）：要求随车配备三角木，数量不少于两只，并妥善放置。检查要点是完好、随车携带。

项目实施

1 实训模式和时间

建议采用一体化教学模式。实训时间根据大纲和学习小组人数等实际情况确定。

2 实训场地和材料准备

（1）在实训基地进行。

（2）教学用罐车。

（3）安全性能检视作业必要的用具，如手锤、抹布、手套、手电筒、警示牌等。

（4）通风良好的教学场地及投影仪、磁板等辅助教具。

3 教学组织

（1）场景布置。根据教学车辆和车辆驾驶室内部检视教学内容布置学习场景。

（2）导师在车辆驾驶室内部检视教学前做好安全检查，确保教学安全。

（3）学生服从导师安排，完成训练测试任务。拍摄车辆驾驶室内部检视教学或学习微视频，上传微信群进行辅助学习。学习结束后积极完成场地和设施设备的清理工作。

4 教学活动步骤

（1）实训导师根据教学车辆先讲解示范车辆驾驶室内部检视的作业项目、要求和作业方法。

（2）学生根据导师安排进行车辆驾驶室内部检视训练。

（3）向学生分发学习活动训练工单，由小组讨论并每人填写训练工单，如表9-8所示。

危险货物运输车辆安全性能检视作业训练工单　　表 9-8

姓名：__________　学习小组：__________　导师：__________　测试结果：__________

作业部位	作 业 项 目	训练结果点评
驾驶室内部		
左前部		
左中后部		
车后部		
右中后部		
右前部		
前部和发动机舱		

项目九　危险货物道路运输车辆左前部检视

学习目标

（1）掌握危险货物运输车辆左前部检视项目和要求。

（2）掌握危险货物运输车辆左前部检视方法。

（3）掌握危险货物运输车辆左前部检视项目安全隐患的排除方法。

（4）掌握行车日志中危险货物运输车辆安全检视的记录方法。

情景导入

导师安排小李学习群体学习掌握危险货物运输车辆左前部检视作业内容和方法。

知识链接

左前部检视主要针对车轮、转向机构、悬架、车轮制动器等安全部件进行，由于车型不同，部件布置也会存在差异。因此，驾驶员在检视前必须熟悉部件的结构和布局，如图9-20所示。

图 9-20　车辆左前部

依据教学大纲和考试大纲，左前部检视的具体项目和要求如下。

（1）轮胎及轮胎螺栓：要求气压正常、花纹无夹石；花纹深度，乘用车和挂车轮胎胎冠花纹深度应大于或等于1.6mm，其他机动车转向轮的胎冠花纹深度应大于或等于3.2mm；其余轮胎胎冠花纹深度应大于或等于1.6mm；同一轴上的轮胎规格和花纹应相同；轮胎胎面不得因局部磨损而暴露出轮胎帘布层，轮胎不得有影响使用的缺损、异常磨损和变形；轮胎的胎面和胎壁上不得有长度超过25mm或深度足以暴露出轮胎帘布层的破裂和割伤；双式车轮的轮胎之间应无夹杂的异物；转向轮不得装用翻新的轮胎；所装用轮胎的速度级别不应低于该车最大设计车速的要求；轮胎螺母和半轴螺母应完整齐全，并应按规定力矩紧固。

（2）半轴螺栓（挂车车型）：要求紧固无松缺、油封无漏油。检查螺栓、螺母的弹簧垫及油封接合面。

（3）制动鼓及轮毂：要求安装牢固无裂纹、行车途中停车检查温度正常。制动鼓过热的主要原因是制动拖滞或自行制动；轮毂过热的主要原因是轮毂轴承损坏或润滑不良等。

（4）制动管路：要求制动管路安装稳固无漏气。检查车辆转向及行驶时，金属管路及软管不应与车身或底盘产生运动干涉。

（5）转向横直拉杆及球销：要求不得有裂纹和损伤，并且转向球销不应松旷。检查时两人配合，车辆处于直行位置，一人快速转动转向盘，一人查看横直拉杆及球销是否松旷。

（6）转向节及臂：要求不得有裂纹、损伤和松旷。检查时两人配合，车辆处于直行位置，一人快速转动转向盘，一人查看转向节及臂是否松旷。

（7）悬架及U形螺栓：要求悬架钢板弹簧、螺旋弹簧、扭杆弹簧、橡胶减振垫等弹性元件安装牢固，不应有裂纹、缺片、加片、断裂、塑性变形和功能失效等现象，空气弹簧不应有泄漏现象；U形螺栓无松缺；减振器稳固有效，无漏油现象。

（8）蓄电池：要求蓄电池电量充足、壳体和电源线安装牢固、外壳清洁不漏电。

1 实训模式和时间

建议采用一体化教学模式。实训时间根据大纲和学习小组人数等实际情况确定。

2 实训场地和材料准备

（1）在实训基地进行。

（2）教学用罐车。

（3）安全性能检视作业必要的用具，如手锤、抹布、手套、手电筒、警示牌等。

（4）通风良好的教学场地及投影仪、磁板等辅助教具。

3 教学组织

（1）场景布置。根据教学车辆和车辆左前部检视教学内容布置学习场景。

（2）导师在车辆左前部检视教学前做好安全检查，确保教学安全。

（3）学生服从导师安排，完成训练测试任务。拍摄车辆左前部检视教学或学习微视频，上传微信群进行辅助学习。学习结束后积极完成场地和设施设备的清理工作。

4 教学活动步骤

（1）实训导师根据教学车辆先讲解示范车辆左前部检视的作业项目、要求和作业方法。

（2）学生根据导师安排进行车辆左前部的检视训练。

（3）向学生分发学习活动训练工单，由小组讨论并每人填写训练工单，如表9-8所示。

项目十　危险货物道路运输车辆左中后部检视

学习目标

（1）掌握危险货物运输车辆左中后部检视项目和要求。

（2）掌握危险货物运输车辆左中后部检视方法。

（3）掌握危险货物运输车辆左中后部检视项目安全隐患的排除方法。

（4）掌握行车日志中危险货物运输车辆安全检视的记录方法。

情景导入

导师安排小李学习群体学习掌握危险货物运输车辆左中后部检视作业内容和方法。

知识链接

左中后部检视主要针对油箱及油箱盖、变速器壳、驱动轮及半轴、驱动桥、传动轴、储气筒、侧面防护栏、罐体左侧标识和车轮制动器部件进行，由于车型不同，各部件布局也会存在差异。因此，驾驶员在检视前必须熟练掌握危险货物运输车辆左中后部检视项目的布局和方法，如图9-21所示。

图 9-21　车辆左中后部

依据教学大纲和考试大纲，左中后部检视的具体项目和要求如下。

（1）油箱及油箱盖：要求安装牢固、油量充足、油箱盖完好、油箱及油箱盖无渗漏现象。检查时查看安装紧固情况，渗漏情况。

（2）轮胎及轮胎螺栓、半轴螺栓（挂车车型）、制动鼓及轮毂、制动管路、悬架及U型螺栓的要求同项目九。

（3）储气筒：要求安装牢固不漏气，单向阀、调压阀和排污阀完整有效不漏气。检查时查听是否漏气、筒体应无松动。

（4）传动轴螺栓：要求传动轴在运转时不得发生振抖和异响，中间轴承和万向节不得有裂纹和松旷现象。静态检查时用手托传动轴，查看传动轴、中间轴承、万向节和伸缩节紧固螺栓是否松旷。中间轴承、万向节和伸缩节润滑良好。伸缩节防尘套完好无破损。

（5）变速器壳：要求变速器壳无渗漏油现象、温度正常。途中检查外壳无渗漏油、温度正常不发烫。

（6）侧栏板：要求侧栏板安装牢固、反光膜和反光器完整清晰。应清洁、安装牢固。

（7）侧面防护装置：要求安装牢固、无变形无松旷、反光器和反光膜完好清晰。检查时手扳侧面防护装置，应紧固不松动。

（8）菱形标志牌：要求完整清晰，安装牢固可靠，安装位置符合要求。

（9）牵引车与挂车连接装置：要求连接装置牢固可靠、无变形、无锈蚀。检查牵引销安装牢固，无损伤、裂纹等缺陷，牵引销颈部磨损量符合规定；牵引座及牵引销锁止、释放机构灵活有效；连接螺栓螺母紧固无松动、定位销无松旷、无磨损；牵引座安装牢固，表面油脂润滑均匀；转盘与转盘架贴合面无松旷、无偏歪；牵引钩无裂纹和损伤，锁止、释放机构工作可靠。

1 实训模式和时间

建议采用一体化教学模式。实训时间根据大纲和学习小组人数等实际情况确定。

2 实训场地和材料准备

（1）在实训基地进行。

（2）教学用罐车。

（3）安全性能检视作业必要的用具，如手锤、抹布、手套、手电筒、警示牌等。

（4）通风良好的教学场地及投影仪、磁板等辅助教具。

3 教学组织

（1）场景布置。根据教学车辆和车辆左中后部检视教学内容布置学习场景。

（2）导师在车辆左中后部检视教学前做好安全检查，确保教学安全。

（3）学生服从导师安排，完成训练测试任务。拍摄车辆左中后部检视教学或学习微视频，上传微信群进行辅助学习。学习结束后积极完成场地和设施设备的清理工作。

4 教学活动步骤

（1）实训导师先根据教学车辆讲解示范车辆左中后部检视的作业项目、要求和作业方法。

（2）学生根据导师安排进行车辆左中后部检视作业训练。

（3）向学生分发学习活动训练工单，由小组讨论并每人填写训练工单，如表9-8所示。

项目十一 危险货物道路运输车辆后部检视

学习目标

（1）了解危险货物运输车辆后部检视项目的结构和作用。

（2）掌握危险货物运输车辆后部检视项目的检视方法和要求。

（3）掌握危险货物运输车辆后部检视项目安全隐患的排除方法。

（4）掌握行车日志中危险货物运输车辆安全检视的记录方法。

情景导入

导师安排小李学习群体学习掌握危险货物运输车辆后部检视作业内容和方法。

知识链接

后部检视主要针对后部灯光、牌照及牌照放大号、驱动桥壳、后防护装置、备胎、危险品矩形标志牌、安全标示牌、菱形标志和铭牌等外观项目进行，还要对罐体专有的紧急切断阀、导静电橡胶拖地装置等罐体安全附件进行检查。

依据教学大纲和考试大纲，车辆后部检视的具体项目和要求如下。

（1）导静电橡胶拖地带。导静电橡胶拖地带是安装在车辆底架上的，能将静电导入大地，使箱体始终处于零点位，防止静电火花的产生，如图9-22所示。

图 9-22 导静电橡胶拖地带

（2）紧急切断阀，也称海底阀。紧急切断阀安装于罐体底部，可替代传统的上装式装卸，进行下装式装卸作业，使作业人员操作更加简便、节时、安全环保。阀体上设计一切断槽，在发生意外时，如发生事故或撞击受损，切断槽断开，在不影响罐体密封的前提下将车底管路与罐体切断，有效防止罐内油料泄漏，从而保证油罐安全；当火灾等原因使环境温度过高超过设定温度时（一般为75℃±5℃），阀内易熔塞融化，紧急切断阀自动关闭，防止罐内液体泄漏。紧急切断阀如图9-23所示，远程控制手柄如图9-24所示。

图 9-23　带远程控制的紧急切断阀

图 9-24　远程控制手柄

紧急切断阀使用、检视要点：

①谨记紧急切断阀在除装卸工作之外的所有情况下，都应处于关闭状态。

②装卸作业完毕后，必须立即按照紧急切断阀使用说明书或操作规程关闭紧急切断阀。

③出车前，检查紧急切断阀有无腐蚀、生锈、裂纹等缺陷，有无松脱、渗漏等现象。

④装卸作业时，若遇紧急情况，应立即关闭紧急切断阀。

⑤运输过程中，及时检查确保紧急切断阀处于关闭状态。

⑥罐体长期不使用，也应关闭紧急切断阀，以免因受长期压力、杂质沉淀等影响，造成阀体元器件损坏、泄漏。

项目实施

1 实训模式和时间

建议采用一体化教学模式。实训时间根据大纲和学习小组人数等实际情况确定。

2 实训场地和材料准备

（1）在实训基地进行。

（2）教学用罐车。

（3）通风良好的教学场地及投影仪、磁板等辅助教具。

（4）安全检视必要的用具，如手锤、抹布、手套、手电筒、警示牌等。

3 教学组织

（1）场景布置。根据教学车辆和车辆后部检视教学内容布置学习场景。

（2）导师在车辆后部检视教学前做好安全检查，确保教学安全。

（3）学生服从导师安排，完成训练测试任务。拍摄车辆后部检视教学或学习微视频，上传微信群进行辅助学习。学习结束后积极完成场地和设施设备的清理工作。

4 教学活动步骤

（1）实训导师根据教学车辆先讲解车辆后部检视作业内容和作业方法。

（2）学生根据导师安排进行车辆后部检视训练。

（3）向学生分发学习活动训练工单，由小组讨论并每人独立完成训练工单，如表9-8所示。

项目十二 危险货物道路运输车辆右中后部检视

学习目标

（1）掌握危险货物运输车辆右中后部检视项目和要求。

（2）掌握危险货物运输车辆右中后部检视方法。

（3）掌握危险货物运输车辆右中后部检视项目安全隐患的排除方法。

（4）掌握行车日志中危险货物运输车辆安全检视的记录方法。

情景导入

导师安排小李学习群体学习掌握危险货物运输车辆右中后部检视作业内容和方法。

知识链接

车辆右中后部检视主要针对轮胎及轮胎螺栓、半轴螺栓、制动鼓及轮毂、制动管路、储气筒、悬架及U形螺栓、传动轴螺栓、差速器、菱形标志牌、侧防护装置等部件进行，由于车型不同，部件布置也会存在差异，因此，驾驶员在检视前必须掌握右中后部相关部件的布局和检视作业方法，如图9-25所示。

图 9-25　车辆右中后部

依据教学大纲和考试大纲，车辆右中后部检视的具体项目和要求如下。

（1）轮胎及轮胎螺栓、半轴螺栓（挂车车型）、制动鼓及轮毂、制动管路、悬架及U形螺栓的要求同项目九，储气筒、传动轴螺栓、菱形标志牌、侧面防护装置的要求同项目十。

（2）差速器：要求运转无异响、外壳无漏油。途中检查外壳无漏油、温度正常。

项目实施

1 实训模式和时间

建议采用一体化教学模式。实训时间根据大纲和学习小组人数等实际情况确定。

2 实训场地和材料准备

（1）在实训基地进行。

（2）教学用罐车。

（3）安全性能检视作业必要的用具，如手锤、抹布、手套、手电筒、警示牌、检查日志等。

（4）通风良好的教学场地及投影仪、磁板等辅助教具。

3 教学组织

（1）场景布置。根据教学车辆和车辆右中后部检视教学内容布置学习场景。

（2）导师在车辆右中后部检视教学前做好安全检查，确保教学安全。

（3）学生服从导师安排，认真听讲，完成训练测试任务。拍摄车辆右中后部检视教学或学习微视频，上传微信群进行辅助学习。学习结束后积极完成场地和设施设备的清理工作。

4 教学活动步骤

（1）实训导师先根据教学车辆讲解示范车辆右中后部检视的作业项目、要求和作业方法。

（2）学生根据导师安排进行车辆右中后部的安全检视作业训练。

（3）向学生分发学习活动训练工单，由小组讨论并每人填写训练工单，如表9-8所示。

项目十三 危险货物道路运输车辆右前部检视

学习目标

（1）掌握危险货物运输车辆右前部检视项目和要求。
（2）掌握危险货物运输车辆右前部检视方法。
（3）掌握危险货物运输车辆右前部检视项目安全隐患的排除方法。
（4）掌握行车日志中危险货物运输车辆安全检视的记录方法。

情景导入

导师安排小李学习群体学习掌握危险货物运输车辆右前部检视作业内容和方法。

知识链接

右前部检视主要针对轮胎及轮胎螺栓、半轴螺栓、制动鼓及轮毂、制动管路、储气筒、悬架及U形螺栓等部件进行，由于车型不同，部件布置也会存在差异。因此，驾驶员在安全检视前必须熟练掌握右前部相关项目的布局和操作方法，如图9-26所示。

依据教学大纲和考试大纲，右前部检视的具体项目和要求如下。

轮胎及轮胎螺栓、半轴螺栓（挂车车型）、制动鼓及轮毂、制动管路、悬架及U型螺栓的要求同项目九，储气筒的要求同项目十。

项目实施

1 实训模式和时间

建议采用一体化教学模式。实训时间根据大纲和学习小组人数等实际情况确定。

图 9-26 车辆右前部

2 实训场地和材料准备

（1）在实训基地进行。

（2）教学用罐车。

（3）安全性能检视作业必要的用具，如手锤、抹布、手套、手电筒、警示牌、检查日志等。

（4）通风良好的教学场地及投影仪、磁板等辅助教具。

3 教学组织

（1）场景布置。根据教学车辆和车辆右前部检视教学内容布置学习场景。

（2）导师在车辆右前部检视教学前做好安全检查，确保教学安全。

（3）学生服从导师安排，完成训练测试任务。拍摄车辆右前部检视教学或学习微视频，上传微信群进行辅助学习。学习结束后积极完成场地和设施设备的清理工作。

4 教学活动步骤

（1）实训导师先根据教学车辆讲解示范车辆右前部检视的作业项目、要求和作业方法。

（2）学生根据导师安排进行车辆右前部检视作业训练。

（3）向学生分发学习活动训练工单，由小组讨论并每人填写训练工单，如表9-8所示。

项目十四 危险货物道路运输车辆前部及发动机舱检视

学习目标

（1）掌握危险货物运输车辆前部及发动机舱检视项目和要求。
（2）掌握危险货物运输车辆前部及发动机舱检视方法。
（3）掌握危险货物运输车辆前部及发动机舱检视项目安全隐患的排除方法。
（4）掌握行车日志中危险货物运输车辆安全检视的记录方法。

情景导入

导师安排小李学习群体学习掌握危险货物运输车辆前部及发动机舱检视作业内容和方法。

知识链接

车辆前部及发动机舱检视主要针对牌照、灯光、后视镜、散热器、冷却液、风扇皮带、润滑油、制动液、高压线、蓄电池、危险标志灯、灭火器、防护服、防毒面具、危险品矩形标志牌等部件进行，由于车型不同，各部件布置也会存在差异。因此，驾驶员在检视前必须熟练掌握车辆前部及发动机舱部件的布局和操作方法，如图9-27、图9-28所示。

图 9-27　车辆前部

图 9-28　锡柴发动机检视部件

依据教学大纲和考试大纲，车辆前部及发动机舱安全性能检视的具体项目和要求如下。

（1）牌照：要求安装规范牢固、清洁无污损。手摸查看。

（2）灯光：要求安装牢靠、完好有效，开关应安装牢固、开关自如。检查时两人配合，驾驶室内灯光开关操作员根据外面灯光检视人员口令进行开闭操作，外面检视人员查看灯光的有效性。

（3）后视镜：要求安装牢固无破损，易于调整并能有效保持其位置。检查时两人配合，驾驶员在驾驶室内自然乘坐，根据后视情况指挥外面人员调整后视镜位置达到最佳状态并固定位置。

（4）散热器及管路：要求固定可靠，无变形、无堵塞、无破损及无渗漏，胶垫不老化。检查时手扳散热器水管无松动，查看表明无渗漏现象。

（5）冷却液：要求冷却液充足、型号性能符合要求。检查补偿水箱应完好无渗漏、液面高度在上下两刻线间，水箱盖完好。

（6）风扇皮带（传动皮带）：要求风扇皮带无裂痕、无老化、无破损和无过量磨损，表面无油污，松紧度符合规定。检查时大拇指用30~50N力压皮带中部，松紧度在10 ~ 15mm间。

（7）润滑油：要求润滑油色清、无杂质、黏度正常、液面高度正常。检查时要求发动机起动前或熄火等待30min后进行，拔出机油尺查看颜色应色清无杂质、液面高度在上下两刻线间，手摸黏度正常。

（8）制动液：要求制动液充足、无渗漏现象。检查时查看储液罐及盖应完好无渗漏，液面高度在上下两刻线间。

（9）高压线：要求高压线安装牢固、无松动、清洁无漏电现象。检查时查看高压线应干净清洁，固定牢靠不松动。

（10）蓄电池：要求蓄电池电量充足、壳体和电源线安装牢固、外壳清洁不漏电。

（11）危险标志灯：安装位置符合要求，安装牢固，清晰有效。检查时开灯查看。

（12）灭火器：要求随车配备与车辆类型相适应的灭火器，灭火器应在有效期内，并安装牢靠和便于取用。检查要点是有效期和安装位置。

（13）防护服：完好有效整洁，如图9-29所示。

（14）防毒面具：完好有效、性能良好，如图9-30所示。

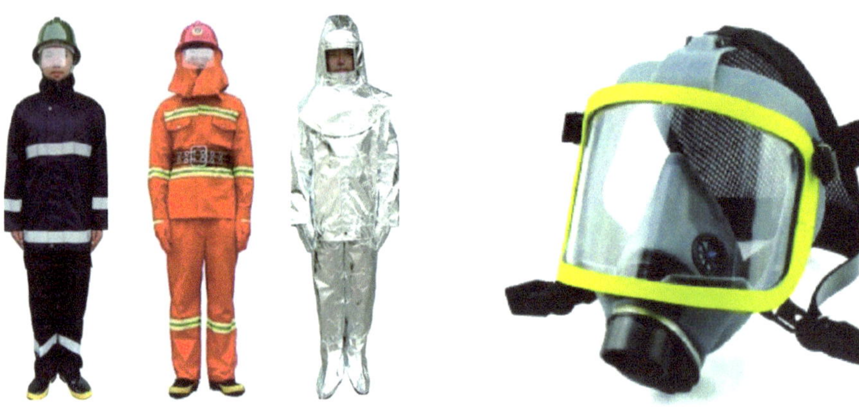

图 9-29　防护服

图 9-30　防毒面具

（15）危险品矩形标志牌：完好有效，安装牢固规范。

项目实施

1 实训模式和时间

建议采用一体化教学模式。实训时间根据大纲和学习小组人数等实际情况确定。

2 实训场地和材料准备

（1）在实训基地进行。

（2）教学用罐车。

（3）安全性能检视作业必要的用具，如手锤、抹布、手套、手电筒、警示牌、检查日志等。

（4）通风良好的教学场地及投影仪、磁板等辅助教具。

3 教学组织

（1）场景布置。根据教学车辆和车辆前部及发动机舱检视教学内容布置学习场景。

（2）导师在车辆前部及发动机舱检视教学前做好安全检查，确保教学安全。

（3）学生服从导师安排，完成训练测试任务。拍摄车辆前部及发动机舱检视教学或学习微视频，上传微信群进行辅助学习。学习结束后积极完成场地和设施设备的清理工作。

④ 教学活动步骤

（1）实训导师根据教学车辆先讲解示范车辆前部及发动机舱安全性能检视的作业项目、要求和作业方法。

（2）学生根据导师安排进行车辆前部及发动机舱检视作业训练。

（3）向学生分发学习活动训练工单，由小组讨论并每人填写训练工单，如表9-8所示。

第十章 罐车安全驾驶专项训练

项目一 常压罐体检查

学习目标

（1）掌握危险货物运输车辆常压罐体的检查内容。

（2）掌握危险货物运输车辆常压罐体的检查方法。

情景导入

导师安排小李学习群体学习掌握危险货物运输车辆常压罐体的安全检查作业内容和方法。

知识链接

依据教学大纲和考试大纲，车载常压罐体安全性能检视的具体项目和要求如下。

1 罐体的结构要求

罐体系指由筒体、封头、人孔、装卸附件和安全附件等构成的封闭容器。罐体用材料应与罐内装运介质相容，其腐蚀速率应不大于0.5mm/年，且满足车辆在使用中所遇到的各种工作和环境条件。罐体与汽车底盘的安装连接必须固定牢靠。罐体上部的部件应设置保护装置，以防止因碰撞，翻车造成损坏，可设置为加强环或保护顶盖横向或纵向构件等。

2 罐体的涂装要求

罐体的涂装及外观质量除符合《压力容器涂敷与运输包装》（JB/T 4711）的规定外，还应满足如下要求：

（1）所有外露碳钢或低合金钢表面均应进行除锈处理。

（2）碳钢或低合金钢罐体的涂漆颜色不得与环形橙色反光带相混淆。

（3）所涂油漆应色泽鲜明、分界整齐，无皱皮、脱漆.污痕等。

3 罐体的标志要求

罐体（车）的标志除应符合《道路运输危险货物车辆标志》（GB 13392）的规定外，还应满足如下要求：

（1）罐体应有一条沿通过罐体中心线的水平面与罐体外表面的交线对称均匀粘贴的环形橙色反光带，反光带宽度不小于150mm。

（2）罐车应标志车辆识别代码（VIN）。

（3）罐体（车）标志的其余要求应符合《道路运输爆炸品和剧毒化学品车辆安全技术条件》（GB 20300）的规定。

4 罐体的标识要求

罐体两侧后部色带的上方喷涂装运介质的名称，字高不小于200mm，字体为仿宋体，字体颜色如下要求：

（1）易燃、易爆类介质为红色。

（2）有毒、剧毒类介质为黄色。

（3）腐蚀、强腐蚀介质为黑色。

（4）其余介质为蓝色。

5 每次出车前、停车后和装卸前后检查罐体

（1）罐体涂层及漆色是否完好，有无脱落等。

（2）罐体保温层、真空绝热层是否完好。

（3）罐体外部的标志是否清晰。

（4）紧急切断阀以及相关的操作阀门是否置于闭止状态。

（5）安全附件是否完好。

（6）装卸附件是否完好。

（7）紧固件的连接是否牢固可靠、是否有松动现象。

（8）罐体压力、温度是否异常及有无明显的波动。

（9）罐体或者气瓶各密封面有无泄漏。

（10）随车配备的应急器材、防护用品及专用工具、备品备件是否齐全，是否完好有效。

（11）罐体与走行装置或者框架的连接紧固装置是否完好、牢固。

6 异常情况报告和隐患排查

（1）罐体工作压力、工作温度超过规定值，采取措施仍然不能得到有效控制。

（2）罐体发生裂缝、鼓包、变形、泄漏等危及安全的现象。

（3）安全附件失灵、损坏等不能起到安全保护的情况。

（4）管路、紧固件损坏，难以保证安全运行。

（5）发生火灾等直接威胁到移动式压力容器安全运行。

（6）充装量超过核准的最大允许充装量。

（7）充装介质与铭牌和使用登记资料不符。

（8）真空绝热罐体外表面局部存在严重结冰、结霜或者结露，介质压力和温度明显上升。

（9）走行装置及其与罐体连接部位的零部件等发生损坏、变形，危及安全运行。

项目实施

1 实训模式和时间

建议采用一体化教学模式。实训时间根据大纲和学习小组人数等实际情况确定。

2 实训场地和材料准备

（1）在实训基地进行。

（2）教学用常压罐车。

（3）罐体安全检查作业必要的用具，如手锤、抹布、手套、手电筒、警示牌、检查日志等。

（4）通风良好的教学场地及投影仪、磁板等教具。

3 教学组织

（1）场景布置。根据教学车辆和常压罐体检查教学内容布置学习场景。

（2）导师在常压罐体检查教学前做好安全检查，确保教学安全。

（3）学生服从导师安排，完成训练测试任务。拍摄常压罐体检查教学或学习微视频，上传微信群进行辅助学习。学习结束后积极完成场地和设施设备的清理工作。

4 教学活动步骤

（1）实训导师根据教学车辆先讲解示范常压罐体检查的作业项目和要求。

（2）学生根据导师安排对常压罐体进行检查作业训练。

（3）向学生分发学习活动训练工单，由小组讨论并每人填写训练工单，如表10-1所示。

常压罐体检查作业训练工单　　表10-1

姓名：________　学习小组：________　导师：________　测试结果：________

检查项目	检查内容	安全隐患	排除对策
罐体涂装			
罐体标志			
罐体标识			

续上表

检查项目	检查内容	安全隐患	排除对策
装卸管路			
装卸阀门			
软管			
人孔			

项目二 紧急切断阀操作

学习目标

（1）掌握危险货物运输车辆紧急切断装置的作用和组成。
（2）掌握危险货物运输车辆紧急切断阀的结构和工作原理。
（3）掌握危险货物运输车辆紧急切断阀的安全性检查。
（4）掌握危险货物运输车辆紧急切断阀的操作方法。

情景导入

导师安排小李学习群体学习掌握危险货物运输车辆紧急切断阀的安全检查作业内容和操作方法。

知识链接

依据教学大纲和考试大纲，紧急切断阀的安全性检查和规范操作如下。

1 紧急切断阀的安全性检查

紧急切断阀安全检查主要是渗漏检查和操作性能检查。渗漏检查要求阀门、连接件、管路、手控油泵无渗漏油漏液。操作性能检查要求装卸作业过程中紧急切断阀开启和关闭灵活有效，符合规范要求，保证在工作压力下全开，并持续放置48h不致引起自然闭止；紧急切断阀自始闭起，应在10s内闭止，关闭迅速。

2 紧急切断阀的操作方法

（1）机械控制方式是通过控制手柄或远程控制牵引钢丝拉动拉杆，拉杆另一端凸轮克服弹簧弹力顶动主阀门上移使主阀门打开，如图10-1所示。

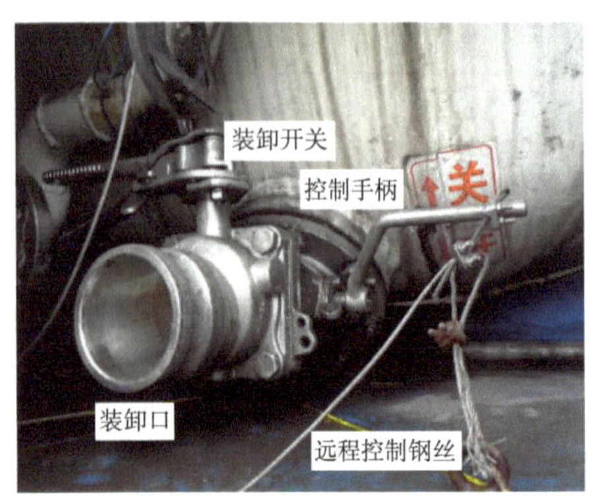

图 10-1 紧急切断阀控制机构

（2）液压控制方式。打开紧急切断阀的操作步骤：开启油泵出油管针型阀，压紧侧面卸压手柄处于关闭状态，缓慢摇动泵油控制手柄进行泵油，当压力上升到4.0MPa时关闭出油管针型阀，此时紧急切断阀开启，缓慢开启装卸口进行装卸作业。要注意的是开启装卸口一定要缓慢，否则可能会引起紧急切断阀过流保护而自动关闭。关闭紧急切断阀的步骤：开启油泵出油管针型阀，松开侧面卸压手柄进行卸压，当压力下降到0，紧急切断阀关闭，最后压紧卸压手柄。

（3）气动控制方式。作业人员通过控制气动开关即可操作紧急切断阀的开闭，操作简单。

项目实施

1 实训模式和时间

建议采用一体化教学模式。实训时间根据大纲和学习小组人数等实际情况确定。

2 实训场地和材料准备

（1）在实训基地进行。

（2）教学用常压罐车。

（3）安全性能检视作业必要的用具，如手锤、抹布、手套、手电筒、警示牌、检查日志等。

（4）通风良好的教学场地及投影仪、磁板等辅助教具。

3 教学组织

（1）场景布置。根据教学车辆和紧急切断阀的操作教学内容布置学习场景。

（2）导师在紧急切断阀的操作教学前做好安全检查，确保教学安全。

（3）学生服从导师安排，完成训练测试任务。拍摄紧急切断阀的操作教学或学习微视频，上传微信群进行辅助学习。学习结束后积极完成场地和设施设备的清理工作录。

4 教学活动步骤

（1）实训导师根据教学车辆先讲解示范紧急切断阀的安装位置、组成和工作原理。

（2）实训导师讲解示范紧急切断阀的操作方法。

（3）学生根据导师安排对紧急切断阀的操作方法进行训练。

（4）向学生分发学习活动训练工单，由小组讨论并每人填写训练工单，如表10-2所示。

危险货物运输车辆紧急切断阀安全性能检查和操作训练工单　　表 10-2

姓名：__________　学习小组：__________　导师：__________　测试结果：__________

训练项目	检查和操作内容	安全隐患	排除对策
紧急切断阀安全性能检查			
紧急切断阀操作方法			

项目三　安全附件的操作

学习目标

（1）掌握危险货物运输车辆安全附件的组成和作用。

（2）掌握危险货物运输车辆安全附件的结构和工作原理。

（3）掌握危险货物运输车辆安全附件的安全性检查。

情景导入

导师安排小李学习群体学习掌握危险货物运输车辆安全附件的操作方法。

知识链接

罐体安全附件至少包括安全泄放装置、呼吸阀、紧急切断装置、导静电装置、液位计、温度计、压力表、装卸阀门和装卸软管等，并应有产品合格证书和产品质量证明书。安全附件和装卸附件必须有可靠的安全保护装置，罐体和管路上所有装卸阀门、安全泄放装置、紧急切断装置、仪表和其他附件应当设置适当的、具有一定强度的保护装置，如保护罩、防护罩等，用于在意外事故中保护安全附件和装卸附件不被损坏。

1 安全泄放装置

安全泄放装置应设置在罐体顶部，安全泄放装置主要由排放系统、安全阀、爆破片装置、安全阀与爆破片串联组合装置等组成。

2 呼吸阀

装运易燃、易爆介质的罐体应设置呼吸阀和紧急泄放装置。紧急泄放装置的开启压力应不小于罐体设计压力的1.05~1.1倍，且不小于0.02MPa。呼吸阀的设置和功能应符合下列要求：

（1）罐体的每一分仓应至少设置一个排故系统和一个呼吸阀，分仓容积大于12m^3时，应至少设置2个呼吸阀。

（2）呼吸阀的最小通气孔横截面积应不小于19mm^2。

（3）呼吸阀的出气阀应在罐内压力高于外界压力6~8kPa时开启，进气阀应在罐内压力低于外界压力2~3kPa时开启。

（4）罐车发生翻倒事故时，呼吸阀不应泄漏介质。

（5）易燃、易爆介质用呼吸阀应具有阻火功能。

3 液位计

（1）液位计应当设置在便于观察和操作的位置，其允许的最高安全液位应当有明显的标志。

（2）充装易燃、易爆介质罐体上的液位计，应当设置防止泄漏的密封式保护装置。

（3）根据罐体充装介质、设计压力和设计温度等设计参数正确选用液位计，并且灵敏准确、结构牢固、观察使用方便。

（4）移动式压力容器不得设置玻璃板（管）式液面计。

4 压力表

（1）压力表应当与罐体内的介质相适应。

（2）应当选用符合相应国家标准或者行业标准要求的抗震压力表。

（3）压力表表盘刻度极限值应当为工作压力的1.5~3.0倍。

（4）在刻度盘上画出指示最高工作压力的红线，注明校验日期并具有完好的铅封。

（5）压力表装设位置应当便于操作人员观察和清洗，并且应当避免受到辐射热、冻结或振动等不利影响。

（6）压力表与罐体之间，应当装设三通旋塞或者针形阀，三通旋塞或者针形阀上应当有开启标志和锁紧装置。

（7）用于具有腐蚀性或者高黏度介质的压力表，在压力表与罐体之间应当装设能隔离介质的缓冲装置。

（8）压力表的安装应当采用可靠的固定结构，防止在运输过程中压力表发生相对运动。

5 温度计

设置应当符合设计图样的规定，测量范围应当与充装介质的工作温度相适应。

6 装卸阀门

要求完好有效、性能可靠、装卸作业时不渗漏。检查时无破损、无渗漏，工作可靠。

7 装卸软管

要求无老化、无破损、完好清洁。检查应整洁无渗漏。

项目实施

1 实训模式和时间

建议采用一体化教学模式。实训时间根据大纲和学习小组人数等实际情况确定。

2 实训场地和材料准备

（1）在实训基地进行。

（2）教学用常压罐车。

（3）安全性能检视作业必要的用具，如手锤、抹布、手套、手电筒、警示牌、检查日志等。

（4）通风良好的教学场地及投影仪、磁板等辅助教具。

3 教学组织

（1）场景布置。根据教学车辆和安全附件的操作教学内容布置学习场景。

（2）导师在安全附件的操作教学前做好安全检查，确保教学安全。

（3）学生服从导师安排，完成训练测试任务。拍摄安全附件的操作教学或学习微视频，上传微信群进行辅助学习。学习结束后积极完成场地和设施设备的清理工作。

4 教学活动步骤

（1）实训导师根据教学车辆先讲解示范车辆安全附件的类型和安装位置。

（2）实训导师讲解示范车辆安全附件的组成、工作原理和技术要求。

（3）实训导师讲解示范车辆安全附件的安全性能检查方法。

（4）学生根据导师安排进行针对性的训练。

（5）向学生分发学习活动训练工单，由小组讨论并每人填写训练工单，如表10-3所示。

危险货物运输车辆安全附件安全性能检查和操作训练工单　　表 10-3

姓名：__________　学习小组：__________　导师：__________　测试结果：__________

检查项目	检查内容	操作训练	导师点评
安全泄放装置			
呼吸阀			

续上表

检查项目	检查内容	操作训练	导师点评
液位计			
温度计			
压力表			

项目四 罐车安全驾驶训练

学习目标

（1）掌握罐车安全驾驶影响因素。

（2）掌握罐车安全驾驶对策和安全驾驶方法。

情景导入

导师安排小李学习群体学习了解危险货物运输车辆安全驾驶影响因素和安全驾驶方法。

知识链接

（1）发动机起动。发动机起动前应先检查变速杆是否置空挡，驻车制动杆是否拉紧。如汽车停在陡坡上起动，须使用轮挡或石块塞住后轮。发动机起动后应检查仪表或报警信息显示正常，发动机无异响异味（特别注意焦味）。怠速运转，进行适当的预热（增压发动机3~5min、非增压发动机2~3min）。

（2）检查气压制动车辆气压是否符合起步要求。

（3）起步前，检查车辆周围有无妨碍安全情况并关好车门系好安全带。起步时，松抬离合器踏板和踩加速踏板的动作配合要恰当，力求平稳，避免窜动、熄火、车轮滑转和车辆后溜等情况发生。车辆起步窜动会导致罐车罐内介质晃动，重心不稳，罐内压力不稳，静电增加，半轴断裂等不安全因素。

（4）行驶中，在道路上行驶速度的控制，符合法律法规规定的速度并注意卫星定位和动态监控系统的超速警告信息。

（5）车辆在变更车道、加速、减速制动过程中力求安全、平稳。对于道路上出现的情况早发现、早处理。

（6）上坡操作。上坡前应对坡度进行预判，在安全的前提下适当冲坡并根据速度降低情况提前换入低一级挡位，避免因减速度过大引起越级减挡而导致车辆不平稳。

（7）下坡操作。车辆下坡时必须带挡滑行，严禁空挡滑行。下长坡或陡坡时，要注意道路长坡或陡坡的警告标志，按规定控制好车速。使用辅助制动装置（如排气制动、缓速器等）进行辅助减速，以减轻车轮制动器的制动强度，防止车轮制动器过热导致制动效能下降或制动失效；当轮胎和制动鼓过热时（感觉制动变软），必须选择安全地点停车休息，防止车轮自燃的发生。

（8）通过弯道。通过弯路危险地段时，操作重点是尽量减少离心力带来的车辆侧倾，使车辆通过弯道时安全平稳。转弯前提前减速至安全车速并靠右行，注意选择行驶路线，在安全的前提下尽量走直线以减少离心力，切不可急转急回转向盘。有山体或障碍物遮挡而视线不清的弯道，转弯前须鸣喇叭进行警示。

（9）通过隧道。通过隧道前，应观察交通标志和标线的规定，重点注意检查装载高度是否在规定的范围之内；应遵守国家和行业对道路通行限制的要求。

（10）通过高速公路。根据高速公路通行规定行车。

（11）制动停车。操作重点是安全平稳。提前开启右转向灯向后方车辆发出停车信号，轻踩制动并缓缓靠边停车，停车位置安全可靠并符合停车规定，防止后方车辆追尾事故发生。

（12）运输剧毒化学品、爆炸物品和放射性物品时，应当按照公安机关批准的指定路线、时间行驶。

1 实训模式和时间

建议采用一体化教学模式。实训时间根据大纲和学习小组人数等实际情况确定。

2 实训场地和材料准备

（1）在汽车驾驶智能模拟设备上进行。

（2）汽车驾驶智能模拟系统。汽车驾驶智能模拟系统采用模拟技术（或称为仿真技术）进行虚拟场景模拟（VR），由显示器、计算机硬件、学习软件、各种传感器和动态操作系统构成三维信息的人工环境—虚拟环境，可以逼真地进入危险货物运输过程中所面临的各种情景，通过亲自操作，获得身临其境的感觉，来验证操作结果，不断提升驾驶技术。图10-3为某公司配备的“汽车驾驶电子学习室”，由计算机操控台（图10-2）、动态驾驶室（图10-3）和曲面显示屏（图10-4）组成。

（3）开机调试，进入学习训练待机状态。

3 教学组织

（1）场景布置。根据教学设备和安全驾驶训练教学内容布置学习场景。

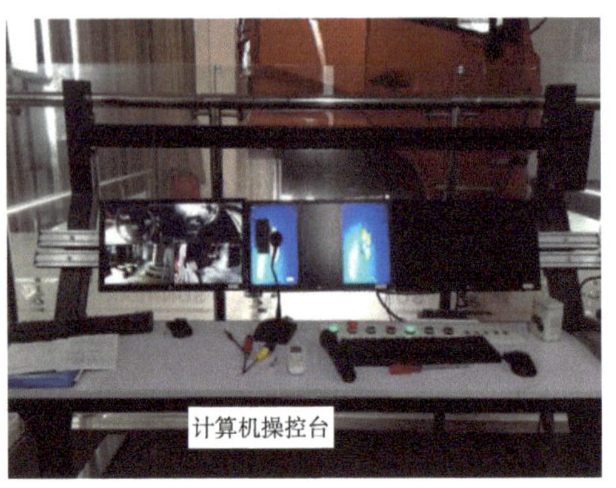

图 10-2　电子学习室计算机操控台

图 10-3　动态驾驶室

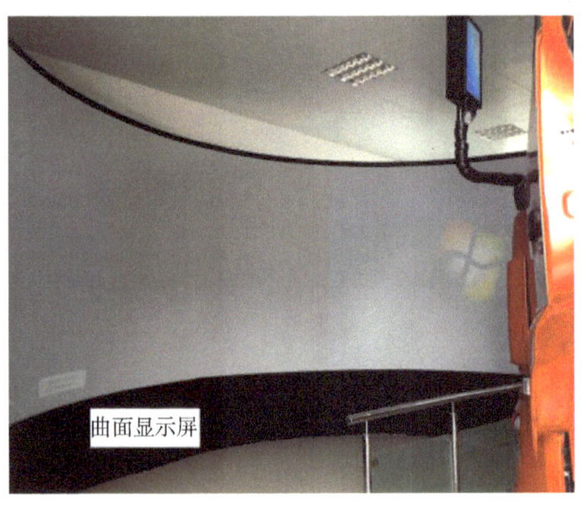

图 10-4　曲面显示屏

（2）导师在安全驾驶训练教学前做好安全检查，确保教学安全。

（3）学生服从导师安排，完成训练测试任务。拍摄安全驾驶训练教学或学习微视频，上传微信群进行辅助学习。学习结束后积极完成场地和设施设备的清理工作。

4 教学活动步骤

（1）实训导师讲解示范车辆驾驶动态训练平台的结构组成、工作原理和训练注意事项。

（2）实训导师根据教学设计安排学生进行各模块的学习训练。

（3）实训导师根据学生训练情况进入过程和结果评价系统进行点评，并导出存档。

第十一章

包件及散装危险货物运输操作训练

项目一 包件危险货物运输混合装载要求

学习目标

（1）掌握包件危险货物运输混合装载要求。

（2）掌握包件危险品装载方法。

情景导入

小刘准备将不同的危险货物包件进行装箱，运往目的地。为了保证安全并顺利地完成任务，小刘需要对危险货物混合装载的包件按要求进行装箱。

知识链接

（1）除“危险货物道路运输混合装载通用要求”中允许进行混合装载的，标有不同危险性标志的包件不应装载在同一车辆或集装箱中。

（2）带有1、1.4、1.5或1.6标志的包件，在同一车辆或集装箱中混合装载时，应符合“含第1类物质或物品不同配装组的包件混合装载要求”中的规定。

（3）标明有限数量标志的包件，禁止与其他含有爆炸物质或物品的货物混合装载。

项目实施

1 实训模式和时间

建议一体化教学。训练时间根据大纲和学习小组人数等实际情况确定。

2 实训场地和材料准备

（1）在实训基地进行。

（2）教学用罐车。

（3）学习资料和本项目训练工单人手一份。

（4）通风良好的教学场地及投影仪、磁板等教具。

3 教学组织

（1）场景布置。根据教学设施和包件危险货物运输混合装载要求教学内容布置学习场景。

（2）导师在教学前做好包件危险货物运输混合装载要求教学设施设备的安全检查，确保教学安全。

（3）学生服从导师安排，并完成训练测试任务。学习结束后积极完成场地和设施设备的清理工作。

4 教学活动步骤

（1）实训导师讲解包件危险货物运输混合装载要求。

（2）学生根据导师安排进行训练，并填写训练工单，如表11-1所示。

包件危险货物运输混合装载要求训练工单　　表 11-1

姓名：__________　学习小组：__________　导师：__________　测试结果：__________

项目分类	训练内容	训练点评
包件危险货物运输混合装载要求		
包件危险品装载方法		

项目二　包件危险货物与普通危险货物装载要求

学习目标

掌握包件危险货物与普通危险货物装载要求。

情景导入

小刘要将包件危险货物与普通危险货物进行装箱运往目的地，为了保证安全并顺利地完成任务，小刘需要对两者按要求进行装箱。

（1）危险货物不能与含有药品、食品、动物饲料及其添加剂的货物混装在同一车辆或集装箱中（另有规定的除外）。

（2）除另有规定外，包件危险货物与普通危险货物装载在同一车辆或集装箱时，应采取下列方式之一进行隔离：

①应使用与包件等高的隔离物。

②与周边应至少有0.8m的间隙。

1 实训模式和时间

建议一体化教学。训练时间根据大纲和学习小组人数等实际情况确定。

2 实训场地和材料准备

（1）在实训基地进行。

（2）教学用罐车。

（3）《危险货物品名表》（GB 12268—2012）、《危险货物道路运输规则》（JT/T 617—2018）、检查日志等教学资料。

（4）通风良好的教学场地及投影仪、磁板等教具。

3 教学组织

（1）场景布置。根据教学设施和包件危险货物与普通危险货物装载要求教学内容布置学习场景。

（2）导师在教学前做好包件危险货物与普通危险货物装载要求教学设施设备的安全检查，确保教学安全。

（3）学生服从导师安排，并完成训练测试任务。学习结束后积极完成场地和设施设备的清理工作。

4 教学活动步骤

（1）实训导师讲解包件危险货物与普通危险货物装载要求。

（2）学生根据导师安排进行训练，并填写训练工单，如表11-2所示。

包件危险货物与普通危险货物装载要求训练工单　　表 11-2

姓名：＿＿＿＿＿＿　学习小组：＿＿＿＿＿＿　导师：＿＿＿＿＿＿　测试结果：＿＿＿＿＿＿

项目分类	训练内容	训练点评
包件危险货物与普通危险货物装载要求		

项目三　包件危险货物操作和堆放要求

学习目标

（1）掌握包件危险货物操作和堆放要求。
（2）熟悉包件危险货物操作规程。
（3）熟悉包件危险货物堆放规程。

情景导入

小刘要将包件危险货物进行操作和堆放，为了保证安全并顺利地完成任务，小刘需要熟悉以下相关工作。

知识链接

（1）在车辆或集装箱上，根据实际情况配备紧固和搬运装置。

①含危险物质的包件或无包装的危险货物应采用紧固带（图11-1）、滑动板条或扣式装置等适当方式进行紧固，防止货物在运输途中出现晃动或改变包件朝向等造成损毁。

图 11-1　紧固带

②危险货物与其他非危险货物混合运输时，应确保所有货物已安全固定，防止危险货物泄漏。

③通过衬垫、填充物或支撑物等方式，填充空隙，防止货物位移。

④为防止包件变形和损毁，在使用紧固带或绑带时不可固定过紧。

（2）除非包件设计为可堆码，否则不应

堆码。不同类型包件装载堆码时，应避免包件堆码可能导致的挤压、破损。堆码不同的包件应根据需要使用承载装置，以防下层包件受损。

（3）装载、堆放和卸载集装箱、罐式集装箱、可移动罐柜时，应遵守（1）和（2）中的规定。

（4）装卸过程应采取保护措施以防止危险货物包件受损。

（5）车组成员不可打开装有危险货物的包件。

1 实训模式和时间

建议一体化教学。训练时间根据大纲和学习小组人数等实际情况确定。

2 实训场地和材料准备

（1）在实训基地进行。

（2）教学用罐车。

（3）《危险货物道路运输规则》（JT/T 617—2018）、检查日志等教学资料。

（4）通风良好的教学场地及投影仪、磁板等教具。

3 教学组织

（1）场景布置。根据教学设施和包件危险货物操作和堆放要求教学内容布置学习场景。

（2）导师在教学前做好包件危险货物操作和堆放要求教学设施设备的安全检查，确保教学安全。

（3）学生服从导师安排，并完成训练测试任务。学习结束后积极完成场地和设施设备的清理工作。

4 教学活动步骤

（1）实训导师讲解包件危险货物操作和堆放要求。

（2）学生根据导师安排进行训练，并填写训练工单，如表11-3所示。

包件危险货物操作和堆放要求训练工单　　表 11-3

姓名：__________　学习小组：__________　导师：__________　测试结果：__________

项目分类	训练内容	训练点评
包件危险货物操作和堆放要求		
包件危险货物操作规程		
包件危险货物堆放规程		

项目四 散装危险货物装载要求

掌握散装危险货物装载要求。

情景导入

小赵从事危险货物分装工作，为了确保工作安全，他需要严格依照散装危险货物装载要求进行作业。

知识链接

（1）危险货物与其他货物不发生反应（燃烧或释放大量热、释放易燃或有毒气体、生成腐蚀性液体、生成不稳定物质），则两者可以混装。

（2）货物与散装容器、集装箱和车厢、衬垫、设备（盖子和防水帆布）的材料不发生危险反应，或与货物直接接触的保护涂层不发生反应。

（3）散装危险货物装载的一般要求如下。

①对于《危险货物道路运输规则　第3部分：品名及运输要求索引》（JT/T 617.3—2018）表A.1第（10）列为BK代码且满足3规定的货物，或者在《危险货物道路运输规则　第3部分：品名及运输要求索引》（JT/T617.3—2018）表A.1第（17）列为VC代码且满足4规定的货物，可采用散装形式将货物装在散装容器、集装箱或车厢内进行运输。

②易受温度影响而液化的物质不能采取散装运输。

③散装容器、集装箱以及车体应防溢洒，并在运输过程中保持关闭，防止由于振动，或者温度、湿度、压力变化导致货物溢洒。

④装载散装固体时，应均匀分布以减少移动，防止散装容器、集装箱及车辆损坏或者货物溢洒。

⑤通风装置应保持洁净并处于运行状态。

⑥充装和交付运输前，应检查和清理每一个散装容器、集装箱或车辆以确保无下列情形的残留物：

a.可能与即将运输的物质发生危险的化学反应。

b.对散装容器、集装箱或车辆的结构完整性产生不利影响。

c.影响散装容器、集装箱或车辆对危险货物的适装性。

⑦运输途中，应确保散装容器、集装箱或车体的外表面没有危险货物残留。

⑧多个封口装置串联时，充装货物之前应首先关闭最靠近所装货物的封口装置，并依次关闭剩余封口装置。

⑨装载过固体危险货物的空散装容器、集装箱和车辆，若未采取措施消除危险，应遵守装有该物质的散装容器、集装箱和车辆的规定。

⑩容易发生粉尘爆炸或者释放出易燃气体的货物的散装运输，应在运输、充装和卸货时采取消除静电措施。

⑪充装货物之前，应对散装容器、集装箱或车辆采取目视检查，确保其内壁、顶板和底板无凸起或损坏，内衬和货物固定装备没有明显裂痕或损伤；集装箱顶部和底部的侧梁、门槛和门楣，底横梁、角柱、角件等结构组成部分不存在下列重大缺陷：

a.在结构或支撑部件上出现影响散装容器、集装箱或车体完整性的凹陷、裂缝和断裂。

b.顶部或底部的端梁或门楣中出现多于一处的拼接或任何不正确拼接（如搭接的拼接）。

c.顶部或底部的侧梁出现超过两处的拼接。

d.门槛、角柱上出现任何拼接。

e.门铰链和部件出现卡住、扭曲、破裂、丢失或因其他原因失灵。

f.门胶条和封口不密封。

g.足以影响到起吊设备和车架系固操作的整体变形。

h.升降设备或装卸设备接口出现任何损坏。

i.操作设备出现任何损坏。

（4）具有BK代码的危险货物散装运输。

①《危险货物道路运输规则　第3部分：品名及运输要求索引》（JT/T 617.3—2018）表A.1中第（10）列的BK代码包括BK1和BK2，分别代表下列含义。

BK1：允许通过软开顶散装容器进行散装运输。

BK2：允许通过封闭式散装容器进行散装运输。

所使用的散装容器应符合《危险货物中型散装容器检验安全规范》（GB 19434）、《危险货物金属中型散装容器检验安全规范　性能检验》（GB 19434.5）、《危险货物复合中型散装容器检验安全规范　性能检验》（GB 19434.6）、《危险货物刚性塑料中型散装容器检验安全规范　性能检验》（GB 19434.8）和《危险货物包装　中型散装容器振动试验》（GB /T 27864）等规定。

②使用散装容器装载4.2项货物，货物自燃温度应大于55℃。

③运输4.3项货物，应由防水散装容器装载。

④运输5.1项货物，散装容器应经过特殊设计以防止货物与木质或其他不兼容材料接触。

⑤运输6.2项货物的散装容器使用要求如下。

a.运输含有传染源的动物制品（UN2814、UN2900、UN3373），散装容器应满足下列条件：在未达到最大装载量，能够避免货物与篷布发生接触的情况下，可使用BK1或BK2散装容器；散装容器及其开口，应采用防漏设计或安装合适的衬垫防止货物泄漏；动物制品在装载前，应经过彻底消毒；软开顶散装容器应额外覆盖顶部衬垫，并且衬垫上加盖一层经过消毒的可吸收性材料；散装容器在经过彻底清洁和消毒前不得重复使用。

b.运输6.2项废弃物（UN3291），散装容器使用时应符合下列规定：封闭式散装容器及其开口处应为密封设计。散装容器应具有防水性能的内表面，且无裂痕等风险特性；废弃物应装入通过UN包装类别Ⅱ固体测试的密封防漏塑料袋内，并做好包装标记；此类塑料袋应当通过抗撕裂与耐冲击试验；废弃物中含有液体的，应装载在含有足够吸收液体材料的塑料袋中，防止液体洒落在散装容器内；废弃物中含有锋利物质的，应采用符合《危险货物道路运输规则　第4部分：运输包装使用要求》（JT/T 617.4—2018）表A.71中包装指南P621，以及表A.103中包装指南IBC620或表A.109中包装指南LP621的刚性包装；装有废弃物的刚性包装和塑料袋同时装载在封闭式散装容器时，两类废弃物之间应通过使用硬性屏障、隔板或其他方法妥善分离，以防在正常运输条件下造成包装损坏；装载在塑料袋中的废弃物，采用封闭式散装容器运输时，应严禁挤压，防止包装密封失效；每次运输后，应检查封闭式散装容器是否存在泄漏或溢出的废弃物。存在泄漏或溢出废弃物时，容器在经彻底清洁和消毒净化之前不得重复使用。除医疗或兽医废弃物外，任何货物不得与UN3291废弃物一同运输。任何同UN3291废弃物一同运输的废弃物必须检查是否受到污染。

⑥运输未包装的放射性物质，应遵守《放射性物品安全运输规程》（GB 11806）的规定。

⑦运输第8类腐蚀性物质，应使用防水的散装容器运载。

⑧运输第9类杂项危险物质和物品中UN3509货物，应使用封闭式散装容器（代码BK2）。散装容器应密封，或装有密封圈和耐穿刺的密封衬垫（或密封袋），并在容器内采用吸收材料等方法吸收运输过程中溢出的液体。运输未清洁的、废弃的、空的、含有5.1项残留物的包装材料，应使用散装容器并且容器材质不得为木质或其他易燃材料。

（5）具有VC代码的危险货物散装运输。

①《危险货物道路运输规则　第3部分：品名及运输要求索引》（JT/T 617.3—2018）表A.1中第（17）列中具有VC代码包括VC1、VC2和VC3，分别代表下列含义：

a.VC1允许通过侧帘车辆、软开顶集装箱或软开顶散装容器进行散装运输。

b.VC2允许通过封闭式车辆、封闭式集装箱或封闭式散装容器进行散装运输。

c.VC3运输方案经具有资质的专业机构认可后方可散装运输。

②按照《危险货物道路运输规则　第3部分：品名及运输要求索引》（JT/T 617.3—2018）表A.1中第（17）列中具有VC代码采用散装运输时，还应遵守该列内AP代码的装卸操作特殊规定。

1 实训模式和时间

建议一体化教学。训练时间根据大纲和学习小组人数等实际情况确定。

2 实训场地和材料准备

（1）在实训基地进行。

（2）教学用罐车。

（3）《危险货物道路运输规则》（JT/ T617—2018）、检查日志等教学资料。

（4）通风良好的教学场地及投影仪、磁板等教具。

3 教学组织

（1）场景布置。根据教学设施和散装危险货物装载要求教学内容布置学习场景。

（2）导师在教学前做好散装危险货物装载要求教学设施设备的安全检查，确保教学安全。

（3）学生服从导师安排，并完成训练测试任务。学习结束后积极完成场地和设施设备的清理工作。

4 教学活动步骤

（1）实训导师讲解散装危险货物装载要求。

（2）学生根据导师安排进行训练，并填写训练工单，如表11-4所示。

散装危险货物装载要求训练工单　　表 11-4

姓名：__________　学习小组：__________　导师：__________　测试结果：__________

项目分类	训练内容	训练点评
散装危险货物装载要求		

第十二章 危险货物道路运输车辆营运任务专项训练

项目一 危险货物道路运输服务规范

学习目标

（1）了解危险货物道路运输车辆营运任务的要求、分类。

（2）掌握不同危险货物营运任务的装载、运输要求。

情景导入

小李是危险货物运输公司新入职的驾驶员，由于危险货物具有爆炸、易燃、毒害、腐蚀和放射性等危险性，因此在接到营运任务前，需要学习危险货物运输的要求、分类、装载及运输相关知识。

知识链接

1 危险货物运输通用要求

（1）危险货物道路运输应符合《危险货物道路运输规则》（JT/T 617—2018）的规定。

（2）危险货物的装卸应在装卸管理人员的现场指挥下进行。

（3）在危险货物装卸作业区应设置警告标志，无关人员不得进入装卸作业区。

（4）进入易燃、易爆危险货物装卸作业区，禁止随身携带火种和吸烟，应关闭随身携带的手机等通信工具和电子设备，穿着不产生静电的工作服和不带铁钉的工作鞋。

（5）雷、电交加天气，应当停止装卸。

（6）运输危险货物的车辆在一般道路上最高车速为60km/h，在高速公路上最高车速为80km/h，并应确认有足够的安全车间距离。如遇雨天、雪天、雾天等恶劣天气，最高车速为20km/h，并打开示警灯，警示后车，防止追尾。

（7）运输过程中，应每隔2h检查一次。若发现货损（如丢失、泄漏等），应及时联系当地有关部门予以处理。

（8）驾驶员一次连续驾驶4h应休息20min以上；24h内实际驾驶车辆时间累计不得超过8h。

（9）运输危险货物的车辆发生故障需修理时，应选择在安全地点和具有相关资质的汽车修理企业进行。

（10）禁止在装卸作业区内维修运输危险货物的车辆。

（11）对装有易燃易爆和有易燃易爆残留物的运输车辆，不得动火修理。确需修理的车辆，应向当地公安部门报告，根据所装载的危险货物特性，采取可靠的安全防护措施，并在消防员监控下作业。

2 危险货物运输分类

《危险货物分类和品名编号》（GB 6944—2012）对危险货物进行了分类，详见基础知识篇第五章。不同类别的危险货物，运输要求各有不同，应当熟练掌握。

3 不同危险货物营运任务的装载、运输要求

1）易燃液体

（1）出车前应当根据所装货物检查随车灭火器是否完好，车辆货厢内不得有与易燃液体性质相抵触的残留物。

（2）车辆不得靠近明火、高温场所。罐车应有阻火器和呼吸阀，应配备导除静电装置；排气管应安装火星熄灭装置；罐体内应设置防波挡板，以减少液体振荡产生静电。

（3）装卸作业可采用泵送或自流灌装。

（4）作业环境温度要适应该液体的储存和运输安全的理化性质要求。

（5）作业中要密切注视货物动态，防止液体泄漏、溢出。

（6）易燃液体装卸始末，管道内流速不得超过1m/s，正常作业流速不宜超过3m/s。

2）腐蚀性物质

（1）出车前应当根据危险货物性质配备相应的防护用品和应急处理器具。

（2）运输过程中发现货物撒漏时，要立即用干砂、干土覆盖吸收；货物大量溢出时，应立即向当地公安、环保等部门报告，并采取一切可能的警示和消除危害措施。

（3）运输过程中发现车辆着火时，不得用水柱直接喷射，以防腐蚀品飞溅，应用水柱向高空喷射形成雾状覆盖火区；对遇水发生剧烈反应的货物，应尽可能抢出，以防止高温爆炸、酸液飞溅；无法抢出货物时，可用大量水降低容器温度。

（4）扑救易散发腐蚀性蒸气或有毒气体的货物时，应穿戴防毒面具和相应的防护用品。扑救人员应站在上风处施救。如果被腐蚀物品灼伤，应立即用流动自来水或清水冲洗创面15~30min，之后送医院救治。

3）氧化性物质和有机过氧化物

（1）有机过氧化物应选用控温厢式货车运输，若车厢为铁质底板，需铺有防护衬

垫。车厢应隔热、防雨、通风，保持干燥。

（2）运输货物的车厢与随车工具不得沾有酸类、煤炭、砂糖、面粉、淀粉、金属粉、油脂、磷、硫、洗涤剂、润滑剂或其他松软、粉状可燃物质。

（3）性质不稳定或由于聚合、分解在运输中能引起剧烈反应的危险货物，应加入稳定剂；有些常温下会加速分解的货物，应控制温度。

（4）运输需要控温的危险货物，应做到：装车前检查运输车辆、容器及制冷设备，配备备用制冷系统或备用部件，驾驶员和押运员应具备熟练操作制冷系统的能力。

（5）有机过氧化物应加入稳定剂后方可运输。

（6）有机过氧化物的混合物按所含最高危险有机过氧化物的规定条件运输，并确认自行加速分解温度（SADT），必要时应采取有效控温措施。

（7）运输应控制温度的有机过氧化物时，要定时检查运输组件内的环境温度并记录，及时关注温度变化，必要时采取有效控温措施。

（8）运输过程中，环境温度超过控制温度时，应采取相应补救措施；环境温度超过应急温度，应启动有关应急程序。

（9）对加入稳定剂或需控温运输的氧化性物质和有机氧化物，作业时应认真检查包装，密切注意包装有无渗漏及膨胀（鼓桶）情况，发现异常应拒绝装运。

（10）装卸时，禁止摩擦、振动、摔碰、拖拉、翻滚、冲击，防止包装及容器损坏。

（11）装卸时发现包装破损，不能自行将破损件改换包装，不得将撒漏物装入原包装内，而应另行处理。操作时，不得踩踏、碾压撒漏物，禁止使用金属和可燃物（如，纸木等）处理撒漏物。

（12）外包装为金属容器的货物，应单层摆放。需要堆码时，包装物之间应有性质与所运货物相容的不燃材料衬垫并加固。

（13）有机过氧化物装卸时严禁混有杂质，特别是酸类、重金属氧化物、胺类等物质。

（14）配装时还应做到：氧化性物质不能和易燃物质配装运输，尤其不能与酸、碱、硫黄、粉尘类（炭粉、糖粉、面粉、洗涤剂、润滑剂、淀粉）及油脂类货物配装；漂白粉及无机氧化物中的亚硝酸盐、亚氯酸盐、次亚氯酸盐不得与其他氧化剂配装。

项目实施

1 实训模式和时间

建议一体化教学。训练时间根据大纲和学习小组人数等实际情况确定。

2 实训场地和材料准备

（1）在实训基地进行。

（2）教学用罐车。

（3）学习资料和本项目训练工单人手一份。

（4）通风良好的教学场地及投影仪、磁板等教具。

3 教学组织

（1）场景布置。根据教学设施和危险货物道路运输服务规范学习内容布置学习场景。

（2）导师在教学前做好危险货物道路运输服务规范教学设施设备的安全检查，确保教学安全。

（3）学生服从导师安排，完成训练测试任务。学习结束后积极完成场地和设施设备的清理工作。

4 教学活动步骤

（1）实训导师讲解危险货物道路运输服务规范。

（2）学生根据导师安排完成训练任务，并填写训练工单，如表12-1所示。

危险货物道路运输服务规范工单　　表 12-1

姓名：__________　学习小组：__________　导师：__________　测试结果：__________

训练分类	作业中心内容	训练点评
危险货物车辆营运任务要求		
危险货物车辆营运任务分类		
不同危险货物营运任务装载、运输要求		

项目二　危险货物道路运输托运及承运

学习目标

掌握危险货物道路运输托运及承运作业要求。

情景导入

小李学习完危险货物运输的要求及分类、装载及运输要求后，依据教学大纲和培训计划，还需要对危险货物托运及承运作业进行全面的学习。

危险货物道路运输作业过程一般包括托运、受托、验货、派车、配货、派装、运送、卸车、保管和交付等环节。按照货物运输阶段的不同，可将作业划分为发送作业、途中作业和达到作业。

1 危险货物托运作业要求

《中华人民共和国合同法》第三百零七条规定："托运人托运易燃易爆、有毒、有腐蚀性、有放射性等危险物品的，应当按照国家有关危险物品运输的规定对危险物品妥善包装，作出危险物标志和标签，并将有关危险物品的名称、性质和防范措施的书面材料提交承运人。托运人违反前款规定的，承运人可以拒绝运输，也可以采取相应措施以避免损失的发生，因此产生的费用由托运人承担。"这一条款在法律上概括了托运人的责任。

2 危险货物承运作业要求

在我国从事危险货物道路运输承运人，要取得交通运输部门的许可。在货运合同中，承运人的责任主要是保证所运输的货物按时、安全地送达目的地。因此，承运人应对货物在运输过程中发生的货物灭失、短少、污染、损坏等负责。只有在损失是由于不可抗力、货物本身的自然性质或合理损耗、托运人或收货人的过错等原因造成的情况下，承运人才可以免责。

在危险货物运输中，承运人各方都必须严格遵守《危险货物道路运输规则》（JT/T 617—2018）和其他有关危险货物的规定，明确中转交接手续，划清各环节的职责范围和责任，共同完成运输。

（1）受理危险货物，除受理普通货物的一般规定必须遵守外，发货站还必须按危险货物的运输要求对托运人提交的运输证单和货物，对照《危险货物道路运输规则》（JT/T 617—2018）的各项规定进行全面、详尽、严格的审核。

（2）装卸、堆装的安全操作对危险货物的安全尤为重要。《危险货物道路运输规则 第6部分：装卸条件及作业要求》（JT/T 617.6—2018）对危险货物的装卸安全操作提出严格而又详尽的规定。

（3）《危险货物道路运输规则　第5部分：托运要求》（JT/T 617.5—2018）、《危险货物道路运输规则　第7部分：运输条件及作业要求》（JT/T 617.7—2018）对汽车运输和托运危险货物作了一系列的规定。

①危险货物运输过程中，应随车配备押运员，货物应随时处在押运员的监管之下。车辆中途临时停靠，应安排人员看管；需要停车住宿或者遇有无法正常运输的情况时，应当向当地公安部门报告。随车人员严禁吸烟。行车作业人员不得擅自变更运行作业计划、严禁擅自拼装、超载。

②运输危险货物的车辆严禁搭乘无关人员。运输爆炸品和需要特别防护的烈性危险货物，应要求托运人派熟悉货物性质的人员指导操作、交接和随车押运。

③运输途中，押运人员应密切注意车辆所装载的危险货物动态，根据危险货物性质，定时停车检查，发现问题及时会同驾驶员采取措施妥善处理。不得擅自离岗脱岗。

④运输途中不得进入危险货物运输车辆禁止通行的区域，如繁华街区、居民住宅区、名胜古迹和风景名胜区等；确需进入上述区域的，应当事先向当地公安部门申报，并遵守公安部门规定的行车时间和路线。

⑤运输途中，发生危险货物被盗、丢失、流散、泄漏等情况时，承运人及押运员必须立即向当地公安部门报告，并采取一切可能的警示措施。

⑥货物抵达承运、托运双方约定的地点后，收货人应凭有效单证提（收）货物，无故拒提（收）货物的话，承运人可以索取因此造成的损失。

⑦货物交付时，承运人应当与收货人做好交接工作，发现货损货差，由承运人与收货人共同编制货运事故记录，交接双方在货运事故记录单上签字确认。

⑧货物到达目的地后，承运人知道收货人的，应及时通知收货人，收货人应当及时提（收）货物，收货人逾期不提（收）货物的，承运人也不能因此免除保管责任，但收货人应当向承运人支付保管费等费用。收货人不明或者收货人无正当理由拒绝受领货物的，依照《中华人民共和国合同法》第一百零一条的规定，承运人可以提存货物。

⑨货物待领期间，如果货物发生变化，危及安全，承运人有临机处置之权责，但最好是会同当地公安部门共同进行，以备赔偿纠纷的解决。

项目实施

1 实训模式和时间

建议一体化教学。训练时间根据大纲和学习小组人数等实际情况确定。

2 实训场地和材料准备

（1）在实训基地进行。

（2）教学用罐车。

（3）《危险货物道路运输规则》（JT/T 617—2018）、检查日志等教学资料。

（4）通风良好的教学场地及投影仪、磁板等教具。

3 教学组织

（1）场景布置。根据教学设施和危险货物道路运输托运及承运学习内容布置学习场景。

（2）导师在教学前做好危险货物道路运输托运及承运教学设施设备的安全检查，确保教学安全。

（3）学生服从导师安排，完成训练测试任务。学习结束后积极完成场地和设施设备的清理工作。

4 教学活动步骤

（1）实训导师讲解危险货物道路运输托运及承运作业要求。

（2）学生根据导师安排完成训练任务，并填写训练工单，如表12-2所示。

危险货物道路运输托运及承运训练工单　　表12-2

姓名：__________　学习小组：__________　导师：__________　测试结果：__________

训练分类	训练内容	训练点评
危险货物道路运输托运作业要求		
危险货物道路运输承运作业要求		

项目三　危险货物道路运输包装

学习目标

了解危险货物道路运输包装要求。

情景导入

小李学习完危险货物运输的要求及分类后，依据教学大纲和培训计划，还需要对危险货物包装作业进行全面的学习。

知识链接

（1）包装的适应性要求。材质、形式、规格、方法和内装货物质量应与所装危险货物的性质和用途相适应，应根据所装危险货物的性质和用途选择相对应的运输包装材质，如若危险货物具有腐蚀特性，则其运输包装材质必须防腐蚀。

（2）包装的合理性和质量要求。危险货物道路运输包装应结构合理、质量良好，并具有足够的强度，防护性能好，其构造和封闭形式应能承受正常运输条件下的各种作业风险，不应因温度、湿度或压力的变化而发生任何渗（洒）漏，表面应清洁，不允许黏附有害的危险物质。一般来说，当危险货物危险性较高时，发生事故的危害性也较大，其运输包装强度也应相对较高一些。同一种危险货物，单件包装质量越大，包装强度也应越高。同一类包装运距越长、装卸次数越多，包装强度也应越高。

（3）包装封口的要求。一般来说，危险货物包装的封口应严密不漏。特别是挥发性强或腐蚀性强的危险货物，封口更应严密，但对有些危险货物不要求封口严密，甚至还要求设有排气孔。如盛装需浸湿或加有稳定剂的物质时，其容器封闭形式应能有效地保证内装液体（水、溶剂和稳定剂）的百分比，在储运期间保持在规定的范围以内；而对有降压装置的包装，其排气孔设计和安装应能防止内装物泄漏和外界杂质进入，排出的气体量不得造成危险和污染环境。

（4）内外包装间填充材料的要求。内外包装之间应有适当的衬垫材料或吸附材料。通常，危险货物的特性对衬垫材料有以下特殊要求。

①衬垫材料应具备一定的缓冲作用：衬垫能防止冲撞、振动、摩擦等情况发生而对内包装产生机械方面的损害。

②衬垫材料应具有吸附作用：当机械损害力量过强，以致突破缓冲作用仍使内包装产生损坏隐患时，如果内包装的是液体物质，衬垫材料应能将此液体物质充分吸收，确保其渗漏不会影响到外包装；如果内包装的是粉末状货物，衬垫材料应将其充分吸附，不使其洒漏。

③衬垫材料应具有缓解作用：正因为要求衬垫材料有吸附所装货物的作用，衬垫材料有可能直接接触危险货物，因此，应对所装货物的危险特性有一定的缓解作用。如具有氧化性的货物，不能使用有机材料作衬垫等，不给危险货物以“肆虐”的机会，或将其破坏作用降到最低限度以至于零。实际中，通常使用的衬垫材料有瓦楞纸、细刨花、草套、草垫、纸屑等有机物以及气泡塑料、发泡塑料、硅藻土、蛭石、陶土、黄沙等惰性材料。

（5）包装适应温度、湿度变化的要求。危险货物道路运输包装应能适应一定范围的温度和湿度变化。温差和湿差对危险货物运输有重要影响，运输包装也必须适应这些环境和条件的变化。如氯化氢、氰化氢、四氧化氮是经过降温加压后装在钢瓶内呈液态的物质，它们的沸点极低，一般都在20℃以上即变成气体，这些气体有毒，不能允许其逸出，这样必然增加了包装内压，故这些货物需用耐压钢瓶盛装。又如无水醋酸（俗称冰醋酸），在低于16℃时即凝成固体，体积会膨胀，易将盛装的容器胀裂，或部分结冰在容器内晃动，将易碎容器敲破而发生事故，因此，温差较大地区内的运输，不能用易碎品作冰醋酸的内包装。

（6）单件包装满足运输要求。一般来说，危险性大的货物，单件货物质量要小一些；危险性小的货物，可以允许采用较大一些的包装，单件货物质量不只是与危险货物的性质有关，还与各种运输方式的货舱大小、运输形式和装卸手段有关。同样，包装的外形尺寸也应与运输工具相适应，包括集装箱的容积、装载量应和装卸机具相配合，以便于装卸、积载、搬运和储存。

（7）包装标志的要求。危险货物运输包装必须符合《危险货物道路运输规则　第

4部分：运输包装使用要求》（JT/T 617.4）的规定。标志应正确、明显、牢固、清晰。一种危险货物同时具有两种以上危险性质的，应分别具有表明该货物主次特性的主次标志，一个集合包件内具有几种不同性质的货物，所有这些货物的危险性质标志都应在集合包件的表面标示出来。另外，危险货物运输包装上必须同时粘贴有符合规定的图示标志，包装的表面还必须有内装货物的正确品名（必须与托运书中所列品名一致）、货物的质量等运输识别标志以及表明包装本身的质量等级的标志等。

（8）包装进行性能试验的要求。由于危险货物性质的特殊性，为确保运输安全，避免货物在正常运输条件下受到损害，对于危险货物的运输包装，还必须按照有关规定进行性能试验，经试验合格后并在包装表面标注上持久、清晰、统一的合格标记后方可使用。

（9）盛装爆炸品包装的附加要求。盛装爆炸品容器的封闭形式，应具有防止渗漏的双重保护，除内包装能充分防止爆炸品与金属接触外，铁钉和其他没有防护涂料的金属部件不得穿透外包装。双重卷边接合的钢桶、金属桶或以金属做衬里的包装箱，应能防止爆炸物进入间隙，钢桶或铝桶的封闭装置必须有合适的垫圈，包装内的爆炸物质和物品，包括内容器，必须衬垫妥实，在运输中不得发生危险性移动。盛装有对外部电磁辐射敏感的电引发装置的爆炸品，包装应具备防止所装物品受外部电磁辐射影响的功能。

项目实施

1 实训模式和时间

建议一体化教学。训练时间根据大纲和学习小组人数等实际情况确定。

2 实训场地和材料准备

（1）在实训基地进行。

（2）教学用罐车。

（3）《危险货物道路运输规则　第4部分：运输包装使用要求》（JT/T617.4—2018）、检查日志等教学资料。

（4）通风良好的教学场地及投影仪、磁板等教具。

3 教学组织

（1）场景布置。根据教学设施和危险货物道路运输包装学习内容布置学习场景。

（2）导师在教学前做好危险货物道路运输包装教学设施设备的安全检查，确保教学安全。

（3）学生服从导师安排，并完成训练测试任务。学习结束后积极完成场地和设施设备的清理工作。

4 教学活动步骤

（1）实训导师讲解道路危险货物运输包装要求。

（2）学生根据导师安排进行训练，并填写训练工单，如表12-3所示。

危险货物道路运输包装训练工单　　　　表 12-3

姓名：________　学习小组：________　导师：________　测试结果：________

训练分类	训练内容	训练点评
危险货物道路运输包装要求		

项目四　危险货物道路运输装卸作业

学习目标

了解不同危险货物营运任务的装卸作业规范。

情景导入

小李完成危险货物运输要求及分类的学习后，继续对危险货物装卸作业规范进行学习。

知识链接

不同危险货物营运任务的装卸作业规范。

1 装卸前

（1）在装卸作业区设置警告标志，无关人员不得进入。

（2）遇雷雨天气应确认避雷电、防湿潮措施有效。

（3）清理装卸作业区，确保不存在影响装卸作业安全的其他物品或环境条件。

（4）监督装卸作业人员、驾驶员和押运员穿戴安全防护用具，如图12-1所示。

（5）要求装卸作业员检查装卸机具状况是否良好。

图 12-1　监督在场工作人员穿戴安全防护用具

（6）会同押运员和托运人核对运单信息，并检查货物包装是否符合有关规定。

（7）检查随车有关证件是否齐全有效车辆标志、安全技术状况是否良好，发生故障应立即排除。

（8）驾驶员按照安全规定驶入装卸作业区，将车辆停放在容易驶离作业现场的方位上，不准堵塞安全通道。

（9）要求驾驶员停车后熄火，并切断总电源（需从车辆上取得动力的除外）。

2 装卸过程中

（1）在装卸现场，全程指挥装卸作业人员按照《危险货物道路运输规则　第6部分：装卸条件及作业要求》（JT/T617.6—2018）的规定进行装卸、堆放作业，如图12-2所示。

（2）根据货物和包装性质，要求装卸作业人员轻装轻卸，谨慎操作，如图12-3所示。

图12-2　指挥装卸作业人员按规定操作

图12-3　要求装卸作业人员谨慎操作

（3）监督装卸危险货物的托盘、手推车应尽量专用，如图12-4所示。

（4）驾驶员和押运员在装卸中不得离开车辆，共同监装、监卸。

（5）装载中需要移动车辆时，驾驶员应先关上车厢门或栏板，或监护车辆移动，保证安全。

（6）监督所装运危险货物质量在车辆核定载质量范围内，严禁超限超载，如图12-5所示。

图12-4　监督装卸工具车设备专用

图12-5　严禁超载

（7）装卸现场温度超过35℃时，应停止装卸作业，或要求作业人员喷淋降温至30℃以下。

（8）雷电交加时，应要求停止作业，如图12-6所示。

图 12-6　严禁在雷电天气下作业

3 装卸后

（1）检查货物的堆码、遮盖、捆扎等安全措施是否存在影响车辆起动的不安全因素，如图12-7所示。

图 12-7　检查货物堆码

（2）检查车辆罐体阀门是否关好。

（3）将车辆安全驶离装卸作业区。

（4）禁止在装卸作业区内维修危险货物运输车辆。

（5）及时搜集客户对装卸质量的反馈信息，并及时反馈企业经营部门。

项目实施

1 实训模式和时间

建议一体化教学。训练时间根据大纲和学习小组人数等实际情况确定。

2 实训场地和材料准备

（1）在实训基地进行。

（2）教学用罐车。

（3）《危险货物道路运输规则　第6部分：装卸条件及作业要求》（JT/T 617.6—2018）、检查日志等教学资料。

（4）通风良好的教学场地及投影仪、磁板等教具。

3 教学组织

（1）场景布置。根据教学设施和危险货物道路运输装卸作业教学内容布置学习场景。

（2）导师在教学前做好危险货物道路运输装卸作业教学设施设备的安全检查，确保教学安全。

（3）学生服从导师安排，并完成训练测试任务。学习结束后积极完成场地和设施设备的清理工作。

4 教学活动步骤

（1）实训导师讲解危险货物道路运输装卸作业规范。

（2）学生根据导师安排进行训练，并完成训练工单的填写，如表12-4所示。

危险货物道路运输装卸作业训练工单　　表 12-4

姓名：＿＿＿＿＿　学习小组：＿＿＿＿＿　导师：＿＿＿＿＿　测试结果：＿＿＿＿＿

训练分类	训练内容	训练点评
危险货物道路运输装卸作业规范要求		

危险货物道路运输车辆安全驾驶规范训练

项目一 车辆检查

了解危险货物运输的一般安全驾驶知识。

情景导入

为保证危险货物运输的行车安全，导师依据教学大纲和培训计划，教小李学习车辆检查知识，以利于今后在危险货物运输过程中，确保运输作业安全。

知识链接

1 出车前

（1）检查随车有关证件是否齐全有效，随车证件至少包括机动车驾驶证、机动车行驶证、道路运输证和道路运输从业人员从业资格证，如图13-1所示。

图 13-1 随车相关证件

（2）检查车辆标志和安全技术状况，发生故障应立即排除，如图13-2所示。

（3）保证车厢底板平坦完好、栏板牢固，有衬垫防护措施（如铺垫木板、胶合板、橡胶板等），无残留物，如图13-3所示。

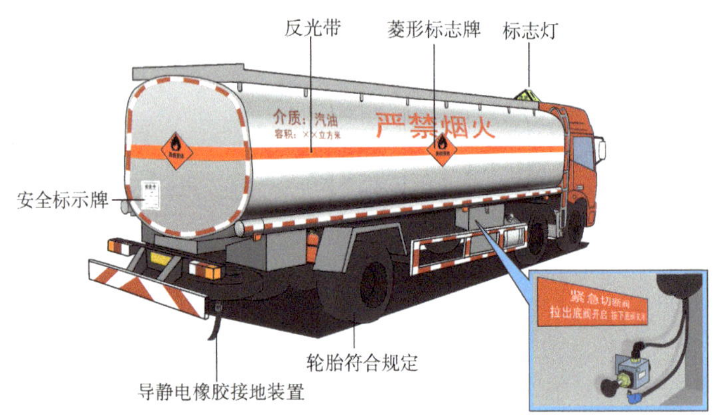

图 13-2 检查车辆标志和安全技术状况

（4）检查车辆配备的消防器材，发现问题应立即更换或修理。

（5）领取并检查随车携带的遮盖、捆扎、防潮、防火、防毒等工属具和应急处理设备、劳动防护用品，如图13-4所示。

图 13-3 采取衬垫防护措施

图 13-4 随车应急处理设备

（6）检查随车携带的道路运输危险货物安全卡是否与所运危险货物一致。

会同押运员领取、收存本次运输任务的相关单据，并听取企业安全管理人员的安全告知，做好相关检查记录。

2 行车中

（1）系好安全带，不得有使用手机、抽烟等有碍行车安全的行为。

（2）根据道路交通状况控制车速，禁止超速和强行超车、会车尽量避免紧急制动，转弯时车辆应减速，如图13-5、图13-6所示。

（3）通过隧道、涵洞、立交桥时，要注意标高、限速。

（4）倒车时应有押运员指挥，严禁盲目倒车。

（5）停车后应拉紧驻车制动，离开车辆时必须使发动机熄火，切断所有电源。

（6）根据货物性质定时停车检查货物状态和车辆安全技术状况，发现问题及时会同押运员采取措施妥善处理。

（7）不得擅自离岗、脱岗，连续驾驶4h，应至少休息20min。

图 13-5　会车

图 13-6　转弯

3 收车后

（1）做好车辆安全技术状况检查，如图13-7所示。

（2）归还随车携带的工属具和安全防护用品。

（3）会同押运员交接当班作业单据。

（4）及时向安全管理人员报告运输作业过程中的车辆安全技术状况、货物包装状态和运输路线条件等方面的情况。

图 13-7　收车后检查车况

1 实训模式和时间

建议一体化教学。训练时间根据大纲和学习小组人数等实际情况确定。

2 实训场地和材料准备

（1）在实训基地进行。

（2）教学用罐车。

（3）《危险货物道路运输规则　第7部分：运输条件及作业要求》（JT/T 617.7—2018）、检查日志等教学资料。

（4）通风良好的教学场地及投影仪、磁板等教具。

3 教学组织

（1）场景布置。根据教学设施和车辆检查教学内容布置学习场景。

（2）导师在教学前做好车辆检查教学设施设备的安全检查，确保教学安全。

（3）学生服从导师安排，并完成训练测试任务。学习结束后积极完成场地和设施设备的清理工作。

4 教学活动步骤

（1）实训导师讲解危险货物道路运输车辆检查。

（2）学生根据导师安排进行训练，并填写训练工单，如表13-1所示。

危险货物道路运输车辆检查训练工单　　表13-1

姓名：__________　学习小组：__________　导师：__________　测试结果：__________

训练分类	训练内容	训练点评
出车前检查		
行车中检查		
收车后检查		

项目二　环境分析和预判

学习目标

（1）会识别驾驶环境中的危险情况。

（2）掌握道路法规和安全驾驶要求。

（3）了解道路危险应急处置措施。

情景导入

在道路运输过程中充斥着各种隐患和危险，及时有效地对行车环境进行分析和预判，提前作出判断和操作，以恰当的方法将危机化解掉。

知识链接

1 驾驶环境预判

预判可以分成两个方面，即周边环境的辨识和周边对象的预估。

（1）周边环境的辨识。不远处是不是主路出口？眼前的车辆有没有要并线出去的意图？行驶在路上，如果可以提前发现并准确预判到这些情况，可以让自己在行驶至这些路段时变得更加从容，不至于发生情况了再手忙脚乱。

（2）周边对象的预估。在跟车行驶时，应该去注意自己前方更多车辆的状态，而不只是眼前这辆。两边车道都没车，唯独我这条车道拥堵？前方车辆突然减速打转向灯？如果可以预判到这些情况，可以在一定程度上减少危险的发生。

2 道路法规和安全驾驶要求

基础知识篇第四章给出了相关法规要求。安全驾驶要求如下。

（1）车辆在道路同方向时的操作。

在道路同方向划有2条以上机动车道的，左侧为快速车道，右侧为慢车道。在快速车道的车辆应当按照快速车道的速度行驶，未达到快速车道规定行驶速度的，应当在慢速车道行驶。有交通标志标明行驶速度的，按照标明的行驶速度行驶。慢速车道内的车辆超过前车时，可以借用快速车道行驶。在道路同方向划有2条以上机动车道的，变更车道的车辆不得影响相关车道内行驶的车辆下正常行驶。

（2）车辆在道路上行驶速度的操作。

车辆在道路上行驶不得超过限速标志、标线标明的速度。在没有限速标志、标线的道路上，车辆不得超过下列最高行驶速度：

①没有道路中心线的道路，城市道路30km/h，公路为40km/h。

②同方向只有1条机动车道的道路，城市道路为50km/h，公路为60km/h。

（3）车辆行驶速度不得超过30km/h时的操作。

车辆行驶中遇有下列情形之一的，最高行驶速度不得超过30km/h：

①进出非机动车道，通过铁路道口、急弯路、窄路、窄桥时。

②掉头、转弯、下坡时。

③遇雾、雨、雪、沙尘、冰雹等能见度在50m以内时。

④牵引发生故障的机动车时。

（4）车辆超车时的操作。

同车道行驶的车辆，应当与前车保持足以采取紧急制动措施的安全距离。有下列情况之一的，不得超车：

①前车正在左转弯、掉头、超车的。

②与对面来车有会车可能的。

③前车为执行紧急任务的警车、消防车、救护车、工程抢险车的。

④行经铁路道口、交叉路口、窄桥、弯桥、陡坡、隧道、人行横道、交通流量大的路段等没有超车条件的。

车辆超车时，应当提前开启左转向灯、变换使用远、近光灯或者鸣喇叭。在没有道路中心线或者同方向只有1条机动车的道路上，前车遇后车发出超车信号时，在条件许可的情况下，应降低速度、靠右让路。后车应当在确认有充足的安全距离后，从前车的左侧超越，在与被超车辆拉开必要的安全距离后，开启右转向灯，驶回原车道。

（5）车辆遇相对方向来车时的操作。

在没有中心隔离设施或者没有中心线的道路上，车辆遇相对方向来车时应当遵守下列规定：

①减速靠右行驶，并与其他车辆、行人保持必要的安全距离。

②在有障碍的路段，无障碍的一方先行；但有障碍的一方已驶入障碍路段而无障碍的一方未驶入时，有障碍的一方先行。

③在狭窄的坡路，上坡的一方先行；但下坡的一方已行至中途而上坡的一方未上坡时，下坡的一方先行。

④在狭窄的山路，不靠山体的一方先行。

⑤夜间会车应当在距相对方向来车150m以外改用近光灯，在窄路、窄桥与非机动车会车应使用近光灯。

3 道路危险应急处置措施

1）紧急、突发情况的处理原则

在遇到紧急、突发情况时，驾驶员要沉着冷静，机智应对，按照正确的应急处置原则，迅速判断险情，果断采取措施，将损失和危害降到最低。

在采取应急处置措施时要以人为本，即便车辆和其他物体受损，也要确保人员的生命安全。发生紧急情况，损失或伤亡无法避免时，要按照“避重就轻”的原则采取应急处置措施。

2）车辆故障应急处置方法

（1）发动机突然熄火：握紧转向盘，控制行驶方向，开启右转向灯，利用惯性将车缓慢滑行到路边，打开危险报警闪光灯，在车后150m处设置警示标志，停车检查；切记在靠边之前不要随意制动，以免浪费惯性能量。

（2）转向失控：松抬加速踏板，抢挂低挡，若汽车仍能保持直线行驶，应抢拉驻车制动器操纵杆，车速明显降低后再轻踩制动踏板减速停车；若车辆偏离行驶方向，事故无法避免时，则应果断地连续踩踏制动踏板，尽快减速停车，缩短停车距离；同时打开危险报警闪光灯，鸣喇叭，提示其他车辆和行人，待停车后报警求助；切记不能空挡滑行。

（3）制动失效：控制好行驶方向，检查是否有异物卡滞在制动踏板下面，如果有，用脚将异物踢开，不可以弯腰捡拾；如果是车辆自身故障造成的制动失效，则应重复踩踏制动踏板，如果还是无法恢复制动功能，使用驻车制动器，抢挂低速挡，双手握紧转向盘，打开危险报警闪光灯，鸣喇叭，提醒周围的车辆和行人注意；如路侧有路肩、护栏等物可倚靠，可以握紧转向盘，用车身抵住路肩，依靠摩擦作用减速停车，停车后报警求助。

（4）轮胎漏气爆裂：行驶中轮胎漏气或爆裂后不能紧急制动，轻者可能导致漏气轮胎严重损坏甚至报废，重者可能导致车辆以漏气、爆裂轮胎为支点而发生滚翻；爆胎时车辆会向爆胎的一侧偏离，驾驶员要立即松抬加速踏板，握紧转向盘，极力控制行驶方向，不要过度向另一侧急转向，抢挂低速挡，轻踏制动踏板缓慢减速，尽快驶离行车道，靠边停车后，立即开起危险报警闪光灯，按规定在车后方设置警告标志，车上人员迅速转移到路肩外的安全地带。

3）车辆其他紧急情况的应急处置方法

（1）侧滑：立即松抬加速踏板，同时向侧滑的一方转动转向盘修正方向，再及时回转转向盘，控制住行驶方向。

（2）侧翻：侧翻时，驾驶员要双手握紧转向盘，双脚勾住踏板，背部紧靠座椅靠背，尽力稳住身体，随车体一起翻滚，避免在翻滚时受伤；翻车时，不可顺着翻车的方向跳出车外，而应向车辆翻转的相反方向跳跃；落地时，应双手抱头顺势向惯性力方向滚动或跑开一段距离，避免遭受二次损伤。

（3）落水：在落水的瞬间，不要急于解开安全带，防止落水时的冲击力造成人员受伤。刚落水后，车辆还不会完全下沉，驾驶员应尽快解开安全带，在第一时间开启车门或使用安全锤等尖锐器械砸开车辆的侧窗逃生。逃生时，应注意抓稳门框或窗框，防止被涌入的水流冲回车内。

（4）起火：迅速将车停至安全地带，疏散车上人员，评估火情，如果火情不严重，可以用随车灭火器尽快对准火源根部，在上风口处，顺风灭火；如果火势蔓延，无法控制，迅速弃车离开，报警求助；汽车车厢货物着火时，驾驶员应将汽车驶到远离人群、加油站、房屋、电力设施、森林的安全场所停车，利用随车灭火器扑救，如扑救无效，迅速报警。

4）突遇自然灾害、恐怖袭击及爆炸等情况的应急处置方法

（1）泥石流、塌方：如发现前方路段有泥石流和塌方现象，应立即停车，将车上人员疏散到泥石流方向两侧的安全地带。

（2）沙尘暴：风向和车辆行驶方向相同时，车辆制动距离会变长，要保持安全车距；风向和车辆行驶方向相反时，行驶阻力增大，会使车速降低，超车、会车要谨慎；风横向作用于车辆时，可引起转向半径增大或离心力增大，容易使车辆侧滑或侧翻，转弯前要降低车速，握紧转向盘，不要紧急制动，应平顺柔和转弯；关闭车窗，关严车门，防止沙尘刮入车内而迷眼；打开刮水器，刷净前风窗玻璃；风沙特别大，影响驾驶时，将车停靠在背风处，防止沙石损伤车辆。

（3）冰雹：遇冰雹天气，如冰雹较小，风窗玻璃会结霜，打开前、后风窗玻璃除霜装置，溶解冰霜，减速慢行；如冰雹较大，最好找安全地带停车，最大限度地减轻或避免损失。

（4）爆炸：车辆起火有爆炸危险时，应组织车上人员尽快离开危险区。爆炸时，立即在爆炸物迸飞出的死角处就地卧倒，头部朝着爆炸中心相反的方向，面朝下，两臂护在脑后，或迅速就近找掩蔽体掩护。爆炸引起火灾，烟雾弥漫时，因为烟雾一般在空间上方飘散，因此要尽可能将身体压低，用手脚触地爬到安全处，尽量不要吸入烟尘，防止灼伤呼吸道。

项目实施

1 实训模式和时间

建议一体化教学。训练时间根据大纲和学习小组人数等实际情况确定。

2 实训场地和材料准备

（1）在实训基地进行。

（2）教学用罐车。

（3）《危险货物道路运输规则》（JT/T 617—2018）、检查日志等教学资料。

（4）通风良好的教学场地及投影仪、磁板等教具。

3 教学组织

（1）场景布置。根据教学设施和环境分析和预判教学内容布置学习场景。

（2）导师在教学前做好环境分析和预判教学设施设备的安全检查，确保教学安全。

（3）学生服从导师安排，并完成训练测试任务。学习结束后积极完成场地和设施设备的清理工作。

4 教学活动步骤

（1）实训导师讲解环境分析和预判方法。

（2）学生根据导师安排进行训练，并填写训练工单，如表13-2所示。

环境分析和预判训练工单　　表 13-2

姓名：__________　学习小组：__________　导师：__________　测试结果：__________

训练分类	训练内容	训练点评
驾驶环境分析		
周边对象的预估		
道路法规和安全驾驶要求		
道路危险应急处置		

项目三　安全驾驶训练

学习目标

熟练掌握安全驾驶技术。

情景导入

小李参加培训学校的职业化培训，根据教学进度，培训学校安排安全驾驶训练。

知识链接

危险货物运输安全驾驶训练课程，职业化培训学校主要采取驾驶模拟教学系统进行教学。模拟驾驶教学系统集声、文、图、像于一体，知识信息来源丰富，容量大，内容充实，形象生动而更具吸引力，如图13-8所示。

模拟驾驶教学系统强调以计算机为中心的多媒体群的作用，从根本上改变了传统教学中的教员、教材、学员、车辆四点一线的格局，呈现在学员面前的是图文并茂的音像教材、视听组合的多媒体教学环境与手段，如图13-9所示。

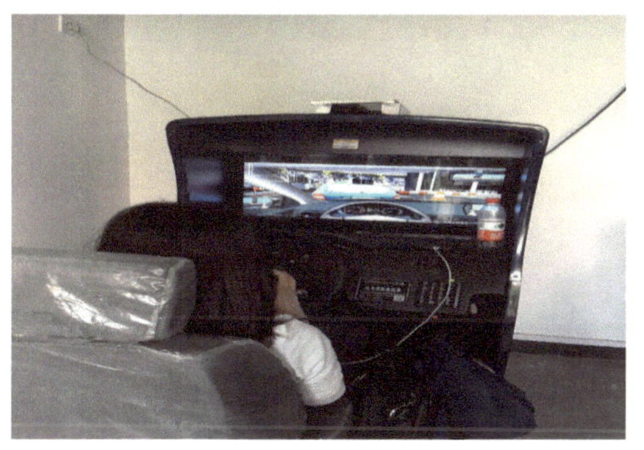

图 13-8　驾驶模拟器场景模拟

图 13-9　模拟驾驶教学系统

项目实施

1 实训模式和时间

建议一体化教学。训练时间根据大纲和学习小组人数等实际情况确定。

2 实训场地和材料准备

（1）在实训基地的模拟驾驶教学系统上进行。

（2）《危险货物道路运输规则》（JT/T 617—2018）、检查日志等教学资料。

（3）通风良好的教学场地及投影仪、磁板等教具。

3 教学组织

（1）场景布置。根据教学设施和安全驾驶训练教学内容布置学习场景。

（2）导师在教学前做好安全驾驶训练教学设施设备的安全检查，确保教学安全。

（3）学生服从导师安排，并完成训练测试任务。学习结束后积极完成场地和设施设备的清理工作。

4 教学活动步骤

（1）实训导师讲解安全驾驶方法和注意事项。

（2）学生根据导师安排进行训练，并填写训练工单，如表13-3所示。

危险货物道路运输安全驾驶训练工单 表 13-3

姓名：__________ 学习小组：__________ 导师：__________ 测试结果：__________

训练分类	训练内容	训练点评
安全驾驶训练		

第十四章

危险货物道路运输车辆防御性驾驶专项训练

项目一 防御性驾驶方法

学习目标

掌握防御性驾驶方法。

情景导入

小李参加培训学校的职业化培训，根据教学进度，培训学校安排驾驶员防御性驾驶方法训练。

知识链接

1 防御性驾驶技巧的定义

驾驶员在驾驶过程中，能够准确地“预见”由其他驾驶员、行人、不良气候或路况而引发的危险，并能及时地采取必要的、合理的、有效的措施防止事故发生，这种可避免危险发生的驾驶方式称为防御性驾驶技巧。

2 防御性驾驶的九大技巧

1）放眼远方

根据驾驶员观察视距的远近，可以把车辆前方环境划分为三个观察区域。第一个区域为6s内的区域，即执行区，该区域为必须采取行动的区域，在该区域若出现危险源，驾驶员必须果断采取应对措施。第二个区域为6～15s的区域，即观察区，在该区域出现的危险源，驾驶员必须时刻关注其动态，保持高度警惕。第三个区域为15s以外的区域，即计划区，在该区域出现的危险源，驾驶员必须能观察到，做到心中有数，保持警觉。驾驶员必须延伸观察距离达到15s以上，才能真正确保行车安全（图14-1）。

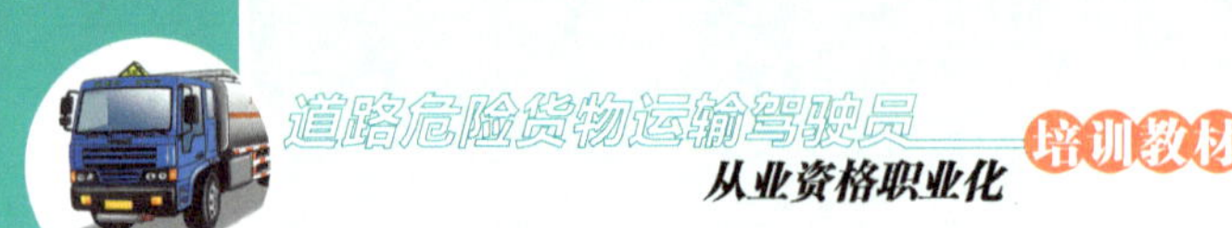

2）洞悉四周

驾驶员除了延伸观察距离外，还应尽可能利用周边视力（余光）和扫视加大观察范围，合理地利用后视镜观察车辆后方和侧后方的交通状况，避免遗漏车辆周围可能存在的危险源。车辆在行驶过程中，驾驶员在任何时候，都应做到眼观六路、耳听八方，清楚了解车周边360°空间的状况，以及车在整个道路交通系统中的位置，每5～8s扫视侧、后视镜以洞悉四周情况，以便能够及时发现存在的危险源并采取正确的处置措施，以防止事故的发生。

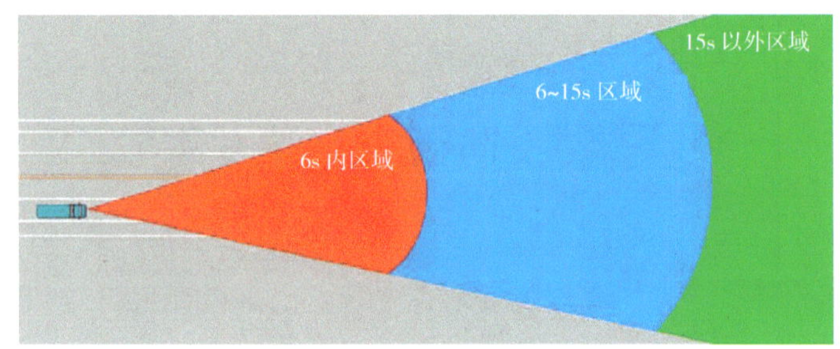

图 14-1　放眼远方

3）视线灵活

正常人的视野左右观察能力是180°，复合视野只有60°。车辆在行驶过程中，驾驶员能看清并记忆的范围仅只有3°。特别是通过各种复杂路段，按照防御性驾驶技术要求，驾驶员应不断扫视车辆周边情况，保持眼睛移动，扩大视野。车辆在行驶过程中，驾驶员应避免注视一个物体超过2s，即视线离开行驶方向不能超过2s。

4）留有余地

安全与谨慎驾驶的三条黄金原则：集中注意力、仔细观察、提前预防，其实就是让驾驶员在行车过程中必须提前对车辆周围的交通状况进行有效观察，并提前采取预防措施，给自己留出足够的空间和余地，同时也给其他交通参与者留出安全的空间。要时刻保持车辆四周具有一个合适空间，尽量避免在车群中行驶，要对其他交通参与者的行为进行提前判断，并及时采取有效措施，以防止事故的发生。

5）引人注意

防御性驾驶强调的是驾驶员不仅要能够及时、全面地发现其他交通参与者，同时也要让其他交通参与者尽早地了解自身的位置与动态。行车过程中，驾驶员应充分利用各种信号装置向其他交通参与者发出信号，必要时还可以利用目光接触或肢体语言进行交流。

6）众醉独醒

专心驾驶不能分神，注意观察路上其他车辆和驾驶员的状态，识别疲劳症状，选择解除疲劳的方法，选择避让线路或停车地点，保持充足睡眠并制订行车计划。

（1）驾驶员专心致志驾驶车辆，注意时刻提醒自己要保持冷静，有效避免因为不良情绪而导致的危险。

（2）避免不良情绪干扰。上车前，如果情绪不好，就要学会为自己减压，因为如果驾车时脾气火爆或者沮丧，则会在一定程度上影响驾驶员的驾驶效果。

（3）驾车时不要在路上争吵。有些人脾气火爆，遇到抢道、追尾、碰撞等事故，就会发怒火冒三丈，产生所谓“路怒症”，其实在路上和别人争吵，不仅不能有效解决问题，也会让双方的不好情绪加重，这种时候冷静处理，反而更有利于事情的解决。

（4）驾车上路减压，避免不良情绪。驾驶过程中应当多几次深呼吸，试着与前行车辆保持一定车距，开窗让新鲜空气进入车厢，听收音机或听比较轻松的音乐，将车停在路边服务区，有心事的时候可以先打个电话给好朋友倾诉一下，心情舒畅后再上路，车上放一张家人幸福的小照片，不驾车的时候看一看等。

（5）保持良好的工作环境。行车中，保持驾驶室空气畅通、温度和湿度适宜，减少噪声干扰。

7）轻车熟路

驾驶员在行车前，应对行车途中所要经过道路的路面情况、气候状况以及复杂路段的交通特点进行了解，尽量选择最便捷、最安全的行车路线。行车过程中，驾驶员要注意观察车辆和道路上的交通情况，留意路面的状况，要善于借助路旁的参照物记路，每个交叉路口都有其不同的特征，如不同的建筑、不同的景观设置等，记住这些特征能为驾驶员安全行车打下坚实基础。

8）有备无患

行车过车中，驾驶员应时刻调整好跟车距离，在任何时候，车的前后、左右都要保持足够的安全间距，尽量避免并排行驶，必须给自己留出逃生通道。驾驶员在跟车过程中，由于受前车遮挡，阻碍驾驶视线，驾驶员接受来自前方的信息较慢，所以必须保持足够的纵向距离，尽可能扩大视野。在道路交通情况复杂的特殊路段跟车时，要耐心跟进，需要超车时，要在较远距离时就观察情况，确保超越过程的安全。在遇风、雨、雪、雾等恶劣天气时，要严格按照交通法规的规定时速行驶，增大安全间距。

9）逃离险境

在道路运输过程中，很可能遇到一些突发事件。如前方发生严重的道路交通事故，道路设施事故（道路、桥梁、隧道塌方），严重的危险货物运输事故，以及影响道路交通的各种恶劣天气，包括风、雾、雨、雪等可能降低道路通行能力并可能引发交通事故的各种天气状况。

（1）如果还未入险境，千万不要轻易涉险、草率通过，一定要选择安全地点停车查明情况，确保百分之百的安全，方可通过。

（2）如遇到塌方、泥石流、道路水毁、滑坡等地段，一定要沉着冷静，迅速、准确判断出最佳的安全撤离路线，以最快的速度逃离险境。

① 实训模式和时间

建议一体化教学。训练时间根据大纲和学习小组人数等实际情况确定。

② 实训场地和材料准备

（1）在实训基地的模拟驾驶教学系统上进行。

（2）《危险货物道路运输规则》（JT/T 617—2018）、检查日志等教学资料。

（3）通风良好的教学场地及投影仪、磁板等教具。

③ 教学组织

（1）场景布置。根据教学设施和防御性驾驶方法教学内容布置学习场景。

（2）导师在教学前做好防御性驾驶方法教学设施设备的安全检查，确保教学安全。

（3）学生服从导师安排，并完成训练测试任务。学习结束后积极完成场地和设施设备的清理工作。

④ 教学活动步骤

（1）实训导师讲解防御性驾驶方法。

（2）学生根据导师安排进行训练，并填写训练工单，如表14-1所示。

防御性驾驶方法训练工单　　表 14-1

姓名：__________　学习小组：__________　导师：__________　测试结果：__________

训练分类	训练内容	训练点评
执行区驾驶方法		
观察区驾驶方法		
计划区驾驶方法		

项目二　出入厂区、卸货区域的防御性驾驶

掌握出入厂区、卸货区域的防御性驾驶方法。

情景导入

小李参加培训学校的职业化培训，根据教学进度，培训学校安排了道路危险货物运输车辆出入厂区、卸货区域的防御性驾驶训练。

知识链接

1 出入厂区

（1）根据《中华人民共和国安全生产法》《危险货物道路运输规则》的相关规定，危险货物运输车辆需按厂区要求将车辆熄火停放在指定位置，办理入厂手续，并通知相关部门进行确认核实。

（2）车辆进入厂区需经过门卫对入厂危险货物运输车辆查验车辆运输证、驾驶证、驾驶员从业资格证、押运员的操作证等证件，并详细进行记录，记录表格见附件，证件不全的车辆，严禁入厂。

（3）危险货物运输车辆发生泄漏，严禁入厂。

（4）进入厂区的危险货物运输车辆必须配备必要的应急处理器材和防护用品，并悬挂符合国家标准的警示标志。

（5）检查合格的车辆，门卫引导车辆驶入正确的卸货地点，严禁车辆在厂区随意停放。

2 出入卸货区域

（1）清理卸货作业区，确保不存在影响卸货作业安全的其他物品或环境条件。

（2）卸货作业人员、驾驶员和押运员需穿戴安全防护用具。

（3）要求卸货作业人员检查装卸机具状况是否良好。

（4）驾驶员应按照安全规定驶入卸货作业区，将车辆停放在容易驶离作业现场的方位上，不准堵塞安全通道。

（5）驾驶员停车后熄火，并切断总电源（需从车辆上取得动力的除外）。

（6）要求驾驶员和押运员在装卸中不得离开车辆，共同监装、监卸。

（7）卸货过程中需要移动车辆时，驾驶员应先关上车厢门或栏板，或监护车辆移动，保证安全。

（8）装卸现场温度超过35℃时，停止卸货作业或要求作业人员喷淋降温至30℃以下。

（9）雷电交加时，应要求停止卸货作业。

（10）禁止在卸货作业区内维修危险货物运输车辆。

项目实施

1 实训模式和时间

建议一体化教学。训练时间根据大纲和学习小组人数等实际情况确定。

2 实训场地和材料准备

（1）在实训基地进行。

（2）教学用罐车。

（3）《危险货物道路运输规则》（JT/T 617—2018）、检查日志等教学资料。

（4）通风良好的教学场地及投影仪、磁板等教具。

3 教学组织

（1）场景布置。根据教学设施和出入厂区、卸货区域的防御性驾驶方法教学内容布置学习场景。

（2）导师在教学前做好出入厂区、卸货区域的防御性驾驶方法教学设施设备的安全检查，确保教学安全。

（3）学生服从导师安排，并完成训练测试任务。学习结束后积极完成场地和设施设备的清理工作。

4 教学活动步骤

（1）实训导师讲解出入厂区、卸货区域的防御性驾驶方法。

（2）学生根据导师安排进行训练，并填写训练工单，如表14-2所示。

出入厂区、卸货区域的防御性驾驶方法训练工单　　表 14-2

姓名：__________　学习小组：__________　导师：__________　测试结果：__________

训练分类	训练内容	训练点评
出入厂区防御性驾驶方法		
出入卸货区域防御性驾驶方法		

项目三　普通公路和山区道路防御性驾驶

学习目标

掌握普通公路、山区道路的防御性驾驶方法。

情景导入

小李参加培训学校的职业化培训，根据教学进度，培训学校安排普通公路和山区道路防御性驾驶训练。

1 普通公路防御性驾驶方法

根据车辆不同的行驶状态（包括起步、直线行驶、转弯、跟车、超车、会车、停车、倒车等），探讨驾驶员应当采取的防御性驾驶方法。希望驾驶员学习后能够举一反三，通过分析常见的交通情境检讨自身的驾驶行为，提升防御认知与防范能力，确保行车安全。

1）起步

车辆起步存在的风险主要有驾驶员准备工作未到位、车辆周围有影响安全起步的人或物等。驾驶员应掌握以下防御性驾驶方法。

（1）起步前绕车一周，查看车辆周围有无影响车辆正常起步的因素，特别注意查看车后方和下方。

（2）在确认周边没有影响车辆起步的人或物后，缓慢起步，避免起步过猛导致货物窜动、撞击；起步后要汇入车流时，应先开启转向灯，并通过后视镜、扭头观察车后方有无来车，在不影响后方来车正常行驶的情况下进入主路；夜间起步时要开启近光灯；雾天起步时，要开启雾灯、后位灯、示廓灯和近光灯。

（3）罐式危险货物运输车辆应确保灌装软管已拆除，阀门已关闭。

2）直线行驶

直线行驶存在的行车风险主要有驾驶员易疲劳、困倦、失去对速度的感知，注意分散，前方车辆可能紧急制动。驾驶员应掌握以下防御性驾驶方法。

（1）注意道路出入口标志、弯道标志；注意观察左、右两边是否有车辆驶入道路，提前减速；随时观察后视镜，做好防范风险的准备。

（2）感到疲劳时，驾驶员应尽快将车停靠在安全地段或服务区，放松、活动下身体或眺望远方舒缓疲劳。

（3）根据限速规定、周边的交通情况及道路条件等，合理控制车速，保持安全。

（4）双手握稳转向盘，不能同时离开转向盘，切勿接打电话、看手机短信、吸烟等。

3）转弯

（1）路口转弯。

路口车流人流混杂，碰撞事故时有发生，驾驶员应特别注意小型汽车、摩托车、行人等机动性高的其他交通参与者。驾驶员应掌握以下防御性驾驶方法。

①危险货物运输车辆车身长、轴距较大，转弯时要特别注意内轮差可能带的风险，最好留有2m以上的横向距离。

②为降低转弯时与其他车辆、行人碰撞概率，在转弯前应视情况选择合理的行车路线。

③对于无行人专用道的路段，右转前尽可能靠右行驶。

④前方有较多车辆等待红灯时，应留有足够的缓冲空间，切忌跟车太近。

（2）弯道转弯。

弯道行驶因无法辨识前方状况，危机四伏。常言“勿在弯道超车”是警惕自己别犯错，但更应防范因他人犯错而导致自己受牵连。驾驶员应掌握以下防御性驾驶方法。

①行径弯道时靠右侧行驶。

②不管前方是否有车辆过来，都应鸣喇叭示意，以免发生两车相撞事故。

③右转转小弯，左转转大弯。

④即便中间是黄虚线，也要有起码的危险防范意识。

4）跟车

跟车行驶通常存在视野受阻、跟车距离过小及夜间灯光使用不当等风险，易导致追尾碰撞事故。驾驶员应掌握以下防御性驾驶方法。

（1）保持合适的跟车距离。

（2）注意观察前车状态，时刻预防紧急情况发生。

（3）避免紧急制动。

5）超车

（1）不适合超车的路段。

行经铁路道口、交叉路口、窄桥、弯道、陡坡、隧道、人行横道、市区交通流量大的路利用对向车道超车时除确认对向无来车外，还有更重要的防御理念。

①利用对向车道超车时应考虑超车过程中是否有小路口。

②视野受阻、路面状况不良的路段不宜超车。

③在不是很熟悉、旁边有住宅建筑或有视野障碍的路段，不宜超车。

（2）不适合超车的时机。

①当前车正在左转弯、掉头、超车时，禁止超车；与对面来车有会车可能时，禁止超车；前车为执行紧急任务的警车、消防车、救护车、工程教救险车的，禁止超车。

②两车道路段，若前方车辆突然慢下来，切勿超车，因为该车前方可能有正在横穿道路的行人或窜出的车辆。

③当前方车辆因红灯停车时，后方接近的车辆可能因信号灯正由红变绿，而未减速并从前车的左方或右方超车。此种信号灯转换时刻，最容易发生不同行车方向车辆因疏忽而彼此交会撞车。

6）会车

（1）狭窄路段会车。

在狭窄路段会车时，容易因对向车开得太靠近而发生剐蹭。驾驶员应掌握以下防御性驾驶方法。

①会车前应提前预估迎面来车所占用车道的宽度及车速，并注意我方车速，提前做好会车准备，避免两车接近时必须紧急避让而驶入右侧沟渠或撞击护栏。

②减速慢行。车辆在速度40km / h以上撞击路旁护栏，可能导致车内人员严重伤亡；如果不幸翻入沟渠则后果更为严重。

③在单车道路段，应特别注意要靠右行驶，尤其是弯道，以避免与来车相撞。

（2）雨天会车。

雨天会车时，要注意路面积水状况并预测双方会车点，预判是否迎面来车可能激起水花至我方车辆前风窗玻璃上，导致自己瞬间“失明”，倾盆大雨时这种情况很常见。所以在雨天会车时一定要减速慢行。

7）停车

（1）正常停车。

①高速公路遇前方拥堵停车时，应与前车保持足够的安全距离。同样，市区路段或等红灯停车时，应与前车保有足够的缓冲空间，避免因受后车撞击变成“夹心饼干”。

②路边停车时，应注意观察后方和右侧的交通情况，提前开启右转向灯，注意驾驶盲区内的非机动车、行人。

③确认停车地点安全后，缓慢向右转动转向盘；注意通过右后视镜观察、判断车身与道路右侧边缘线之间的距离，按顺行方向靠右侧停车，不得逆向停车。

④满载货车制动停车距离较长，驾驶员要提前减速，以便准确地将车辆停靠在预定地点。

⑤长时间停车或驾驶员要离开车辆时，车轮下放置三角木等，以防“溜车”。

（2）因故障停车。

①车辆发生故障必须停车时，应立即开启危险报警闪光灯，车停稳后应在适当位置放置警告标志，提示其他车辆注意安全、减速慢行，必要时迅速报警。

②夜间及遇雨、雾、雪等天气条件或车辆发生故障需临时停车时，应开启危险报警闪光灯、后位灯和示廓灯。

8）倒车

（1）倒车时，应注意观察周围交通情况，选择路面宽阔、平整、路基坚实的地方，由押运员下车辅助。

（2）将车速控制在5km/h以下。

2 山区道路防御性驾驶方法

1）上坡

（1）上坡时，加大与前车的安全距离，以免上坡时减速或打滑而无法顺利到达坡顶。

（2）选择合适的挡位和控制牵引力。根据地面状态和斜坡角度、长度选择合适的挡位。如果道路附着力好，坡道角度大，可在上坡前提前加速，利用惯性冲上较长的坡道，必要时减低挡位上坡道。

（3）因动力不足或打滑难以上坡时，为了避免翻车，正确的方法是：在车辆将要后退的瞬间挂上倒挡，利用发动机制动减缓后退车速，连续点制动，沿上坡路线退下来。

2）下坡

（1）注重对车辆转向、制动和轮胎的检查，当出现制动鼓过热、制动效能减退等异常情况时，应及时停车排除。

（2）根据坡道的陡缓情况以及车辆载质量的大小，挂上适合的挡位，充分利用发动机排气制动、电涡流缓速器等辅助制动，避免过多使用行车制动。

（3）严禁超车、空挡滑行和熄火滑行。

项目实施

1 实训模式和时间

建议一体化教学。训练时间根据大纲和学习小组人数等实际情况确定。

2 实训场地和材料准备

（1）在实训基地的模拟驾驶教学系统上进行。

（2）《危险货物道路运输规则》（JT/T 617—2018）、检查日志等教学资料。

（3）通风良好的教学场地及投影仪、磁板等教具。

3 教学组织

（1）场景布置。根据教学设施和普通公路和山区道路防御性驾驶训练教学内容布置学习场景。

（2）导师在教学前做好普通公路和山区道路防御性驾驶训练教学设施设备的安全检查，确保教学安全。

（3）学生服从导师安排，并完成训练测试任务。学习结束后积极完成场地和设施设备的清理工作。

4 教学活动步骤

（1）实训导师讲解普通公路和山区道路防御性驾驶方法。

（2）学生根据导师安排进行训练，并填写训练工单，如表14-3所示。

普通公路和山区道路防御性驾驶方法训练工单 表 14-3

姓名：__________ 学习小组：__________ 导师：__________ 测试结果：__________

训练分类	训练内容	训练点评
普通公路防御性驾驶方法		
山区道路防御性驾驶方法		

项目四　高速公路防御性驾驶

掌握高速公路的防御性驾驶方法。

情景导入

高速公路车速高、车流量大，每一辆危险货物运输车都是一个“高能量”的危险源，如果所有驾驶员都能有效控制能量，道路交通就会处于一种稳定、有序的状态。而一旦有驾驶员或某些意外因素破坏了这种平衡，就会导致交通事故的发生。因此，危险货物运输驾驶员应当熟练掌握高速公路的防御性驾驶方法。

知识链接

高速公路的防御性驾驶方法如下。

（1）车辆发生故障或遇道路堵塞：必须停车不可紧急制动，更不能在行车道直接停车，应提前减速，看清车前车后的交通情况，打开右转向灯；尽快驶离行车道，停在紧急停车带内或右侧路肩上。停车后，必须立即打开危险报警闪光灯，按规定在车后方设置警告标志，若是夜间还需同时打开示宽灯和尾灯；车上人员应迅速转移到右侧路肩以外，必要时打电话报警。

（2）遇到故障车辆：尽量将视线放远，如发现故障车辆提前变更车道绕行。

（3）爆胎：握紧转向盘，用力保持车辆行驶方向，不要紧急制动，不要急转转向盘。

（4）事故多发路段：看到“事故多发路段，请谨慎驾驶”类似的警告标志时，一定要有意识地降低车速并保持车距，同时做好应对紧急情况的准备。

（5）疲劳驾驶：在高速公路长时间行驶，尤其是车辆很少时，驾驶员信息刺激量减少会造成其意识下降，产生高速催眠现象，非常危险，驾驶员缓解疲劳最好的方法就是在服务区休息或驶出高速公路休息。

（6）发生轻微财产损失的事故：如果无人员伤亡、双方对成因无异议，且车辆具备移动能力，一定要将车辆移动至紧急停车道内停放。

（7）发生大的财产损失事故甚至伤亡事故：在事故现场来车方向150m外设置警告标志，且人员要迅速转移到公路护栏外，并及时报警。

（8）从匝道进入行车道：从匝道口进入高速公路后，必须在加速车道上提高车速，尽快将车速提高到60km/h以上，抓住时机安全快速进入行车道，驶入行车道时不能妨碍其他车辆的正常行驶。

（9）选择行车道：严格遵守分道行驶、各行其道的原则，根据车速选择适合的行车道，不得随意穿行越线，不准骑轧车道分界线。

（10）驶离高速公路：在距目的地出口500m时打开右转向灯，驶入减速车道，在出口前把车速降到40km/h以下进入匝道。由于长时间高速行驶，速度感觉迟钝，容易误判车速，必须通过速度表确认车速。避免在接近路口处才紧急制动和急转方向驶向路口。

（11）车距过小：高速公路上的纵向车距（两车间的前后距离）要略大于行驶速度值。高速公路上，专门设有为驾驶员确认行车间距的行驶路段，在此路段上行驶，可检验与前车的行车间距，驾驶员可根据需要适时调整车速，即：时速在70km时，行车间距不得少于70米；雨雪雾天或夜间行驶时，行车间距应增加1倍以上。

（12）走错方向：发现走错方向或驶过出口后，严禁在匝道或行车道上掉头，而应从下一出口驶离，再掉头回到规划路线。

（13）通过立交桥：行至高速公路立交桥时，要注意观察指路标志，在临近转弯的立交桥前，要根据指路标志确认出口位置、行驶车道和行驶路线。

（14）变更车道：确认与要进入的车道有不影响超车的足够安全车间距。打开转向灯，向左（右）适量转动转向盘，加速驶入需要进入的车道。

项目实施

1 实训模式和时间

建议一体化教学。训练时间根据大纲和学习小组人数等实际情况确定。

2 实训场地和材料准备

（1）在实训基地的模拟驾驶教学系统上进行。

（2）《危险货物道路运输规则》（JT/T 617—2018）、检查日志等教学资料。

（3）通风良好的教学场地及投影仪、磁板等教具。

3 教学组织

（1）场景布置。根据教学设施和高速公路防御性驾驶教学内容布置学习场景。

（2）导师在教学前做好高速公路防御性驾驶教学设施设备的安全检查，确保教学安全。

（3）学生服从导师安排，并完成训练测试任务。学习结束后积极完成场地和设施设备的清理工作。

4 教学活动步骤

（1）实训导师讲解高速公路防御性驾驶方法。

（2）学生根据导师安排进行训练，并填写训练工单，如表14-4所示。

高速公路防御性驾驶方法训练工单　　表 14-4

姓名：__________　学习小组：__________　导师：__________　测试结果：__________

训练分类	训练内容	训练点评
车辆故障或遇道路堵塞		
爆胎		
事故多发路段		
疲劳驾驶		
发生交通事故		
从匝道进入行车道		
选择行车道		
行车间距		
走错方向		
通过立交桥		
变更车道		

项目五　特殊路段防御性驾驶

掌握特殊路段的防御性驾驶方法。

情景导入

俗话说“司机一疏忽，亲人两行泪”，行车安全是每位驾驶员朋友和家人都非常关心的事情。影响行车安全的因素各种各样，如车况异常、特殊路面、特殊天气等，根据职业化培训教学进度，职业化培训学校为小李安排特殊路段防御性驾驶方法训练。

1 冰雪路面

在冰雪路面上行车，汽车轮胎与地面附着系数低，对车辆的控制比较困难，若操作不当会使车辆产生侧滑甚至旋转，威胁车辆和人员安全。驾驶员应掌握以下防御性驾驶方法。

（1）起步：慢抬离合，脚用力要轻柔。若车轮打滑、空转难以起步，可在驱动轮下铺垫砂土、柴草或煤渣等物，或用铁镐把驱动轮下及前方路面制成斜沟。

（2）行驶：要紧握转向盘，轻踏加速踏板，缓慢加速，严禁突然急踩加速踏板、放松加速踏板、猛打转向盘、猛踩制动踏板，同时与前车保持安全距离。

（3）坡驾：要上较陡的坡道时，适当留好距离，用低速挡深踩加速踏板冲坡，中途不宜换挡。

（4）防滑：为增加轮胎的附着性能，必要时应安装防滑链，也可用钢丝绳或粗麻绳绕在车轮上做短距离行驶。

（5）车速：保持平稳低速行驶，尽量不用高挡位。降速用松抬加速踏板法或减挡利用发动机牵引阻力作用降速。

（6）转向：握稳转向盘，需转向时适当提前缓慢转动，过猛会导致车辆侧滑、甩尾。

2 涉水路面

（1）遇到积水路段时，切不可盲目涉水前行。先要仔细观察，有浪花和漩涡的地方很可能有较大的石块和其他障碍物，而水面较平静的地方一般积水较深，水面开阔且有较均匀的碎浪花处，一般水较浅，是驾车通过的较理想处。

（2）进入涉水路面时车辆最好做到慢速、平稳，以便感知积水路面的真实情况。行车过程中尽量保证低挡匀速行驶，避免中途停车、换挡、急打转向盘等情况。

（3）切忌多辆车跟车连续下水，避免因前车出现故障而影响后车正常行驶。

3 砂石路面

1）砂地驾驶

（1）通过松软的砂地时千万不要停车，一定要保持匀速行驶。

（2）有砂地时，一定要提前加速，且全部通过后方可减速。

（3）在砂地行驶中，切勿突然加速，以防导致某个驱动轮空转，使车陷入沙里。

2）土路驾车

（1）尽量降低行驶速度，避免车辆剧烈振动，造成机件损坏，威胁行车安全。特别是雨天时在有积水的泥泞路段行车，更要控制好车速。

（2）路面上有坑洼、乱石时，应考虑到车辆的离地间隙，缓慢转向，小心避让；在通过松软、泥泞、积水路段时，应特别谨慎，必要时应先下车观察，判明车轮确实不会陷入泥土中后，方可挂低速挡，缓慢通过。若路面已形成车辙，可沿车辙行驶，切勿盲目冒险。

（3）无论是晴天还是雨天，都应选择中低挡位，降低车速缓慢下坡，切勿空挡溜坡。

（4）行车中不要跟车过近，以免被前车晴天扬起的灰尘或雨天溅起的泥水遮挡视线。会车时，注意观察路面，特别是久雨后不要太靠近路肩，必要时停车避让。两车交会时切勿猛转向和紧急制动，以免车辆侧滑导致两车碰撞。

4 桥梁

当车辆行驶至接近桥梁时，应注意桥头附近的交通标志，并遵守有关规定。过桥时应降低车速，与前车保持较大的安全距离。通过大型桥梁时，应按一般道路驾驶的方法（各行其道）行驶。遇到窄桥时，应避免在桥上变速、制动、会车、超车，更不能在桥上停车，以免造成交通阻塞。如对方来车距离桥头较近，应减速或主动靠右侧停车，待来车交会后再前进过桥，切不可加速抢先，以免发生桥上撞车事故。

5 隧道

隧道具有四周封闭、限高、无自然光照明等特点，是事故易发路段。驾驶员应掌握以下防御性驾驶方法。

（1）驶入隧道前注意限高要求，注意观察道口的限速标志，按照限速标志提前降速。

（2）驶入隧道前100m处时，提前开启远光灯，进入道后关闭远光灯，开启近光灯。照明条件不好的长隧道，还应开启示廓灯、后位灯。

（3）与前车保持足够的安全间距。

（4）隧道内禁止超车、频繁变更车道。

（5）驶出隧道时应握稳转向盘，控制方向，避免横风和出口结冰等不良影响。

6 交叉路口

1）遇绿灯时

（1）遵守交通通行规则。

（2）降低车速，至少提前50m进入导向车道，之后再次降低车速，缓慢接近路口，时刻注意行人，机动车状况，做好预防危险的准备。

（3）转弯时应提前开启转向灯，注意观察侧方、后方交通情况，注意盲区内有无行人。

（4）对于路旁建筑物密集的路口，由于视线受阻，更要注意安全。

2）通过无交通标志路口

（1）降挡减速，时刻做好安全避让的准备，预防意外事故发生。

（2）控制车速，应考虑万一有人蹿出时，本车可以安全避让，对于视线受影响的路口，更应注意预留反应时间与空间。

（3）严格遵守通行优先次序：右转让左转，转弯让直行，礼让执行任务的特种车辆。

7 城乡接合部

（1）提前减速慢行。

（2）时刻保持警惕，做好避让准备。

（3）不急不躁，注意礼让行驶。

（4）如遇道路施工，注意路面散落的砂石，防止车辆侧滑，确保安全通过。

项目实施

1 实训模式和时间

建议一体化教学。训练时间根据大纲和学习小组人数等实际情况确定。

2 实训场地和材料准备

（1）在实训基地的模拟驾驶教学系统上进行。

（2）《危险货物道路运输规则》（JT/T 617—2018）、检查日志等教学资料。

（3）通风良好的教学场地及投影仪、磁板等教具。

3 教学组织

（1）场景布置。根据教学设施和特殊路段防御性驾驶方法教学内容布置学习场景。

（2）导师在教学前做好特殊路段防御性驾驶方法教学设施设备的安全检查，确保教学安全。

（3）学生服从导师安排，并完成训练测试任务。学习结束后积极完成场地和设施设备的清理工作。

4 教学活动步骤

（1）实训导师讲解特殊路段防御性驾驶方法。

（2）学生根据导师安排进行训练，并填写训练工单，如表14-5所示。

特殊路段防御性驾驶方法训练工单 表14-5

姓名：__________ 学习小组：__________ 导师：__________ 测试结果：__________

训练分类	训练内容	训练点评
冰雪路面		
积水路面		
砂石路面		
沉降路面		
泥石流		
桥梁		
隧道		
交叉路口		
城乡接合部		

项目六　特殊气象条件下的防御性驾驶

学习目标

掌握特殊气象条件下的防御性驾驶方法。

情景导入

寒来暑往，四季更替，会给人们的日常生活增添几分情趣，可伴随而来的雨、雪、雾、风，着实对行车安全构成了严重威胁，稍有疏忽就可能导致交通事故。

知识链接

特殊气象条件下的防御性驾驶。

1 雨天

（1）雨天应减速慢行，适当加大与前车的纵向安全距离，注意观察道路前方路况，提前做好防范准备，但应避免使用紧急制动减速。

（2）雨天会车时，应随时注意观察对方车辆动态，与车辆及道路边缘保持一定的侧向安全距离，不得侵占对方行驶路线慢速或加速会车。

（3）雨天应尽量避免超车，需要超车时路段应选择道路宽阔、视线良好、路面条件可靠的路段进行，并与被超车辆及道路边缘保持一定的侧向安全距离。

（4）雨天应及时打开近光灯，适时开启示廓灯和后位灯，必要时使用喇叭，以便看清别人也让别人注意到自己。

2 雪天

（1）开启刮水器，防止前风窗玻璃积雪，确保视线良好。如果挡风玻璃结冰，还应适时喷射玻璃水，除净凝结的冰雪。

（2）严格控制车速，避免急转向、急制动，加大跟车安全距离。

（3）注意礼让行人、非机动车，保持足够的安全距离。

（4）通过灯光、喇叭预先向其他交通参与者传递危险信号。

3 雾天

（1）雾天行车尤其要提高警惕，保持慢速和合适安全间距，避免高速驶入浓雾路段。团雾天气行车时，更要保持慢速和合适安全间距。

（2）行车时应打开雾灯、后位灯、示廓灯、危险报警闪光灯和近光灯，利用灯光提高能见度，提示其他车辆注意。当接收到其他车辆发出的灯光、喇叭信号时，在明白行驶意图后应立即予以回应，并明示自己的位置和行驶意图。

（3）勤用刮水器去除凝结在风窗玻璃上的水汽，以提高视线的清晰度。

4 雷电天气

雷电天气不要随便下车走动，如果外面电闪雷鸣，最安全的还是坐在车内。车辆本身是容易吸引雷电的导体，如果雷电击中车辆时，人在车辆附近走动，可能会触及经过地面传导的电流，相反待在车内更安全。

所以雷电天气时应该紧闭车窗，避免身体暴露在车外，不要玩手机打电话。音响、电台这些有天线的电子设备也要关掉，否则会增加被雷击中的可能性。不能把车停在特别空旷的地方，也别停在树下，这些都是容易被雷击的地方。

5 大风沙尘天气

（1）根据能见度来选择车速。如果能见度在100～200m时，时速最好控制在40km以内，夜间时速应控制在30km以下。如果能见度低于100m，那就最好停车，等待沙尘暴散去再行车。同时，要严格遵守各行其道的原则。

（2）在能见度差的情况下，驾驶员除不要占道行驶外，还要注意观察前方道路两旁行人及非机动车情况，防止行人、非机动车横穿道路或车辆太靠边行驶，发生撞人事故。

（3）在沙尘天气中开车，要开启近光灯、示廓灯、后位灯，必要时开启危险报警闪光灯，警示其他交通参与者。

6 高温天气

（1）检查轮胎有无磨损、夹杂异物，保持胎压低于正常胎压值10%左右。

（2）将发动机水温控制在95℃以下。往水箱加水时应先停车怠速运转一段时间。

（3）最好准备一副偏光太阳镜，保护眼睛，预防困倦。

（4）禁止将易燃易爆物品放置于仪表盘、风窗玻璃和发动机等部位上。

（5）准备充足的饮用水，调整好身体、精神状态。

项目实施

1 实训模式和时间

建议一体化教学。训练时间根据大纲和学习小组人数等实际情况确定。

2 实训场地和材料准备

（1）在实训基地的模拟驾驶教学系统上进行。

（2）《危险货物道路运输规则》（JT/T 617—2018）、检查日志等教学资料。

（3）通风良好的教学场地及投影仪、磁板等教具。

3 教学组织

（1）场景布置。根据教学设施和特殊气象条件下的防御性驾驶教学内容布置学习场景。

（2）导师在教学前做好特殊气象条件下防御性驾驶教学设施设备的安全检查，确保教学安全。

（3）学生服从导师安排，并完成训练测试任务。学习结束后积极完成场地和设施设备的清理工作。

4 教学活动步骤

（1）实训导师讲解特殊气象条件的防御性驾驶方法。

（2）学生根据导师安排进行训练，并填写训练工单，如表14-6所示。

特殊气象条件下的防御性驾驶方法训练工单　　表 14-6

姓名：________　学习小组：________　导师：________　测试结果：________

训练分类	训练内容	训练点评
雨天		
雪天		
雾天		
雷电		
大风沙尘		
高温		

第十五章

危险货物道路运输突发事件应急处置训练

项目一 事故上报

学习目标

（1）掌握常用的各种应急报警电话号码。

（2）掌握事故上报的正确流程。

（3）掌握事故上报的注意事项。

情景导入

一辆液化天然气（LNG）运输车驶经某高速公路出口匝道附近时，发生侧翻，储罐内装有约23.3t LNG。情况十分危急，作为车辆的驾驶员，应该如何正确上报？

知识链接

LNG一旦发生大量泄漏就能迅速与空气混合达到爆炸极限。而LNG运输车（图15-1）常见事故类型可分为翻车、碰撞、剐蹭、追尾等4类。其中，翻车、碰撞和追尾事故占比较高，通常对罐体及其尾部阀门会直接造成严重破坏，致使泄漏。

图 15-1　LNG 储运罐

1 上报流程

驾驶员在遇到突发事故时，应做好以下事情。

（1）保持冷静的头脑。遇到突发状况首先要保持冷静，切勿惊慌。人只有在冷静的情况下，才能作出最科学合理的紧急应对措施。

（2）采取紧急应对措施。对不同的危险货物，根据情况采取不同的紧急措施。如危险气体、液体泄漏，在保证自身安全的情况下进行紧急封堵；如无法封堵，则立即撤离到安全地带，进行报警。

（3）拨打相应的紧急电话。事故发生后如无法采取紧急应对措施，则需要撤离到安全距离后进行紧急报警，拨打相应紧急电话：应急中心，122；消防，119；急救，120；环保，12369。

（4）保护现场，等待交管部门勘查。对现场的所有人员进行紧急疏散，避免无关人员进入现场。

2 上报事故时的注意事项

驾驶员在上报事故时，一定要将以下信息上报清楚。

（1）信息报告人姓名、联系方式、单位。

（2）发生事故的类型（如泄漏、燃烧、翻车、车辆损伤等）、部位，以及事故相关状况。

（3）事故发生时间、地点，如××公路××处，××行驶方向。

（4）车辆牌照××××××，荷载吨位××、车辆类型××、罐车罐体容积××，当前状况。

（5）装运危险液体罐车的总吨位，装运危险液体的质量，如泄漏点、泄漏量等当前状况。

（6）人员伤亡及危害情况。

（7）涉嫌交通肇事逃逸的，还应当报告肇事车辆的车型、颜色、特征及其逃逸方向、逃逸驾驶员的体貌特征等有关情况。

（8）周围环境情况（如建筑物性质、交通、人流、天气状况等）。

（9）事故影响范围。

（10）已采取或拟采取的应急处置措施。

除此之外，在上报时最好不要挂断电话，时刻向相关部门汇报事故的最新状况，方便其指定合理的事故处理方案，把损失降低到最小。

项目实施

1 实训模式和时间

建议一体化教学。训练时间2学时。

2 实训场地和材料准备

（1）在实训基地进行。

（2）教学用LNG运输罐车。

（3）通风良好的教学场地及投影仪、磁板等教具。

（4）拨打紧急电话用的手机等通信设备。

3 教学活动步骤

（1）实训导师模拟LNG储液罐发生泄漏后，驾驶员的处理过程。

（2）学生根据导师安排进行训练，并填写训练工单，如表15-1所示。

事故上报流程训练工单　　表 15-1

姓名：__________　学习小组：__________　导师：__________　测试结果：__________

事 故 情 况	事故上报内容及要求	训练测试记录
LNG 储液罐发生泄漏		
导师评语		

（3）导师对学生的学习活动进行讲评，并布置下个学习项目的预习任务。

（4）学生清理学习场地任务。

项目二　设定警示标志、设置警戒、疏散人员

学习目标

（1）了解常用的各种警示标志的含义。

（2）掌握各种警示标志、警戒的设定方法。

（3）掌握人员疏散的方式方法及注意事项。

情景导入

2011年7月4日上午11时26分许，龙岩武平消防大队接到报警，一辆满载汽油的罐车发生事故，因烈日暴晒，车体随时都有燃烧爆炸的可能。作为驾驶员，面对如此危急的情况，应该如何进行警示标志的设置、人员的疏散呢？

知识链接

1 警示标志与警戒区的设定

（1）事故发生后，驾驶员应根据危险货物泄漏的扩散情况或火焰辐射热所涉及范围

建立警戒区，如图15-2所示，并在通往事故现场的主要干道上实行交通管制。在事故现场划分警戒区、轻危区、重危区，设置警戒线；一般情况下重危区为50m、轻危区100m、警戒区为200m，对下风方向或泄漏量比较大时还要扩大警戒区。

图 15-2　警戒区的设立

（2）警戒区域的边界应设相应危险货物的警示标志并有专人警戒。除消防及应急处理人员外，其他人员禁止进入警戒区。泄漏溢出的化学品为易燃品时，区域内应严禁火种。

2 人员的疏散

（1）统一指挥，科学分工。事故发生后，配合并服从相关主管部门的指挥，迅速有序地将高速公路上的车辆与人员进行撤离，远离事故发生地。

（2）紧急疏散的注意事项。

①当事故物质有毒时，需要佩戴个体防护用品，并有相应的监护措施。

②应向上风方向转移，不要在低洼处滞留。

③要查清是否有人留在污染区与着火区。

④要有耐心和高度的责任心，面对不愿配合的群众，一定要做好耐心引导教育工作。

项目实施

1 实训模式和时间

建议一体化教学。训练时间3学时。

2 实训场地和材料准备

（1）在实训基地进行。

（2）教学用运输汽油的罐车。

（3）通风良好的教学场地及投影仪、磁板等教具。

（4）常见的危险化学品警示标志、警戒线、扩音器等。

3 教学活动步骤

（1）指导老师先简单讲解汽油泄漏的危险，模拟发生泄漏后，应急处理过程。

（2）指导老师将学生分成不同的小组，如车辆疏散组、车辆分流疏导组、周围群众疏散组、警戒组，每个小组三人，剩余的同学扮演被疏散的群众。

（3）学生根据每组不同的任务要求进行警戒区的设立、警告标示的摆放、人员的疏散。

（4）导师对学生的学习活动进行讲评，并布置下个学习项目的预习任务。

（5）学生清理学习场地任务。

项目三 空气呼吸器、防护服等常见防护装备的使用

学习目标

（1）掌握空气呼吸器的使用方法。
（2）掌握防护服的使用方法。

情景导入

一辆满载硝基苯的危险货物运输车辆由于夏天温度过高，在行驶过程中前轮突然爆胎，导致车辆侧翻，硝基苯运输罐产生泄漏，情势十分严重，现场指挥人员要求靠近的人员要立即穿戴好呼吸器与防护服进行撤离，如何正确使用空气呼吸器与防护服呢？

知识链接

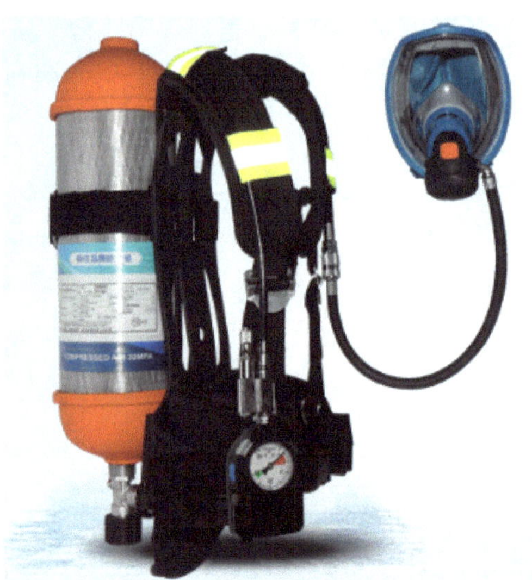

图 15-3　空气呼吸器

1 空气呼吸器

1 空气呼吸器简介

空气呼吸器（图15-3）又称储气式防毒面具，有时也称为消防面具。具体可分为正压式与负压式，一般常用的是正压式，它以压缩气体钢瓶为气源，但钢瓶中盛装气体为压

缩空气。

空气呼吸器广泛应用于消防、化工、船舶、石油、冶炼、仓库、试验室、矿山等部门，供消防员或抢险救护人员在浓烟、毒气、蒸气或缺氧等各种环境下安全有效地进行灭火，抢险救灾和救护工作。

2 空气呼吸器的组成

空气呼吸器主要由供气阀组件、减压器组件、压力显示组件、背架组件、面罩组件、气瓶和瓶阀组件、高压及中压软管组件等组成，具体结构如图15-4所示。

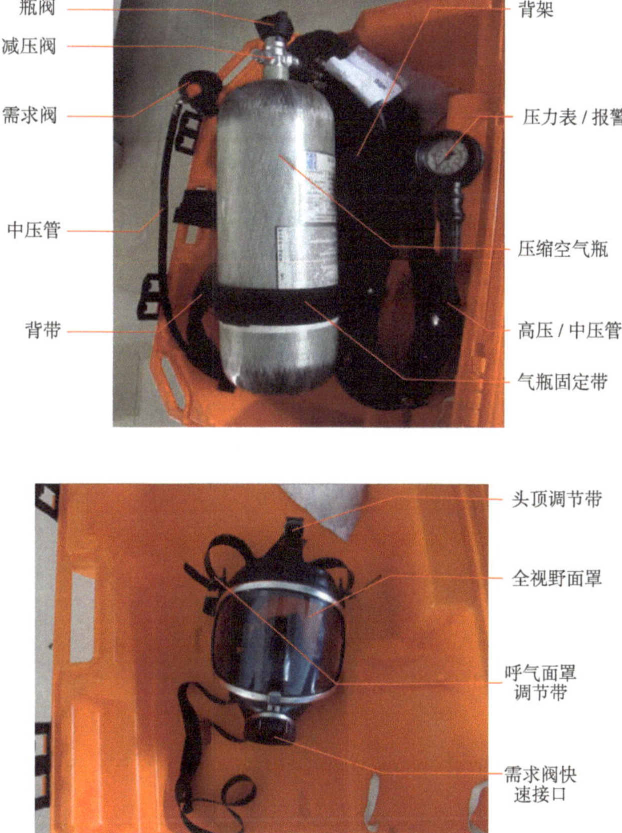

图 15-4　空气呼吸器的结构

3 空气呼吸器的使用

空气呼吸器的正确使用步骤如下。

第一步：打开箱子，检查组件的完整性，如图15-5所示。

第二步：背上设备，拉好肩带和腰带，如图15-6所示。

第三步：将供气阀接口和气瓶连接口连接，如图15-7所示。

第四步：关闭供气阀开关，打开气瓶阀门10s左右，迅速关闭气瓶阀门，然后打开供气阀开关，会听到短暂的报警声，说明报警哨功能正常，如图15-8所示。

图 15-5　检查组件的完整性

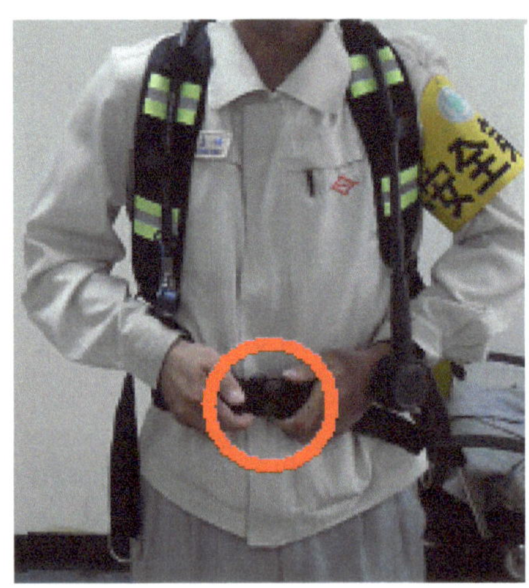

图 15-6　背上设备，拉好肩带和腰带

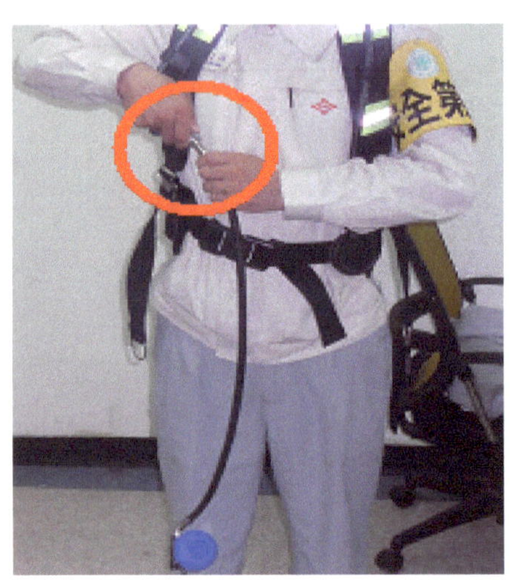

图 15-7　连接气瓶

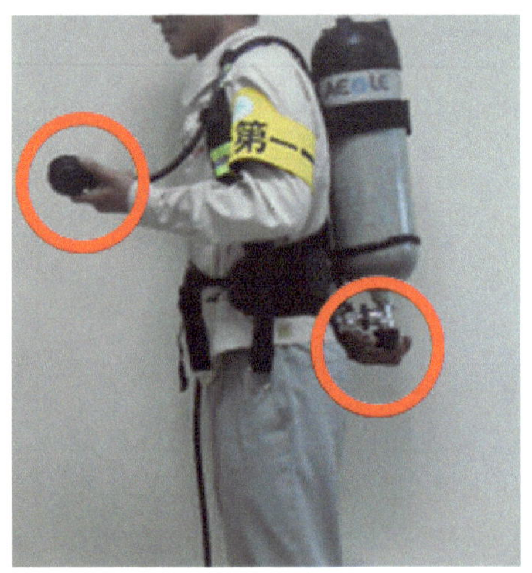

图 15-8　检验警哨功能好坏

第五步：带好面罩，用手掌抵住面罩接口，检查面罩的气密性，感觉呼吸不畅，说明面罩的气密性好，如图15-9所示。

第六步：关闭供气阀开关，打开气瓶阀门，将供气阀和面罩相连，均匀呼吸即可使用，如图15-10所示。

第七步：使用完毕后，将供气阀接口和面罩分离，关闭气瓶阀门，如图15-11所示。

第八步：从头上取下面罩，如图15-12所示。

第九步：将供气阀接口与气瓶接口分离，如图15-13所示。

第十步：松开腰带，卸下设备，如图15-14所示。

第十一步：将设备装入箱中，盖好箱盖，放入指定位置，如图15-15所示。

图 15-9　检查面罩的气密性

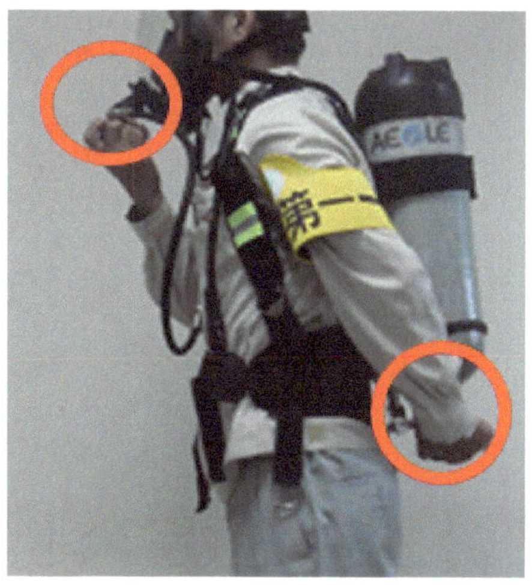

图 15-10　将供气阀和面罩相连

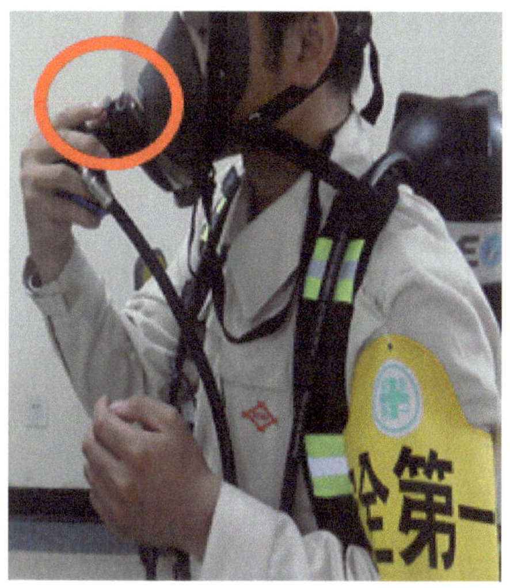

图 15-11　将供气阀接口和面罩分离

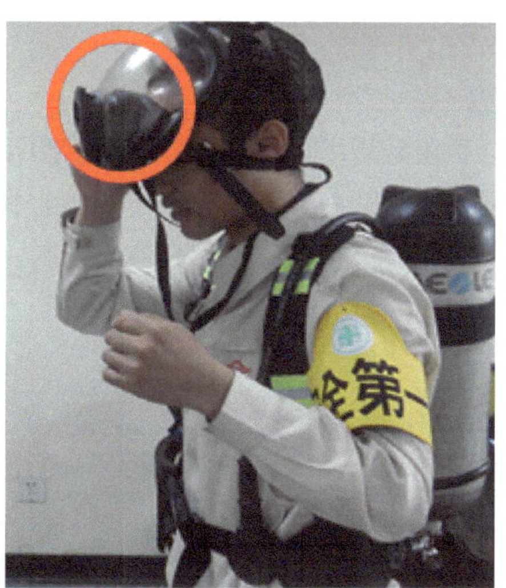

图 15-12　从头上取下面罩

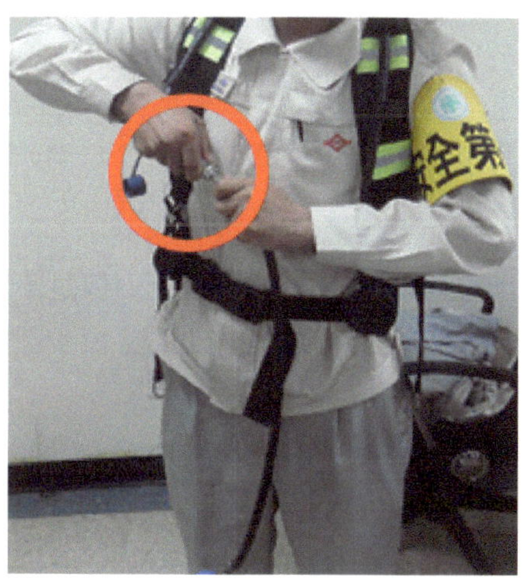

图 15-13　断开气瓶接口

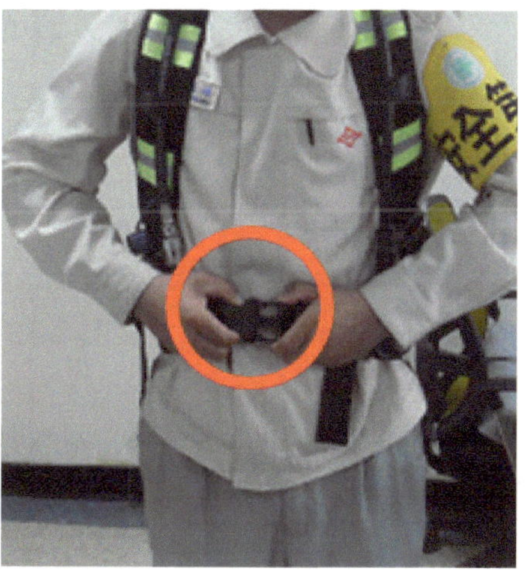

图 15-14　松开腰带，卸下设备

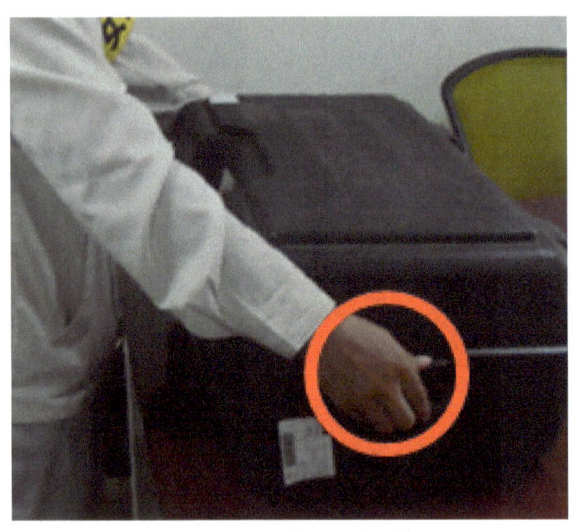

图 15-15 回收整理呼吸器

② 防护服

1 防护服简介

防护服是指用于保护职工免受劳动环境中的物理、化学因素的伤害的衣服。

防护服分为特殊防护服和一般作业服两类。特殊防护服有防化服、隔热服、防辐射服，如图15-16所示。一般作业服有厂服、棉服，如图15-17所示。

防化服

隔热服

防辐射服

图 15-16 特殊防护服

图 15-17 一般作业服

2 防护服的使用

防护服分为A、B、C、D四个级别，其防护类型和应用场合有所区别，但是不同级别的防护服穿戴要求相差不大，级别越高的要求越严，下面以A级防护服的穿戴步骤为例，讲解其穿戴要求。

第一步：B员先协助A员先穿上左脚防护服，如图15-18所示。

第二步：B员再协助A员穿上右脚防护服，如图15-19所示。

第三步：B员将背上空气呼吸器抬起，协助A员背上，如图15-20所示。

第四步：调整空气呼吸器肩带长度至适合位置，如图15-21所示。

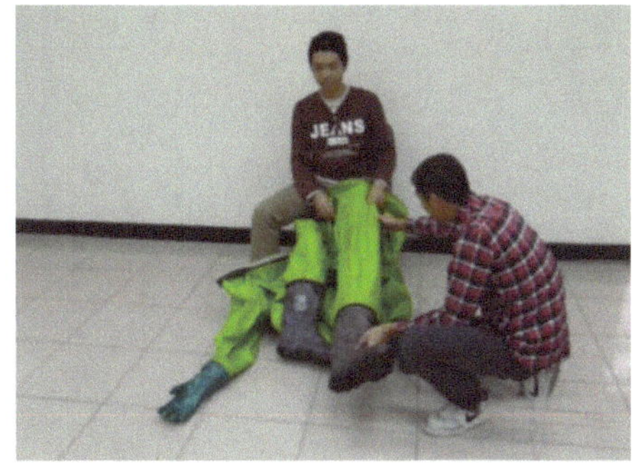

图 15-18　穿左脚

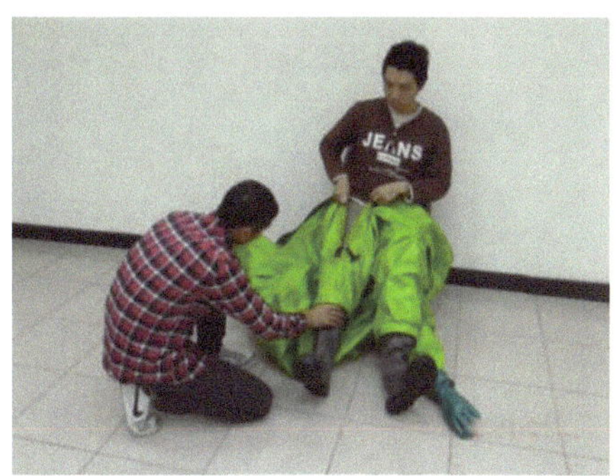

图 15-19　穿右脚

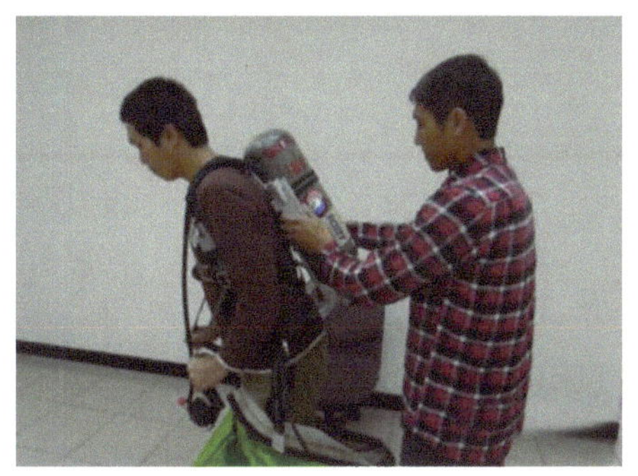

图 15-20　穿上空气呼吸器

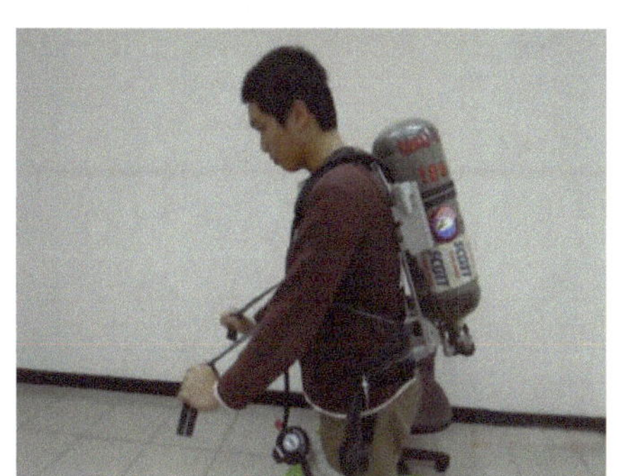

图 15-21　调整肩带长度

第五步：将腰带扣环扣上，如图15-22所示。

第六步：将腰带向内拉，调整腰带长度至适合位置，如图15-23所示。

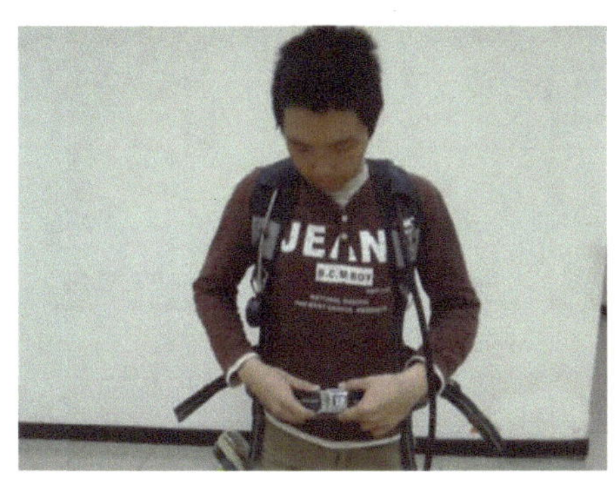

图 15-22　扣上腰带环

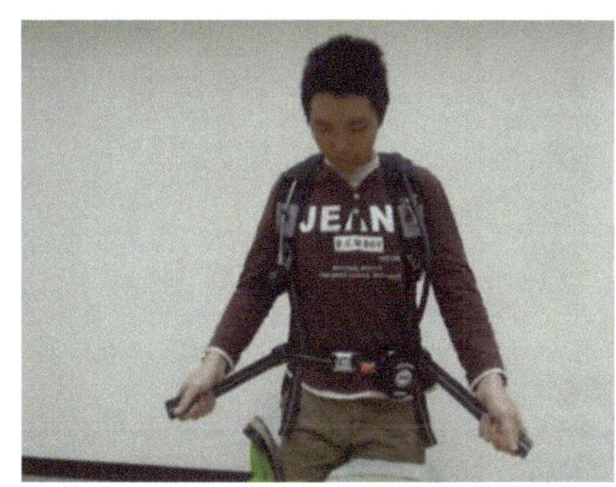

图 15-23　调整腰带长度

第七步：将气瓶打开，如图15-24所示。

第八步：B员将防护衣向上拉挂在气瓶上，避免与地面摩擦造成损坏，如图15-25所示。

第九步：将面罩戴上，如图15-26所示。

第十步：进行面罩气密测试，如图15-27所示。

第十一步：B员协助A员戴上安全帽，如图15-28所示。

第十二步：B员先协助A员穿上左手防护服，如图15-29所示。

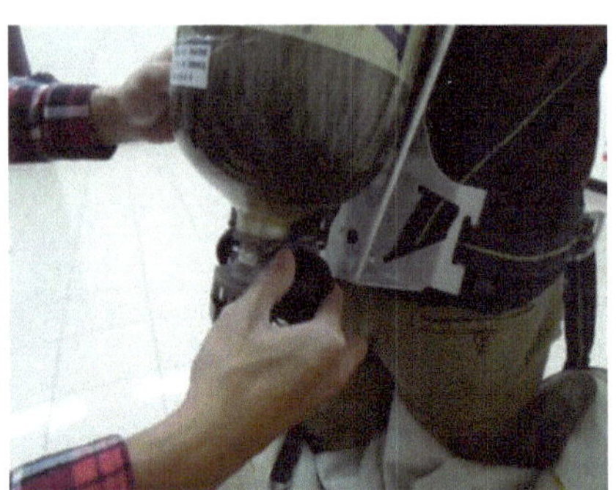
图 15-24 打开气瓶

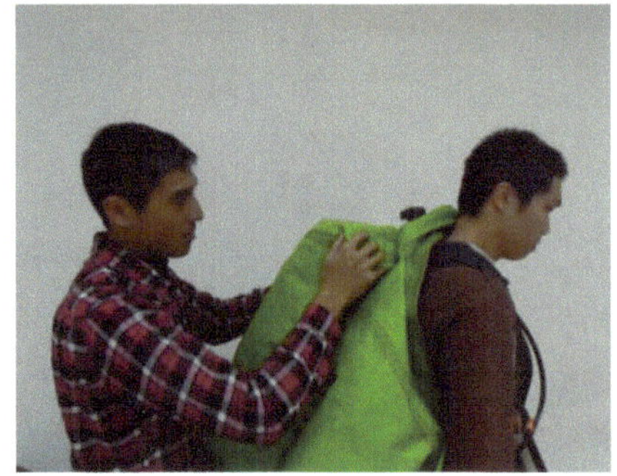
图 15-25 将防护衣向上拉挂在气瓶上

图 15-26 带上面罩

图 15-27 进行面罩气密测试

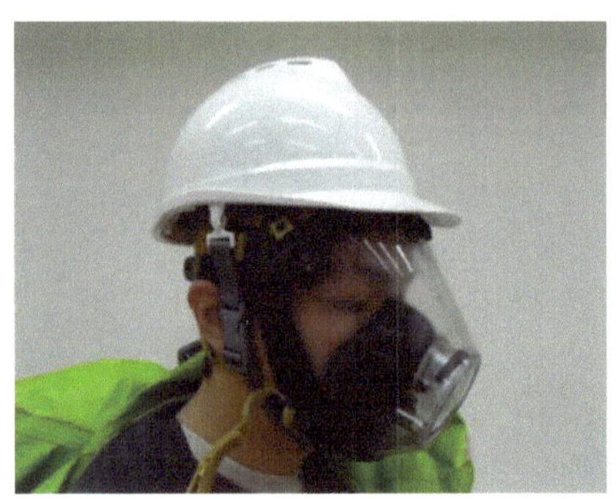
图 15-28 带上安全帽

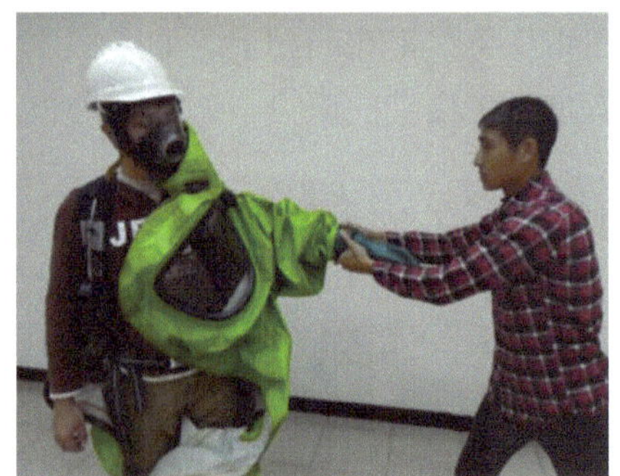
图 15-29 进行左手防护服的穿戴

第十三步：B员协助A员穿上右手防护服，如图15-30所示。

第十四步：B员确认气瓶压力，如图15-31所示。

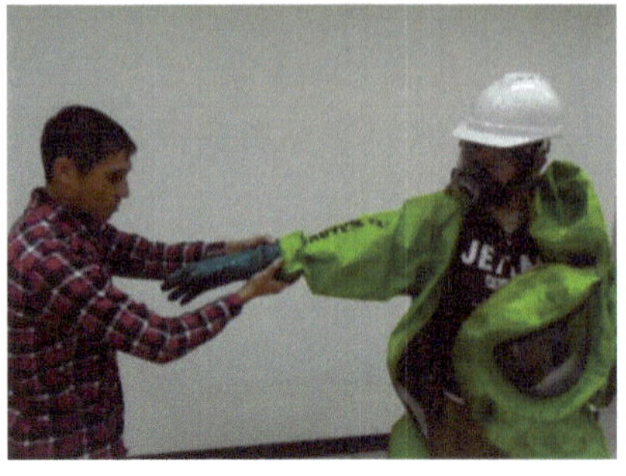
图 15-30 进行右手防护服的穿戴

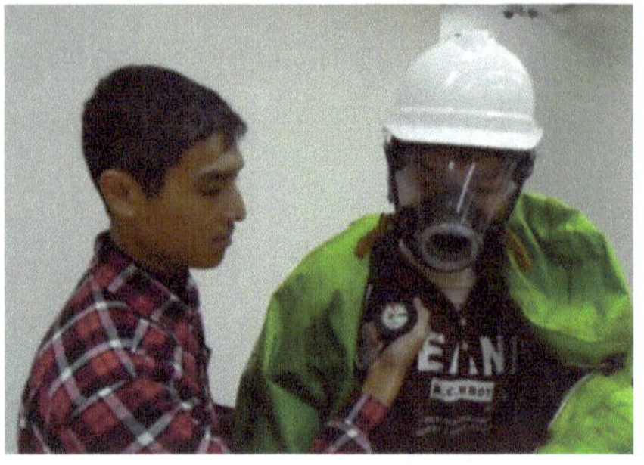
图 15-31 进行气瓶压力检查

第十五步：B员将供气阀装上且确认跳脱可正常供气，如图15-32所示。

第十六步：B员以约20cm分段将气密拉链拉上，如图15-33所示。

图 15-32　打开供气阀，测试好坏

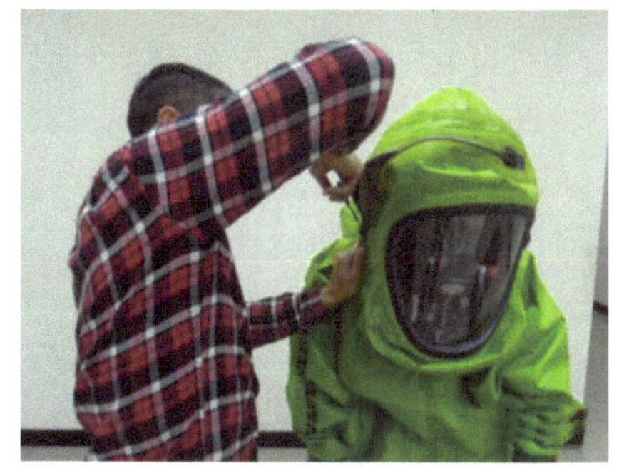

图 15-33　拉上气密拉链

第十七步：B员将防护衣裤皱褶处拉整平顺，如图15-34所示。

第十八步：完成穿着（正面），如图15-35所示。

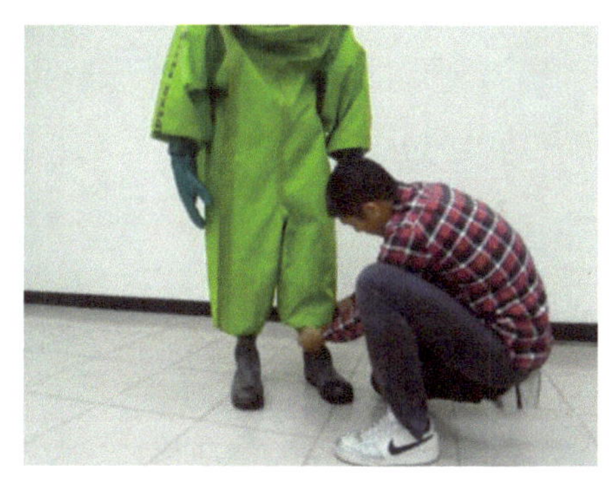

图 15-34　整理衣裤皱褶

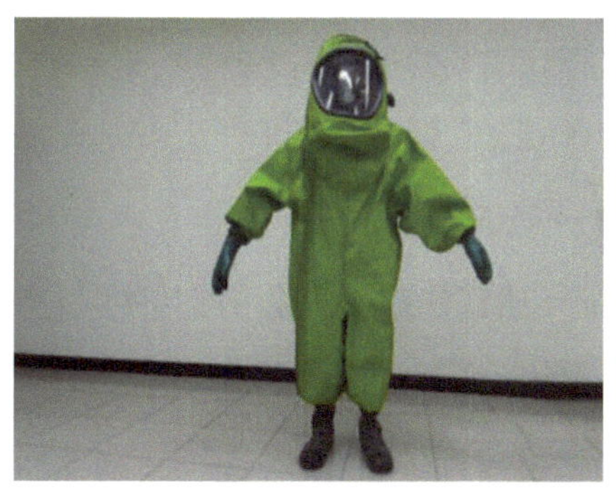

图 15-35　穿戴完成，正面展示

3 其他常见防护用品

1 安全帽

使用要求如下。

（1）帽内缓冲衬垫的带子要结实，人的头顶与帽内顶部的间隔不能小于32mm（图15-36）。

（2）不能把安全帽当座垫用，以防变形，而降低防护作用。

（3）发现帽子有龟裂、下凹和磨损等情况，要立即更换。

图 15-36　安全帽

2 安全鞋

安全鞋是安全类鞋和防护类鞋的统称，一般指在不同工作场合穿用的具有保护脚部及腿部免受可预见伤害的鞋类（图15-37）。一般要求其具有包头抗冲击性能、抗刺穿性能、防静电性能、隔热性能、防滑性能、耐酸碱功能等。

3 防护手套

防护手套的种类繁多，除抗化学物类外，还有防切割、电绝缘、防水、防寒、防热辐射、耐火阻燃等功能。需要说明的是，一般的防酸碱手套与抗化学物的防护手套并非等同，由于许多化学物相对手套材质具有不同的渗透能力，所以需要时应选择具有防各类化学物渗透的防护手套，如图15-38所示。

图 15-37　安全鞋

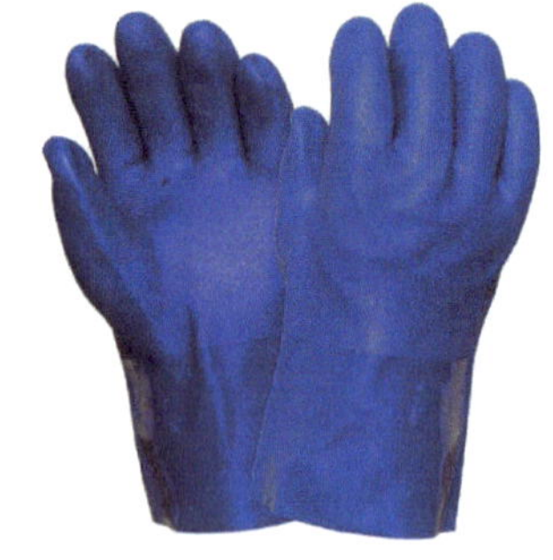

图 15-38　防护手套

项目实施

1 实训模式和时间

建议一体化教学。训练时间10学时。

2 实训场地和材料准备

（1）本项目教学在实训基地进行。

（2）空气呼吸器、A级防护服、安全帽、防护手套等。

（3）通风良好的教学场地及投影仪、磁板等教具。

3 教学活动步骤

（1）导师先简单讲解空气呼吸器、A级防护服、安全帽、防护手套的使用方法。

（2）导师将学生分成不同的小组，进行不同防护用具的使用练习。

（3）由导师根据训练工单（表15-2）进行讲解，并进行示范操作。

空气呼吸器、防护服等常见防护装备的使用训练工单　　表 15-2

姓名：__________　学习小组：__________　导师：__________　测试结果：__________

项　目	使用步骤	训练测试记录
空气呼吸器的使用		
A 级防护服的使用		
导师评语		

（4）导师对学生的学习活动进行讲评，并布置下个学习项目的预习任务。

（5）学生清理学习场地。

项目四　消防器材的选择和使用

学习目标

（1）了解消防器材的常见类型。

（2）掌握灭火器的使用方法。

情景导入

2018年11月23日凌晨，在浙江温州某高速公路隧道内，一辆满载碎布料的半挂车轮胎突然起火。由于车上载满易燃物，同时在穿堂风的影响下，火势迅速蔓延。接到驾驶员报警后，在附近进行巡逻的交警迅速赶往现场，与过路群众一起采用灭火器及时进行灭火，才及时阻止了事态的进一步发展，那么灭火器应该如何正确使用呢？

知识链接

1 火灾的类型

1 常见火灾的类型

依据《火灾分类》（GB/T 4968—2008），火灾根据可燃物的类型和燃烧特性，分为A、B、C、D、E、F六大类。

A类火灾：指固体物质火灾。固体物质通常具有有机物质性质，一般在燃烧时能产生灼热的余烬。如木材、干草、煤炭、棉、毛、麻、纸张、塑料（燃烧后有灰烬）等火灾。

B类火灾：指液体或可熔化的固体物质火灾。如煤油、柴油、原油、甲醇、乙醇、沥青、石蜡等火灾。

C类火灾：指气体火灾。如煤气、天然气、甲烷、乙烷、丙烷、氢气等火灾。

D类火灾：指金属火灾。如钾、钠、镁、钛、锆、锂、铝镁合金等火灾。

E类火灾：指带电火灾。物体带电燃烧的火灾。

F类火灾：指烹饪器具内的烹饪物（如动植物油脂）火灾。

2 灭火的基本方法

冷却法：降低燃烧物的温度，使温度低于燃点，使燃烧过程停止。

窒息法：减少燃烧区域的氧气量。如用不燃的石棉被、麻袋等覆盖在燃烧物上；如：向燃烧物上喷射氮气或二氧化碳等气体以冲淡空气，使火焰熄灭。

隔离法：使燃烧物和未燃烧物隔离，限制燃烧范围。

抑制法：使灭火剂参与到燃烧反应过程中去，中断燃烧的连锁反应。

3 灭火器的型号

国家标准规定，灭火器型号应以汉语拼音大写字母和阿拉伯数字标于筒体，如“MY2”等。其中第一个字母M代表灭火器，第二个字母代表灭火剂类型。F是干粉灭火剂；FL是磷铵干粉灭火剂；T是二氧化碳灭火剂；Y是卤代烷灭火剂；P是泡沫灭火剂；SQ是清水灭火剂。后面的阿拉伯数字代表灭火剂容积或质量，一般单位为L/kg。

2 常见灭火器的类型

1 泡沫灭火器

使用时将灭火器倒置，使两种溶液很快混合发生化学反应，产生二氧化碳泡沫，在一定的压力下，将泡沫喷出，覆盖在燃烧物表面上，即可降低燃烧物的温度，又隔绝空气，从而达到灭火效果（属物理灭火），主要应用于B类与C类的火灾。

泡沫灭火器的使用方法分六步。

第一步：从墙上取下灭火器。

第二步：用右手提着灭火器到火灾现场。

第三步：右手按住上部，左手托着下部，把灭火器倒置。

第四步：把灭火器颠倒过来呈垂直状态。

第五步：把喷嘴朝向燃烧区，站在离火源8m的地方喷射，并不断前进，直至把火焰扑灭。

第六步：灭火后，把灭火器卧放在地上，喷嘴朝下。

2 二氧化碳灭火器

二氧化碳是一种无气味的气体，以液体状态罐入灭火器钢瓶内。二氧化碳灭火器的作用是冷却燃烧物质，冲稀空气中的氧含量，从而阻止燃烧。

二氧化碳灭火器主要适用于以下情况的灭火：

（1）适宜扑灭电子设备以及600V以下的低压电气设备。如：精密仪器等。

（2）用于扑救重要文件、图书档案、工艺器等的初起火灾。

（3）适用于各种易燃、可燃液体、可燃气体火灾。

二氧化碳灭火器的使用步骤如下。

第一步：用右手握住压把。

第二步：用右手提着灭火器到火灾现场。

第三步：找到灭火器插销。

第四步：拔掉灭火器的插销。

第五步：站在距火源2m的地方，左手拿着喇叭筒，右手用力压下压把。

第六步：对着火焰根部喷射，并不断推前，直至把火焰扑灭。

3 干粉灭火器

干粉灭火器是利用二氧化碳或氮气作动力，将干粉喷出，覆盖在燃烧的物体上，形成阻碍燃烧的隔离层。粉末受热会分解出不燃气体，可以降低燃烧区域中的氧含量。干粉有中断燃烧连锁反应的作用，可高效快速灭火。

干粉灭火器主要适应于以下情况：

（1）干粉无毒性，无腐蚀作用，不导电，可用于扑救电气设备的初起火灾。

（2）对易燃、可燃液体和可燃气体的火灾效果好，一般7~8s即可将火扑灭。

干粉灭火器的使用步骤如下。

第一步：上下颠倒摇晃使干粉松动。

第二步：拔掉铅封。

第三步：拉出保险销。

第四步：保持安全距离（距离火源2~3m），左手扶喷管，喷嘴对准火焰根部，右手用力压下压把。

注意要经常检查灭火器压力阀，指针应指在绿色区域，红色区域代表压力不足，黄色代表压力过高。

4 消防栓使用方法

消防栓是安装在消防给水管网上的，主要供消防队灭火使用。分地上、地下两种。地上消防栓适于气温较高的地方，其供水接口装在高于路面的垂直筒体上。地下消防栓和地下消防栓构造大致相似，主要由弯管、阀体、阀座、阀瓣、排水阀、法兰接管、阀杆、本体、接口和帽盖等部件组成。

1）地上消防栓的使用步骤

第一步：打开消防栓。

第二步：取出消防水带，向着火源点延伸展开。

第三步：接上水枪。

第四步：连接水源。

第五步：手握水枪头及水管，打开水阀门，即可灭火。

2）地下消防栓的使用步骤

第一步：用扳手打开地下消防栓的水袋口连接开关。

第二步：将消防水袋进行连接。

第三步：用扳手打开地下消防栓的出水阀门开关。

第四步：接连水袋口及出水枪头。

第五步：至少两人以上手拿喷水枪头，向火源喷水直到火灭熄为止。

3 不同危险货物火灾的处理方法

1 爆炸品

通常有效的灭火方法是用水冷却，但不能采取窒息法或隔离法。禁止使用砂土覆盖燃烧的爆炸品，否则，会导致由燃烧转化为爆炸。对有毒性的爆炸品，灭火人员应戴防毒面具。

2 气体

运输中遇有火情应迅速扑救：将未着火的气瓶迅速移至安全处；对已着火的气瓶应使用大量雾状水喷洒在气瓶上，使其降温冷却；火势尚未扩大时，可用二氧化碳、干粉、泡沫等灭火器进行扑救。

3 易燃液体

大部分易燃液体的密度小于水，且不溶于水，一旦发生火灾，用水扑救时因水会沉在燃烧的液体下面，并能形成喷溅、漂流状况而扩大火灾；另外，易燃液体燃烧时所产生的热量较大，而其燃点又较低，很难使温度降低到其燃点以下。因此，消灭易燃液体火灾的最有效方法，是采用泡沫、二氧化碳干粉等扑救。

4 易燃固体、易于自燃的物质、遇水放出易燃气体的物质

由于本类物品性质各异，因此，采取灭火的手段有所区别。

1）易燃固体

根据易燃固体的不同性质，可用水、砂土、泡沫、二氧化碳、干粉灭火剂来灭火，但必须注意以下方面：

（1）遇水反应的易燃固体不得用水扑救。如铝粉、钛粉等金属粉末能与水发生剧烈反应产生可燃气体。因此，应用干燥的砂土、干粉灭火器进行扑救。

（2）有爆炸危险的易燃固体禁用砂土压盖，如具有爆炸危险性的硝基化合物。

（3）遇水或酸产生剧毒气体的易燃固体，严禁用硝碱、泡沫灭火剂。如磷的化合物和硝基化合物（包括硝化棉、赛璐珞）、氮化合物、硫磺等，燃烧时产生有毒和刺激性气体扑救时必须注意带好防毒面具。

（4）火场中抢救出来的赤磷要谨慎处理。因为赤磷在高温下会转化为黄磷变成自燃物品同时在扑救时，赤磷被水淋过受潮后，也会缓慢引起自燃。

2）易于自燃的物质

（1）此类物品灭火时，一般可用干粉、砂土（干燥时有爆炸危险的自燃物品除外）和二氧化碳灭火剂灭火。与水能发生反应的物品如三乙基铝、铝铁溶剂等禁用水扑救。

（2）对黄磷火灾现场需谨慎处理，黄磷被水扑灭后只是暂时熄灭，残留黄磷待水分挥发后又会自燃，所以现场应有专人密切观察。同时要注意，黄磷燃烧时会产生剧毒的五氧化二磷等气体，扑救时应穿戴防护服和防毒面具。

3）遇水放出易燃气体的物质

（1）此类物品发生火灾时，应迅速将邻近未燃物品从火场撤离或与燃烧物进行有效隔离用干砂、干粉进行扑救，并注意以下物品在灭火时绝不能用水扑救：活泼金属及其他与水接触放出氢气的；遇水产生碳氢化合物（气体）的；遇水产生有毒或腐蚀性气体的；相对密度小于水的。

（2）遇水反应产生易燃或有毒气体的，还不得使用泡沫灭火剂扑救。

（3）与酸或氧化剂等反应物质，还禁用酸碱灭火剂和泡沫灭火剂扑救。

（4）活泼金属还禁用二氧化碳灭火器进行扑救。因为钾、钠等具有极强的还原性甚至能夺取二氧化碳中的氧，所以二氧化碳不但起不了灭火作用，反而会助长火势，因此应用苏打、食盐、氮或石墨粉来扑救。锂的火灾不能用食盐和氮扑救，而只能用石墨粉扑救。

（5）碳化物、磷化物遇水反应能产生剧毒、腐蚀性气体。灭火扑救时应穿戴防护用品和隔离式呼吸器。

5 氧化性物质和有机过氧化物

（1）发生火灾时，对有机过氧化物、金属过氧化物不能用水扑救，因为这类物品与水反应能生成氧气而帮助燃烧，会扩大火势，只能用砂土、干粉、二氧化碳灭火剂进行扑救泡沫灭火器中的药剂是水溶液，故禁止使用泡沫灭火器扑救有机过氧化物和金属过氧化物。

（2）绝大部分氧化剂都可以用水扑救，粉状物品应用雾状水扑救。

（3）在扑救时，要配备适当的防毒面具，以防中毒。在没有防毒面具的情况下，可将一般口罩用5%的碳酸氢钠溶液浸泡后使用，因其有效防毒时间短，必须随时更换。

6 毒性物质和感染性物质

（1）无机毒性物质中的氮化镁，遇水后能和水中的氢生成有毒和有腐蚀性的氨。因此，此类物品着火时，不能用水扑救，应用砂土、干粉扑救。

（2）毒性物质中的氰化物遇酸性物质能生成剧毒气体氢化氰，这类物品发生火灾时不得用酸碱灭火器扑救，可用水及砂土扑救。

（3）大部分毒性物质在着火、受热或与水、酸接触时，能产生有毒和刺激性气体及烟雾灭火人员必须根据毒害品的性质采用相应的灭火方法。在扑救火灾时，尽可能站在上风方向，并戴好防毒面具。

7 腐蚀性物质

腐蚀性物质着火时的灭火方法可概括为：大量用水、谨慎用水。无机腐蚀品发生着火或有机腐蚀性物质直接燃烧时，除具有与水反应特性的物品外，一般可用大量的水扑救。即使有些腐蚀性物质会与水反应，但这些物品量较少，而大量的水迅速扑上足以抑制热反应时，也应用大量的水扑救。但用水时应谨慎，宜用雾状水，不能用高压水柱直接喷射物品，尤其是酸液，以免飞溅的水珠带上腐蚀品灼伤灭火人员，同时，要控制水的流向，以免带腐蚀性的水流破坏环境。

不少腐蚀性物质燃烧时，会产生有毒气体和烟雾，用水扑救时，产生的蒸气也可能有毒性和腐蚀性。因此，扑救时应穿防护服，戴防毒面具，且人应站在上风处。

与水会发生剧烈反应的大量腐蚀性物质发生着火时，用大量的水若不能抑制时，液体腐蚀性物质应用干砂或干土覆盖或用干粉灭火机扑救。

1 实训模式和时间

建议一体化教学。训练时间10学时。

2 实训场地和材料准备

（1）在实训基地进行。

（2）泡沫灭火器、二氧化碳灭火器、干粉灭火器、地上消防器材等。

（3）通风良好的教学场地及投影仪、磁板等教具。

3 教学活动步骤

（1）指导老师先简单讲解泡沫灭火器、二氧化碳灭火器、干粉灭火器、地上消防器材的使用用法。

（2）指导老师将学生分成不同的小组，进行不同消防器材的使用练习。

（3）由导师根据训练工单（表15-3）进行讲解，并进行示范操作。

消防器材的选择和使用训练工单 表 15-3

姓名：__________ 学习小组：__________ 导师：__________ 测试结果：__________

项　目	使用步骤	训练测试记录
泡沫灭火器的使用步骤		
二氧化碳灭火器的使用步骤		
干粉灭火器的使用步骤		
地上消防栓的使用方法		
地下消防栓的使用方法		
导师评语		

（4）导师对学生的学习活动进行讲评，并布置下个学习项目的预习任务。

（5）学生清理学习场地。

项目五　突发事件现场初期应急处置

学习目标

（1）了解突发事件的类型。
（2）掌握不同突发事件现场初期的应急处置方法。

情景导入

2015年10月19日凌晨，在山东某服务区内，一辆满载LNG的运输车，由于密封阀门的密封圈老化，导致LNG泄漏，当时服务区人流量较大，驾驶员发现泄漏后，第一时间应该如何应对？

知识链接

1 突发事件的类型

常见突发事件有各类危险货物的泄漏、起火燃烧或爆炸等。

2 不同突发情况的应急处理方式

1 爆炸品

对爆炸物品泄漏物，应及时用水湿润，再撒以锯末或棉絮等松软物品收集后并保持相当湿度，报请公安部门或消防人员处理，绝对不允许将收集的泄漏物重新装入原包装内。

2 气体

运输中发现气瓶漏气时，特别是有毒气体，应迅速将气瓶移至安全处，并根据气体性质做好相应的人身防护，人站在上风处，将阀门旋紧，旋紧阀门后，应立即疏散周围人群，设立危险区域警戒线并报警处理。如遇LNG运输车气体泄漏，驾驶员应在做好自身防护措施情况下，将紧急阀门进行关闭。

大部分有毒气体能溶解于水，紧急情况时，可用浸过清水的毛巾捂住口鼻进行操作，若不能制止时，可将气瓶推入水中，并及时通知相关管理部门处理。

3 易燃液体

易燃液体一旦发生泄漏时，应及时以砂土或松软材料覆盖吸附后，集中至空旷安全地方处理。覆盖时，特别要注意防止液体流入下水道、河道等地方，以防污染环境。更主要的是，如果易燃液体浮在下水道或河流的水面上，其火灾隐情也很严重。

在销毁收集物时，应充分注意燃烧时所产生的有毒气体对人体的危害，必要时应戴好防毒面具。

4 易燃固体、易于自燃的物质、遇水放出易燃气体的物质

本类货物泄漏时，可以收集起来另行包装。收集的残留物不能任意排放、抛弃。对与水反应的泄漏物处理时不能用水，但清扫后的现场可以用大量水冲刷清洗。

还应注意，对注有稳定剂的物品，残留物收集后重新包装，也应注入相应的稳定剂。

5 氧化性物质和有机过氧化物

在装卸过程中，由于包装不良或操作不当，造成氧化性物质泄漏时，应轻轻扫起，另行包装。这些从地上扫起重新包装的氧化性物质，因接触过空气或混有可燃物等杂质，为防止发生化学变化，不得同车发运，须留在泄漏地适当地方，包括对泄漏的少量氧化性物质或残留物均应清扫干净，另行处理。

6 毒性物质和感染性物质

对毒性物质的泄漏物应视其具体情况进行处理，如固体货物，通常扫集后装入其他容器中交付货主单位处理；液体货物应以砂土、锯末等松软物浸润，吸附后扫集，盛入容器中交付货主单位处理；对毒性物质的泄漏物不能任意乱丢或排放，以免扩大污染甚至造成不可估量的危害。

7 腐蚀性物质

（1）腐蚀性物质泄漏时，液体腐蚀性物质应用干砂、干土覆盖吸收；扫干净后，再用水洗刷。大量溢出而用干砂、干土不足以吸收时，可视货物的酸碱性质，分别用稀碱或稀酸中和，中和时，要防止发生剧烈反应。用水洗刷泄漏现场时，不能用水直接喷射，只能缓慢地浇洗或用雾状水喷淋，以防水珠飞溅伤人。

（2）溴污染。溴为棕红色发烟液体。沸点为55.8℃，遇水极易挥发，蒸气有毒。污染时，污染处撒上硫代替硫酸钠溶液，使溴生成溴化钠，最后可用大量水冲洗。在污染处理作业时，要注意防火，因溴与有机物混合，可能引起燃烧。

项目实施

1 实训模式和时间

建议一体化教学。训练时间10学时。

2 实训场地和材料准备

（1）在实训基地进行。

（2）爆炸品——鞭炮火药粉、LNG储液罐、易燃液体——柴油或汽油。

（3）锯末或棉絮、防冻服与防冻手套、砂土、灭火器等。

（4）通风良好的教学场地及投影仪、磁板等教具。

3 教学活动步骤

（1）指导老师先简单讲解不同危险货物紧急情况的初期应对方案。

（2）指导老师将学生分成不同的小组，进行不同突发情况的应对练习。

（3）由导师根据训练工单（表15-4）进行讲解，并进行示范操作。

突发事件现场初期应急处置训练工单　　表 15-4

姓名：__________ 学习小组：__________ 导师：__________ 测试结果：__________

项　　目	初期应急措施要点	训练测试记录
爆炸品泄漏		
LNG 储存罐泄漏		
易燃液体泄漏		
导师评语		

（4）导师对学生的学习活动进行讲评，并布置下个学习项目的预习任务。

（5）学生清理学习场地。

附录一

危险货物运输合同范本

发包方：________________，以下简称甲方

承包方：________________，以下简称乙方

根据业务发展需要，甲方拟在___________地区设立分支机构（以下简称分理处）并交由乙方承包经营，本着自愿、平等、互惠互利的原则，经双方协商一致达成如下协议：

一、承包经营授权范围

1.甲方授权乙方在_________区（包含_________区各乡镇，市区除外）开展危险货物运输业务洽谈工作。

2.甲方授权乙方在_________区（包含_________区各乡镇，市区除外）开展危险货物运输业务。

3.甲方授权乙方使用甲方的标志标识。

4.分理处承包利润分配方式采取保证基数，确保上交，超收多留，欠收自补的原则。

二、优惠条款

1.甲方批准给乙方_________元每月的专业物流交易网会员资格（在甲方与物流交易网合作期内）。

2.乙方分理处一年内完成业务量达成__________万以上并且安全无事故或纠纷的，甲方在乙方的上交管理费中提取20%作为对乙方的奖励。

三、甲乙双方的权利和义务

1.甲方为乙方提供公司宣传资料。

2.甲方有义务为乙方在分理处的前期业务开展进行全面的指导并给以大力的支持。

3.乙方积极宣传推广甲方分理处业务，维护甲方的企业形象和服务品质。

4.乙方必须服从甲方的管理，遵守甲方的各项规章制度，业务接洽时必须以甲方分理处员工身份来进行交流。

5.在乙方接到长期运输业务或批量的运输业务后，由乙方起草合同，甲方给予审核，签订合同时加盖甲方合同章。具体的运输由乙方实施，责任亦由乙方承担。

6.分理处招员工时必须经过甲方审核同意后方可任用。

7.合同期内分理处的各项支出费用均由乙方承担。

8.乙方为经营者也是________分理处的负责人。

9.乙方有权根据企业的经营管理需要设置分理处的内部机构。

10.乙方有权按规定任免分理处中层干部。

11.乙方有权决定企业工人工资的分配方式。

12.乙方不得私自承接零散业务或单次运输业务，乙方所承接的业务必须以甲方分理处名义。

13.所有承运乙方业务的危险货物车辆，必须经过甲方审核并与其签定承运合同和责任状，同时按照甲方规定办理各种保险。乙方不得私自寻找车源，由此造成的后果全部由乙方承担。

14.分理处办公场地的先期开办费用。人员工资及水电费等一切费用由乙方承担。

四、资金结算方式

1.甲方依据运输合同和派车单与乙方结算。

2.乙方按照运费总额的7%上交利润给甲方。

3.结算时间按月计算，每月的3号前结清上月费用。

五、违约责任

1.甲方必须全力支持乙方的合法工作，全力协调所需危险货物车辆，如因甲方故意行为有损乙方利益的，甲方承担赔偿责任。

2.甲方在接到乙方业务报审申请时，必须在一周内作出审核意见，如因甲故意拖延造成的损失由甲方承担责任。

3.客户运费采取汇至甲方账户的，甲方必须按时按标准支付给乙方，不得无故截留或挪用，否则，甲方承担10%赔偿。

4.如乙方私自承接单次运输业务，甲方有权追究乙方责任，并要求乙方给予本次运输费用的10倍赔偿。

5.乙方不得擅自超出授权范围开展业务，确因特殊情况的，乙方可在征得甲方许可的情况下方可开展。否则，乙方承担预接洽业务总额的5%的罚款。

6.乙方必须加强人员及车辆的管理，确保安全规范操作，因违法违规造成的一切责任均由乙方承担。

7.乙方第一年的业务基数为________万元，如未完成，上交部分由乙方补足，如连续两年无法完成的当年基数的，甲有权利单方面终止本协议。

8.乙方必须对甲的各种资料及数据保密，否则甲方有权追偿乙主的损失。

9.在合同期内乙方不得或变相以分理处员工以外的身份承接业务，本协议因任何原因未能履行到合同约定期限而终止后，乙方在三年内不得从事与甲方业务同样或类似的经营活动。

10.在协议执行期间，如果双方或一方认为需要终止，应提前一个月通知对方，在双方认可的前提下，在双方财务结算完毕。各自责任明确履行之后，可终止协议。因一方违反本协议的约定擅自终止本协议，给对方造成损失的，应赔偿对方损失。在本协议期满时，如双方同意，可续签本协议。

11.经双方协商达成一致，可以对本协议有关条款进行变更，但应当以书面形式确认。

六、争议解决

在本协议执行期间如果双方发生争议，双方应友好协商解决。如果协商不成，向本合同签订地人民法院起诉。

七、协议有效期

本协议自双方签订之日起生效。有效期________年。

八、本协议一式两份，双方各执一份。

甲方：________（盖章） 乙方：_______（盖章）

地址：________________ 地址：________________

电话：________________ 电话：________________

________年____月____日 ________年____月____日

附录二

危险货物运输保险

总　　则

第一条　本保险合同由保险条款、投保单、保险单以及批单组成。凡涉及本保险合同的约定，均应采用书面形式。

第二条　本保险合同由货物责任保险、第三者责任保险二部分组成，投保人可选择投保，也可同时投保。

第三条　货物责任保险、第三者责任保险的约定适用于各自部分，总则和通用条款的约定适用于该两部分。保险人在本保险合同下承担的保险责任以保险单明细表中载明的相应部分责任限额、赔偿限额为限。

第四条　经道路运输管理机构批准合法从事道路危险货物运输的经营性与非经营性承运人，均可作为本保险合同的被保险人。

第一部分　货物责任保险

保 险 责 任

第五条　在保险期间内，被保险人使用的运输车辆在中华人民共和国境内运输和装卸保险合同中载明的危险货物期间，因下列意外事故造成车辆上装载的危险货物的毁损、灭失（以下简称“损失”），依照中华人民共和国法律（不包括港澳台地区法律）应由被保险人承担的经济赔偿责任，保险人按照本保险合同约定负责赔偿：（一）火灾、爆炸；（二）运输车辆发生碰撞、倾覆；（三）碰撞、挤压导致包装破裂或容器损坏。

第六条　保险事故发生后，被保险人因保险事故而被提起仲裁或者诉讼的，对应由被保险人支付的仲裁或诉讼费用以及事先经保险人书面同意支付的其他必要的、合理的费用（以下简称“法律费用”），保险人按照本保险合同约定也负责赔偿。

责 任 免 除

第七条　下列原因造成的损失、费用和责任，保险人不负责赔偿：（一）自然灾害；本保险合同所称自然灾害是指雷击、暴风、暴雨、洪水、暴雪、冰雹、沙尘暴、冰凌、泥石流、崖崩、突发性滑坡、火山爆发、地面突然塌陷、地震、海啸及其他不能预见、不能避免并不能克服的自然现象。（二）危险货物设计错误、工艺不善、本质缺陷或特性、自然渗漏、自然损耗、自然磨损或由于自身原因造成腐烂、变质等自身变化。

责任限额与免赔额

第八条 责任限额包括每次事故责任限额、累计责任限额，由投保人与保险人协商确定，并在保险合同中载明。

第九条 每次事故免赔额由投保人与保险人在签订保险合同时协商确定，并在保险合同中载明。

赔 偿 处 理

第十条 被保险人给托运人或其他索赔权利人造成损害，被保险人未向该托运人或其他索赔权利人赔偿的，保险人不负责向被保险人赔偿保险金。

第十一条 发生保险责任范围内的损失，保险人按以下方式计算赔偿：（一）对于每次事故造成的损失，保险人在对应的每次事故责任限额内计算赔偿；（二）在依据本条第（一）项计算的基础上，保险人在扣除对应的每次事故免赔额后进行赔偿；（三）在保险期间内，保险人对多次事故损失的累计赔偿金额不超过对应的累计责任限额。

第十二条 对每次事故法律费用的赔偿金额，保险人在第十一条计算的赔偿金额以外按应由被保险人支付的数额另行计算，但不超过第十条计算的每次事故赔偿金额的20%。在保险期间内，保险人对多次事故法律费用的累计赔偿金额不超过累计责任限额的20%。

第十三条 保险事故发生时，如果被保险人的损失能够从其他相同保障的保险项下也获得赔偿，则本保险人按照本保险合同的累计责任限额与所有有关保险合同的累计责任限额总和的比例承担赔偿责任。其他保险人应承担的赔偿金额，本保险人不负责垫付。被保险人在请求赔偿时应当如实向保险人说明与本保险合同保险责任有关的其他保险合同的情况。对未如实说明导致保险人多支付保险金的，保险人有权向被保险人追回多支付的部分。

第二部分 第三者责任保险

保 险 责 任

第十四条 在保险期间内，被保险人使用的运输车辆在中华人民共和国境内运输和装卸保险合同中载明的危险货物期间，因下列意外事故造成第三者人身伤亡或财产损失，由第三者自意外事故发生之日起1年内向被保险人提出索赔的，依照中华人民共和国法律（不包括港澳台地区法律）应由被保险人承担的经济赔偿责任，保险人按照本保险合同约定负责赔偿：（一）火灾、爆炸；（二）运输车辆发生碰撞、倾覆；（三）碰撞、挤压导致包装破裂或容器损坏。本保险合同所称第三者是指保险人、被保险人及其雇员、托运人和收货人及其雇员或者代理人以外的人。

第十五条　发生第十四条约定的保险事故后，被保险人因保险事故而被提起仲裁或者诉讼的，对应由被保险人支付的仲裁或诉讼费用以及事先经保险人书面同意支付的其他必要的、合理的费用（以下简称“法律费用”），保险人按照本保险合同约定也负责赔偿。

第十六条　在保险期间内，被保险人使用的运输车辆在中华人民共和国境内（不包括港澳台地区）运输和装卸保险合同中载明的危险货物期间，因第十四条列明的意外事故造成环境污染危害的，被保险人为排除该危害而支付的合理的、必要的除污费用，保险人按照本保险合同约定负责赔偿。除污费用是指为排除环境污染危害而发生的检验、监测、清除、处置、中和等费用。

责任免除

第十七条　下列损失、费用和责任，保险人不负责赔偿：（一）被保险人或其雇员的人身伤亡及其所有或管理的财产的损失；（二）核辐射、核爆炸及核污染造成的损失、费用和责任；（三）被保险人应该承担的合同责任，但无合同存在时仍然应由被保险人承担的法律责任不在此限；（四）因环境污染危害间接受到损害的第三者的人身伤亡和财产损失。

责任限额、赔偿限额与免赔额

第十八条　第十四条项下保险人的责任限额包括每次事故责任限额、每人人身伤亡责任限额、累计责任限额，由投保人与保险人协商确定，并在保险合同中载明。

第十九条　第十六条项下保险人的赔偿限额包括每次事故赔偿限额、累计赔偿限额，由投保人与保险人协商确定，并在保险合同中载明。

第二十条　每次事故免赔额由投保人与保险人在签订保险合同时协商确定，并在保险合同中载明。

赔偿处理

第二十一条　被保险人给第三者造成损害，被保险人未向该第三者赔偿的，保险人不负责向被保险人赔偿保险金。

第二十二条　发生保险事故，造成第三者人身伤亡或财产损失的，保险人按以下方式计算赔偿：（一）对于每次事故造成的损失，保险人在每次事故责任限额内计算赔偿，其中对每人人身伤亡的赔偿金额不得超过每人人身伤亡责任限额；（二）在依据本条第（一）项计算的基础上，保险人在扣除对应的每次事故免赔额后进行赔偿，但对于人身伤亡的赔偿不扣除每次事故免赔额；（三）在保险期间内，保险人对多次事故损失的累计赔偿金额不超过累计责任限额。

第二十三条　发生保险事故，造成第三者人身伤亡或财产损失的，对每次事故法律费用的赔偿金额，保险人在第二十二条计算的赔偿金额以外按应由被保险人支付的数额另行计算，但不超过每次事故责任限额的20%。在保险期间内，保险人对多次事故法律费用的累计赔偿金额不超过累计责任限额的20%。

第二十四条 发生保险事故，造成环境危害的，保险人对除污费用的赔偿按以下方式计算：（一）对于每次事故造成的损失，保险人在每次事故赔偿限额内计算赔偿；（二）在依据本条第（一）项计算的基础上，保险人在扣除对应的每次事故免赔额后进行赔偿；（三）在保险期间内，保险人对多次事故损失的累计赔偿金额不超过累计赔偿限额。

第二十五条 保险事故发生时，如另有其他相同保障的保险存在，不论是否由被保险人或他人以其名义投保，也不论该保险人赔偿与否，保险人对本条款第二十二条、第二十三条、第二十四条项下的赔偿，仅承担差额责任。其他保险人应承担的赔偿金额，本保险人不负责垫付。被保险人在请求赔偿时应当如实向保险人说明与本保险合同保险责任有关的其他保险合同的情况。对未如实说明导致保险人多支付保险金的，保险人有权向被保险人追回多支付的部分。

第三部分　通用部分责任免除

第二十六条 下列原因造成的损失、费用和责任，保险人不负责赔偿：（一）投保人、被保险人及其雇员、代理人的故意或重大过失行为；（二）战争、敌对行动、军事行为、武装冲突、罢工、骚乱、暴动、恐怖活动；（三）行政行为或司法行为。

第二十七条 保险事故发生时，存在以下不符合道路运输管理机构与危险货物运输相关规定的情形，保险人不负责赔偿：（一）被保险人不具备危险货物运输资格；（二）运输车辆、容器、装卸机械及工属具未经道路运输管理机构审验合格；（三）危险货物的包装、装载不符合相关规定；（四）驾驶员、押运人员、装卸人员不具备相应的资格或违反相关操作规程。

第二十八条 下列损失、费用和责任，保险人不负责赔偿：（一）罚款、罚金及惩罚性赔偿；（二）精神损害赔偿；（三）被保险人的间接损失；（四）保险责任范围内，被保险人依法应承担的经济赔偿责任低于或等于免赔额的事故造成的损失、费用和责任；（五）本保险合同中载明的免赔额。

第二十九条 其他不属于本保险责任范围内的损失、费用和责任，保险人不负责赔偿。

保险期间

第三十条 除另有约定外，定期运输的保险期间为一年，以保险合同载明的起讫时间为准。单程运输的保险期间自保险合同生效后，危险货物装上运输车辆时开始至卸离运输车辆时止。

保险人义务

第三十一条　本保险合同成立后，保险人应当及时向投保人签发保险单或其他保险凭证。

第三十二条　保险人依本保险条款第三十六条取得的合同解除权，自保险人知道有解除事由之日起，超过三十日不行使而消灭。保险人在保险合同订立时已经知道投保人未如实告知的情况的，保险人不得解除合同；发生保险事故的，保险人应当承担赔偿责任。

第三十三条　保险事故发生后，保险人按照第四十三条的约定，认为投保人、被保险人提供的有关索赔的证明和资料不完整的，应当及时一次性通知投保人、被保险人补充提供。

第三十四条　保险人收到被保险人的赔偿请求后，应当及时就是否属于保险责任作出核定，并将核定结果通知被保险人。